JN452053

사회복지정책론

나남출판

나남신서 · 1129

사회복지정책론

2006년 3월 15일 발행
2006년 3월 15일 1쇄

저자_ **이태복 · 심복자**
발행자_ **趙相浩**
발행처_ (주) **나남출판**
주소_ 413-756 경기도 파주시 교하읍
출판도시 518-4
전화_ 031) 955-4600 (代)
FAX_ 031) 955-4555
등록_ 제 1-71호(79. 5. 12)
홈페이지_ www.nanam.net
전자우편_ post@nanam.net

ISBN 89-300-8129-0
ISBN 89-300-8001-4 (세트)
책값은 뒤표지에 있습니다.

나남신서 · 1129

사회복지정책론

이태복 · 심복자

NANAM
나남출판

Social Welfare Policy

by

Lee, Tae-Bok · Sim, Bog-Ja

NANAM

NANAM Publishing House

머리말

한국의 사회복지정책은 중대한 전환기에 놓여있다. 기존 정책들에 대한 국민들의 불만과 요구가 빗발치고 새로운 정책수요가 폭증하고 있기 때문이다. 이론과 실제, 고위 정책결정과 현장의 복지실천 등 모든 영역에서 변화의 소용돌이에 빠져있다. 그렇다고 해서 새로운 방향에 대한 기본 전략과 원칙에 대한 국민적 합의나 공론화가 충분히 되고 있는 것도 아니다. 정부당국자나 여야 정치지도층, 학계와 복지단체와 같은 전문가집단들까지 각기 다른 목소리를 내고 있다. 당분간 이런 소용돌이는 불가피할지도 모른다.

사실 그 동안 한국의 복지정책은 이상한 경로를 밟아왔다. 장기간에 걸친 군사독재는 복지정책을 자신들의 폭력성을 은폐하고 집권의 정당성을 보장하는 명분으로 삼았다. 5·16 군사정변 이후 박정희 정권은 군인연금법, 산재법, 사회보장법 등을 제정해 정권기반을 안정시키면서 선성장-후분배정책의 안전장치로 이용하려 한 것이다. 장기집권을 획책한 10월유신 이후에도 국민연금법과 의료보험법 등이 정권유지 목적으로 활용되었다. 김영삼 정부는 OECD 가입과 세계화를 위해 국민복지기획단을 구성해 고용보험법, 국민의료보험법을 제정했고, 김대중 정부는 IMF 이후 신자유주의적 정책도입에 따른 대량실업과 빈곤층의 증가로 사회불안이 가중되자 국민기초생활보장제도를 도입하였다.

이처럼 복지정책 결정과정이 객관적 데이터와 조건에 대한 공론화 과정을 거쳐 합리적인 제도마련이나 구체적인 서비스 프로그램의 시행으로 나타나지 않고, 정치적 필요와 목적이 우선시되면서 형식에 그치거나 복지정책의 기본적 원칙조차 무시한 편의적인 방법이 다반사로 이뤄졌다. 빈곤층과 저소득노동자가 우선돼야 할 의료보험이나 국민연금이 신분이 안정되고 상대적으로 고소득직종에 우선 적용되는 '거꾸로 된 정책'이었던 것이다. 이런 방식이 수십 년 지속되었기 때문에 복지정책 결정과정의 관행과 타성은 하나의 풍토로 굳어져 있었다.

민간정부가 들어선 이후 비로소 제기된 이슈를 공론화하고 복지정책으로 반영하거나 빈곤층과 저소득노동자층 등 그 동안 배제되었던 복지대상들에 대한 적용을 확대했다. 그러나 이 역시 편의적 방식을 극복했던 것은 아니었다. 실제 필자가 청와대에서 보건복지정책을 최종 조율하는 자리에 앉아보니 참으로 갑갑한 일이 한두 가지가 아니었다. 정책결정에 가장 중요한 판단기준인 보건복지데이터가 너무나 부족했다. 준비된 자료도 국책연구소의 연구논문과정에서 생성된 자료이거나 각 자치단체가 적당히 취합해 보고한 자료들이었다. 이렇게 부실하게 입안된 정책들이 구체적 실천프로그램으로 들어가면 국회에서 배정된 재원에 따라 운용할 수밖에 없으므로 복지정책에 대한 불신을 자초하게 된 것이다.

국가가 복지정책을 독점적으로 공급하는 구조에서 중요한 요소는 국민생활의 구체적 조건에서 발생한 요소가 아니라 정권의 '선언적 발표'와 '재원확보'였다. 경제부처와 협의하는 과정이나 집권당과의 논의에서 중시되는 것은 '전년도 대비 몇 % 한도'와 정치적 효과였다. 복지정책의 보편성, 공정성과 합리적 효율성은 언제나 부차적이었다. 사정이 이렇기 때문에 현장의 요구나 수요, 정책의 목표와는 터무니없는 괴리가 발생하고, 이런 제도를 시행하고 있다는 '보여주기식 메뉴'들이 즐비하게 된 것이다.

하지만 전국 100여 개 대학에서 복지학 전공자들이 쏟아져 나오고 복지정책에 대한 국민들의 요구가 질적으로 급증하는 현실여건에서는 과거와 같은 형식에 만족할 수 없게 됐다. 몇 년째 계속된 국민건강보험이나 국민연금개혁과 같은 이슈들을 이제는 정치권이 적당히 타협해 결정할 수는 없는 시대가 된 것이다. 특히 최근에 노무현 정부의 분권화정책 추진에 따라 복지분야의 지자체 이양사업이 구체화되는 상황과 맞물려 복지정책에 대한 근본적 변화의 바람이 크다.

이제 한국의 복지정책은 사후약방문(死後藥方文) 같은 땜질처방이나 재정만 늘고 효과가 없는 탁상행정이 아니라 북한까지 아우르는 장기적 복지전망하에서 단기적 과제와 중장기적 복지수요를 조사하고 예측하여 경제발전 수준과 국민의 복지욕구 등에 합당한 복지제도를 정비해 가야 한다. 살아 움직이고, 피부에 와 닿는 복지정책이 되기 위해서는 중앙과 지방의 복지데이터 확보, 크고 작은 복지계획 작성, 주민과 국민들이 참여하는 복지정책 결정과정이 잘 조직돼야 할 것이다.

이런 문제의식에서 필자들은 이 책을 16주 강의로 나눠 복지정책론에서 마땅히 다뤄야 할 주제들을 담아보았다. 기존 복지정책론이 미국이나 유럽의 영향을 많이 받아 그대로 반영된 측면이 컸으나 필자들은 철저하게 한국의 현실조건에서 일어나고 있는 정책적 문제들을 분석하고 어떤 해결책을 찾아가야 하는지에 초점을 맞췄다. 하지만 우리의 복지제도 발전과정에 대한 고문헌연구도 부족하고, 여러 정책들에 대한 객관적이고 엄밀한 평가도 모자란다. 남북통일에 대비한 복지정책까지 포괄했지만, 의욕에 비해 북한의 실정 파악과 통일과정과 통일

이후의 복지정책에 대한 고민의 깊이가 얕다고 느끼고 있다. 추후에 보완하겠다는 약속을 드린다.

일선에서 활동하는 복지사들은 학교의 복지과목 교육이 바뀌어야 하고, 정부의 복지정책이 변해야 한다고 말한다. 이 책은 복지정책분야에 국한된 것이지만, 그런 기대가 어느 정도 충족됐으면 좋겠다. 또 복지정책론에 대해 학부학생들이 어렵다는 느낌을 갖는 것은 복지학 자체가 실천학문이고, 구체적이고 현실적인 문제에서 제도화로 발전하는 특성 때문인 것 같다. 복잡한 사회현상의 핵심을 짚어내서 공정하고 합리적 정책방안을 고민하려면 그만큼 인간과 사회에 대한 인문학적 교양이 풍부하고 사회과학적 지식이 뒷받침돼야 하는데 최근의 대학현실이 그렇지 못한 데 있다. 이런 현실을 고려하여 각 강의 끝에 '함께 생각해 봅시다'를 만들어 각 주제와 관련된 다양한 소재를 토론하도록 했다.

이 책은 필자와 심복자 교수의 공동집필로 출판되지만, 필자의 역할은 책의 골격을 잡고 문장에 약간 손을 대는 정도에 그쳤고 기본작업은 심복자 교수의 노고에 힘입은 것이다. 사랑하는 아내이자 평생동지이기도 한 우리는 함께 노동운동을 했고, ㈔인간의 대지에서 복지활동을 하면서 복지정책론의 집필작업에 호흡을 가다듬게 된 것을 기쁘게 생각한다. 그리고 기존 복지정책론 저서와 연구논문도 많은 참고가 됐다. 또한 기꺼이 출판을 도와준 나남출판 조상호 사장과 방순영 편집장, 박은미 씨에게도 고마움을 전한다.

2006년 2월 28일

이 태 복

나남신서 · 1129

사회복지정책론

차 례

제 4 부 사회복지정책의 실제

제 1 부

사회복지정책에 대한 기본 이해

제 1 장
사회복지정책의 개념과 목표

1. 사회복지정책이란 무엇인가

오늘날 사회복지정책에 관한 정의는 나라와 학자마다 다르다. 이 점이 사회복지정책의 개념 정의를 어렵게 한다. 일반적으로 독일에서는 사회복지정책을 사회보험으로 여기며, 영국에서는 사회복지서비스로, 미국에서는 사회보장으로 인식하는 경향이 강하다고 말한다. 특히 뒤늦게 사회복지정책이란 개념을 사용한 한국의 경우에는 미국, 유럽 등의 여러 이론들과 실천경험들이 혼합돼 이를 명확히 정의하기가 더욱 어렵다.

외국의 사회복지정책에 관한 각종 이론과 방법론, 그리고 경험을 기초적으로 배운다 하더라도 이를 도입하는 과정에서 엄격하고 신중한 선별이 필요하다. 왜냐하면 각 나라의 제도적 전통과 역사적 배경, 이념적 차이와 체제의 특징, 사회제도의 구조와 성숙도, 정치과정, 사회구성원들의 역학관계 등에 따라서 당면한 사회문제도 다르고, 이들 문제들간의 쟁점과 문제의 접근방법 및 해결방식이 다르기 때문이다. 유럽의 경우 가장 큰 사회문제가 만성적인 높은 실업률이라면, 북미의 경우는 불평등과 빈곤의 심화이다(Gosta Esping-Andersen, 1996). 따라서 개념정의에 앞서 한국이라는 현실적 조건과 한국에서의 해결방식

모색이라는 목적과 관점을 분명히 하는 것이 중요하다.

그러면 '사회복지'가 무엇이며 '사회정책'이 무엇인지를 먼저 살펴보자.

1) 사회복지의 세 가지 정의 기준

사회복지를 말할 때 넓은 의미, 좁은 의미로 그 뜻이 다르기도 하고, 접근방식에 따라 제도로서의 사회복지, 체제로서의 사회복지 등 현실에서는 그 정의가 다양한 양상으로 나타난다.

그러나 이미 21세기 한국의 복지수준이 소수의 불우한 계층을 대상으로 하거나 특정 개인에게 편향된 서비스를 하는 시대가 아니기 때문에 한국의 사회복지 개념은 다음 세 가지 영역으로 정의할 수 있다.

그 첫 번째는 넓은 의미의 사회복지 개념으로, 국민 전체를 대상으로 한다. 가족이나 시장으로부터 탈락된 자들, 소수의 불우계층 등과 같은 사회적 약자만이 아니라 전 국민이 대상이다.

두 번째는 모든 사회적 개입의 형태를 포괄한다는 점이다. 건강과 관련된 신체적 영역, 성장·풍요·부와 관련된 경제적 영역, 정서적·정신적 안정과 관련된 정신심리적 영역, 인간행동·가족관계·사회제도 및 사회체계 간의 상호작용에서 파생된 사회적 영역 등 제반물질적·정신적·사회적 영역 모두를 포괄한다. 따라서 노동-생산-분배-소비의 문제, 주거-교육-환경의 사회화 문제, 보건-예방-치료의 문제, 사회적 통제와 통합의 문제 등이 다 포함된다.

세 번째는 실천적 개념으로 조직적 노력과 구체적 제도, 체계적 서비스 실천 활동을 포괄한다. 개인적, 사회적 요구에 보다 효과적으로 대처하고, 사회적 위험과 장애를 예방하고 경감시키며, 사회적 기능을 향상하기 위해 계획적인 사회정책과 사회적 서비스를 마련하고 제공하는 정부나 민간기관들의 조직적이고 체계적 활동이다.

따라서 21세기 한국의 사회복지 개념은 '모든 국민들에게 인간다운 생활을 보장하고 행복과 건강 및 번영을 증진시키기 위해 인간과 사회제도 및 사회체제 간의 상호작용에서 파생되는 제반문제나 사회적 위험과 장애를 예방하고 경감시키며, 사회적 요구에 보다 효과적으로 대처하도록 정부나 민간기관이 사회정책과 제도, 사회서비스를 계획하고 마련해 체계적 실천을 조직하는 것'이라고 정의할 수 있다.

2) 나라마다 다른 사회정책

사회복지정책이란 개념이 사회복지학 분야에서 사용한 지는 그리 오래되지 않았다. 오히려 사회정책이란 용어가 먼저 사용되었으며, 그 또한 130여 년 전의 일이다.

'사회정책'(*Sozialpolitik*)이란 용어는 릴(Wihelm Heinrich Riehl)이 처음 사용했으며, 1873년 독일에서 창립한 사회정책학회[1]에서 발표되었다(김영모, 1993). 유럽 자본주의시대에 뒤늦게 출발한 독일은 급속한 산업화를 위해 국가의 역할을 강조했고, 그 부작용으로 산업재해, 공해, 실업, 사고, 질병, 노인, 청소년문제 등이 나타났다. 특히 노사관계에서 나타나는 노동문제 — 노동시장에서 경제적 불평등, 노동과정에서 제기되는 비복지[2] 문제, 노동력의 재생산을 저해하는 사회적 위험

1) 일명 '독일 강단사회주의자'라고 불리기도 하며, 브렌타노(Brentano), 슈몰러(Schmoller), 와그너(Wagner) 등이 대표적이다. 좌파인 브렌타노는 노동자계급을 사회정책의 객체인 동시에 주체로 보며, 사회정책의 궁극적 목적을 개인의 인격 완성에 있으며 노동자의 단결과 노동조합의 중요성을 주장했다. 우파인 와그너는 사회정책의 본질을 국가의 힘으로 보고, 한편으로는 대자본을 억제하고, 다른 한편으로는 노동자를 보호하여 빈부의 격차를 완화하는 것이라 생각했다. 중간적 입장이었던 슈몰러는 분배적 경의 원칙에 입각하여 국가가 이기적 계급 이해를 넘어 사회적 약자와 하층계급을 보호해야 한다고 보았다. 그러나 이들 세 사람의 공통점은 계급대립과 계급투쟁을 완화하기 위해 국가권력이 자본제적 소유관계로 발생하는 부의 불평등을 분배정책으로 수정해야 한다고 본 점이다.

2) 산업사회는 전통사회와 달리 산업재해, 공해, 실업, 대형사고, 신종질병, 이혼, 노후빈곤 등 사회적 위험이 증가했다. 이 위험들은 그 원인을 파악하기

—는 국가가 풀어야 할 난제였다.

이런 문제들을 해결하기 위해 비스마르크 정부가 적극 개입한 사회정책이 바로 사회보험, 즉 건강보험(1883년), 산재보험(1884년), 노령폐질연금(1889년) 등이었다. 독일의 사회정책은 국가가 노동시장, 노동과정 및 노동력 재생산영역의 비복지문제에 적극 개입할 필요성에서 시작됐으며, 사회정책의 주 대상은 노동문제였다. 독일의 사회정책의 특징은 노동정책이란 개념과 유사하게 사용되고 있다.

반면 영국이나 미국은 이와 다르다. 영국의 사회정책은 오랜 구빈(救貧)정책과 더불어 발전했다. 노동력 유무에 따라 빈민을 구분하고 이에 대처하는 방식을 취했다. 많은 자선봉사단체들도 빈곤의 원인에 관해서 관심을 두지 않고, 빈민에게 어떤 사회적 서비스를 해야 효과적인지에 대해서만 관심이 컸다. 1842년에 발표한 구빈위원회의 애드윈 채드윅(Edwin Chadwick)의 《대영제국 노동인구의 위생상태에 관한 보고서》는 보건운동을 불러일으켰고, 노동자들의 보건과 위생상태에 대한 다양한 사회조사가 광범위하게 펼쳐졌다. 1886년 찰스 부스(Charles Booth)의 런던시민조사는 런던 거주인구 3분의 1이 빈곤선 이하의 생활을 하고 있다고 밝혔다. 1899년 라운트리(B. S. Rowntree)의 요크시 조사도 요크시민의 3분의 1이 빈곤선 이하의 생활을 하고 있다고 발표했다. 1909년 18인의 《왕립위원회 보고서》에 따라 빈민을 위한 행정이 확대되었고, 노령연금법(1908년), 최저임금제(1909년), 국민보험법(1911년) 등 다양한 법이 제정되었다.

1942년 《비버리지 보고서》에 의해 사회보험청 설치(1944년), 가족수당법(1945년), 국민보험법(1946년), 산업재해법(1946년), 국민보건서비스법(1946년), 국민보조법(1949년) 등 다양한 법과 행정이 구축돼 복지국가로서의 틀과 내용을 갖추게 되었다. 따라서 영국의 사회정책은

가 쉽지 않다. 개인의 복지를 위협하지만, 그 원인이 개인보다 사회 전체에게 있을 때 이런 요인들을 비복지(*diswelfare*)라 부른다. 따라서 비복지는 산업사회의 산물이며, 이를 해결하기 위한 책임은 사회가 져야 한다.

사회적 서비스라는 인식이 강하며, 사회행정과 거의 동일한 개념으로 사용하기도 한다.[3)]

한편 미국의 초기 자본주의는 이민정책, 관세정책을 어떻게 하느냐에 따라 경제사정이 좌우되었다. 또 1880년대 이후 낮은 생산성과 높은 이직률, 그리고 강도 높은 파업 등이 산업현장의 특징이었다. 특히 1880년대부터 1890년까지 쟁의발생이 23,000건에 이르렀지만, 대부분 여성노동자와 이민노동자 중심으로 진행돼 독일과는 다르게 노동문제에 집중되지 않았다.

그러나 빈곤문제는 청교도적 윤리에 근거하여 개인의 문제로 인식하였기 때문에 자선사업의 대상으로 보았다. 사회복지정책은 이런 민간자선기관들의 활동계획과 프로그램 등을 중심으로 진행되었다. 그러다가 대공황을 계기로 1935년 사회보장법을 도입하면서 경제적 위험에 대한 사회보장이라는 성격으로 발전됐다.

미국의 사회복지정책은 노동시장에서 충족되지 않은 물적, 사회적 욕구를 충족시키는 사회보장적 활동이 핵심이다. 그 외에 범죄, 소년비행, 알코올중독, 자살 등 탈선행위나 가족 등의 공동체 해체문제, 인종문제, 교통문제, 재해 등의 사회병리에 대한 정부의 서비스를 포괄한다.[4)]

---

3) 영국의 대표적 학자는 마샬(Marshall), 타운센드(Townsend), 티트머스(Titmuss) 등이다. 마샬은 사회정책을 서비스와 소득을 제공함으로써 시민들의 복지에 직접 영향을 미치는 행동에 대한 정부정책으로 보았다. 타운센드는 사회문제를 고치거나 사회목적을 달성하기 위해 건강, 교육, 복지 및 사회보장서비스와 같은 국가나 지방 정부의 서비스 개발과 관리에 관련된 정책으로 보았고, 티트머스는 물질적·사회적 요구에 관해 시장이 충족시킬 수 없는 것을 사회적 약자에게 부여하는 정부의 행위로 보았다.

4) 미국의 대표적 학자는 레인(Rein), 길버트(Gilbert), 스펙트(Specht)이다. 레인은 사회정책을 사회복지정책, 사회정책, 복지정책의 세 용어를 동일한 개념으로 사용하며, 교육, 의료, 소득이전, 주택, 사회사업 등과 같은 제반 서비스를 포함했다. 길버트와 스펙트는 사회복지정책을 공공정책과 동일시하

따라서 미국의 사회정책은 사회보장적 제도를 의미하며, 사회서비스적 측면에서는 영국과 유사하지만 정부뿐만 아니라 민간기관의 활동까지 포함한 사회사업적 측면도 강하다.

이렇듯 독일, 영국, 미국에서 사회복지정책이 다른 특성으로 발전한 것은 각 나라의 역사적 배경, 산업화 등 자본주의 사회의 발달정도와 사회갈등, 이념적 대립, 사회문제와 사회적 과제 등을 어떻게 해결하느냐가 달랐기 때문이다.

3) 한국의 사회복지정책의 5가지 준거틀

앞에서 말했듯이 사회복지는 모든 국민을 대상으로 하며, 사회적 개입이 가능한 모든 영역을 다 포괄하는 실천적 개념이기 때문에 사회복지의 내적 특성과 외적 경계가 끊임없이 변화, 움직이는 속성이 있다. 이런 역동적 사회복지의 실천 형태와 체계를 결정하는 것이 바로 사회복지정책이다.

따라서 한국의 사회복지정책은 다음 5가지 준거틀을 가지고 정의할 필요가 있다.

첫 번째는 사회복지정책의 주체를 독점적인 국가적 과제로 고정시킬 것이 아니라 지방자치체, 기업, 노동조합, 민간기관 등 모든 행정조직과 사회집단으로 확대해야 한다. 그리고 이들 조직들은 사회복지정책에 참여할 책임과 의무가 있다.

두 번째는 국가의 역할 재조정이다. 그 동안 국가가 권위주의적이면서도 사회적 강자에 해당하는 계급이나 계층, 집단의 이해를 우선적으로 대변하는 경향이 강해 국가정책이 균형감을 잃고 사회문제를 왜곡시

면서도 공공정책이 사회복지활동보다 그 범위가 넓으며, 영국 마샬의 사회정책과 유사하게 시민들에게 영향을 미치는 서비스와 소득 등에 관한 정부활동이라고 보았다. 공공성을 강조한 돌고프(Dolgoff)와 디니토(DiNitto)도 이와 같이 정의했다.

켜 왔다. 국가는 특정 집단의 대변자가 아니라 다양한 집단, 세력들 사이의 이해대립을 조정하고 중재하는 역할로 새롭게 자리매김하기 위해 스스로 균형감을 가지고, 국가정책이 객관성을 갖도록 노력해야 한다.

세 번째는 대상을 어디까지 포괄하느냐이다. 한국의 경우는 군인, 공무원 등 특정 집단을 보호하는 선별적 성격과 보호가 필요한 아동, 장애인, 노인 등 사회적 약자에 대한 사회보장적 성격이 결합되어 있었다. 따라서 그 동안 정권의 안전판 역할을 한 특정 집단과 극빈층 중심의 선별적 복지에서 중산서민층 복지로 확대되어야 한다. 21세기 한국사회복지정책의 대상은 전 국민으로 넓혀져야 한다.

네 번째는 경제문제만을 중심적으로 다룰 것이 아니라 인간의 올바른 사회행동과 가족을 포함한 사회조직 및 공동체의 질서 등 인간의 삶과 관련된 모든 문제를 포함해야 한다. 자본주의 발달과정에서 노동문제는 사회갈등의 중심일 수밖에 없다. 하지만 한국은 노동문제조차도 정치적으로 배제, 분리하거나 단순화했으며, 기업에게 떠넘기는 등 소극적으로 다루었다. 한국의 사회복지정책은 주택, 보건, 소득 등 경제영역의 보충영역에서 교육, 환경, 교통, 문화, 통일 등 경제, 사회, 문화 등의 전 영역으로 확대되어야 한다.

다섯 번째는 사회적 과제의 해결이라는 실천적 관점을 가져야 한다. IMF 이후, 4대 보험가동으로 기초적 안전망이 마련되었지만, 사각지대는 여전히 많다. 국민연금 미가입자가 40.5%, 최저생계비 기준 빈곤층 미가입자가 79.2%이다. 산재보험도 미가입자가 27.4%로 추정되며 빈곤층 중 미가입자가 63.1%이다. 그리고 고용보험 미가입자는 57.8%이며 빈곤층 미가입자는 86.9%이다(한국보건사회연구원, 2003). 특히, 빈곤층임금노동자 94.6%가 비정규직이다. 기초생활보장제도 등 공공부조제도의 사각지대도 적지 않다. 2003년도 도시가계조사자료를 토대로 추정한 빈곤율이 5.7%이다. 게다가 경기침체 지속으로 중산층이 저소득층으로 전락하거나 저소득층의 신빈곤층 편입이 확대되고 있지만, 제도적 장치의 미비로 사실상 이들의 문제가 방치되고 있다. 차상위계층 흡수 등의 노력만으로는 기본적 문제를 해결하는 것이 어렵다. 여성들의 파트타임 증가 등으로 보육 수요가 팽창하고, 가족 해체와 함께 방치되는 아동과 노인층이 급증하고 있다. 장기실업자, 불완전 취업노동자들의 문제는 거의 손을 놓고 있는 상태다. 고령화 사회의 급속한 진전이 가져온 문제들도 심각하지만, 적절한 대책이 나오지 않고 있다. 인프라 격차가 큰 지역복지의 문제도 중요한 사회적 과제다. 게다가 평양 일부 시민을 제외하고는 거의 대부분이 차상위 및 빈곤계층이라 볼 수 있는 북한과의 통일에 대비한 문제도 만만치 않다. 21세기 한국사회가 부딪힌 제반 사회적 과제를 해결하기 위한 실천적 자세가 필요하다.

2. 사회복지정책의 목적은 무엇인가

1) 사회복지정책이 필요한 까닭

그렇다면, 왜 사회복지정책이 필요한가?

첫 번째는 인간의 존엄과 행복추구권 때문이다. 인간은 존엄하며, 행복을 추구할 권리가 있으며,[5] 국가는 개인이 가진 기본적 인권을 확인하고, 이를 보장할 의무를 지기 때문이다. 따라서 인간으로서의 존엄과 가치를 부정하거나 그 실현을 방해하는 것, 예를 들어 학살, 고문, 노예, 강제노동, 인체실험 등은 금지되어야 한다.

두 번째는 인간의 평등권 증진이다. 인간은 법 앞에 평등하며 누구든지 성별, 종교 또는 사회적 신분에 의해 정치적, 경제적, 사회적, 문화적 생활의 모든 영역에서 차별 받지 않아야 한다.

세 번째는 인간다운 생활을 보장받을 권리이다. 국가의 온정적 시혜

5) 헌법 제10조는 '모든 국민은 인간으로서의 존엄과 가치를 가지며, 행복을 추구할 권리를 가진다'고 규정한다.

로 최저생활을 보장받는 것이 아니라 인간다운 생활을 할 권리가 있고[6] 이를 국가가 보장해야 할 의무가 있다. 노동할 권리, 교육받을 권리, 쾌적한 환경에서 살 권리 등 제반 사회권 모두를 보장받아야 한다.

네 번째는 빈곤의 퇴치이다. 빈곤은 늘 존재했고, 사회복지의 역사는 이 빈곤을 퇴치하기 위한 노력의 역사라 해도 지나치지 않는다. 고전적 의미에서 절대적 빈곤, 상대적 빈곤, 주관적 빈곤 외에도 초국적 독점자본주의 시대에 들어서면서 새로운 세계적 차원의 정치경제질서에서 비롯된 '신빈곤'이 대두되기 시작하였다. 이를 퇴치하기 위해서 사회복지정책이 필요하다.

다섯 번째는 사회통합의 증진이다. 사회양극화와 사회적 배제를 극복하고 사회통합을 증진시켜야 한다. 사회가 복잡 다양해지고 발전하면서 부익부빈익빈현상이 극심해지고 있다. 또한 취업, 건강, 주거 및 적절한 생활조건 등을 획득할 기회와 주요 결정과정에서 격리되거나, 차단되는 등 사회 주류의 흐름으로부터 배제되는 경향이 심해지고 있다. 사회양극화, 사회적 배제를 방치했을 때 신빈곤현상이 확대된다. 따라서 사회복지정책을 통해 생산적 인간으로서 사회에 참여하게 만들고, 사회에 통합되어 하나의 공동체를 이루게 해야 한다.

여섯 번째는 사회복지정책은 사회적 안정과 심리적 편안함을 추구한다. 소득의 재분배는 소득과 자원배분의 불평등을 감소시켜 계층간 갈등을 완화시키고, 지역분열, 사회분열을 야기하는 사회문제를 해결하여 사회적 안정에 기여한다.

이 외에도 사회복지정책은 개인적 성장과 개발, 자아성취, 사회개혁 등의 역할을 하기 때문에 필요하다.

---

6) 헌법 제34조 제1항에서는 국민의 생존권을 보장하기 위해 '모든 국민은 인간다운 생활을 할 권리를 갖는다'고 규정한다.

2) 사회복지정책의 영역

그렇다면 사회복지정책의 영역은 어디까지를 말하는 것인가. 사회복지정책의 영역은 좁게는 소득보장, 의료보장, 주택보장, 사회적 약자를 위한 개별적 서비스 등으로 볼 수 있다. 그러나 영국처럼 교육보장, 고용보장을 포함시켜 더 넓게 보는 경우도 있는데 대개 소득보장, 건강, 교육, 주택, 사회적 약자를 위한 사회적 서비스 등 5가지로 본다(박병현, 2004).

한국의 상황은 보다 복잡하다. 사회복지정책이 주무부처인 보건복지부에서 노동부, 교육부, 행정자치부, 여성가족부로 분산되고 지방이양사업 등 지역분권화 흐름이 구체화되면서 그 영역이 혼동되고 모호해지는 경향이 커지고 있다. 부처간 이해대립으로 사각지대가 생기기도 하고, 중앙과 지방정부 간의 떠넘기기, 부처간 중복행정, 그래서 종합분석 및 평가의 어려움 등이 발생한다. 따라서 행정부처 중심으로 사회복지정책을 살펴보게 되면 자칫 사회복지정책의 영역을 축소하는 잘못을 범하기가 쉽다.

(1) 노동시장정책

이제까지 사회복지정책영역에서 노동시장정책은 제외되어 있었지만 노동시장영역을 다루지 않고서는 복지정책의 기능이 제대로 되기 어렵다. 자본주의사회의 자본과 임금노동 사이의 관계에서 발생하는 모든 문제는 노동문제로, 그 사회의 모순적 구조를 전형적으로 반영하는 핵심적인 사회문제이다. 노동시장에서 비롯되는 고용과 실직, 임금수준, 노동현장에서 직업환경과 관련된 문제, 노동자가 일상생활에서 부딪히는 건강과 주거문제, 재해나 퇴직 등 노동기회 상실과 관련된 문제, 여성이나 연소자 같은 취약층 노동자의 문제 등을 포괄한다. 특히 불완전하게 고용된 노동자가 과반수가 넘는 상황에서는 이들에 대한 소득보전이나 고용보장, 직업훈련 등은 매우 중요한 문제가 아닐 수 없다. 고용보장·직업훈련 등의 고용정책, 노사협의·노사의 경영참가 등의 노사정책, 최저임금제 보장과 법정노동시간제 등의 임금정책, 산재보험·고용보험·퇴직금 등의 사회보장정책, 상담서비스·후생시설·평생교육 등의 산업복지문제 등을 포괄적으로 다루는 노동시장정책이 가장 우선시되어야 한다.

보통 고용보험과 산업재해보상보험법을 소득보장정책에 포함시키는데, 소득보장정책이 일시적 빈곤의 완화라면, 노동시장정책은 빈곤의 제도적 원인을 해결하는 정책이라 할 수 있다.

(2) 소득보장정책

소득보장정책은 노령, 사망, 장해, 실업, 질병과 사고, 저임금 등으로 소득원을 상실했을 때 소득의 일부나 전부를 보상해 주는 제도이다. 노후의 소득보장을 위한 국민연금정책과 기초생활보호대상자의 기본 생활보장을 위한 국민기초생활보호법 등 공공부조, 각종 수당제도가 이에 포함된다.

(3) 건강보장정책

건강보장정책은 의료비의 경제적 부담을 줄여 빈곤을 예방하는 소득보장적 국민건강보험과 노인요양보험, 의료급여 및 부조, 그리고 양질의 의료서비스를 보장하는 정책이다. 예방의료적 성격의 보건의료서비스도 이에 포함된다. 또 건강한 생활을 유지해 건강상 피해를 입지 않도록 하는 생활환경권 보장 등이 있다.

(4) 조세정책

조세정책은 실질적으로 소득보장의 기능을 하고, 불평등을 완화시킨다. 조세정책에는 빈곤층의 조세부담을 줄이는 조세감면이나 소득공제 등의 소극적 정책과 자산과 소득에 부과하는 재산세와 소득세 등의 능동적 정책이 있다(김기원, 2003). 한국의 조세정책은 군사정권의 선성장 후분배(先成長 後分配)정책에 따라 자산소득 등에 부과되는 직접세 비중이 낮고, 중산서민층에게 불리한 간접세 비중이 높으며, 자영업자의 소득 파악률은 낮고, 각종 감면정책의 남발로 조세정의가 실현되기 어려웠다.

(5) 사회복지서비스정책

사회복지서비스정책은 아동, 장애인, 노인, 여성 등 대인적(對人的) 사회서비스정책으로, 아동복지정책은 보육, 입양, 위탁보호, 시설보호, 아동학대예방서비스와 각종 상담서비스가 있다.

청소년복지는 어려운 청소년을 지원하는 결연후원, 직업훈련, 소년소녀가정의 지원, 저소득층자녀 지원, 비정규학교 지원, 청소년공부방, 청소년상담 등이 있으며, 학교주변의 교육환경 개선이나 대중매체의 개선, 청소년 유해환경 정비 등이 포함된다. 아동과 청소년을 구분하기도 하지만, 사춘기 시기가 점차 낮아지고 초등학교와 중·고등학교 환경의 차이가 크지 않아 이 책에서는 아동복지에 청소년복지를 포함시킨다.

여성복지는 수용시설, 이용시설, 재가보호로 나눌 수 있다. 여성복지 수용시설은 모자 보호시설, 모자 자립시설, 모자 일시보호시설, 미혼모 보호시설 등이 있고, 이용시설로는 여성 상담소, 성폭력 상담소, 여성 회관, 부녀복지관 등이 있다. 재가보호는 저소득 한 부모가정의 지원, 그 외 기타 취업 및 모성보호 등 여성지원사업이 있다. 가족복지는 부모의 역할과 가정의 역할 증진을 위한 사업과 교육 등이 포함된다.

노인복지정책에는 노인취업알선센터 등의 고용보장제도와 경로우대 및 경로연금, 무료급식 등의 소득보장제도, 저소득노인을 위한 치아교정 등의 의료보장과 노인복지시설을 통한 서비스가 있다. 장애인복지는 장애인의무고용제인 고용정책과 교육정책, 장애인복지시설을 통한 각종 서비스제도가 있다.

(6) 주거복지정책

주택문제 해결 없이는 사회복지서비스의 발전은 없다고 해도 지나치지 않는다. 열악한 주택은 전염병 등 질환과 가정 내 사고, 정신적 스트레스, 아동학대, 근친상간, 청소년가출, 이혼문제 등을 유발하고, 노동시장에서의 격리, 공해로 인한 건강약화, 주거지역의 낙인, 사회관계의 격리를 낳는다. 따라서 저소득층을 위한 임대주택, 노인주택 개량, 주거환경 개선사업 등이 필요하다.

(7) 교육정책

교육정책도 중요한 사회복지정책영역이다. 교육불평등현상은 크게 3가지로 드러난다. 교육시설·자원 등 교육접근기회의 불평등과 교과지식·교수학습 등 교육과정의 불평등, 학업성취·진학·취업 등 성취의 불평등이 있다(양정하 외, 2004). 지역간 불평등, 교육환경의 개선, 중등 교육과정까지의 무상교육 확대, 특수교육 활성화, 교육재정 확대, 공교육의 정상화, 평생교육 등 사회교육 활성화 등의 개선이 필요하다.

이 책에서는 주거복지정책과 교육정책은 생략하고, 보육정책은 아동복지서비스에서 함께 다루도록 하겠다.

3) 사회복지정책의 목표

사회복지정책을 분석할 때 어떤 특정한 기준들을 필요로 하는데 이것이 목표이다. 또 거꾸로 정책을 통해서 달성하려는 것이 목표이다.

사전적으로 목적은 '일을 이루려는 목표'라 하고, 목표란 '어떤 일을 완수하거나 어떤 지점까지 도달하기 위한 대상'(이희승, 1989)이라고 한다. 이 개념정의만 보면 목적과 목표는 엄격한 개념구분이 불필요할지 모른다. 하지만 영어로 표현하면 목적은 goal, 목표는 objective로 그

느낌이 많이 달라진다. 즉, 목적과 목표 모두가 사회문제의 해결이나 공공의 이익을 실현한다는 점에서는 같지만, 목적과 목표가 혼용될 경우 정책을 구상하거나 평가할 때 혼란이 일어날 수 있다. 추상적인 것과 구체적인 것의 구분이 필요하다. 목적과 목표를 세분화해 목적은 일반적이고 추상적이며 광범위한 개념으로, 목표는 세부적이고 구체적이고 조작 가능한 개념으로 구분해 정책이 의도하는 목표를 분명히 할 필요가 있다.

예를 들어 정책의 목적이 실업자들의 인간다운 생활의 보장이라면, 목표는 정책의 대상을 구체화해서 이들의 변화 정도를 명확히 하는 것으로, 6개월 이상 장기실업자들에게 전직훈련을 시행하여 그들이 노동시장에 재편입되어 소득보장이 되도록 한다가 목표가 된다.

정책목표에는 다양한 형태가 존재할 수 있다. 장기적 목표와 단기적 목표가 동시에 존재하며, 의도한 목표와 의도하지 않았는데 부수적으로 나타나는 목표가 있고, 겉으로 공표된 목표와 숨어있는 목표 등이 존재할 수 있다. 이를 명확히 구분하지 못할 경우 적절한 판단과 분석 및 평가에서 혼동을 가져올 수 있다.

또한 목표는 수단과 구분되어야 한다. 수단은 정책목표를 달성하기 위해서 사용되는 각종의 도구 혹은 방법들을 말한다. 즉, 장기실업자를 위한 상담서비스, 전직훈련프로그램 등은 정책수단이 된다. 그런데 목표와 수단이 뒤바뀌는 경향이 나타나기도 한다. 실업해소를 위해 국민의 정부는 22조 원을 투입했지만, 해결된 것은 별로 없다. 실업해소를 위해 22조 원의 엄청난 자원을 수단으로 사용했지만 목표를 달성하지 못했다. 그럼에도 불구하고 매년 실업해소를 위해 실업예산이 관성적으로 사용되고 있다.

따라서 정책목표는 궁극적 정책목적과 명확히 구별되어야 하며, 정책수단과도 구분되어야 한다. 그리고 정책목표 내의 다양한 형태를 주목해서 구분해야 하는데, 이는 정확한 목표달성을 위해서이다.

3. 사회복지정책의 주요한 가치기준

사회복지정책의 목표에 깔려있는 사회적 가치들은 사회 지배적 가치와 전통적 통념이나 사회적 관습, 문화적 인식 등에 영향을 받는다. 어느 시기에는 자유가 민주와 평등보다 우세하기도 하고, 서로 조화를 이루기도 하며, 또한 대립하기도 한다.

티트머스(Titmuss, 1974)는 다양한 정책목표를 달성하기 위해 여러 가치 중에 어떠한 것을 선택하지 않을 수 없다고 말했다. 평등을 강조하면 효율성이 떨어지고, 효과성을 강조하다보면 적절성이 떨어진다. 여기서는 사회복지정책에서 고려해야 할 가치 중에 평등성, 효율성, 적절성 3가지에 대해서 알아보기로 한다.

1) 평등성

사회복지정책에서 가장 중요한 가치는 평등성이다. 평등은 모든 인간이 똑같은 권리를 가지고 있다는 신념이다. 인간은 모두 존엄하고, 그러기에 모두가 만족스러운 삶을 영위할 권리가 있다는 것이 만인평등권이다. 경제 및 노동시장정책, 사회복지정책에서 가장 중요한 것 중의 하나가 완전고용과 평등고용이다. 현존 사회주의 국가들이 완전고용을 실현했다고 선전했지만 강제적인 작업장 배치였고, 그 비효율성 때문에 사회적 생산이 저해되었다고 평가받는다. 완전고용은 단순히 모든 구성원에게 일자리를 마련해주는 것이 아니라, 노동의 질을 높이고 생활수준을 높여 수입의 균등 배분을 통해 사회복지를 실현하는 것이다.

그런 면에서 스웨덴이 펴고 있는 완전고용정책은 평등고용을 지향하는 것으로 주목할 필요가 있다. 스웨덴은 완전고용과 평등고용을 지향하는 정책 속에서 여성고용의 문제를 다룬다. 즉, 일할 권리를 가진 모든 사람은 동등한 고용기회를 가진다는 원칙이 남녀 모두에게 함께 적용되었다. 예를 들면 모성보호조차도 여성에게 한정시키지 않고, 건강보호를 확대해서 출산과 양육휴가를 비롯하여, 가족 간호휴가까지도 남성과 여성 모두가 공동으로 이용할 수 있도록 한다. 즉, 스웨덴은 여성과 남성 각각의 고용수준을 같게 하는 것을 목표로 하며, 그 대표적 프로그램이 성고용할당제다. 이는 여성에게만 아니라 남성에게도 마찬가지로 적용된다. 즉, 어느 한쪽 성이 40% 이상 되도록 하는 것이다.

그런데 이러한 평등 정책은 많은 논란을 일으켰다. 누구를, 무엇을, 어떻게 평등하게 할 것인가를 둘러싼 논쟁의 결과, 평등의 개념은 여러 가지 기준으로 나뉘게 되었다. 그 하나가 수량적 평등, 비례적 평등, 그리고 기회의 평등이다.

(1) 수량적 평등, 비례적 평등, 기회의 평등

수량적 평등은 욕구나 능력 차에 관계없이 사회적 자원을 똑같이 배분하는 것을 말한다. 결과적 평등이라고도 하며, 국민기초생활보장법에 의한 공공부조가 그 예이다. 비례적 평등은 개인의 욕구, 노력, 능력, 기여에 따라 사회적 자원을 다르게 배분하는 것을 말한다. 흔히 공평[7]이라고 하며, 소득비례의 원칙으로 운영되는 사회보험이 그 예이다. 기회의 평등은 결과의 평등을 무시하고 과정에서의 기회만을 똑같이 주는 것으로, 주로 교육과 훈련을 수단으로 한다.

하지만 수량적 평등은 분배할 자원의 제한성과 정부의 간섭과 개입 강화, 그리고 그로 인한 자유의 제약 등 문제점이 생긴다. 이에 반해 비례적 평등은 기여나 공헌에 대한 가치 측정의 적합성에 논란이 일어난다. 기회의 평등은 '조건의 평등'이 확보되지 않으면 오히려 불평등의 요인이 되고 차별을 야기한다는 문제점이 나타난다.

---

7) 공평(*equity*)은 개인의 욕구, 노력, 능력, 기여에 따라 사회적 자원이 다르게 분배되는 것을 말한다. 즉, 사회에 명백하게 기여할 수 없는 사람들을 제외하고는 사회에 기여한 만큼 받아야 한다는 논리이다.

(2) 누구를 평등하게: 사회적 위치, 특정 지역, 특정 집단

또 다른 논란은 누구를 평등하게 할 것인가 이다. 모든 사람을 다 포함할 수 없기 때문에 그 선택의 기준을 3가지 — 사회적 위치의 차이, 특정 지역, 특정 집단 — 로 나눌 수 있다(송근원 · 김태성, 1995).

사회적 위치란 사람이 가지고 있는 능력, 역할, 기여도, 노력 등을 말한다. 하지만 사회적 위치에 따른 분배는 몇 가지 문제점을 안고 있다. 우선 사회적 위치에 따라 평등이 옳다 할지라도 그 위치에 이르는 과정이 옳지 못하다면 위치에 의한 평등은 정당화되기 어렵다. 유전이나 가족 배경 등의 귀속적 요인을 비롯하여 교육, 환경 등의 환경적 요인에 의해서 달라질 뿐만 아니라 사회적 위치가 달라서 생기는 불평등의 격차가 너무 크기 때문이다.

특정지역에 따른 평등은 특정 거주지역 안에 있는 사람에 대한 평등을 말한다. 한 나라나 특정지역 안의 거주자들에게 주어지는 투표권이나 연금, 복지제도 등이 그 예이다. 거주기간에 일정한 제한을 두어 이 평등권을 행사할 수 있는 대상을 선별한다.

특정집단에 따른 평등은 성별, 나이, 인종, 종교, 빈곤 등으로 나타나는 불평등을 줄여야 한다는 것이다. 사회의 불이익집단들은 노인, 아동, 여성, 장애인 등이다. 특정 집단에 따른 평등은 집중적으로 혜택을 주기 때문에 효율성이 높아진다. 그러나 이 집단에 속하지 않는 사람들에 대한 불평등의 문제가 한계로 지적된다. 일종의 할당제에 의한 역차별 주장이다. 집단별 평등을 너무 강조하다보면 집단들끼리의 갈등이 이익집단화되어 다른 집단이 불평등해지는 결과를 초래할 수도 있다. 투표권을 가진 노인들의 권력이 증가하면서 아동들은 오히려 더 빈곤해지는 경향이 미국에서 나타나는 것이 그 예라고 할 수 있다.

(3) 무엇을 평등하게: 급여수준, 급여의 종류와 형태 등

무엇을 평등하게 할 것인가는 평등의 범위나 수준 혹은 평등을 이루는 수단에 관한 것이다. 즉, 급여의 형태와 수준에 대한 논쟁이다.

급여수준에 대한 논쟁은 어느 정도의 평등을 추구하는 것이 적절한가의 문제로 절대적 빈곤선, 상대적 빈곤선의 개념이 여기서 나온다. 급여의 종류와 형태에 따라 현금이냐, 현물이냐로 나뉘기도 하고, 분야별로 교육, 의료, 소득보장 등으로 나뉘며, 기능별로는 사회보험, 공공부조 등으로 나뉜다. 또 수급자단위에 따라 평등효과는 차이가 난다. 수급단위를 개인으로 하느냐, 아니면 가족이나 가구별로 하느냐에 따라서 효과가 다르다. 개인단위로 측정할 때 소득불평등의 정도가 높아진다. 급여수준을 결정할 때 수급자의 소득 측정기간도 차이가 난다. 측정기간이 짧을수록 변동이 심해져 월소득간의 편차는 연소득간의 편차보다 커진다. 대부분의 국가에서는 급여수준을 결정하는 측정기간을 연 단위로 한다.

또한 공공부조를 받지 못하게 되면 다른 프로그램 혜택도 동시에 받지 못하기 쉬우므로, 차상위계층보다 기초생활보장수급자가 오히려 총소득이 더 늘어나는 효과를 얻는 것과 같다.

(4) 어떻게 평등하게: 자유경쟁, 투표, 추첨

누구를, 무엇을 평등하게 할 것인가가 결과의 평등과 관련된 것이라면, 어떻게 평등하게 할 것인가는 과정의 평등과 관련된다. 과정에서 평등을 이루기 위해 기회의 평등을 통한 자유경쟁, 투표, 추천 등의 방법이 사용된다.

자유경쟁은 기회를 평등하게 주어 그 결과를 나누는 것을 말한다. 결과의 평등인 수량적 평등이나 비례적 평등과는 달리 기회의 평등은 가장 소극적인 평등이다. 왜냐하면 유전적·가족환경적 측면에서 기회의 평등은 불가능하기 때문에 각종 교육과 훈련프로그램이 뒷받침되고 있지만 대부분 결과적으로 실패하고 있다는 한계가 있다.

투표는 정치적 시장에서 기회를 똑같이 주어 정치적 경쟁을 배분하는 것이다. 이상적으로는 가능하지만, 현실에서는 사회적 자원이 풍부한 집단의 이익이 그 숫자가 적음에도 불구하고 잘 반영된다. 추첨을 통해서 결정하는 것은 통계적 확률만 같을 뿐 실제적인 정치적 경쟁의 분배에서는 다른 결과를 가져온다.

2) 효 율

복지정책의 목적을 달성하기 위해서는 사회적 자원과 경제적 자원을 필요로 한다. 그런데 자원은 인간 욕구에 비해 제한적이다. 그래서 최소한의 자원을 사용해서 최대한의 결과를 산출하도록 하는 것을 효율이라 한다. 그래서 효율은 수단, 혹은 이차적 목표를 뜻할 뿐, 주된 목표는 아니라고 할 수 있다. 자원의 낭비나 중복 없이 목표를 달성하는 것은 경제적으로나 행정적으로 매우 중요한 요소이므로, 사회복지정책에서는 수단으로서의 효율 개념을 중요하게 생각한다.

수단으로서의 효율성이 가능한 한 적은 자원을 투입하여 최대한의 효과를 얻는 것에 초점을 둔 것이라면, 배분적 효율성은 보다 포괄적인 측면에 초점을 두고 있다. 각 개인이 자신의 이익을 극대화하고자 하는 선택을 한다면, 시장의 완전경쟁논리에 의해 모든 사람의 효용을 높이는 방향으로 사회적 자원이 배분될 수 있다고 본다. 이런 최적의 자원배분상태를 파레토 최적성(Pareto optimality)이라고 부른다. 파레토 최적성은 다른 사람의 효용을 감소시키지 않고서는, 효용을 증대시킬 수 없는 실현불가능한 자원배분상태를 말한다.

이렇듯 시장기제를 통한 자원배분의 효율성은 완전경쟁을 전제로 한다. 하지만 시장이 실패하면 비효율적이 되고, 시장 외부의 개입을 필요로 하게 된다. 이때 평등추구와 경제적 효율성 간 논쟁의 중심에는 늘 동기의 약화와 정부 개입의 실패가 거론된다. 특히, 동기의 약화는 근로동기와 저축 및 투자동기가 저하되는 것을 말한다. 따라서 평등과 효율 간의 대체적 관계에 대한 이해는 사회복지정책을 분석하는 데 매우 중요하다.

3) 적절성

사회복지정책이 얼마나 서비스 대상자들의 욕구(*need*)를 잘 충족시킬 수 있는가를 평가하는 가치기준은 적절성이다. 즉, 이 기준은 제공하는 서비스가 대상자들의 욕구를 충족시키기에 충분할 만큼 적절하게 제공되고 있는가를 측정하는 것이다. 예를 들어 공공부조, 경로연금이 빈곤가정에서 최소한의 인간다운 생활을 할 수 있을 만큼 적절한가를 보는 것이다. 이 적절성의 기준은 시간과 상황에 따라 다르게 반영된다. 왜냐하면 육체적 생존에 대한 욕구의 양과 질은 소속감, 연대감, 사랑 등 인간관계 속에서 발생하고 사회관계의 변화에 따라 달라지기 때문이다.

또 욕구는 개인이 가질 수 있는 욕구와 공공이나 집단이 가질 수 있는 욕구로 나눌 수 있다. 대부분의 나라들은 사회복지프로그램 중 산업재해보상보험을 가장 먼저 도입하고 노령연금, 질병보험, 실업보험, 그리고 가족수당 순으로 실시하였다. 즉 산업재해보상보험을 가장 필요로 하는 사회적, 집단적 욕구가 우선했다는 것을 말한다.

개인적이든 집단적이든, 절대적이든 상대적이든 욕구를 충족시키는데 적절한가를 따지는 논쟁 중에 하나가 자격문제이다. 이는 자격조건을 정하고, 이에 미치지 못할 경우 서비스를 제공하지 않는 것을 말한다. 하지만 대체적인 시각은 욕구가 자격보다 우선적 기준이 되어야 한다는 것이다.

■ 함께 생각 해봅시다.

1. 사회복지정책은 정치, 행정과 어떻게 다른가?
2. 나라마다 사회복지정책의 내용이 다르다. 영국, 독일, 미국의 차이점과 대표적인 학자의 의견은 무엇인가?
3. 정책(*policy*), 시책(*program*), 사업계획(*project*)의 차이는 무엇인가?
4. 사회적 개입이 필연적인 것은 무엇 때문인가?
5. 사회정책영역에서 노동문제가 핵심이었던 까닭은?
6. 사회복지정책의 목적과 목표를 어떻게 구분해야 하는가?
7. 사회복지정책의 가장 근본적이고 중요한 가치가 평등이다. 그 이유는?
8. 시장기제를 통한 사회적 자원의 배분이 운영상의 비효율문제를 해소할 수 있는가?
9. 사회의 실질생산량이 최대로 되게끔 평등과 효율을 조화할 수 있는 방법은 있는가?
10. 평등과 자유는 대립적, 갈등적이라고 한다. 그 까닭은?

제 2 장
사회복지정책의 연구방법

1. 사회복지정책의 과제 끌어내기

정책을 만드는 과정은 문제의 인식에서부터 출발한다. 어떤 사회문제가 사람들에게 알려지고, 많은 사람들이 이를 공감해 정책이 필요하다고 여론을 제기하면서 쟁점화된다. 이때 사회복지정책을 논의하는 과정은 크게 두 가지 단계를 거친다. 하나는 의제화이고, 다른 하나는 정책결정 과정이다.

1) 의제화과정과 3가지 모형

모든 문제가 다 사회문제가 되는 것은 아니다. 사회적 구성물, 바람직하지 않은 상황, 해결되어야 한다는 인식과 많은 사람들의 공통된 인식 등으로 사회문제가 등장한다. 사회문제화되는 과정에서 언론, 학자, 정치가, 복지이용자 등이 참여한다.

사회문제라고 해서 다 쟁점으로 부각하는 것은 아니다. 공공의 관심이 있고, 공공정책상의 논점으로 제시되고, 이해관계가 대립, 갈등으로 부각될 때 쟁점으로 자리잡게 된다. 이때 쟁점의 크기는 관련된 사람이나 집단 수, 그리고 이해당사자들의 관여정도, 국민들의 인식에 따라 그 크기가 달라진다. 어떤 문제나 욕구의 쟁점이 공공에 의해 쟁점의 크기가 증대되는 과정을 거쳐 의제화단계로 넘어간다. 이때 주요 참여자는 주도자, 수혜자 및 부담자인 이해관계자, 정책가, 전문가, 정치인 등이다.

의제화의 3가지 모형으로는 외부주도모형, 동원모형, 내부접근모형이 있다.

(1) 외부주도모형

최근 대중의 참여가 활발해지면서 의제화단계와 정책결정단계에 직간접적으로 개입하고 대안까지 제시하는 경향이 많아지고 있다. 즉, 어떤 특정문제에 관련된 개인이나 집단이 이를 문제화시켜 제기하고, 대중매체를 통해 확산시키며 정부기관의 관심을 끌게 만들어 의제화시킨다. 외부에서 주도한다는 의미에서 이를 외부주도모형이라고 한다.[1)]

(2) 동원모형

정부가 스스로 문제를 제기해 정책의제화하고 성공적 정책집행을 위해 대중에게 알려 지지확보를 유도한다. 일종의 동원에 의한 정책의제화라 하여, 동원모형이라고 한다.

(3) 내부접근모형

내부접근모형은 과정에서 정부가 문제를 제기하는 것은 동원모형과 같지만, 대중의 인지와 정당화과정을 거치지 않고 바로 집행되는 것에서 차이가 있다. 전 국민 의료보험 확대의 경우가 내부접근모형의 한 예이다.[2)]

---

1) 일부에서는 국민기초생활보장법의 정책의제화가 그 예로 꼽힌다. 하지만 엄밀히 말하면 이 또한 당시 정당의 정책위원회 산하 법안심사소위원회가 마련한 안과 노동시민사회단체들의 입법청원안을 토대로 했고, IMF 양해각서에 따른 것이기 때문에 외부주도모형이라기보다 혼합형이라 봐야 할 것이다.

2) 정책의제화에 영향을 미치는 요인들

사회문제로 등장하고, 또 이 문제들이 정책의제로 설정되기까지는 다양한 요인들에 의해 영향을 받는다.

정책의제의 형성과정에 영향을 미치는 요인은 이해당사자가 많을 경우, 사회적으로 관심이 높고 사회 전체에 주는 충격의 강도가 클 경우, 오랫동안 누적된 문제일 경우, 유사한 선례가 많을 경우, 단순하고 기술적으로 이해가 쉬울 경우, 집단의 균형이 깨질 위협이 클수록, 정치적 지도력이 강할수록, 위기 또는 대사건이 생겼을 때, 시위활동 등 단체행동이 많아질 때, 매스컴의 보도 등 사회적 관심을 불러일으켰을 때 등이다.

그런데 정책의 의제화 과정에서 실패하는 경우들도 있다. 대개 정부가 강제력을 행사해 집단들의 단체행동을 억압하거나(예: 노동자들의 비정규직 보호에 관한 문제 등), 정책의제화하려는 특정인들에게 특혜를 줌으로써 정책의제화되는 것을 스스로 포기하게 만들거나(예: 쓰레기 소각장 주변 주민들에게 각종 지원을 약속해 반대를 무마하는 것), 지연전략을 사용해 영향력이 약한 집단들의 요구를 계속 연구 검토한다고 하면서 표면적으로는 문제해결을 위해 노력하는 인상을 주는 것(예: 사회복지 전달체계와 관련한 노동복지사무소, 복지사무소 등 시범사업 등) 등이 있다.

---

2) 1977년 기업체노동자를 대상으로 의료보험이 실시되고 급속도로 확대되었지만, 1987년 초까지만 해도 농민, 어민, 도시 자영자들은 적용대상에서 제외되어 있었다. 1986년 8월 특별기자회견에서 대통령이 1989년부터 전 국민이 의료보험혜택을 받을 수 있도록 당과 정부에 지시했다고 밝혀 의료보험이 전 국민을 대상으로 확대되는 것을 공론화했다. 그러나 농·어민들은 경제개방과 자유화조치, 농어촌 부채 급증 등의 문제 때문에 의료보험에 별로 관심을 갖지 않았고, 이를 요구하지도 않았다.

2. 사회복지정책의 결정과 집행

1) 복지정책결정 과정

통상적으로 의사결정은 개인이나 집단이 목표를 달성하기 위해서나 문제의 해결을 위해 여러 대안 중에 가장 바람직한 대안을 선택하는 행위이다. 사회복지정책의 결정 역시 여러 사회복지정책 대안 중에서 가장 바람직한 정책대안을 선택하는 행위라 할 수 있다. 그리고 이 정책대안을 선택하는 주체는 대개 정책추진의 책임을 가진 정부이다. 다른 집단이나 개인은 정부가 정책대안을 결정하도록 압력을 행사하는 역할에 그친다.

정책결정 과정은 문제의 인지 및 목표의 설정→정보의 수집 및 분석→대안의 탐색 및 평가→최선의 정책대안 선택의 수순을 밟는다(양정하 외, 2004).

(1) 문제인지 및 목표설정

문제인지 및 목표설정단계에서 가장 중요한 것은 정책문제를 명확하게 분석하고 파악하는 것이다. 이를 위해서는 문제나 욕구의 원인이 무엇인지, 그리고 그 문제로부터 어떤 영향을 받고 있는지 등 정책문제의 특성을 파악해야 바람직한 정책방향을 제시하는 목표를 설정할 수 있다.

(2) 정보의 수집 및 분석

정보의 수집 및 분석단계에서 중요한 것은 유의미한 정보를 모으고 분석하는 일이다. 전문가나 관료, 이론가 등을 통한 면담이나 비슷한 선례에 대한 문헌조사, 이해관계자들을 대상으로 하는 현지조사 등을 통해 얻은 각종의 지식을 정책결정자에게 제공해 합리적이고 효과적인 정책을 결정할 수 있도록 한다.

(3) 대안의 탐색 및 평가

대안의 탐색 및 평가단계에서 중요한 것은 목표달성 가능성이 있는 대안의 장단점과 실행가능성, 그리고 비용편익분석 등을 정확히 측정, 평가해야 한다. 특히, 외국의 정책사례에서 아이디어를 얻어 정책대안을 개발할 경우 한국의 사회적, 문화적, 정치적, 경제적 상황의 차이로 인해 예상된 결과를 얻어내지 못할 경우가 있으므로 대안탐색이 보다 종합적이며 현실적으로 검토될 필요가 있다.

(4) 최선의 정책대안 선택

최선의 정책대안 선택단계에서 중요한 것은 '공익'이란 가치기준이 최고의 기준이라는 점이다.

2) 복지정책결정에 영향을 미치는 요인들

사회복지정책의 결정에 영향을 미치는 요인들은 참여자, 정책결정구조, 정책대안의 존재 여부, 다른 정책과의 관계, 정치적·경제적·사회적 상황 등이다.

(1) 참여자

정책과정에서 참여자는 가장 큰 인적 요인이다. 이들 중 정책결정자가 정책결정에 가장 큰 영향력을 가진다. 다음으로 정책결정자를 둘러싼 정책참모들의 정책성향이나 능력 및 의지이다. 이익집단이나 사회복지전문가, 복지이용자 등은 정책결정 과정보다는 정책의제 형성에 더 영향을 미친다.

(2) 정책결정 구조

정책결정이 이루어지는 조직의 구조적 특성이 정책결정을 제약한다. 조직 내 권한의 집중과 분산 정도, 의사전달 행태, 분화나 전문화 등의 행정적 요인들이 이에 포함된다.

(3) 정책대안의 존재 여부

정책대안의 존재 여부는 정책결정 과정에서 영향을 미치는 요인 중 하나이다. 보통 사회복지 실무를 담당하는 관료나 사회복지전문가, 또는 사회복지정책을 연구하는 학자들의 활동에 의해 정책대안이 제시된다.

(4) 다른 정책과의 관계

정책결정 과정에서 다른 정책과의 관계도 중요한 영향요인으로 작용한다. 특히, 경제정책과 국방정책은 사회복지정책 결정에서 가장 밀접하게 영향을 주는 분야이다. 복지정책과 경제정책의 관계를 살펴보면, 경제가 불황이면 복지정책이 뒷전으로 밀린다는 견해와 오히려 위기를 무마하기 위해 이를 더 촉진시킨다는 견해가 있다. 그만큼 밀접하다는 얘기이다. 국방정책과의 관계는 국방예산이 증가하면 복지예산은 줄어들고, 국방예산이 감소하면 복지예산은 증가하는 상호경쟁적인 관계라고 말할 수 있다.

3) 복지정책결정모형

정책결정 형태에 관해 개발된 이론모형에는 합리모형, 만족모형, 점증모형, 공동선택모형, 쓰레기통모형 등이 있는데, 이는 정책결정 과정을 분석하는 데도 유용하다.

(1) 합리모형

합리모형은 말 그대로 인간이 이성과 합리성에 근거해 결정하고 행동한다는 것을 전제로, 모든 가능한 정보를 동원하여 분석, 예측함으로써 최선의 대안을 선택한다는 것이다. 하지만 현실적으로 모든 정보를 수집하여 분석한다는 것이 어렵기 때문에 합리적으로 의사결정이 이루어졌더라도 그 이후의 상황변화로 효과적인 결정이 되지 않을 수도 있다. 또한 최선의 대안이라고 결정해서 이미 많은 자원을 투입한 경우에는 더 합리적인 대안이 새로이 제시되더라도 이를 채택하기 어렵다. 새만금 간척사업의 예처럼 추진을 둘러싸고 많은 논란이 제기되어도 이미 들어간 예산이 아까워 더 나은 대안으로 바꾸지 못한다.

(2) 만족모형

만족모형[3] 은 합리모형보다 현실적인 의사결정의 측면을 강조한다. 제한된 합리성을 기반으로 주위에서 쉽게 찾을 수 있는 대안이 우선적으로 검토되고, 그 대안이 어느 정도 만족할 만하면 선택된다는 것이다. 하지만 만족모형은 주관적이고, 심리적 만족을 기준으로 삼기 때문에 조직차원의 의사결정문제를 설명하기에는 미흡하다.

(3) 점증모형

점증모형[4] 은 기존의 정책과 크게 다르지 않은 대안들을 뽑아 이들 중에서 서로 다른 부분을 검토하여 최종 대안을 선택한다. 가장 대표적인 것이 국가예산이다. 전년도의 예산에 준하여 작성되며, 그리 큰 차이가 없는 것이 보통이다. 이런 점증모형은 만족모형처럼 제한된 합리성을 인정해, 현실적으로 시간, 비용, 능력 면에서 불충분한 경우가

---

3) 마치(March), 시몬(Simon)에 의해 제시된 모형.

4) 밴필드(Banfield), 린드블롬(Lindblom), 윌다브스키(Wildavsky) 등이 주장한 모형.

대부분이다. 따라서 점증모형은 정치적 요인을 중시하고, 기존의 정책을 기초로 하여 정책결정이 이루어지기 때문에 과거 정책이 반복 유지되거나 약간의 수정만 한다. 따라서 점증모형은 기초가 되는 기존의 정책이 바람직해야 하며, 새롭게 제기되는 문제와 과거 정책이 해결하려 했던 문제간의 일관성이 있어야 하는 등 전제조건이 충족되어야 한다는 한계가 있다.

(4) 공공선택모형

공공선택모형[5]은 공공부문에서의 정책결정모형으로, 참여하는 국민의 수가 많을수록 효율적이고 민주적이다. 정부가 제공하는 공공재화와 서비스는 공공이익을 목표로 하고, 집합적 성격을 지니고 있어 정책결정이 단순히 정치, 행정체제 내부에만 머무는 것이 아니라 사회의 모든 부문에 영향을 미친다. 따라서 합리모형이 갖는 정책의 경직성과 비인간성의 난점을 극복할 수 있는 가능성을 제시하고 있다.

(5) 쓰레기모형

쓰레기모형[6]은 합리성이나 협상, 타협 등을 통해 정책이 결정되는 것이 아니라, 무정부 상태 속에서 나타나는 몇 가지 흐름에 의해 우연히 형성된다는 것이다. 킹돈(Kingdon)은 정치의 흐름, 문제의 흐름, 정책의 흐름은 각각 독자적으로 형성되며, 그 과정의 참여자도 다르다고 보았다. 그리고 세 가지 흐름이 우연히 만날 때 정책의 기회가 열리고, 이때 결정을 내리지 않으면 다시 기회가 닫히게 된다는 것이다. 이 모형은 사회복지전문가가 사회복지문제를 해결하기 위해 정책결정에 어떻게 해야 할 것인지를 시사해준다. 즉, 정치적 흐름과 사회복지문제의 흐름 속에서 사회복지사들이 협력해 공동의 의제를 만들고, 대

---

5) 부카난(Buchanan) 교수가 주장한 모형.

6) 코헨(Cohen), 마치(March), 올슨(Olsen), 킹돈(Kingdon) 등이 고안한 모형.

안을 구체화하는 기회를 놓쳐서는 안 된다는 것이다. 보다 적극적인 사회복지사의 역할이 기대되는 이유도 여기에 있다.

4) 사회복지정책 집행과정에 영향을 미치는 주요 요인들

문제해결이나 정책목표의 달성은 정책결정 그 자체로 이뤄지는 것이 아니다. 또 정책결정이 자동적으로 집행되는 것도 아니다. 정책이 결정되면 일선기관을 통해 구체화되는데, 이렇게 결정된 정책을 구체화시켜 나가는 과정이 정책집행인 것이다.

정책집행은 정책지침 개발단계→자원확보단계→적용단계→감시와 감독단계로 이루어진다.

(1) 정책지침 개발단계

정책지침 개발단계는 정책집행기관이 구체적 집행 상황, 특정 정책대상 집단의 욕구, 기대 등에 적합하도록 재해석하고 구체화하며 특정화시키는 단계이다.

(2) 자원확보단계

자원확보단계는 필요한 예산, 인력, 장비 등과 같은 자원을 공식적으로 확보하는 단계로, 예산의 확보가 매우 중요하다.

(3) 적용단계

적용단계는 집행기관이 구체적 행동을 통해 실천하는 단계로, 정책의 행동화단계라고도 한다.

(4) 감시와 감독단계

감시와 감독단계는 집행과정중이나 후에 과연 일정한 지침이나 기준에 의해 정책이 시행되고 있는지 조사하여 시정조치나 통제를 하는 단계이다. 특히, 사회복지정책의 대상집단은 사회적 약자들이 대부분이기 때문에 감시와 감독단계는 매우 중요하다.

사회복지정책의 집행은 근본적으로 정치적 성격을 띤다. 이미 결정된 정책을 실천에 옮기는 과정에서도 정책의제화, 정책결정 과정처럼 다양한 개인과 집단들이 관여하게 되어 사회구성원들간 힘 겨루기가 행해지기 때문이다. 또 정책집행과정에서 본래의 정책목표가 훼손되지 않고 바람직한 정책집행이 되도록 정책집행자의 관리뿐만 아니라 복지이용자, 사회복지사, 지역사회 주민 등의 지속적이고 적극적인 참여와 관심도 중요하다. 부실 도시락 파문, 새만금과 사패산 터널 건설, 천성산 고속철도 터널 공사 중단과 같은 예는 대표적이다.

따라서 정책이 결정된다고 자동적으로 정책이 집행되는 것이 아니다. 정책이 집행될 때 직면하게 될 상황을 미리 다 고려한다는 것은 불가능하므로 정책집행에 필요한 지침이나 기준을 마련하고, 실현 가능성이 있는 정책수단이 제시되어야 한다. 정책의 성공적 집행을 위해 경제적 여건은 어떤지, 여론의 반응은 어떠하며, 이익집단들의 견해는 어떤지 등을 파악하는 것도 중요하다. 집행과정에서 이해관계가 서로 다른 참여자와 참여기관들 간의 난맥상이 노출되지 않아야 하며, 정책집행에 대한 중간평가가 필요하고, 정책집행자들간의 지지와 협조가 있어야 한다. 행정부처간, 중앙·지방정부간, 기획예산처와 의회 등 예산관련문제 등도 서로 이해와 협조가 이뤄져야 하며, 이익집단간의 이해도 마찬가지다.

3. 사회복지정책의 평가

1) 복지정책 평가기준

정책평가는 사회복지정책의 과정 중에서 매우 의미 있는 과정이다. 정책목표가 처음 의도한 대로 집행되었는지를 파악하거나 제대로 달성되고 있는지를 객관적으로 검토한다. 또한 제기됐던 사회문제를 해결하는 데 기여했는가, 집행결과 파급효과와 부차적 효과를 보았는가를 조사, 분석, 판단하는 행위이다. 정책과정에서 복잡 다양한 변수로 인해 이해관계자를 설득하거나 지지확보를 위한 분석자료가 필요하고 효과성을 증진시키기 위해 여러 기법을 실험과정으로 유도하며, 하위목표들을 재규정해주기 때문에 정책평가는 필요하다.

정책평가의 기준은 효과성, 능률성, 적정성, 적절성, 형평성, 대응성, 반응성, 민주성, 편의성, 시의적절성, 실현가능성 등 다양하다. 그리고 정책평가는 정확성, 객관성, 연속성 등의 전제조건을 충족시켜야 한다.

(1) 정확성

정확성이란 정책의 합리성과 정책이 목표로 하는 내용, 국민의 만족도를 정확히 평가할 수 있어야 한다. 이를 위해 평가의 기준과 방법을 명확히 설정해야 한다.

(2) 객관성

객관성이란 정치적 영향력 등 정책의 객관성을 저해하는 요인들로부터 자유로워야 함을 말한다. 정치적 판단이 결부될 때 정책의 결과는 다르게 나타날 수밖에 없다.

(3) 연속성

연속성이란 정책수립과 집행에서 계속적으로 수반되는 과정으로, 한 번에 끝나는 것이 아니다.

2) 복지정책 평가과정

복지정책 평가과정은 평가의 목표 및 대상 설정→정책의 내용, 수단, 구조 등 프로그램 파악→평가기준 설정→평가방법 설계→자료수집→자료의 분석과 해석 →평가보고서 작성 및 제출 등의 단계를 밟는다.

(1) 평가목표설정

평가목표설정단계는 평가의 관심과 초점에 따라 평가목적이 구체화되고 선택된다. 예를 들어 장애인복지서비스에 대한 평가를 서비스의 결과, 효과에 초점을 맞출 것인지, 아니면 전달과정을 평가할 것인지에 따라 평가목표가 달라질 수 있다.

(2) 프로그램 파악

정책의 내용, 수단, 구조 등 프로그램 파악단계에서는 평가대상이 되는 프로그램의 목표를 포함해 정책대상, 급여내용, 전달체계, 재정 등 프로그램의 내용과 관련 이익집단, 정책결정 과정 등에 관한 전반적인 정보를 수집해야 한다. 정책목표가 어느 정도 구체화되었는지, 정책목표를 달성할 수 있는 수단이나 자원은 어떤 것이 있으며, 활용여부는 어떠한지를 파악하는 것이다. 또한 평가대상인 정책과 다른 정책과의 관계도 파악해야 한다. 유사 정책으로 중복 서비스가 되지 않도록 하기 위해서다.

(3) 평가기준 설정 및 평가방법 설계

평가기준의 설정 및 평가방법의 설계, 즉 평가설계를 말하는 것으로 정책문제를 밝히고 정책 프로그램이 영향을 미치는 과정에 대한 인과관계를 파악하는 과정이다. 보통 실험설계, 준실험설계, 비실험설계로 나누어지는데, 실험설계는 실험집단과 통제집단으로 나누어 실험집단에만 프로그램을 집행하고 통제집단에는 정책을 집행하지 않아 두 변수간의 인과관계를 파악하는 방법이다. 준실험설계는 변수간 인과관계를 밝히는 데에서 실험집단과 통제집단의 동질성을 확보하기 어렵거나 사전검사가 불가능한 경우에 사용한다. 비실험설계는 복지이용자의 행동변화를 목적으로 사회복지정책의 평가에 많이 사용되는 방법이다. 적용가능성을 고려하여 이 3가지 중 하나를 선택한다.

(4) 자료수집 및 측정

자료수집 및 측정단계에서는 평가보고서에 직접, 간접으로 사용되는 모든 정보를 다 수집한다. 관찰법, 면접법, 설문지를 통한 질문지법 등을 사용한다. 측정방법은 명목척도, 서열척도, 간격척도, 비율척도 등이 있다. 사회현상은 측정하기 어려운 경우가 많아서 빈곤지수, 지니계수, 타일계수, 영양률, 실업률, 산업화율 등 지수개발과 불평등이나 만족도를 나타내는 다양한 지표개발이 필요하다.

(5) 분석 및 해석

분석 및 해석 단계에서는 수집된 자료를 분석하고 그 의미를 해석하는 단계이다. 질적 분석은 논증과 설득력을 바탕으로 새로운 시각을 제시해주는 데 유용하고, 양적 분석은 통계적 기법을 사용하거나 정책분석기법으로 개발된 여러 가지 분석기법에 의해 이루어진다.

(6) 정책평가보고서 작성 및 제출

정책평가보고서 작성 및 제출 단계에서는 평가보고서를 읽는 사람이 잘 이해할 수 있도록 내용을 쉽고 간결하게 쓰고 그림이나 도표를 활용한다. 평가보고서에는 평가결과의 내용요약과 배경설명, 평가목적 및 평가방법, 자료수집방법 및 분석결과, 결론 및 제안사항 등을 서술한다.

평가보고서가 잘 만들어졌어도 제대로 전달되지 않으면 의미가 없다. 따라서 정책보고서 발표회 등 정책과 관련된 사람이나 기관에게 잘 전달하는 것이 중요하다. 언론에 보도자료를 만들어 배포하는 것도 빼놓을 수 없다.

3) 정책평가에 영향을 미치는 요인들

정책평가가 순조롭게 잘 진행되거나 평가내용이 잘되면 그 평가결과의 신뢰성은 올라간다. 정책평가에 영향을 미치는 요인들로는 인적 요인, 시간적 요인, 기술적 요인, 제도적 요인들이 있다.

(1) 인적 요인

인적 요인으로는 정책평가자, 정책담당자, 복지이용자, 주민 및 일반 국민들로, 이들의 관심이나 정책에 대한 신념, 사회복지 지식, 전문성 등이 영향을 미친다.

(2) 시간적 요인

정책평가에서 시간적 요인의 영향을 살펴보면 다음과 같다. 시간적 여유가 없는 경우에는 부정확하고 실패할 가능성이 많고, 시간적 여유가 많을 때는 피드백의 시점을 놓치는 경우가 있다.

(3) 기술적 요인

기술적 요인으로는 평가목적에 부합하는 자료의 수집과 설계 등인데, 정확한 평가를 위해서는 분석기법의 개발이 선행되어야 한다.

(4) 제도적 요인

제도적 요인은 법률적·행정적 지원 또는 지지제도를 말한다. 정책평가가 순조롭게 진행되기 위해서는 행정적 지지가 있어야 하고, 평가결과가 피드백 되어 실제 사용될 수 있는 법적 장치나 제도가 마련되어야 한다.

4) 정책의 갈등과 변동

정책결정 과정에서 정책문제와 관련된 행위주체자들 사이에 갈등이 빚어지면서 집단들 상호간에 긴장과 대립, 충돌이 나타난다. 주로 가치 배분의 방법과 내용이라는 측면과 가치 배분상의 편익과 비용의 배분문제, 집단 상호간의 이익을 극대화하려는 압력, 관할권에 대한 경쟁, 복지정책 지향에 대한 차이 등의 문제들 때문에 발생한다.

정책은 의제화하는 단계에서부터 평가하는 단계까지 합리성이 중요하다. 하지만, 이 합리성의 논리 외에 정치적 역동성이 작용한다. 다양한 가치들 사이에 야기되는 갈등을 조정하고 협상하여 문제를 해결하는 정치성이 요구되는 것이다. 비용부담자와 이해집단의 영향력, 즉 정치적 영향력에 따라 정책내용이 변화되거나 수정될 수 있다. 참여자는 자신에게 유리한 결과를 얻기 위해 정치적 영향력을 강화시킬 필요가 있다. 따라서 정책참여자들은 전문가집단, 노동사회시민단체 등 다른 집단과의 연합을 형성하거나 외부전문가의 동원을 모색하게 되는 것이다.

〈표 2-1〉 복지정책결정 과정

	개념, 의미	주요 변수	주요 참여자	전략, 고려사항	이론과 모형
사회 문제	- 사회구성물 - 바람직하지 않은 상황 - 해결되어야 한다는 인식 - 다수의 공통 인식		- 언론, 학자 - 복지이용자 - 정치가		
쟁 점	- 공동 관심사 - 정치적 논쟁으로 부각 - 이해갈등 - 억압된 이슈	- 쟁점 크기 (관여자의 수, 질)	- 제기자: 전문가 복지이용자 - 쟁점을 다투는 이들, 공중	〔제기〕 - 합법: 선거, 청원 - 비합법: 폭력, 위협 〔견제〕 - 회유, 보상, 전시적 방법, 김빼기, 쟁점탈취 - 사회적 합의	
의제화	- 의제들의 목록 - 정치적 과정 - 공공, 의회, 정당, 정부/대통령 등	정치체제 성격 - 국가체제 - 사회체제 - 독재 여부	- 주도자 - 이해관계자 (수혜자, 부담자) - 정책가, 전문가, 정치인	- 공간 경쟁 - 기득권 유지: 편견의 동원, 문지기 기능	- 외부주도 모형 - 동원모형 - 내부접근 모형
정책 결정	- 대안 중 선택과정 - 권위있는 선택 - 선택기준 결정과제 - 정치적 과정	- 참여자 - 정책결정구조 - 정책대안의 존재 여부 - 다른 정책과의 관계	- 정치가 - 의회 - 내각 - 대통령	- 인간의 이성과 합리성 - 인간 능력에 대한 신뢰 - 대안 탐색의 정도 - 목표와 상황의 확실성	- 합리모형 - 만족모형 - 점증모형 - 공동선택 모형 - 쓰레기통 모형
집 행	- 시행령, 규칙 제정 - 예산, 인력, 전달체계 확보 - 실천 : 법 해석	- 정책지침개발 - 자원확보 - 적용 - 감시와 감독	- 정책집행자, 관료 - 정치인 - 사회복지사, 실천가 - 복지이용자	- 정책집행에 대한 중간평가 - 정책집행자간의 지지와 협조 - 행정부처간 이해, 협조 - 이익집단간 이해	
평 가	목표 - 정책의 미래 결정 - 책임성 확보 - 정책연구 자료 획득	- 유용성논쟁 - 정치적 성격: 비용부담자와 이해집단 영향력 - 비용낭비, 평가과잉 - 정책성, 객관성, 연속성	- 자체 평가 - 내부 평가 - 외부 평가	- 평가설계: 실험, 준실험, 비실험 (통제집단, 사전 조사 여부) - 자료수집, 측정: 관찰, 면접, 질문 - 보고서 작성: 형식, 내용, 발표	- 시기: 사후평가, 형성평가 - 대상: 총괄평가, 과정평가

출처: 이영환(2005) 강의자료 수정.

■ 함께 생각해봅시다.

1. 의제화하는 모형에는 어떤 것들이 있는가?
2. 정책결정과 정책집행의 다른 점은 무엇인가?
3. 복지정책의 평가는 왜 필요한가?
4. 정책의 성패에 영향을 미치는 중요한 요인은 무엇인가?
5. 사회복지정책 평가가 가치중립적 입장을 갖는 것은 대단히 어렵다. 그래서 인적 요인에 의해 영향을 받게 되는데, 그 내용은 무엇인가?
6. 사회복지전문가가 사회복지문제를 해결하기 위해 정책결정에 어떻게 해야 할 것인지 많은 시사를 주는 정책결정모형이 있다. 무엇이며, 그 이유는 무엇인가?
7. 사회복지정책에서 민간의 역할은 무엇이 있는가?

제 3 장

급여와 재원

사회복지정책을 구체화하는 과정[1]에서 중요한 것은 급여의 형태와 급여의 대상, 그리고 재원마련이다.

1. 급여의 대상

어떤 사람에게 사회복지정책을 지원할 것인가를 정하는 일은 늘 첨예한 논쟁거리의 하나였다. 이를 급여의 할당이라 하고, '누구에게 줄 것인가'는 급여의 대상을 정하는 일이라 한다. 이 작업은 두 가지 원칙에 따라 달라진다. 보편주의와 선별주의로, 전자는 사회효과성을, 후자는 비용효과성이라는 상반된 가치를 지향한다.

1) 길버트와 테렐(Gilbert & Terrell, 1998)은 사회복지정책의 분석틀로 네 가지를 제시한다. ① 누구에게 급여를 제공할 것인가, ② 무엇을 급여로 제공할 것인가, ③ 어떻게 재원이 충당될 것인가, ④ 어떻게 제공되어야 하는가 등이다. ①은 급여의 대상, ②는 급여의 형태, ③은 재원, ④는 전달체계를 말한다. 제 3장에서는 ①, ②, ③을 다루고, ④는 제 4장에서 다룬다.

1) 보편주의와 선별주의

보편주의는 기본권으로서 모든 사람이 사회복지급여를 받아야 한다는 입장이다. 반면에 선별주의는 개개인의 욕구를 조사하여 이에 근거하여 급여를 제공해야 한다는 입장이다. 양자 모두 서로의 주장을 부분적으로 공유한다.

보편주의자들의 주장은 다음과 같다.

첫째, 모든 사람들은 다양한 사회적 욕구에 직면할 수 있기 때문에 빈민이나 장애인 혹은 특수한 보호가 필요한 사람들뿐 아니라 지역사회의 모든 구성원들이 사회복지급여의 대상이 될 수 있다(Gilbert & Terrell, 2002). 따라서 빈자, 부자, 약자, 강자의 구분 없이 보편적 자격기준에 의해 욕구를 충족시키는 공공제도를 지지하며, 이를 통해 모든 구성원이 포괄적 복지서비스를 제공받을 수 있어야 한다는 사회적 권리를 주장한다. 사회보험, 포괄적 보건의료 등이 대표적인 예이다.

둘째, 주는 자, 받는 자로 나누지 않고, 인간의 존엄성을 보호하면서 사회통합을 통한 사회 효과성을 기해야 한다. 빈곤상태를 확인하고 나서 사회복지급여가 제공되는 것은 차별적이고 수치심을 불러일으키기 때문에 자산조사는 필요하지 않다. 특정한 인구범주(아동, 장애인, 65세 이상 노인 등)나 시민이라는 사실 외에 어떤 자격을 조건으로 내세워서는 안 된다는 것이다.

셋째, 빈민을 포함한 소외집단에 지원하는 공공부조프로그램보다 광범위한 인구집단에게 급여를 제공함으로써 얻을 수 있는 행정적 비용절감과 정치적 이점이 더 크다고 주장한다. 모든 사람들에게 기본적으로 일정 수준의 급여를 제공하고, 욕구가 급박한 사람들에게 추가적으로 제공할 수 있다는 것이다. 임산부에 대한 포괄적 의료서비스나 미취학 아동에 대한 보육서비스 등이 대표적인 예이다. 영국의 모든 출산모들은 공공보건가정방문을 받을 수 있으며, 프랑스에서는 노부모, 저소득가정, 장애아동은 기본 가족수당 외에 특별급여를 추가적으로 받고 있다.

그러나 선별주의자들의 주장은 이와 다르다.

첫째, 자신의 욕구를 충족시키지 못하는 한계집단에게 집중적으로 급여가 제공되어야 한다고 주장한다. 즉, 욕구가 확인된 개인이나 집단이 우선권을 가져야 한다는 것이다.

둘째, 한정된 자원을 효율적으로 제공하기 위해서는 자산조사 등을 통해 선별된 자격기준을 갖추어야 한다는 것이다. 복지서비스가 필요한 사람에게 집중될 수 있으며, 자원의 낭비를 줄이고, 비용이 적게 든다는 것이다. 공공부조나 빈민을 위한 공공주택 등이 이에 해당된다.

셋째, 빈민을 대상으로 교육, 보건의료, 아동보호, 주택이 제공된다면 사회 내에 존재하는 갈등과 적대감이 감소될 것이며, 이들에게 급여가 우선적으로 제공되어야 공평하다고 주장한다.

2) 대상자 선정의 원칙

급여를 받을 수 있는 대상자를 결정하기 위한 자격기준은 거주여부 및 거주기간, 인구학적 속성, 근로능력, 기여정도, 소득 및 자산조사, 전문가 및 행정가의 판단 등이다(송근원 · 김태성, 1995).

(1) 거주여부 및 거주기간

사회복지정책의 자격을 획득하기 위해서는 특정 국가 또는 지역사회에서 거주하고 있는가와 거주기간이 판단기준이 된다. 전 국민을 대상으로 할 수 있고, 특정 빈곤지역거주자 등 특정 집단을 대상으로 할 수도 있다. 또 시민권 등 일정한 권한을 가질 수 있는 조건을 획득한 자로 국한시킬 수도 있다. 우리나라 국민기초생활보장제도에서는 급여의 필요조건을 주민등록표에 기재된 세대를 기본으로 삼고 있으며, 영국의 국민보건서비스제도는 영국에 거주하고 있다는 것만으로 의료서비스를 제공받을 수 있다.

(2) 인구학적 속성

인구학적 조건 가운데 가장 애용하는 조건이 나이이다. 아동수당, 노령수당이나 연금 등은 일정한 연령에 속해 있을 때 자격이 인정된다. 또 일정한 가족 수 이상이거나 결혼 여부, 여성이나 특정 인종 등 인구학적 집단 등을 자격조건으로 삼기도 한다.

(3) 근로능력

사회복지 역사를 살펴보면 가장 중요한 자격조건은 근로능력이었다. 사실상 근로할 수 없거나 근로능력이 매우 약한 경우의 사람들, 예를 들어 편모세대주, 장애인, 치매노인이나 보호해야 할 환자가 있는 자, 대학생, 군입대 및 제대자, 교도소 출감자, 자녀양육을 위한 휴직, 고령자 등에게 급여조건이 부여되기도 하지만, 실업수당과 각종 고용과 훈련 프로그램 등은 근로능력이 있어야만 자격이 부여된다.

(4) 기여의 정도

기여에는 크게 두 가지가 있다. 첫째는 보험료 납부라는 형태의 기여이고, 둘째는 경제적, 사회적 기여이다. 첫째는 사회보험료를 납부하는 사람에게만 급여의 수급자격이 주어지는 것을 말하고, 둘째는 농어민, 철도, 광업 등 국가기간산업에 종사해 사회에 경제적으로 기여한 사람이나 전쟁시 전사자나 부상당한 군인 및 유가족 등 사회적 기여를 한 사람 등이 이에 포함된다.

(5) 소득 및 자산조사

소득 및 자산조사의 과정은 빈곤선 이하의 소득과 재산을 가진 가족을 확인하는 것으로, 대부분의 모든 나라들에서 공공부조 자격을 결정하는 기준으로 삼는다. 우리나라에서는 개별 가구의 소득평가액과 재산의 소득환산액을 합산한 소득인정액이 최저생계비 이하인 자를 수급권자의 범위로 규정한다.

소득은 월급명세서, 매출신고서, 소득금액 증명원, 고용 및 임금확인서, 근로소득원천 징수부, 진단서나 의료비 영수증, 입학금이나 수업금 납입고지서 등을 바탕으로 평가한다. 재산은 임대차계약서, 무료임대확인서, 금융거래정보제공동의서, 거래금융기관의 통장사본 또는 잔액증명서, 부채증명원 등을 통해 평가한다. 단, 자본이득, 현물소득 등 어떤 소득과 재산을 조사에 포함시켜야 하는가가 중요한 쟁점이 된다.

(6) 전문가 및 행정가의 판단

소득조사와 자산조사와 같은 절차도 중요하지만, 사회복지사나 행정관료, 의사 등의 판단도 매우 필요하다. 실제 조사결과와 달리, 현실적으로 생활을 유지하는 데 어려움이 있다고 판단되는 경우에는 우선 서비스를 제공하는 적극적 자세가 중요하기 때문이다. 예를 들면 부양의무자가 있어도 부양능력이 없거나 부양받을 수 없다면, 사회복지전담공무원의 비경제적 측면의 조사를 근거로 한 전문적 판단이 요구된다.

2. 급여의 형태

급여를 누구에게 할 것인가를 둘러싸고 보편주의자와 선별주의자가 가치갈등이 나타나는 것처럼, 급여를 어떤 형태로 할 것인가를 둘러싸고도 역시 집합주의와 개인주의 사이에 갈등이 나타난다. 그 대표적인 것이 현물급여와 현금급여 논쟁이다.

1) 현물급여와 현금급여

현물급여와 현금급여의 논쟁의 핵심은 소비자 주권과 사회적 통제를 어떻게 바라보느냐이다. 현금급여를 주장하는 이들은 소비자주권을 강조하고, 현물급여를 주장하는 이는 시장의 불완전성을 주장한다.

현물급여를 주장하는 이유는 다음과 같다.

첫째, 급여를 대량으로 값싸게 제공할 수 있다. 신발이나 옷 등 물품을 표준화시켜 대량생산하여 중앙집중적으로 배분한다면 낭비와 이중지출을 줄일 수 있다. 특히, 시장에서 합리적으로 선택할 수 있는 정보 습득이 어렵고, 또 의료서비스와 교육서비스의 경우 병원이나 학교 등을 비교 선택하는 것이 불가능한 경우가 많다는 주장이다.

둘째, 현금급여는 돈이 쓰여지는 곳을 통제할 수 없는 반면, 현물급여는 급여대상자에게 본래 목적대로 용도와 목적에 맞게 정확하게 전달할 수 있어 효과적이다. 음식, 의료서비스, 학교급식이 대표적이다.

반대로 현금급여를 주장하는 이유는 다음과 같다.

첫째, 현물급여가 이론상으로는 낭비와 중복을 줄인다고 하지만, 장기적으로 볼 때는 시장의 경쟁을 통해 값싸고 품질 좋은 물품을 만들 수 있으며, 일반 상품과 달리 사회복지서비스에 표준화되고 규격화된 공정을 적용하기가 사실상 불가능하다는 주장이다.

둘째, 현금급여가 사용하기 편리하고, 관리나 행정적으로 처리가 쉽고 비용도 적게 든다.

셋째, 무엇보다도 수급대상자의 자기결정권과 소비자 주권을 증진시킨다.

2) 사회적 급여의 6가지 형태

사회의 급여형태는 현실에서 현물이냐, 현금이냐처럼 그렇게 단순하지 않다. 보다 바람직하기 위해서는 다양해야 한다. 급여의 형태와 가치 이전 등으로 볼 때 일반적으로 급여형태는 기회, 현물, 서비스, 증서, 현금, 권력 등 6개 범주로 나뉜다.

(1) 기회

기회란 상품이나 서비스와 다르게 무형의 급여이다. 다소 막연해 보이지만, 매우 중요한 의미를 갖는다. 시민의 권리나 특별한 기회를 통해 동기를 부여하기 때문이다. 예를 들면 저소득자들에게 영구임대아파트 입주기회를 제공한다든지, 장애인에 대한 기업의 의무고용이라든지, 농어촌 등 지역출신 학생들이나 소수인종에게 대학입학정원을 따로 배정하는 등이 있다.

노동시장의 경쟁에서 불리한 것을 제거함으로써 불이익집단에게 진학, 취업, 진급 등 유리한 기회를 주어 소득을 높이려는 것이다. 그러나 다른 급여의 혜택을 받도록 이끌어줄 뿐 직접적으로 소득효과를 높이지는 않아 효과가 미약하다.

(2) 현물

현물은 음식, 의류, 주택, 에너지 등과 같은 구체적 생활필수품이나 의료, 교육을 말한다. 공공부조의 경우 쌀이나 의복 등의 현물로 제공되는 경우가 많다.

현물의 장점은 직접적으로 목표를 달성할 수 있어 효율성이 높다. 영양상태를 개선하기 위해 직접 음식을 제공하면 그 효과를 분명하게 볼 수 있다. 하지만 단점은 빈민의 공공주택이 슬럼화되는 것처럼 상승되는 욕구를 충족시키기에 부족하거나 수치심을 준다.

(3) 서비스

서비스는 상담, 사례관리, 직업훈련, 재가복지 등 보호해야 할 사람의 이익을 위해 제공되는 것을 말하는 것으로 직접적으로 시장가치를 부여하지는 않는다.

(4) 증서

증서는 교환가치를 가진 것으로 다른 자원으로 교환할 수 있는 급여의 형태이다. 다른 상품이나 서비스로 교환할 수 있는 것을 말하며, 소비자주권도 보장하면서 사회적 통제도 가능하다는 이점이 있다. 예를 들면 식품권 같은 경우가 대표적이다.

증서는 현물과 현금의 중간 성격을 갖고 있어 양자의 장점은 살리고, 단점은 줄일 수 있다.

(5) 현금

현금은 가장 강력한 소비자 선택의 권리를 부여하며 보편적 교환가치를 가지고 있다. 공공부조, 아동수당, 사회보험의 보험금 같은 현금급여가 대표적이다. 세금감면도 간접적으로 현금급여를 제공함으로써 개인과 가족의 구매력을 증가시킨다.

(6) 권력

권력은 정책결정에 대한 권한을 특정 집단에게 양도함으로써 상품과 자원을 관할할 수 있는 영향력을 재분배시킨다. 비록 권력이 현금이나 카드처럼 쓰여질 수는 없으나 상품, 서비스, 기회 형태의 하나로 급여보다는 더 폭넓게 사회, 경제적 자원을 관할할 수 있다. 그래서 유동적 교환가치를 지니고 있다고 말한다. 대표적인 예가 지역사회 운동프로그램이다. 지역사회의 다양한 사회복지프로그램의 정책결정과정에 복지이용자들을 참여시켜 이들의 이익을 반영토록 한다.

3. 재 원

사회복지정책을 성공시키려면 재원이 충분해야 한다. 공공부조, 사회보험을 포함하는 사회보장제도와 사회복지서비스정책 등을 추진하려면 재원이 필요하다. 게다가 고령인구의 증가, 가족해체나 가족형태의 변화 등의 인구학적 변화와 이에 따라 수반되는 다양한 사회적 욕구 증가는 모두 비용의 증가를 동반한다.

안정적 재원확보는 우선 계층간, 이익집단간의 합의가 전제되어야 한다. 세원의 확보와 형평성 있는 과세, 효율적 사회보험 재정의 운영, 공공과 민간부문의 파트너십 강화도 중요한 요소다. 남북통일을 대비한 재원확보는 매우 중요한 과제로 대두되고 있다.

1) 공공부문의 재원

공공부문의 재원은 정부의 세금으로 구성되는 일반 예산, 사회보험료와 같은 사회보장성 조세, 그리고 각종 조세감면조치에 해당되는 조세지출의 세 가지로 나눌 수 있다.

(1) 조 세

조세는 국가에 의해 개인과 법인에 강제적으로 부과되는 일종의 부담금이다. 서구에서는 사회복지정책에 충당하는 재원의 상당부분을 조세에 의존한다. 독일은 사회복지부문에 지출되는 총비용의 95% 이상이 조세로 구성된다.

조세는 목적에 따라 일반세와 특수세로 구분되며, 납부방법에 따라 직접세와 간접세로 구분된다. 또한 부과대상에 따라 소득세, 재산세 및 소비세 등으로 구분되기도 한다.

소득세는 개인의 소득을 과세기준으로 삼아 부과하는 조세로, 소득재분배 효과가 가장 큰 재원이다. 스웨덴은 가장 높은 개인소득세율을 내는데, 70%를 부과한다. 법인세는 기업을 하나의 법인으로 간주하고, 이 법인에 대해 과세하는 조세이다. 소비세는 대표적 간접세로 재화 및 용역의 생산, 판매, 소비과정에 부과되는 세금이다. 소득세는 가계수입 원천에 대해 과세하는 것이고, 소비세는 가계소득 사용과정에 과세한다. 소비세에는 일률적으로 모든 재화와 용역에 부과하는 조세로 일반 판매세와 부가가치세가 있고, 특정 재화와 용역에 대해 선별적으로 부과하는 개별 소비세가 있다. 주세, 전화세, 관세 등이 개별 소비세에 포함된다. 재산세는 개인이 소유하는 재산의 가치에 부과되는 조세로 소득세를 보완하는 기능을 하며 지방세가 이에 속한다.

(2) 사회보험료

국민연금, 산재보험, 고용보험, 국민건강보험 등 사회보험료는 일반예산에 포함되지 않지만, 사용자나 피고용자들에게 강제로 부과하여 일종의 세금기능을 한다. 또 사회보험은 사회적 위험에 직면하여 소득이 상실되거나 감소될 때 이전의 소득을 유지하고자 하는 목적을 갖고 있기 때문에 사회보장성 조세라고도 불린다.

사회보험료는 권리로 생각하여 일반 예산을 통해 사회보장급여를 받는 것보다 더 선호하는 경향이 있다. 그러나 역진성이 강하다는 단점이 있다. 모든 소득계층에 동일한 비율로 부과되어 저소득층의 부담률이 높다. 4대 보험의 미가입자들이 25~40% 정도 되며, 가입하더라도 연체되는 경우가 많아지고 있다.

(3) 조세지출

조세지출은 납부해야 할 세금을 감면시키거나 면제시킴으로써 사회복지정책을 간접적으로 지원하는 방법이다. 예를 들면 사회복지기관에 기부금을 내면 개인의 소득에서 감면시켜 세금을 환급시켜주는 방법이다. 아동이 있는 가족에게 아동수당을 주는 대신에 아동이 있는 가족이 부담하는 조세에서 그만큼 면제시켜주거나 노인부양가족들로부터 세금을 적게 거두어 가계소득의 일부를 아동이나 노인을 부양하는 데 사용하도록 하는 것이다.

2) 민간부문의 재원

사회복지정책에 사용되는 민간부문 재원은 이용자부담, 자발적 기여, 기업복지, 그리고 비공식부문이 있다.

(1) 이용자부담

이용자부담이란 일정한 금액을 본인이 부담하면서 사회복지서비스를 받는 것을 말한다. 이는 몇 가지를 의미한다. 첫째, 공적 재정방식을 통해 급여를 받을 경우 종종 과장된 수요를 표현하게 될 가능성이 있다. 예를 들어 의료서비스의 경우 전액 무료로 제공된다고 할 경우 남용될 가능성이 많다. 일정한 금액의 이용자 부담을 제도화함으로써 과도한 정부 부담을 막고, 의료서비스의 남용을 막을 수 있다. 둘째, 자신이 원하는 서비스를 선택하게 함으로써 서비스의 질적 향상을 도모할 수 있다. 셋째, 심리적으로 자기존중감을 갖게 되고 나아가 사회적 책임감을 갖게 된다. 넷째, 보육서비스나 노인보호서비스 등 특정한 계층의 잔여적 욕구를 충족시키기 위해 공적 재정을 보편적으로 할당하는 것은 납세자들로부터 합의를 얻어내기 힘들다. 따라서 이용자부담이란 서비스의 공급을 민영화하고자 하는 정치적 의도와 관련이 깊다.

하지만 문제점도 동시에 제기된다. 첫째, 사회보장세와 마찬가지로 역진적이어서 저소득층의 부담이 상대적으로 많아져 소득 재분배에 배치되는 면이 있다. 그래서 소득과 연동하여 이용료를 부과하는 방식을 사용하기도 한다. 둘째, 이용자부담 액수가 크지 않더라도 저소득층에게 부담이 되어 필요한 서비스의 이용이 억제될 수 있다(양정하 외, 2004).

(2) 자발적 기여

자발적 기여는 개인, 재단, 기업 그리고 유산으로 이루어지는 것으로 개인에 의한 기여가 가장 크다. 시민의 자발성을 통해 형성되고 발달했는데, 미국의 경우 총 사회복지 지출 중 민간부문의 지출이 40%에 육박한다. 하지만 자발적 기여의 가장 큰 문제점은 자발적 기여에 의한 재원이 불안정하다는 것이다. 경제상황이 나쁘면 소득이 줄거나 관심에 따라서 바뀌기 때문이다.

(3) 기업복지

기업주들이 노동자들의 복지향상을 위해 지출하는 것을 말한다. 기업연금, 기업의료보험을 포함해 자녀 학비보조, 사원주택, 직장 보육 프로그램 등 다양한 수당들이 있다.

우리나라에서는 국가의 역할을 기업에게 넘겨 기업복지를 중심으로 진행했다. 그러다 보니 대기업과 중소기업 간의 격차가 큰 상황에서는 임금격차 외에 기업복지 격차로 노동자간 격차가 더 심해지고 있다. 대기업, 공기업, 공무원 등과 비교해서 기업복지 재정이 탄탄하지 못한 중소기업, 영세기업, 비정규직노동자들은 오히려 소득재분배측면에서 격차가 심화되고 있다.

(4) 비공식부문 재원

비공식부문의 재원은 사회의 사회적, 문화적 관습과 규범에 의해 유지되는 것으로 가족, 친척, 이웃 등이 재원을 제공한다. 이는 특히 아동보호나 노인부양 재원에서 나타난다.

비공식부문은 복지욕구를 빨리 해결한다는 점, 국가복지보다 더 질 높은 서비스가 이뤄진다는 점 등의 장점이 있지만, 많은 사람들의 복지욕구가 비공식부문만으로 해결되지 못하는 한계가 있다.

■ 함께 생각해봅시다.

1. 길버트(Gilbert)가 제시하는 사회복지정책의 분석틀 네 가지는 무엇인가?

2. 증서는 현물급여와 현금급여의 장단점을 어떻게 잘 살려 이상적 속성을 갖게 되었는가? 그리고 그럼에도 불구하고 대부분의 복지국가에서 증서를 주요한 급여형태로 사용하지 않는 이유는 무엇인가?

3. 급여대상자 선정시 사회복지사나 의사, 행정관료의 전문적, 행정적 판단은 어떤 유의미성이 있는가? 그리고 현실에서 이런 판단이 소극적이고 방어적으로 사용되는 까닭은 무엇인가?

4. 소득, 자산조사의 문제점은 낙인과 수치심인데, 이를 줄이면서도 시행할 수 있는 방안을 모색해보자.

5. 사회보장세를 포함하여 총 조세부담률은 나라마다 다르지만, GNP의 50%를 넘는 국가와 30% 수준에 있는 국가들은 국민소득수준이 매우 높다. 우리나라는 30%대를 넘지 못하고 있는데, 이를 확대하기 위해서는 어떤 조건들이 구비돼야 하는가?

6. 민간부문의 재원 중 자발적 기여를 확대하기 위한 방안에는 무엇이 있는가?

7. 양극화 대책으로 재원확보 필요성이 제기되면서 증세 논란이 거듭되고 있다. 이 정책이 설득력을 가지려면 어떤 조건들이 충족되어야 하는가?

제 4 장

사회복지정책의 전달체계

1. 사회복지 전달체계의 역할

사회복지 전달체계란 서비스 공급자들 사이 또는 공급자와 복지이용자 사이에 존재하는 조직체계로서, 복지정책을 집행하는 모든 과정을 말한다. 서비스공급자는 크게 중앙정부와 지방자치단체, 그리고 민간기관이다. 정부와 지자체가 하는 사회복지의 집행을 공공복지 전달체계라고 하고, 개인이나 비영리단체 및 기업과 같은 민간부문이 주체가 되어 행하는 비정부 사회복지활동을 민간복지 전달체계라고 한다.

1) 복지 전달체계의 주요원칙

공공과 민간의 사회복지 전달체계는 사회복지 급여를 복지이용자에게 효과적으로 전달하는 것을 목적으로 한다. 따라서 전달체계간에는 여러 가지 원칙이 있지만, 여기서는 공통적인 여섯 가지만을 살펴보도록 한다.

(1) 통합성

상호복합적 문제를 해결하기 위해서는 서비스가 통합적이어야 한다. 예를 들어 어린이집에 아이를 맡기고 있는 알코올중독증에 걸린 여성가장이 있다고 가정할 때, 어린이집과 알코올재활치료, 자활센터에서의 직업훈련프로그램 등이 각기 다른 지역에 위치하고, 다른 스케줄에 의해 운영되면 단편성의 문제가 제기된다. 공공부조 중 가장 많은 업무의 하나인 기초생활수급자 업무도 마찬가지다. 조건부수급자의 경우 고용과 관련된 서비스 없이는 상담이 어려운데, 고용관련 업무가 노동부로 이원화되어 있기 때문에 서비스 연결이 현실적으로 불가능하다.

따라서 서비스가 한 장소에서 모두 이루어지는가, 기관이 그들의 활동을 조화시키기 위해 노력하는가, 한 기관에서 이루어진다 하더라도 상호연계와 협조가 되는가 등 유기적 통합성을 확보하는 것이 매우 중요하다. 그런 차원에서 보면 앞의 예처럼 고용서비스와 복지통합은 시급하다. 상호의존적인 이 2대 요소가 결여된 서비스 전달은 부분적이고 불완전할 수밖에 없다. 뿐만 아니라 보건과 복지의 부분적 연계로는 통합성을 확보했다고 할 수 없다. 보건, 복지, 고용, 문화, 교육, 생활체육, 안전, 주거 등을 제공하는 중앙부처간, 중앙부처와 지자체간, 사업별 연계 역시 중요하다(이태수, 2005).

(2) 지속성

지속성은 서비스의 관계망 속에서 일어나는 흐름을 막는 장애물이나 한정된 자원으로 복지이용자의 욕구를 충족시키는 과정에서 생겨나는 격차를 제거하는 것을 말한다. 즉, 의사소통과 의뢰의 경로가 적절한가 하는 것이다. 예를 들어 직업훈련프로그램이 취업알선프로그램과 잘 연계되어 있지 않다면 직업훈련을 통한 소득 증대의 목표를 달성할 수 없을 것이다. 따라서 복지이용자의 문제를 전반적으로 잘 파악해서 필요한 서비스를 연결하고 사후 확인하는 절차와 방법을 취해야 한다. 이 경우 사례관리방법을 활용하면 유용하다.

(3) 접근 용이성

접근성은 복지이용자가 서비스망 안에 들어가는 데 장애가 없도록 하는 것이다. 접근의 장애에는 서비스에 관한 정보의 결여 또는 부족, 지리적 장애, 심리적 장애, 선정절차상의 장애, 자원 부족 등이 있다. 또한 소득, 연령, 성공의 잠재능력 등에 따라 서비스이용에 제한을 둔다면 접근성의 장애, 즉 비접근성이라 할 수 있다.

(4) 책임성

책임성은 국민의 생존권, 시민권, 사회권, 인권 등으로 인정한 사회복지서비스를 전달하도록 위임받는 조직이므로 사회복지서비스의 전달에 책임을 다해야 한다. 주요 내용은 복지이용자의 욕구가 적절한가, 복지이용자의 욕구에 적절히 대응하고 있는가, 서비스 전달체계의 전달과정이 적합한가, 서비스가 효과적이고 효율적인가, 서비스 이의제기는 적합한가 등이다. 특히, 의사결정자가 복지이용자의 욕구와 이익에 무감각하고 무책임한지, 복지이용자가 전달체계상의 어려움을 겪고 있지만, 이를 개선할 수단이 없다면 비책임성이 존재하게 된다.

(5) 전문성

사회복지서비스의 대부분은 헌신적 자세, 경험, 교양과 상식만 있으면 누구나 할 수 있는 것으로 잘못 인식되어 있다. 하지만 국가나 전문직업단체의 시험이나 자격심사를 통해 객관적으로 인정된 사람이 해야 전문적 업무를 수행할 수 있는 자율적 결정권 및 책임성을 발휘할 수 있다. 최근 몇 년 동안 노동조합에 복지업무를 담당하는 전문가들이 늘고 있다. 조합원들의 복지관련 정책이나 상담 등을 수행하기 위해서 교육도 받고 자격도 갖추기 시작한 것이다. 사람들이 많은 집단에는 다양한 욕구가 있고, 문제가 발생한다. 따라서 병원, 학교, 군대 등의 집단 내에 사회복지사를 두어 집단 내의 문제와 욕구, 상담 등을 일상적으로 처리, 예방할 수 있는 시스템을 갖추는 것이 필요하다. 물론

업무의 성질상 전문성이 크게 필요하지 않는 일은 자원봉사자가 담당하고, 비숙련업무 및 일반 행정업무도 마찬가지다. 외국의 경우 전문가들로 이뤄진 자원봉사조직이 잘 짜여져 있다.

그러나 무엇보다도 자격을 갖춘 전문가들과 정규적인 자원봉사자의 재훈련이 중요하다. 교육, 연구, 상담, 현장조사 등 다양한 재훈련시스템으로 전문성을 강화해야 한다.

(6) 포괄성

욕구는 다양할 뿐 아니라 다른 여러 가지 문제와 연관되어 있다. 다양한 욕구 또는 문제를 동시에 혹은 단계적으로 해결하기 위해서는 다양한 서비스가 필요하다. 예를 들어 저소득층 소득보장의 문제는 경제적 지원뿐만 아니라 직업훈련, 취업알선, 행동개선, 질병치료, 가족문제 등과 다양하게 얽혀 있기 때문에 다양한 서비스가 필요하다. 이를 위해 한 사람의 전문가가 여러 문제를 다루거나, 아니면 각기 다른 전문가가 협력해서 포괄적 서비스가 실시되도록 해야 한다.

2) 복지 전달체계의 개선 흐름

현행 복지 전달체계는 심각한 도전에 직면해 있다. 인원충원이 계속되고 복지예산 지출이 폭증하고 있는데도 피부로 느끼는 복지서비스가 없다는 비판이 제기된 지 오래다. 원래 복지서비스 전달체계는 통합되고, 연속적이며 접근성이 높고 책임성이 강한 것이 이상적이다. 이를 위해 중앙정부와 지자체, 공공과 민간기관 사이의 권한을 나눠 조정능력을 높이면서, 의사소통을 원활히 하며, 서비스에 대한 새로운 수단을 만들고 기존의 서비스 노력을 강화해야 한다. 또 복지이용자의 참여를 확대하고, 그들의 의사결정 기회를 높여야 한다. 외국도 복지 전달체계 개선에 관해 많은 노력을 기울이고 있다. 길버트와 테렐(Gilbert & Terrell, 2002)이 제시하는 전략을 살펴보면 다음과 같다.

(1) 정책결정 권한과 통제

① 조정

조정은 사회복지서비스의 통합성과 포괄성을 발전시키기 위한 전략이다. 조정에는 집중화, 연합, 사례별 협력 등 세 가지가 있다.

집중화란 가장 강력한 조정의 형태로, 대표적인 예가 1970년 영국의 '지방정부·사회서비스법'이다. 지방정부의 아동복지, 지역사회개발서비스, 가정지원서비스, 기타 사회복지업무의 부서와 직원을 하나로 통합하여 만든 것이다. 하지만 부작용도 크다. 의사결정과정을 단순화함으로써 복지이용자와 의사결정자 간의 관계를 소원하게 하거나 기관과 조직 간, 기관과 기관 간의 갈등을 심화시킬 수가 있다.

연합이란 서로 다른 기관들의 자원을 지리적으로 집중화하되 기관을 행정적으로 통합하지는 않는 것을 말한다. 연합은 제휴나 연결망하고는 다르다. 공식적 협력관계를 구축하여 일부 의사결정 권력을 공유하거나 변경시킬 수 있는 것을 말한다(원석조, 2003). 책임을 공유하고, 프로그램을 교환하며 공통의 복지이용자에 대해서 지원기금을 통합운영하고, 직원훈련도 함께 하는 것 등을 뜻한다. 1980년대 이후 미국의 정신보건서비스부서와 아동복지서비스부서 간의 연합이 대표적인 예이다.

사례별 협력은 낮은 수준의 조정이라고도 하는데, 일선의 사회복지사들끼리 연계망을 만들어 서로 협력하는 것을 말한다. 몇 개의 다른 기관으로부터 원조를 요구하는 복지이용자들에게 서비스를 계획하고 전달하는 것으로, 사례관리가 대표적인 예이다.

② 시민참여

시민참여는 사회복지전문가의 선의와 관료적 합리성만으로는 복지이용자의 요구충족이 완전히 보장되지 않는다는 전제에서 출발한다. 전문직이나 관료조직은 그 자체의 이익과 목적을 추구하기 때문이다.

하지만 시민참여가 복지이용자에게 더 큰 도움을 준다는 가정은 시민참여가 '공익'이라는 민주주의의 가치에 입각해서, 민주적으로 결정한다는 전제가 있는 것이다. 여하튼 시민참여는 치료나 교육에 참여하는 비분배적 참여와 의사결정과 서비스 전달체계에 실질적 영향을 미치는 재분배적 참여, 의사결정과정에 참여하는 정상적 참여 등으로 나눌 수 있다.

(2) 조직구성의 변화

① 접근구조의 전문화

접근구조의 전문화란 전달체계의 권한이나 역할 등 권위관계를 변화시키는 것이 아니라 복지이용자가 전달체계에 보다 쉽게 접근할 수 있도록 돕는 전문기구를 새로이 만드는 것을 말한다. 즉, 복지이용자의 권익보호, 조언, 정보, 후송서비스 등을 전문적으로 제공하는 기관을 구조적으로 첨가하는 것이다.

이런 조직의 출현 전략은 서비스의 분열과 복잡성을 가져올 수도 있지만, 관료주의의 폐단을 극복하고 복지이용자를 옹호하며 조언하고 정보와 민원서비스를 제공할 수 있다.

② 의도적 중복

의도적 중복은 전달체계에서 이용가능한 서비스를 중복해서 제공하는 것을 말한다. 경쟁과 분리를 통해서 복지이용자의 선택을 증가시키기 위한 것이다. 하지만 비용이 많이 드는 단점이 있다.

경쟁은 복지이용자와 자원을 두고 기존의 기관과 경쟁하도록 중복되는 기관을 새로 만드는 것을 말하는데, 이런 경쟁을 통해서 복지이용자의 선택권 증가뿐만 아니라 기관과 전문가들을 활성화시키고 창조적 노력을 기대할 수 있다. 하지만 주도권을 둘러싸고 갈등이 야기될 수도 있다.

분리는 기존의 전달체계에서 전혀 서비스를 받지 못하거나 낮은 서비스를 받는 불이익집단, 즉 민족, 인종, 성별, 혹은 낮은 사회적 지위로 인한 집단들에게 기존의 전달체계 외부에 새로운 기관을 조직하는 것이다. 예를 들어 외국인 노동자나 장애인, 미혼모들은 언어적, 인종적, 사회편견 등으로 인해 서비스를 일반인과 함께 받기 어렵다. 따라서 이들을 대상으로 따로 서비스를 제공할 필요가 있다.

③ 업무배치의 재조직화

과업이나 업무를 수행하는 데 인간연계가 필요할 경우 비전문가이지만 사회계급, 계층 간의 중재기능을 할 수 있는 역할을 부과하는 전략이다. 이를 역할 연결, 역할 부과라고 한다.

또한 종종 사회복지사들은 행정조직의 요구와 복지이용자의 요구 사이에서 도덕적 딜레마에 빠지는 경우가 있다. 이 경우 서비스 전달을 확대하기 위해서는 기관의 관료조직을 개혁해 더딘 관료에서 기업가로 그 역할을 바꾸는 것이 필요하다. 미국에서 자주 나타나는 업무배치의 재조직화는 전문가의 분리, 철수라고도 한다. 미국에서는 개인영업으로 사회복지사의 전문성을 증가시키고 급여전달의 효과성을 높이는 사례가 적지 않다. 그러나 전문가의 분리는 현실적으로 효율성과 합리성을 확보하는 것 못지 않게 새로운 복지문제를 만들어 낼 수도 있다.

2. 공공복지 전달체계와 민간복지 전달체계

1) 공공복지의 전달체계

공공복지의 핵심은 사회보험과 공공부조이다. 노동부가 시행하는 산재보험과 고용보험, 보건복지부가 시행하는 국민연금과 국민건강보험, 2008년 7월에 전국적으로 실시되는 수발보험(노인요양보험)이 5대 사회보험이며, 공공부조로는 기초생활보장제도가 핵심이다.

개인별 사회서비스는 지방정부가 주체가 되어 시행하는 아동복지, 장애인복지, 노인복지, 여성복지 등을 의미한다. 이 밖에 주거복지와 교육복지가 있다.

(1) 중앙부처

한국의 공공복지 전달체계는 보건복지부가 사업별로 사업지침과 예산을 책정하고 행정자치부의 시, 도, 시, 군, 구, 읍, 면, 동 등의 행정조직을 통해 집행되는 이원화된 구조로 되어 있다. 최근 분권화에 따라 이런 체계가 변화되고 있는데, 일부 기능과 예산의 경우 지방에 이양해 지자체가 자기 실정에 맞는 복지계획을 수립하고 집행하도록 한다. 반면에 참여정부에서는 공공복지 전달체계의 통합강화 필요성 여론과는 정반대로 보육을 비롯해 여성, 가족복지 관련 업무의 상당부분을 여성가족부가 담당토록 했다. 또 농림부, 교육부 등 정부관련 부처의 복지정책도 확대되는 실정이다. 따라서 중앙부처의 전달체계가 이원화, 중층화되는 모순이 심화되고 있다.

중앙부처인 보건복지부는 사회복지에 관한 전반적 정책을 결정하고 사회지침을 정하는 기능을 수행한다. 이 밖에 사회보험에 관해서는 복지부와 노동부 산하의 공단이 지부형태로 관할한다. 국민연금은 보건복지부 산하의 국민연금관리공단이, 국민건강보험은 국민건강관리보험공단이 관할한다. 또한 산재보험과 고용보험은 노동부 산하의 근로복지공단이 관할한다.

〈표 4-1〉 사회복지서비스 및 담당 행정부서

<table>
<tr><th></th><th colspan="2">구체적 프로그램</th><th>관 련 법</th><th>관할 부서</th></tr>
<tr><td>공통</td><td colspan="2">없 음</td><td>사회보장기본법</td><td>복지부</td></tr>
<tr><td rowspan="8">사회보험</td><td rowspan="4">연금보험</td><td>- 국민연금</td><td>국민연금법</td><td>복지부</td></tr>
<tr><td>- 공무원연금</td><td>공무원연금법</td><td>행자부</td></tr>
<tr><td>- 사립학교 교원연금</td><td>사립학교 교원연금법</td><td>교육부</td></tr>
<tr><td>- 군인연금</td><td>군인연금법</td><td>국방부</td></tr>
<tr><td rowspan="2">의료보험</td><td>- 공무원</td><td>의료보험법</td><td>복지부</td></tr>
<tr><td>- 사립학교 교직원</td><td>국민의료보험법</td><td>복지부</td></tr>
<tr><td colspan="2">산업재해보험</td><td>산업재해보상보험법</td><td>노동부</td></tr>
<tr><td colspan="2">고용보험</td><td>고용보험법</td><td>노동부</td></tr>
<tr><td rowspan="5">공공부조</td><td colspan="2">생활보호</td><td>국민기초생활보장법</td><td>복지부, 행자부</td></tr>
<tr><td colspan="2">의료보호</td><td>의료보호법</td><td>복지부, 행자부</td></tr>
<tr><td colspan="2">보훈급여</td><td>국가유공자 등 예우 및 지원에 관한 법률
일제하 일본군 위안부에 대한 생활안정 지원법</td><td>보훈처, 행자부
보훈처, 행자부</td></tr>
<tr><td colspan="2">재해구호</td><td>재해구호법
의사상자 예우에 관한 법률</td><td>복지부, 행자부
복지부, 행자부</td></tr>
<tr><td colspan="2">갱생보호</td><td>갱생보호법
독립유공자예우에 관한 법률
북한이탈주민의 보호 및 정착 지원에 관한 법률
보훈기금법</td><td>법무부
보훈처
통일원
보훈처</td></tr>
</table>

〈표 4-1〉 계속

	구체적 프로그램	관련법	관할 부처
사회서비스	공통/총괄 사항	사회복지사업법, 사회복지공동모회법 기부금품모집규제법 국민건강증진법 공익법인의 설립, 운영에 관한 법률 보조금의 예산 및 관리에 관한 법률	복지부 행자부 복지부 정부부처 전체 재경원
	가족복지	가정폭력방지 및 피해자 보호 등에 관한 법률 성폭력범죄 처벌 및 피해자 보호 등에 관한 법률 가정폭력범죄의 처벌 등에 관한 특례법	여성부 여성부 법무부, 법원
	아동 및 청소년복지	아동독지법, 입양특례법 입양촉진 및 절차에 관한 특례법 영유아보육법 유아교육진흥법 보호시설에 있는 고아의 후견 직무에 관한 법률 청소년기본법 청소년보호법	복지부 복지부 여성부 교육부 복지부 문화관광부 국무총리실
	장애인복지	장애인복지법 장애인고용촉진 등에 관한 법률 특수교육진흥법 장애인, 노인, 임산부 등 편의증진 보장에 관한 법률	복지부 노동부, 복지부 교육부 복지부
	노인복지	노인복지법 고령자고용촉진법	복지부 노동부, 복지부
	여성복지	윤락행위 등 방지법 성폭력범죄의 처벌 및 피해자보호 등에 관한 법률 여성발전기본법	여성부, 행자부 여성부, 법무부 여성부
	모자복지	모자기본법 모자보건법	복지부, 여성부 복지부
	교정복지	보호관찰법, 사회보호법	법무부
	정신보건 복지	정신보건법	복지부

출처: 최성재 · 남기민(2000) 수정.

(2) 지방자치체

특별시, 광역시, 도의 광역자치단체와 시, 군, 구의 기초자치단체는 보건복지부의 정책과 지침을 집행하는 기능을 수행한다. 그리고 읍, 면, 동에 근무하는 사회복지 전문공무원이 공공부조의 중심적 전달체계이다. 그러나 2005년부터 중앙정부의 일부 복지사업과 예산이 지방정부에 이양되면서 지자체의 자율적 기능이 강화되고 복지기획과 복지계획의 수립과 집행이 가능해지기 시작했다.

하지만 광역단체의 경우는 공공복지의 전달체계가 광역단체마다 달라 환경복지국, 여성복지국, 사회복지국 등 다양한 이름으로 분산되어 담당하고 있으며, 기초자치단체에서도 사회환경국, 사회복지국, 여성

〈표 4-2〉 사회복지전담공무원 현원 및 담당 수급가구 수

	현 원	시 도	시구군	읍면동	담당가구/1인
전 국	7,102	33	1,255	5,814	129
서 울	844	0	174	670	127
부 산	541	4	122	415	142
대 구	328	0	43	285	129
인 천	310	5	45	260	113
광 주	206	0	46	160	142
대 전	180	0	12	168	109
울 산	82	3	31	48	185
경 기	979	3	176	800	124
강 원	328	3	112	213	156
충 북	264	4	35	225	126
충 남	438	2	94	342	122
전 북	554	1	56	497	114
전 남	749	5	82	662	114
경 북	655	2	105	548	158
경 남	543	1	109	433	128
제 주	101	1	12	88	118

* 담당가구/1인은 읍·면·동 배치 사회복지전담공무원 1인당 기초보장수급자 수를 의미함.

출처: 빈부격차차별시정위원회(2005b) 자료.

〈표 4-3〉 인구대비 공무원 수

구분	한국	일본	영국	호주
인구 수	48,199,000	127,546,000	59,164,000	19,880,000
복지분야 공무원 수	7,102	59,734	175,543	24,640
1인당 담당 인구	6,786	2,134	337	806

출처: 한국 - 보건복지부(2004b), 일본 - 일본전국사회복지협의회(2001),
영국 - DOH(2003), 호주 - 센터링크 인력(2002).

가정국 등 다양한 부서에서 이를 담당한다. 이런 일관성 없는 조직이 나온 까닭은 중앙부처의 복지업무가 보건복지부 외에 노동부, 교육부, 행정자치부 등으로 분산된 데다가 여성부 신설로 분산, 중층구조가 더욱 심화됐기 때문이다.

뿐만 아니라 지방정부의 공공복지 전달체계는 사회복지 전담조직으로 볼 수 없을 정도로 사회복지 전문인력이 아닌 일반 행정직이 조직 상위 부서에 배치되어 있다. 사회복지 직렬화가 법령상으로는 5급에서 9급까지 실시하도록 되어 있으나 그동안 7급에서 9급까지 배치됐다가 2005년도부터 6급까지 실시되어 현재는 6급에서 9급까지 직렬화되어 있다. 대부분 읍, 면, 동 등 일선 사무소에 배치되어 있지만 복지업무 전업화는 아직도 실행되지 않고 있다.

2) 민간복지의 전달체계

민간복지는 개인이나 비영리 사회단체 및 기업과 같은 민간부문이 주체가 되어 행하는 비정부 사회복지활동을 말한다. 정부의 활동이 아닌 비정부기구라는 의미에서 NGO(*Non-Governmental Organization*)라는 이름으로 널리 쓰여지고 있으며, 대부분 비영리적으로 활동하기 때문에 비영리단체 등과 같이 쓰이고 있다.

(1) 민간복지법인과 단체

사회복지영역에서 민간부문 활동은 몇 가지 특징을 갖고 있다. 그 첫 번째는 사회행동 지향적이기보다는 사회서비스적으로 발달한다는 것이다. 이는 새로운 욕구와 문제에 대해 즉각적으로 조치를 취하고 창의성과 융통성을 발휘할 수 있는 장점을 갖고 있다. 최근에는 사회단체들처럼 인권옹호, 생존권 보장운동과 같은 사회행동 지향적 사회복지운동이 증가하는 추세다.

두 번째는 재정 불안정으로 서비스의 지속성을 보장하기 어렵다는 점이다. 대부분의 복지국가는 민간부문에서 재원과 운영을 모두 책임지고 제공하는 경우는 매우 드물다. 따라서 정부와 민간단체의 관계 속에서 완전 민간부문보다는 혼합 형태가 더 많다. 즉, 사회복지서비스는 민간부문이 제공하되 그 재정적 지원은 중앙정부 혹은 지방정부가 여러 가지 조건을 붙여 담당한다. 정부가 재정을 지원할 때 민간부문이 수급자 대상, 서비스 형태, 프로그램 내용 등을 규제하기도 한다. 이는 민간에게 위탁하는 방법, 역할을 나누어 담당하는 방법, 민간에게 전적으로 맡기는 방법 등에 따라 내용이 다소 차이가 난다.

민간에게 위탁하는 방법은 정부가 재원을 마련하여 정책을 수립하고, 재원을 제공하면서 그 운영을 민간에게 위탁하는 경우이다. 인가된 사회복지기관, 사회복지시설 등과 같이 최근 사회복지서비스를 제공하는 경우가 이에 해당된다.

정부와 민간이 역할을 나누는 방법에는 대상 혹은 분야를 구분하여 어떤 대상과 영역은 정부가 담당하고 다른 대상과 영역은 민간이 담당하도록 구분하는 것이다. 사회복지서비스를 정부가 관여하지 않고 전적으로 민간에게 맡기는 경우에는 비인가 사회복지시설이나 단체들이 이에 속한다. 최근에는 위탁이나 계약의 형태가 많고, 역할분담이나 민간에게 전적으로 맡기는 경우는 매우 드물다.

(2) 민영화

민영화란 공공기관이 운영하던 사회복지서비스를 민간기관에게 이양하는 것으로 위탁과 매각이 있다. 위탁은 정부가 계속 소유하거나 궁극적으로 운영의 책임을 질 필요성이 있다고 판단해 운영만을 민간기관에게 맡기는 경우이다. 이와 달리 매각은 민간이 대체할 수 있다는 판단하에서 민간에 매각함으로써 민간 소유의 기업으로 바꾸는 것이다.

민영화는 1980년대 이후 영국과 미국에서 광범위하게 이루어진 것으로 자유시장 이데올로기의 확산과 시민참여 확대라는 두 가지 요인의 영향을 받았다(원석조, 2003). 따라서 민영화는 시장에서의 경쟁을 지지하는 입장과 관료제의 약점을 비판하는 입장 모두에게서 지지를 받고 있다. 하지만 경쟁적 시장은 비용효과적 접근을 가능하게 하는 측면을 지니고 있지만, 사회복지서비스영역에서도 과연 그러한 결과가 나올 것인지는 의문이다. 즉, 비용을 서비스 제공자와 이용자가 부담해야 하는데, 이 경우 고비용의 문제, 위탁관리의 유착문제 등이 나타날 수 있다.

뿐만 아니라 지역간 차별과 불평등으로 인한 문제를 해결하기에는 민영화는 바람직하지 않다는 견해도 있다. 지역책임성, 지역자원의 빈곤 등의 문제를 풀기에는 지역단체의 건설적 참여가 적기 때문이다.

사회복지의 민영화와 더불어 종교단체의 역할이 크게 부각되었다. 종교단체가 보유한 인적, 물적 자원이 운영의 인프라가 될 수 있고, 신뢰할 만한 집단이라는 점 때문이다. 하지만 종교기관들간의 경쟁, 종교기관이라도 모두 신뢰하기 어려운 문제, 사회복지와 종교문제를 조화롭게 구별, 통합시키기보다 종교에 복지를 귀속시키는 수단으로 전락하는 문제 등이 있다.

(3) 상업화

그 동안 사회복지영역은 비영리영역으로 배타적 영역이었다. 그러나 최근 들어 영리기관의 참여가 늘어나면서 상업화 경향도 나타나고 있다. 한국은 미국과 달리 상업화분야가 다양하지 못한데, 사회복지의 윤리와 이윤추구라는 요소가 도덕적으로 잘 조화되지 않아 더욱 더딘 상황이다.

하지만 한국에서는 장애시설, 노인시설 등 시설서비스 공급이 저조한 영역에서 비인가 시설의 형태로 상업화 시설들이 존재했고, 그간 인권 사각지대로 많이 거론되었다. 최근 무면허, 비인가 시설에 대한 집중 단속과 양성화 계획으로 합법적 시설로 전환되는 상황이다.

또한 한국에서는 중상층 노인들을 대상으로 하는 실버타운 등 사회복지영역이 상업화된 상태다. 질 높은 서비스를 제공받으려는 요구가 있을 경우에는 상업화에 대한 분야도 고려해보아야 할 문제이다.

3. 사회복지 전달체계의 문제점과 개혁방향

어느 나라를 막론하고 사회복지 전달체계는 커다란 진통을 겪고 있다. 서구국가들은 복지예산 축소에 관한 서비스 종류나 체계가 단순화되는 경향이 나타나고 민영화의 흐름이 거세다. 반면에 한국을 비롯한 신흥공업국가들은 경제발전 정도에 부응하는 복지제도를 확대하고 있기 때문에 기존 전달체계에 대한 안팎의 광범위한 개혁요구에 직면해 있다. 어느 경우이든 사회복지 전달체계의 가장 큰 관심은 사회복지정책이 원활하게 집행되어 그 대상이 되는 국민들이 충분하고 만족스러운 서비스를 받을 수 있도록 경로를 만들고 체계를 정비하는 일이다. 따라서 사회복지 전달체계에서 가장 먼저 파악해야 할 문제는 사회복지여건이라 할 수 있다.

21세기 한국사회의 복지여건은 크게 변화하고 있다. 경제·사회적 양극화 심화, 비정규직과 장기실업자 증가, 급속한 고령화, 평균 자녀수 감소, 평균 가구원규모 감소, 노인가구 확산 등 인구 및 가족구조의 변화가 빠르게 진행되고 있다. 이혼율의 증가에 따른 결손가정, 아동학대 및 아동 버리기, 약물 및 알코올 중독 청소년의 비행, 정신질환 증가 등 사회경제적 환경이 변화함에 따라 복지수요가 증대되고 있다. 또한 보육 및 노인부양 등 가족 기능을 대체하는 새로운 복지욕구의 출현으로 사회적 서비스의 수요가 확대되고, 노인, 장애인, 여성 등 사회적 취약계층이 사회공동체의 일원으로 활동할 수 있도록 사회참여의 장벽들을 제거하기 위한 지원시스템이 요구되고 있다. 여가생활에 대한 관심 증대, 자아실현으로써의 노동의 의미가 확대되는 등, 보람있고 지역사회에 참여하는 삶을 영위할 수 있도록 다양한 경로가 마련되어야 한다.

1980년대 이후 효율적 복지 전달체계를 마련하기 위한 많은 논의들이 있었다. 정부는 그간 보건복지사무소 시범사업, 지역사회복지협의체 시범사업에 이어 사회복지사무소 시범사업을 진행중에 있다.

1) 사회복지 전달체계의 현황 및 문제점

현재 한국의 사회복지 전달체계는 중앙부처의 이중적 다층구조, 복지전담 행정체계의 부재, 합리적 분권화 과정의 미흡, 민간복지기관과의 협력체계 미흡, 지역별 사회복지시설 및 자원의 불균등한 분포, 공공-민간 사회복지의 연계 부족 등이 문제로 지적되고 있다.

첫째, 복지정책 결정에 참여하는 중앙부처가 너무 많고 지속적으로 확대되고 있다. 다양한 계층 집단의 복지 욕구에 대해 정부의 각 부처가 경쟁적으로 참여하면서 생긴 현상이다. 주무부처인 복지부의 소극적 대처도 한 몫을 하고 있다. 특히 참여정부에 들어와서 복지대책이 중구난방식으로 확대되면서 더욱 어지러워졌다.

둘째, 중앙부처간 업무조정의 문제, 경제부처의 예산확보 비협조,

행정기관 및 관련기관 간의 연계문제, 정책의 계획과 집행상의 일관성 문제 등 업무의 중복, 누락, 비효율이 크다.

중앙부처간 업무영역의 조정이 가장 시급하다. 보건복지부 외 다른 행정기관간의 수평적 연계가 거의 없고, 조정해야 할 문제들이 원활하게 이루어지지 않고 있다. 그러다 보니 각 기관 내 복지담당부서간 업무분담이나 협력 등의 조정문제도 함께 발생하고, 시, 군, 구청은 물론이거니와 읍, 동사무소 인력의 업무수행 환경조성에 어려움이 있다. 기초생활보장 담당자나 노인, 장애인, 모・부자가정, 자활 등의 업무 연계장치가 미비하기 때문에 업무 수행의 효율성이 저하되고 있다. 복지정책은 예산확보 없이는 불가능한데, 경제부처는 주로 시장지상주의자들이 많아서 정상적 예산협의가 어려운 실정이다. 물론 복지부의 과학적 데이터 확보노력 부족과 효율적 집행 결여 등도 경제부처의 반복지(反福祉)적 분위기 형성에 책임이 없는 것은 아니다.

셋째, 합리적 분권화과정이 미흡하다. 복지정책결정과 재원의 분배를 독점하던 기존 전달체계를 지방분권화에 따라 조정하는 문제는 전달체계의 정상화에서 매우 중요한 과제임에도 정부부처간 협의가 부족하고, 분권의 주체가 되는 지방자치체의 문제인식이 미약하다. 게다가 자치체별 복지데이터 확보, 지방이양프로그램 공개와 다양한 경로보장, 재정운영의 세부방안, 인원조정 및 역할조정 등 사전에 진행해야 될 사업이 제대로 추진되지도 않은 채 일방적이고 강제적으로 지방이양사업이 추진됨으로써 장애인단체 등의 반발과 재정운용에 심각한 문제가 드러났다.

넷째, 사회복지의 전문성을 발휘하기에 부적합한 업무 환경으로 인해 사회복지업무의 효과성, 책임성이 저해되고 있다. 우선 복지직렬화가 실시되지 않아 전문성을 가진 중간 관리자 부재, 승진 제한으로 인한 사기저하, 효율적 사회복지업무 저해 등의 문제가 나타나고 있다. 또한 사회복지전담공무원은 사회복지업무 외의 일반 행정업무도 하기 때문에 전문성을 약화시키는 구조일 뿐만 아니라 대상자선정과 급여수준 결정 등 중요 의사결정을 지나치게 규제중심으로 운영하여 전문적 자율성이 발휘되기 어려운 상황이다.

다섯째, 고령화와 가족해체 현상이 급증하면서 서비스대상자들에게 체계적으로 서비스를 제공할 체계가 매우 취약하다. 가족해체로 보호아동과 아동 버리기, 한 부모가족의 증가, 버려지는 노인의 증가, 노인단독가구 등으로 인해 새로운 욕구들이 급증하고 있다. 따라서 아동보호, 상담, 간병, 가사지원, 재활 등의 서비스를 전문적으로 제공해야 한다.

여섯째, 지역단위 복지자원을 총계할 자원조정체제가 없다는 것이다. 지역별 복지수요가 늘고 있으나 지역복지의 기획과 조정을 담당할 공공부문의 역할이 미흡하고 공공-민간기관 간 연계가 부재하여 자원운용을 체계적으로 활용하지 못하고 있다.

일곱째, 농촌지역 등 지역적 편차가 큰 지역의 경우 공공부문의 복지 전달체계와 민간복지서비스가 상당히 취약해 농촌지역 등에 대한 전달체계모형을 따로 개발할 필요가 있다.

2) 개혁방향과 과제

사회복지정책은 조직, 인력, 정보가 복지정책 목표에 적합하고 평등, 효율, 효과, 적절성 등의 가치에 부합되도록 배치돼야 한다.

따라서 첫째, 복지이용자의 서비스접근성과 이용편의를 향상시키는 일이 중요하다. 사회복지서비스가 양적으로 부족하고 지역적으로 편중되어 서비스 접근성이 낮으며 언제 어디서나 쉽게 정보를 얻고 상담을 하거나 서비스를 받을 수 있는 생활권단위의 정보공급원이 없다.

둘째, 사회복지서비스 대상이 생활보호대상자 및 저소득층에 편중되어 기관마다 동일한 대상자에게 중복적으로 서비스가 제공되기 쉬우며, 대부분의 기관이 유사한 프로그램을 중복 제공하고 있다. 따라서 공공-민간 복지서비스 제공자 간의 연계와 조정이 원활해 업무 효율성이 제고되도록 하는 것이 필요하다.

셋째, 기관의 종사자들이 서비스 및 대상자의 중복을 인식해 이를 우려하지만, 연계와 조정이 거의 이루어지지 못하고 있다. 또한 기관 종사자들의 업무 과중과 정보교류의 부족, 소극적이며 배타적인 업무 태도 등의 원인으로 정보공유 및 조정능력이 부족하다. 따라서 복지서비스의 통합성, 책임성, 전문성이 향상되도록 해야 한다.

넷째, 서비스 중심이 중앙에서 지방이나 지역단위체계로 재편되고, 일반 국민의 참여가 활성화되도록 하는 것이 중요하다.

다섯째, 지역간 균형과 계층간 균등이 이뤄지도록 하는 것이 중요하다.

이와 관련해서 사회복지 전달체계의 개혁과제는 다음과 같다.

첫째, 복지정책의 결정과 재원의 배분을 담당하는 중앙부처의 기능을 통합하고 일원화해야 한다.

둘째, 지방자치체의 복지업무체계와 인원, 기능 등을 전면적으로 개편해 사회복지업무의 전문화를 추구해야 한다.

셋째, 일선 공공·민간 전달체계의 서비스가 복지, 보건, 교육, 사회서비스 등 복지서비스의 여러 분야가 따로따로 제공되는 문제점을 시급히 개선해야 한다. 지역주민 통합서비스 제공체계 구축방안이 추진되고 있지만, 전반적 행정개혁이 없는 조건에서는 복지분야의 통합서비스가 또 다른 비효율을 가져올 가능성도 없지 않다.

넷째, 공공-민간 간 복지연계망을 구축해 지역단위로 인프라가 효율적으로 연계될 수 있도록 통합성, 효과성, 책임성, 접근성, 전문성을 배가시켜야 한다.

다섯째, 사회복지인력 운용제도를 정비한다. 우선 인력의 질을 높이기 위해 교육, 훈련체계 및 자격제도를 개선하고, 사회복지시설 종사자의 근무여건을 개선시키며, 복지인력활용의 전문성을 높인다.

여섯째, 사회복지시설의 관리 및 운영을 개선한다.

이 밖에 사회복지전담공무원을 확대하고 상급 부서에 상향 배치해야 한다. 상급 관청인 구청이나 시청에서 공공복지사업을 기획하고 조정하는 업무가 행해지기 때문이다.

〈그림 4-1〉 공공복지서비스 효율화 전략 기대효과

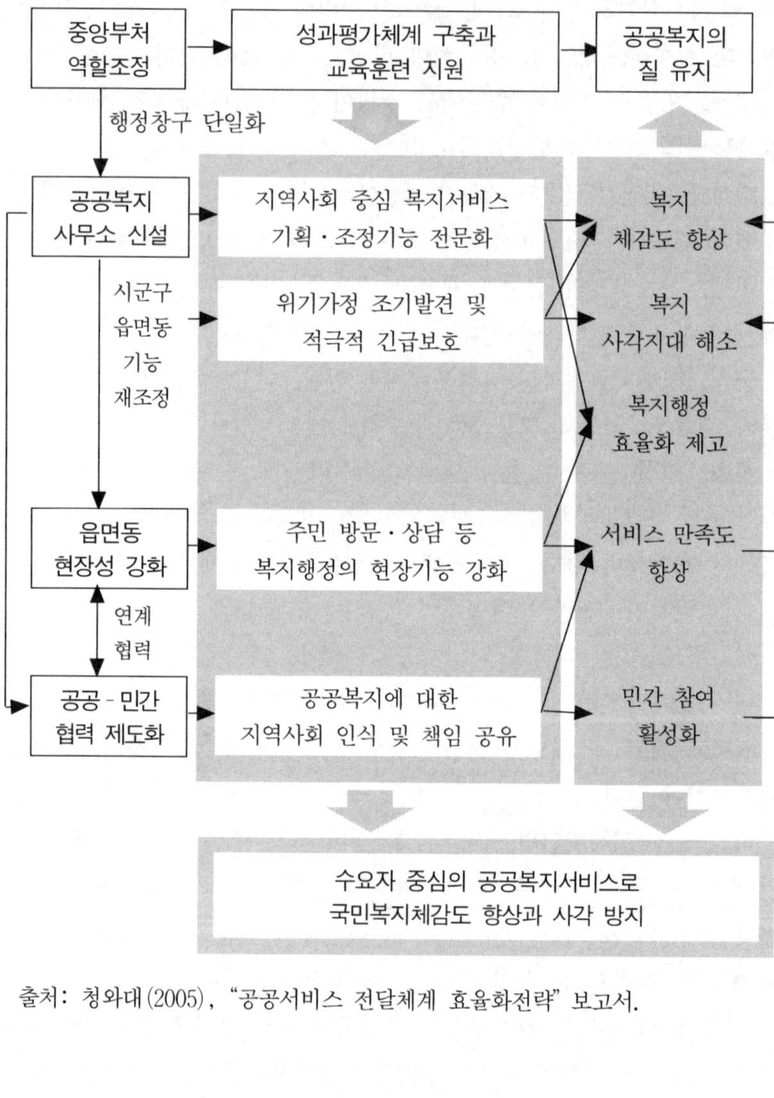

출처: 청와대(2005), "공공서비스 전달체계 효율화전략" 보고서.

3) 사회복지사무소 및 공공복지사무소

이런 차원에서 현재 추진되는 사회복지사무소 및 공공복지사무소의 현실을 통해서 복지 전달체계의 개혁 가능성을 검토해보자.

2003년도 들어 사회복지사무소 및 지역복지협의체 구성을 위한 준비에 들어가 현재 사회복지사무소는 9개 시, 군, 구를 대상으로 2004년 7월부터 2006년 6월까지 시범사업이 추진중이다.

사회복지사무소에 대한 기본 구상은 시, 군, 구 단위의 사회복지업무를 전담하는 사회복지사무소를 기초자치단체장의 직속기관으로 설치하도록 하여, 보건복지부 - 시 · 도 - 사회복지사무소로 전달체계를 갖추도록 함으로써 복지 전문인력의 효율적 운용, 행정 전달체계의 단순화, 전문화, 민관 연계 등을 높이고자 하는 데 있다.

기본 모형은 400,000명 이상의 대도시형, 100,000~400,000명 이내의 일반 도시형, 100,000명 이하의 농어촌형으로 구분하고, 업무설계는 시 · 군 · 구, 읍 · 면 · 동에서 실시하던 기존의 사회복지 업무를 내실화하고, 민간 자원의 개발과 연계를 통해 지역사회복지를 활성화시키자는 것이다.

그러나 사회복지사무소 시범사업 추진중에 조사한 설문조사에 따르면 중앙부처별 복지관련 업무인 노동, 보건, 주거, 청소년, 복지 등이 각각의 전달체계에 따라 집행되면서 정책집행의 효율성이 저하된 것으로 나타났다. 또 복지 - 고용 - 보건서비스 집행의 연계를 제대로 할 수 없었다. 이런 복지사무소 시범사업 추진과정에서 드러난 문제점을 종합적으로 평가하기도 전에 공공복지사무소안이 제시되었다. 시범사업을 추진하면서 또 다른 시범사업을 진행하게 된 것이다.

2005년 하반기부터 공공복지사무소를 9개소에서 시 · 군 · 구(234개)의 30% 정도 확대해 시범사업을 벌여 3과 12팀으로 복지자원과(복지행정팀, 조사상담팀, 긴급보호팀, 서비스연계팀), 공공부조과(기초생활보장팀, 자활의료팀, 복지시설팀, 주거복지팀), 복지서비스과(노인장애인복지팀, 아동청소년복지팀, 여성가정복지팀, 고용안정팀)를 구축하는 방안이 추진되고 있다. 또한 농어촌 지역의 경우 복지 상담창구에 전담인력 1~2인을 배치하고, 도시지역의 경우 동의 기능을 조정하고, 사무소장의 별도직제 및 인력을 증원하기로 했다. 2006년 6월에는 공공복지사무소 시범사업 성과를 분석해서 모형을 조정해 전국으로 확대할 계획이다.

하지만 복지전달체계의 개혁은 매우 정밀하고 종합적인 계획이 필요한 사업인데, 실험하듯 졸속으로 추진된 전달체계 개편이 성과를 낼 것으로 기대하는 것은 무리이다. 특히 기존의 중앙부처, 시군구, 읍면동의 행정체계와 직무 인원배치를 개혁하지 않고 복지서비스분야만 집중시킨다고 해서 서비스 개혁이 근본적으로 가능할까? 국민연금과 의

〈그림 4-2〉 공공복지사무소 모형도

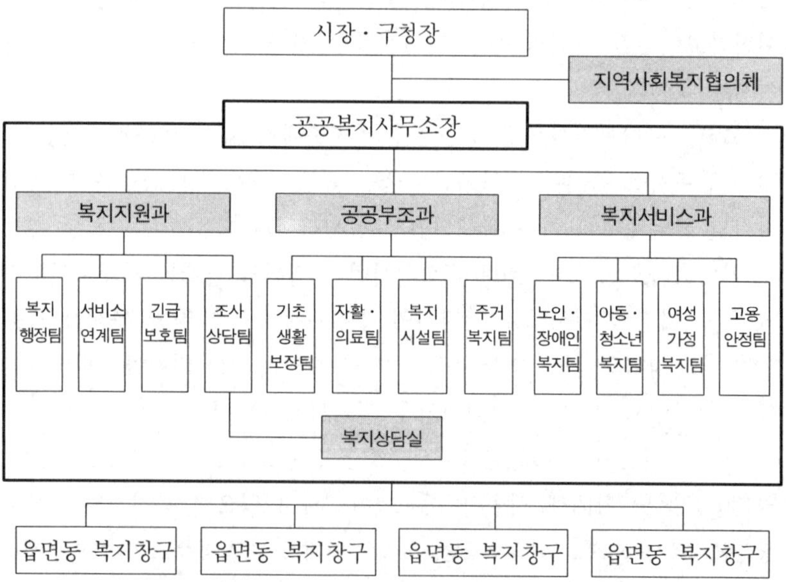

출처: 보건복지부(2005a).

료보험, 고용보험 등 핵심적 소득과 보험업무, 노동부나 여성부의 고용과 육아서비스체계의 정비 없이 공공복지사무소로 통합성과 연속성을 확보할 수 있는가? 실제 시범사업과정에서 드러난 것처럼 기획 발굴이 추가로 진행됐을 뿐 통합적인 고용복지보건간 연계와 공공부조와 사회보험, 정책서비스 간 연계는 별로 개선된 바가 없었다. 결국 이런 중앙정부와 지자체의 행정개혁 없는 일선 창구의 부분적 통합은 또 다른 중복기능과 예산낭비로 귀결될 수 있다.

4) 지역사회복지협의체

그 동안 지역단위로 공공 - 민간이 협력하여 사회복지서비스 제공의 효율성과 효과성을 높일 필요성이 강조되면서 15개 시, 군, 구에서 지역사회복지협의체 시범사업이 2001년 10월부터 2002년 11월까지 추진한 바 있다. 2003년 7월 개정된 사회복지사업법에 따라 사회복지위원회를 폐지하는 대신, 지역사회복지협의체 도입이 명문화되었다. 사회복지, 보건의료관련기관, 단체가 제공하는 사회복지서비스 및 보건의료서비스의 연계, 협력을 강화하고자 하는 것이다.

따라서 지역주민과 주민조직, 서비스 수요자 집단, 학계전문가 등의 참여를 이끌어내고 공공부문의 읍, 면, 동 사회복지사무소, 보건소, 고용안정센터, 자원봉사센터와 민간부문의 사회복지시설, 의료기관, 관련단체, 시민단체, 종교단체간의 서비스 연계를 마련하여 복지인프라를 통합함으로써 협의 과정과 서비스가 좀더 체계적이면서 수월하게 추진될 수 있도록 하자는 데 있다.

이러한 원칙하에 협의체는 대표협의체, 실무협의체, 노인, 장애인, 아동, 여성 등의 실무분과로 하되, 각 구성 부문별로 반드시 참여해야 하는 범주와 확대참여가 바람직한 범주로 나눌 수 있다.

그러나 각 지역의 복지협의체는 과거의 복지협의회 수준을 벗어나지 못하는 형식적 구성에 머무르고 있다. 지역복지 수요를 조사하고 복지

〈그림 4-3〉 지역사회복지협의체 기본 모형

대표협의체

〔협의체의 기능〕
- 지역사회복지협의체 운영에 대한 논의
- 지역의 복지문제 전반에 대한 논의 및 협의
- 지역복지계획과 관련된 다양한 논의·협의·결정
- 서비스 제공·연계와 관련된 사안의 논의·협의
- 협의된 사항에 대한 협의체 내 하부 구조 및 지역사회에 대한 전달
- 협의된 사항의 시행에 대한 모니터링

〔임원〕
- 협의체 위원장
- 협의체 간사 (실무협의체의 장)

〔기본구성원〕
- 지역사회복지 이용시설 기관장 대표
- 지역사회복지 생활시설 기관장 대표
- 지방자치단체 대표
- 보건소장
- 복지분야 학계전문가

〔기타〕
- 수요자 대표
- 관련 단체 대표
- 주민 단체 대표
- 보건분야 학계 전문가
- 민간 의료기관 대표등

실무협의체

〔실무협의체의 기능〕
- 서비스 제공 및 서비스 연계에 관한 협의
- 서비스 질 향상을 위한 다양한 사업안을 협의, 상정
- 협의된 안을 지역사회 복지협의체에 상정
- 실무분과의 현황 점검
- 실무분과간 연계 및 조정
- 실무분과에서 발의된 이슈에 대한 논의

〔임원〕
- 실무협의체 위원장 (협의체 간사)
- 실무협의체 간사

〔기본구성원〕
- 실무분과장
- 지역 내 사회복지이용시설당 실무자 1인
- 지역 내 사회복지 생활시설 실무자 대표
- 사회복지전담공무원 대표
- 보건소 보건실무자 대표

〔기타〕
- 기타 관련 단체 실무자
- 민간 의료기관 실무자
- 실무 관련 전문가 등

실무분과 (노인)　실무분과 (장애인)　실무분과 (아동)　실무분과 (여성)

〔실무분과의 기능〕
- 분야별 서비스 연계방식의 논의
- 대상 클라이언트에 대한 서비스 개선을 위한 계획 수립
- 분야별 서비스 제공과 관련된 공동 사업의 추진 및 운영
- 협의된 안을 실무협의체에 전달

〔임원〕
- 분과장

〔기본구성원〕
- 각 분야 서비스 제공 실무자

〔기타〕
- 기타 관련 단체 실무자
- 민간 의료기관 실무자
- 실무 관련 학계 전문가

출처: 보건복지부(2004. 12), 《지역사회복지협의회 민간교육자료집》.

〈표 4-4〉 지역사회복지협의체의 참여자의 주요 기능

<table>
<tr><th colspan="2">참여자</th><th>주요 기능</th></tr>
<tr><td rowspan="2">공무원</td><td>사회복지 사무소장 (국장)</td><td>▪지역사회 공적 사회복지자원 대표로서 의견개진
▪지역사회 공공부문 의결조율
▪공공복지서비스 및 대상에 대한 정보 제공
▪협의체 의결사항 공공부문에 전달 및 시행
▪시·도 및 중앙정부에 지역사회 복지계획 제출
▪기타 협의체 활동 촉진기제 마련</td></tr>
<tr><td>보건소장</td><td>▪지역사회 보건의료계획 등 보건서비스 관련 정보제공
▪지역사회 공공부문(보건분야) 의견수렴 및 개진
▪보건서비스 연계 및 조정과 관련된 협의
▪보건서비스 연계 지원</td></tr>
<tr><td colspan="2">사회복지 생활(이용) 시설 대표</td><td>▪지역사회 사회복지시설서비스 관련 의견수렴 및 개진
▪지역사회 사회복지시설서비스 실태 및 대상자 관련 정보교환
▪관련 서비스간 조정 및 협력 방식에 관한 협의
▪지역사회복지 계획에 따른 시설 및 서비스 개선 추진·건의</td></tr>
<tr><td colspan="2">학계 전문가</td><td>▪지역복지의 목적 및 목표 구현과 관련된 의견개진
▪지역사회복지협의체 활동에 대한 의견개진
▪지역사회복지계획 수립에 대한 의견개진
▪참여자 교육훈련계획 및 지원(협의체 위원장·간사 협의)
▪실무분과(팀) 서비스 제공과 관련된 모니터링 및 의견개진</td></tr>
<tr><td colspan="2">보건의료분야 대표</td><td>▪지역사회 보건의료 계획 등 의료서비스 관련 정보제공
▪지역사회 의료분야 의견수렴 및 개진
▪의료서비스 연계 및 조정과 관련된 협의
▪의료서비스 연계 지원</td></tr>
<tr><td colspan="2">주민 조직 대표</td><td>▪지역사회 주민의 욕구 및 의견대변
▪지역사회 비공식적 자원에 대한 정보제공</td></tr>
<tr><td colspan="2">복지관련 공익단체 대표 (종교계 포함)</td><td>▪복지관련 서비스에 대한 정보제공 및 협의
▪지역사회 자원개발과 관련된 의견개진 및 협의
▪지역사회 자원관련 정보제공</td></tr>
<tr><td colspan="2">복지서비스 수요자 조직 대표</td><td>▪복지서비스 수요자의 욕구 대변·건의
▪기존 복지서비스에 대한 의견개진</td></tr>
<tr><td colspan="2">협력위원</td><td>▪인근지역 서비스 이용과 관련 의견개진 및 협의
▪해당 시설 사회복지서비스 및 이용자관련 정보제공</td></tr>
</table>

출처: 보건복지부(2004c).

계획을 기획해 지역주민들의 욕구에 합당한 복지활동을 전개하지 못하는 실정이다. 그 이유는 지역복지협의체의 주도권이 자치단체장에게 집중되어 있기 때문에 참여자들의 권리와 의무가 모호하고 지역복지 재정 배분과 기획에 관여할 수 없도록 되어 있기 때문이다.

지역복지협의체가 분권화시대에 제 기능을 하도록 하기 위해서는 지역복지 참여자들의 역할과 책임, 복지기획과 복지계획 작성, 실행계획, 재원의 배분 등에 참여할 수 있도록 제도적 보강이 시급하다.

■ 함께 생각해봅시다.

1. 사회복지 전달체계는 사회복지급여를 대상자에게 효과적으로 전달하는 것을 목적으로 한다. 따라서 전달체계에 존재하면 안 되는 요소들이라면 어떤 것들이 있는가?

2. 공공의 사회복지 전달체계의 문제점은 무엇이며, 대안모형으로 제시되었던 보건복지사무소, 사회복지사무소, 공공복지사무소 그리고 현재 제시되는 지역주민통합서비스 구축방안의 긍정성과 부정성을 논하라.

3. 공공과 민간, 중앙정부와 지방정부, 민간과 민간 간의 파트너십은 매우 중요하다. 파트너십을 구축하기 위한 제도적 전제조건과 파트너십의 다차원 관계의 구축을 꾀하기 위한 노력들은 어떤 것들이 있는가?

4. 지역복지협의체는 공공 - 민간, 복지 - 보건 - 고용 - 문화 - 기업 등 공동체를 형성해 지역복지문제를 해결하는 네트워크 구축을 말한다. 현재 지역간 인프라 부족 격차가 매우 크다. 복지 인프라를 구축하기 위한 방안은 어떤 것이 있는가?

5. 지역별로 특성화된 복지계획 수립을 위해 필요한 조건은 무엇인가?

6. 지역복지데이터 확보가 왜 중요한가? 또 이제까지 복지데이터가 부실한 이유는 어디에 있는가?

7. 행정개혁과 지방분권의 상관관계를 고찰하고 바람직한 지역복지체계 구축과정을 설계해보자.

제 2 부

사회복지정책의 주 쟁점

제 5 장

복지이데올로기

1. 시장과 복지이데올로기

사회복지정책을 이해하기 위해서는 우선 복지정책을 둘러싼 복지이데올로기를 이해하는 것이 중요하다. 이데올로기란 이념으로, 시각이나 입장을 담은 것을 의미하는데, 복지이데올로기는 복지를 바라보는 시각이나 입장을 담은 것을 말한다.

이념이란 깃발과 같다. 사람들은 이를 기준으로 사회의 현실을 평가해서 개선하고자 한다. 한 사회의 시대적, 지배적 이데올로기가 무엇이냐에 따라 사람들간에 물질적 부와 권력의 분배를 둘러싼 대립이 생겨난다. 기존 사회를 옹호하는 입장을 보수주의, 즉 우파이데올로기라 하며, 기존 사회를 비판하는 입장을 진보주의, 즉 좌파이데올로기라 한다. 봉건사회에서는 자본주의를 지지하는 자유주의가 진보주의요 좌파이데올로기였고, 자본주의에서는 자유주의가 보수주의이자 우파이데올로기이다. 즉, 보수, 진보는 시대마다 다르게 사용되는 상대적 개념이지 절대적 개념이 아니다.

사회복지는 자본주의 사회에서 부의 분배문제와 관련이 깊다. 그런데 자본주의 사회에서 가장 기본적인 제도는 시장경쟁제도이다. 따라서 이를 둘러싼 이데올로기는 자연 시장에 대한 입장이 다른 것을 기본으로 한다. 게다가 시장의 변화, 즉 성공과 실패에 따른 사회, 국가의 개입에 대한 입장이 자연히 포함된다. 그리고 이런 이데올로기는 기본적으로 어떤 가치를 궁극적 목적으로 하느냐와 밀접하다. 자연히 복지이데올로기는 궁극적 가치목적의 기준이 무엇이며, 시장에 대한 태도와 시장의 실패에 대한 국가의 태도가 무엇이냐에 따라 구별 짓는다. 빅 조지(Vic George)와 폴 윌딩(Paul Wilding)은 반집합주의, 소극적 집합주의, 페이비언 사회주의, 맑스주의 등 4가지 이데올로기 모형으로 나눠 설명한다.[1)]

반집합주의와 소극적 집합주의는 자본주의를 가장 바람직한 경제사회체제로 인정한다는 점과 사회복지정책이 필요하다는 입장은 같다. 하지만 자본주의의 유지, 발전과 위기극복을 위해 국가개입을 통한 사회복지정책에 대해서 반집합주의자들은 반대하고, 소극적 집합주의자들은 반드시 필요하다는 입장이다. 그래서 반집합주의자들을 자유주의자들, 소극적 집합주의자들을 국가 개입주의라고 말하기도 한다.

페이비언 사회주의와 맑스주의는 사회주의를 지향한다는 점에서는 같다. 하지만, 페이비언 사회주의는 자본주의 안에서 사회개혁 가능성을 수용해 사회복지정책에 적극적인 반면, 맑스주의는 자본주의 자체를 인정하지 않고 있어 사회복지정책에 대해 매우 부정적이다.

1) 반집합주의

반집합주의는 19세기 영국을 지배했던 이데올로기로, 1940년대에서 1970년대 초까지는 시대착오적 사상으로 취급되면서 희미한 존재로 전락했던 이데올로기이다. 1970년대 후반에 경기침체로 다시 부활하고 있다. 주창자는 프리드리히 하이에크(Friedirch Hayek), 밀턴 프리드먼(Milton Friedman) 등이다.

---

1) 조지와 윌딩은 1994년 새로운 리더에서 사회복지이데올로기를 신구파, 중도노선, 사회민주주의, 맑스주의, 페미니즘, 녹색주의 등 6가지로 분류했다.

〈표 5-1〉 복지이데올로기

	반집합주의자	소극적 집합주의자	페이비언 사회주의자	맑스주의자
사회적 가치	• 자유-강제 소극화 • 개인주의 - 국가 개입 불필요, 불가능 • 결과의 평등 반대	• 자유/ 개인주의 신뢰 • 실용주의 • 불평등 옹호하면서도 감소돼야	• 평등 • 자유 • 우애 • 민본주의	• 착취, 소외, 비인간성 비판 • 정치 해방 +인간해방
사회와 국가	• 자발적 경제질서 • 사회조직간의 강제력 비판	• 자유시장 경제체제 • 정부관리 - 소극적 차원에서 인정 • 계급간, 집단간 차이 - 화해 가능	• 이해관계가 다른 계급과 집단으로 구성 • 자유시장체계 비판	• 계급갈등, 계급투쟁 • 계급 이외의 종교, 인종간 갈등
정부 역할	• 개인적 자유영역 제한 • 비효율적 • 제한적 사용 • 정부 활동 불신	• 자본주의 개혁 필요 • 실용주의적 입장에서 제한적 개입지지	• 사적 시장체계의 불의를 수정하는 일 • 적극적 개입 필요 • 국유화 논쟁, • 불평등 감소	• 정부활동 불신 • 국유화
복지 국가	• 최저수준 이상의 급여는 모두 반대 • 복지국가는 불필요, 해로움 • 사회주의로 가는 길이라고 봄	• 시장실패를 보호하는 수단 • 복지국가는 자본주의를 유지시킬 수 있는 방법	• 사회정책 기능에 관심 • 보편적 사회서비스 • 정치세력간 힘의 균형 • 복지국가로 자본주의 개혁 • 사회주의 국가로 가는 길	• 노동계급의 투쟁 강도와 형태/ 자본주의 국가의 능력 • 복지국가로 사회문제 해결 불가능
주창자	• 프리드리히 하이에크 • 밀턴 프리드먼	• 케인즈 • 베버리지 • 갤브레이스	• 티트머스 • 토니 • 크로스랜드	• 스트래취 • 라스키 • 이안 고프, • 밀반

출처: George & Wilding(1994) 수정.

애덤 스미스(Adam Smith)와 데이비드 리카도(David Ricardo) 등 고전파 경제학자들의 자유주의사상을 이어받은 것으로 자본주의시장을 신봉하기 때문에 시민적 자유와 개인주의를 강조하고, 경제적 불평등을 불가피한 현상이라고 본다. 반면에 정부의 행위는 자유를 위협한다고 간주, 정부의 모든 개입행위는 개인적 자유의 영역을 제한하며, 간접적으로는 자유의 보전을 위협한다고 주장한다. 시민의 사회생활에 개입하는 정부의 정책이 사회적 분열을 가져오고 경제적 비효율을 조장한다는 것이다. 그래서 작은 정부를 지향한다.

경제체제에 대한 반집합주의자들의 견해는 자발적 경제질서이다. 자유시장 경제체제를 옹호하기에 최저수준 이상의 급여에 대해서는 모두 반대한다. 급여 자체의 성격상 개인이나 욕구에 제대로 반응하지 못할 뿐만 아니라 개인과 가족의 책임감을 떨어뜨리며, 가족과 민간부문, 그리고 시장 등 세 가지 제도들이 복지국가에 의해 침해당했다고 본다. 복지국가정책에는 자유에 대한 위협이 내재되어 있으며, 경제체계와 사회체계를 불안정하게 한다고 주장한다.

2) 소극적 집합주의

소극적 집합주의는 케인즈(J. M. Keynes) 경제이론을 토대로 한다. 케인즈는 자본주의 경제가 건강성을 유지하기 위해서는 시장실패에 대해 국가가 적절히 개입해야 한다고 주장한다. 1929년 세계적 대공황 이후 케인즈의 경제이론은 공공정책 참여자들의 사고에 엄청난 영향을 미쳤다.

실업, 저축, 이자, 불평등에 대한 자유주의 고전파 경제학자들과 케인즈의 생각은 전혀 달랐다. 고전파는 임금이 높으면 고용주는 고용을 거부하게 되고, 이런 경우가 많아지면 실업률이 높아진다고 주장한다. 이에 반해, 케인즈는 고용이 증가하면 소득이 증가하고, 소득이 증가하면 소비행위, 즉 유효수요가 증가한다는 것이다. 반대로 유효수요가 감소하면 소득이 감소하고, 소득이 감소하면 실업이 증가한다고 보았다. 유효수요가 감소하여 경기불황이 생기면 소득이 감소하고, 결국 실업이 증가한다는 것이다. 또한 부와 소득의 평등도 부정적으로 보았다. 자본주의는 현명하게 관리된다면 가장 능률적인 체제임에 틀림없지만, 부나 소득은 거대한 불평등을 야기한다는 점에서 관리되어야만 한다는 논리이다.

실업과 불평등을 반대한 케인즈의 본래 목적은 자본주의를 보호하기 위해서였다. 그래서 자본주의의 기본 가치인 자유, 개인주의, 경쟁주의를 신뢰하며 자본주의의 결함을 해결하기 위해 일정한 수준에서 국가개입이 불가피하다는 실용주의적 입장을 취한다. 소극적 집합주의는 국가개입을 통해 유효수요를 증대시키기 위해 사회복지정책의 필요성을 인정한다. 사회적 불평등은 사회적 해악이기에 불평등을 완화시키는 사회복지정책이 필요하다고 말한다.

베버리지(W. H. Beveridge)와 갤브레이스(J. K. Galbraith) 등도 이 같은 입장이다. 베버리지는 최저수준의 보장을, 갤브레이스는 다른 대책이 실패해 국가의 사회복지정책이 불가피한 경우에 한해서 국가개입이 필요하다고 본다.

완전고용 등 국가 개입주의라고 불리는 케인즈주의는 복지국가의 주요 모델을 만들었지만, 1973년, 1979년 잇따른 오일쇼크로 인한 스태그플레이션 앞에 무너지고 말았다. 높은 실업률과 높은 인플레이션이 공존하는 스태그플레이션을 극복하기 위해서는 화폐공급을 억제하여 경제의 자율성을 회복하는 것밖에 없다는 통화주의자들의 공세로 케인즈주의는 현실적 설득력을 잃어버렸다.

3) 페이비언 사회주의

페이비언 사회주의는 영국의 독특한 실용주의적이고 점진적인 사회주의로 1884년 영국 페이비언협회에 기원을 두고 있다. 버나드 쇼(G. Bernard Shaw), 시드니 웨브(B. Sidney Webb) 부부, 토니(R. H. Tawney) 등 지식인들이 주도했는데, 이들은 초기에는 혁명적 노동운동과는 거리를 두었지만 2차 대전 후 이들의 사고체계는 영국 노동당의 복지국가이념이 되었다.

페이비언 사회주의는 국가개입주의와 마찬가지로 공동 선(善)을 달성하는 데 국가가 매우 긍정적인 역할을 한다고 보았다. 그러나 자본주의를 수정의 대상이 아니라 극복의 대상으로 본 것이 국가개입주의와 다른 점이다. 운동의 지향이 자본주의가 아니라 사회주의라는 점에서는 맑스주의와 가깝다. 하지만 계급투쟁보다 윤리와 공리주의를 더 중요하게 여겼고, 점진적으로 사회주의로 옮겨 갈 수 있다고 보았다. 그래서 이들은 평등, 민주, 우애, 인도주의, 사회통합을 중시한다. 하지만, 복지국가관은 실용주의에 입각해 있다. 그래서 사회주의를 향한 불안정한 타협이며 디딤돌이라는 비판을 받았다.

4) 맑스주의

맑스주의자들은 자본주의를 착취체제로 보았고, 자본주의의 비인간성을 비판하였다. 그들은 경제적, 정치적, 문화적 영역에서 계급갈등이 발생하고, 이것이 사회변화를 위한 가장 중요한 동력이라고 본다.

정부의 역할은 생산 및 분배수단의 국유화와 산업민주주의를 효과적으로 실시, 정치적 민주주의를 확장시켜 노사갈등을 감소시키고 노사협조를 증진시키는 것이다. 하지만 실질적 평등을 이루는 것이 아니라 일시적 방편책이기 때문에 사회복지정책을 부정적으로 보았다. 그래서 1910년대 사회보험을 두고 유럽과 미국의 공산주의자들은 반대입장을 취했다.

이안 고프(Ian Gough, 1979)는 복지국가 발달의 중요한 요인으로 두 가지를 꼽았다. 하나는 계급갈등의 정도, 특히 노동계급의 투쟁강도와 형태이고, 다른 하나는 자본주의 국가의 능력이다. 그래서 사회주의적 사회서비스는 무엇보다 욕구의 충족에 중점을 두는 것이 이상적이며, 적용범위가 보편적이어야 하고, 전문직의 권력을 가능한 한 축소시키면서 인민의 참여를 제도적으로 보장해야 한다고 주장한다.

레닌(V. L. Lenin)의 경우 1912년에 사회주의적 사회보장제도의 네 가지 원리를 천명했다. 첫째, 임신 및 출산에 관련된 급여를 제공할 뿐 아니라 노령 재해, 질병, 가장의 사망 등을 포함한 모든 능력상실의 경우에 대해 부조를 제공한다. 둘째, 모든 임금수입자와 그 가족들을 대상에 포함시킨다. 셋째, 급여수준은 정상적 근로수입과 동일해야 하며, 모든 비용은 국가가 부담한다. 넷째, 보험제도는 위험에 따라 분리되는 것이 아니라 지역을 기반으로 하여 단일하게 조직돼야 하며 피보험노동자들에게 의해 완전히 관리돼야 한다.

2. 국가의 역할

국가란 독점적 강압력, 통일적 권위, 그리고 제반 법률적, 행정적 장치를 기초로 일정한 영토와 그 영토 내의 주민을 배타적으로 지배하는 정치적 조직이다(M. Weber, 1905).

계급투쟁론의 입장은 국가를 지배계급의 도구로 보는 데 비해 국가론 또는 국가중심론은 문제를 발견하고 인식하고 해결하려는 노력의 산물로 파악해 이를 수행하는 정부관료조직의 역할을 인정한다.

그동안 복지를 표방한 나라들은 국가가 경제개방, 완전고용, 개인의 자유와 양립할 수 있다고 여겼다. 그리고 복지국가는 파시즘과 볼세비즘 두 가지 위험에 대항하기 위한 하나의 정치적 프로젝트였다.

그러나 사회보장과 경제성장, 평등과 효율성 간의 간극이 벌어졌다. 이는 변화하는 경제적 조건, 즉 저성장과 비산업화와 높은 실업률, 인구의 급속한 고령화와 저출산 등에 의해 촉진되었다. 과중한 부양인구 비율과 낮은 경제성장률의 경우 심각한 재정부담을 야기해 복지의 물적 기반을 약화시켰다.

EU는 고령부양인구 비율이 지금부터 2020년까지 50% 증가할 것으로 파악한다. 이는 현재의 규정과 연금상태만으로도 GDP의 5~7%가 추가된 규모다.

서구 복지국가가 직면한 경제적 문제들은 실업문제이다. 완전고용과 소득평등의 조화로운 공존이 깨지면서 임금과 소득 불평등의 증가, 빈곤율의 증가, 빈곤층의 재출현 등이 나타났다. 이를 둘러싸고 국가의 역할에 대한 논란이 일어났다. 국가조정론, 국가책임론, 국가역할축소론 등이 그것이다.

1) 국가조정론

국가조정론은 복지를 성장에 존속시키고, 시장기제를 통하여 복지혜택을 분배하고 시장이 실패했을 때 국가가 개입해야 한다고 보는 입장이다. 또 시장의 활성화 또는 경제성장이 복지증진을 의미하며, 노동시장의 적극적 정책에 비중을 둔다. 뿐만 아니라 국가는 취약계층의 보호자, 국민 최저생활의 담당자, 사회보험혜택의 분배자로서 기능을 하며, 복지개념의 상품화, 사유화, 분산화를 적극 권장한다.

따라서 국가조정론의 기본 틀은 시장임금의 격차는 그대로 두는 대신 최저생계비 이하의 빈곤층 지원에 정책적 비중을 둔다. 그리고 조세제도도 상위 소득계층에게 유리하게 작용하여 역진성의 폐단이 있다. 사회보험도 산재, 의료, 질병, 실험보험 등 최소한의 복지로 노동력 재생산에 역점을 두며 고용도 노동시장제도의 책임소재를 개별 기업으로 분산시켜 국가의 정치적 부담을 경감시키려는 경향이 크다.

2) 국가책임론

국가책임론은 국가정책의 최상위 명제로 복지를 설정하고 공적, 제도적 기제를 통하여 시민들의 '사회적 권리' 실현이라는 포괄적 책무를 국가의 고유 기능으로 설정한 이론이다. 임금생활자의 안정적 경제활동과 인간적 삶을 위협하는 사회악과 불평등을 제거하기 위해 노력하며, 국가는 부의 배분에 치중해 조세제도, 노동시장 개입, 사회보장제도 확충 등의 역할을 한다. 따라서 노동시장 기능을 강제하지 않으며, 임금생활자들의 고용과 직장 안정을 위한 공식적 지원제도를 다양하게 발전시킨다.

국가책임론의 기본 틀은 조합주의적 정치체제로 생산과 소비의 사회적인 통제, 사회적 협약 등을 전제로 하는 정치체제이다. 임금협상도 공공복지의 크기와 연관이 되고, 사회보험, 사회보장서비스, 공공부조 등의 총체적 사회보장 체제를 갖추고 있다.

국가조정론에서 국가책임론으로 전환하기 위한 전제조건으로는 세 가지가 있다. 첫째, 민주주의 전환으로, 정치체제가 소수엘리트가 아니라 다원화된 정치체제여야 한다. 둘째, 시민의식의 전환이다. 극빈자에게 제공하는 시혜가 아니라 사회적, 시민적 권리라는 인식으로의 전환이다. 셋째, 사회적 환경변화로 기업복지를 공공복지로 발전시켜야 한다.

3) 국가역할 축소론

이에 반해 국가의 역할을 축소해야 한다는 주장이 제기됐다. 1970년대 오일쇼크로 인해 예산 불균형과 고실업, 고물가의 삼중고에 시달리게 되면서 완전고용에 가까운 호황을 누려오던 국가의 위치가 흔들리게 되자 정부의 재정지출 감소정책을 핵심으로 한 신자유주의가 등장하게 된다.

국가의 역할을 줄이면서 작은 정부를 주장하는 내용에는 첫째, 사회복지 분야에 대한 과다한 지출로 생산을 위축시킨다. 둘째, 오히려 빈곤을 증가시킨다. 따라서 먼저 경제성장에 주력해야 한다. 셋째, 빈곤층의 의존심을 높이기 때문에 근로동기를 약화시킨다. 넷째, 복지 프로그램이 노인단독세대를 증가시키고 이혼 증가와 미혼모 발생을 권장하며 여성세대주를 확대시킨다 등이다.

3. 복지사회와 복지국가

1) 복지사회의 개념과 특성

복지사회는 복지국가는 아니지만, 국가가 개인들의 복지에 개입하지 않아도 시민사회 내에서 개별 사회성원들의 복지가 이루어질 때를 말한다.[2] 유럽의 19세기는 인구 폭발, 산업혁명, 정치적 민주화의 시기였다. 이 시기에 새롭게 등장한 문제들은 불결한 주거환경, 빈곤, 실업, 질병, 부랑자, 음주, 범죄 등이었다. 자유시장경제가 자기조절적 기능을 통해 빈곤문제를 해결하고 복지를 증진시키리라는 기대는 1870년대 유럽 전역을 휩쓴 경제공황에 의해 사라졌다. 대규모 실업과 빈곤문제가 사회문제화 되었다.

이때 등장한 것이 사회보험이었다. 질병, 실업, 노령, 산업재해 등으로 인해 생활이 곤란한 사람들에게 국가가 사회보험으로 보조하거나 규제하는 국가개입이 나타났다. 이는 시장실패의 역기능을 보완하기

---

2) 애덤 스미스 등 고전경제학적 복지론자들은 국가개입 없이 시민사회 내 시장 활성화를 통해 복지사회가 이루어질 수 있다고 보았다. 하지만 이러한 주장은 역사적으로 타당하지 않은 것으로 판명되었다. 시장은 극심한 불평등과 빈곤층을 만들며 주기적 경제위기를 야기하여 안정된 복지를 보장할 수 없음이 드러났다.

위해서였다.

사회보험이 제일 먼저 도입된 곳은 독일 군주제하에서이다. 사회민주주의 운동을 탄압하는 대신, 사회복지정책을 통해 노동자들을 체제 내로 끌어들이는 유인책으로 사용한 것이다. 복지제도를 도입한 정치집단의 속성에 따라 복지제도가 달라진다. 영국과 같이 보수당에 의해 도입한 경우에는 매우 선택적이고 잔여적인 복지제도가 시행됐지만, 스칸디나비아지역의 사회민주당과 같이 온건 좌파 정당이 도입한 경우에는 보편주의적 제도를 시행했다.

2) 복지국가의 개념과 특성

복지국가란 말이 널리 쓰이게 된 것은 제 2차 세계대전 직후 영국의 노동당 정부가 1943년 발표했던 《비버리지 보고서》에 입각해서 사회입법을 단행하면서부터이다.[3] 일명 '요람에서 무덤까지'이다. 복지국가는 전후 기간 동안 가장 자랑할 만한 업적이었다. 새롭게 산업화되어 과도기에 있는 국가와 가난한 국가들에게 새로운 모델의 기준을 제시했다.

하지만 복지국가는 한 세기에 걸친 투쟁의 절정이었다. 복지국가는 복지사회와 구분된다. 복지국가는 국가에 의해 형성되고 유지되는 복지사회를 의미한다. 복지국가의 특성은 다음과 같다.

첫 번째 특성은 복지가 국가정책의 중요한 원리로 자리잡고 있다는 점이다. 국가의 운영원리나 국가의 정통성이 모든 국민의 복지실현과 깊은 관련성을 가지고 있다.

두 번째 특성은 복지의 주체가 국가라는 점이다. 전통적 사회에서는 복지를 제공하는 주체가 가족이나 종교단체 등이다. 일본의 복지제도

---

3) 복지국가란 용어는 1930년대 영국의 알프레드 짐메른(Alfred Zimmern)에 의해 만들어졌는데, 2차 대전 기간중 독일 히틀러의 '전쟁국가'와 대립되는 개념으로 사용됐다.

의 경우는 국가에 의해 제공되는 것보다 기업에서 제공하는 복지, 즉 기업복지가 더 많다. 즉, 국가가 노동자 복지에 핵심적 역할을 담당하지 않는다.

세 번째 특성은 복지의 수혜자가 국가의 구성원 전체를 포함한다. 복지의 주체가 국가일 경우에도 복지수혜자가 일부 특정 국민에 국한된 경우가 많다. 이와는 달리 복지국가의 복지수혜자는 국가의 구성원 모두가 수혜대상자이고, 더 많은 사회적 위험에 대처한다. 이럴 때 복지가 국민의 권리로 인식된다.

네 번째 특성은 복지의 완결성이다. 국가가 지출하는 복지예산이 높고, 국가가 제공하는 복지가 국민생활에 차지하는 비중이 높으며, 따라서 복지 수준이 높다는 것이다.

다섯 번째 복지국가의 특성은 정치적 자유와 권리를 보장한다. 따라서 비스마르크 시대의 사회보험 도입처럼 독재권력에 의해 도입되는 사회보험이나 복지제도가 있다하더라도 복지국가 발달의 지표가 될 수 없다.

이러한 조건을 만족시키는 복지국가는 매우 드물다. 스칸디나비아국가들과 뉴질랜드가 이에 속한다. 따라서 미국이나 일본이 산업화가 고도로 이루어졌지만, 복지국가라고 불릴 수 없는 국가[4]라고 할 수 있다.

---

4) 헤롤드 윌렌스키(Harold Wilensky)는 한때 미국과 일본을 복지후진국이라고 낙인찍은 바 있다. 윌렌스키에 의하면 사회복지비가 국민총생산에서 차지하는 비율을 복지국가의 기준으로 설정하고 1966년 당시 15%인 국가는 복지선진국, 10~14%는 복지중진국, 5~10%는 복지후진국이라 정의를 내렸다. 미국은 당시 7.9%, 일본은 6.2%에 불과했다.

3) 복지국가의 유형

(1) 윌렌스키의 구분

복지국가 유형을 최초로 제시한 학자는 윌렌스키(Harold Wilensky)이다. 그는 64개국을 대상으로 사회복지비가 국민총생산비에서 차지하는 비율을 살펴보는 비교연구방법을 택했다. 사회복지정책의 결정요인으로서 국부, 경제체제, 정치체제, 이데올로기, 사회조직, 인구구조 그리고 사회복지행정이라 가정한 후 상호관계를 분석했다.

(2) 미쉬라의 2분법: 분화복지국가와 통합복지국가

이에 비해 미쉬라(R. Mishra, 1984)는 복지국가의 위기론에서부터 시작했다. 복지국가 위기의 해결책으로 이데올로기의 중도노선이 제시할 수 있는 대안을 조합주의에서 찾고 있다. 우파에서는 자유방임주의 복귀를, 좌파에서는 자본주의 철폐를 주장하지만, 양자 모두 대안의 모색이라 볼 수 없으며, 조합주의에 입각한 새로운 형태의 통합복지국가만이 혼합경제와 복지국가의 근본정신에 위배되지 않으면서 복지국가의 위기를 극복할 수 있는 진정한 대안이 될 수 있다고 본다. 따라서 미쉬라는 복지국가 유형을 분화복지국가, 통합복지국가로 나눈다.

분화복지국가가 최소 정부, 경제성장 우선, 자조 노력 강조를 특징으로 한다면, 통합복지국가는 수요와 공급측면의 조화, 조합주의적 역사적 경험, 사회민주주의적 복지 우선, 정치, 사회적 합의에 기초한 사회세력들 사이에 균형유지 등을 특징으로 한다. 이분법의 구분이 이상형에 지나지 않지만, 예시적으로 적용한다면, 미국과 영국 등 영어권 국가들은 분화복지국가에 속한 반면, 오스트리아, 스웨덴, 독일, 네덜란드는 통합복지국가에 가장 근접한 나라들로 구분할 수 있다.

〈표 5-2〉 각국의 복지국가적 특성

	영 국	미 국	일 본	독 일	스웨덴
이념 문화	• 페이비언 사회주의 • 평등추구 • 개인주의 공존	• 자유주의 • 개인주의	• 집단주의 • 유교문화 • 가족주의	• 사회적 시장경제	• 사민주의 • 사회적 연대 강조
국가개입	• 경제: 시장에 맡김 • 사회: 강력한 개입	• 약함	• 경제: 강력 개입 • 사회: 약함	• 경제: 적절한 개입 • 사회: 적절한 개입	• 적극적 개입
노조의 힘	• 강함	• 약함	• 약함	• 보통	• 강함
복지정책 형성과정	• 이익집단의 다양한 이익 추구 과정	• 상대적으로 정부역할 중요	• 경제집단, 계급간 상호협력	• 경제집단, 계급간 상호협력	
경제, 사회정책	• 구분, 대립	• 경제정책 우위	• 경제정책 우위	• 통합적	• 통합적 (상호의존)
사회복지 노동시장 정책	• 둘 다 약함 (시장중심적 복지국가)	• 둘 다 약함	• 경제정책 우위	• 통합적	• 통합적 (상호의존)
급여대상	• 전 국민	• 빈곤자중심	• 피용자중심	• 피용자중심	• 전국민
주요 제도	• 보편적 프로그램	• 빈곤정책	• 사회보험	• 사회보험	• 보편적 프로그램
급여수준	• 국민적 최저보장	• 능력별 차등 • 선별적 구빈	• 능력별 차등	• 능력별 차등	• 중간계층 생활수준
사회보험	• 통합적	• 분립	• 분립	• 분립	• 통합
본인부담	• 중간	• 높음	• 높음	• 높음	• 낮음
소득재분배	• 중간	• 미약	• 미약	• 미약	• 강함
민간 사회사업	• 약함	• 강함		• 약함	• 약함
직업복지	• 약함	• 강함	• 강함	• 약함	• 약함

출처: 한국사회복지정책연구원(1994).

(3) 에스핑 앤더슨의 3분법: 자유주의적 국가, 조합주의적 국가, 사회민주주의적 국가

최근에 복지국가의 유형화에 관한 체계적이고 논리적인 연구가 에스핑 앤더슨(Gosta Esping-Andersen)에 의해 이뤄졌다. 그는 복지가 시장에 의존하지 않고도 이뤄질 수 있는 탈상품화의 정도와 복지국가정책

〈표 5-3〉 탈상품화 정도에 따른 에스핑-앤더슨의 복지국가모형

<table>
<tr><th colspan="2"></th><th>자유주의 국가</th><th>조합주의 국가</th><th>사회민주주의 국가</th></tr>
<tr><td colspan="2">특 징</td><td>자유주의적 노동 윤리 강조, 시장 원리에 입각한 차별적 수혜</td><td>정부, 자본, 노동의 협조관계에 의한 경제복지정책 수행</td><td>보편주의원칙과 사회권을 통한 최대 수준의 복지 추구</td></tr>
<tr><td colspan="2">해당 국가</td><td>미국, 캐나다, 호주</td><td>독일, 프랑스, 오스트리아</td><td>스웨덴, 노르웨이</td></tr>
<tr><td colspan="2">탈상품화 정도</td><td>최소화</td><td>제한적</td><td>크다</td></tr>
<tr><td colspan="2">보편주의</td><td>빈곤층 대상</td><td>제한적 수혜</td><td>보편적 복지</td></tr>
<tr><td colspan="2">사회권</td><td>사회권 미약</td><td>사회권 인정</td><td>사회권 강조</td></tr>
<tr><td rowspan="3">급여</td><td>급여대상</td><td>저소득층</td><td>피용자</td><td>전국민</td></tr>
<tr><td>급여 종류</td><td>최소 범위</td><td>필요시 확대</td><td>다양화</td></tr>
<tr><td>급여수준</td><td>최저 생계비 수준</td><td>능력별 차등</td><td>중간계층 생활 수준</td></tr>
<tr><td colspan="2">본인 부담</td><td>높음</td><td>높음</td><td>낮음</td></tr>
<tr><td rowspan="2">가족</td><td>가족 복지 서비스</td><td>가족책임</td><td>미약</td><td>강함
(아동, 노인 국가 책임)</td></tr>
<tr><td>가족 책임</td><td>강함</td><td>강함</td><td>미약</td></tr>
<tr><td colspan="2">자산조사</td><td>공적 부조의 엄격한 자산조사</td><td>축소</td><td>축소</td></tr>
<tr><td colspan="2">사회보험 운영체계</td><td>분립적</td><td>분립적</td><td>통합적</td></tr>
<tr><td colspan="2">직업 복지</td><td>강함</td><td>미약</td><td>미약</td></tr>
<tr><td colspan="2">소득 재분배 기능</td><td>미약</td><td>미약</td><td>강함</td></tr>
</table>

출처: 한국사회복지정책연구원(1994).

에 의한 사회계층체제의 형태를 기준으로 3개의 유형으로 분류하였다.

자유주의적 복지국가는 탈상품화 효과가 최소화되고 복지정책은 빈곤층에게만 국한되고 있다. 따라서 자유주의적 노동 윤리를 강조하고 시장원리에 입각한 차별적 수혜를 특징으로 한다. 사회권이 미약하며, 가족책임을 강조하고, 공적 부조의 엄격한 자산조사를 거치며 소득 재분배 기능이 매우 미약하다. 미국, 캐나다, 오스트레일리아가 이에 속한다.

조합주의적 복지국가는 탈상품화 효과가 상당 정도 발생하나 한계가 있다. 자유주의적 복지국가의 주된 관심인 시장의 효율성과 노동력의 상품화문제는 중요하게 여기지 않는다. 그리고 정부, 자본, 노동의 협조관계에 의한 경제복지정책을 수행한다. 하지만 국가에 의한 사회적 지위 차이의 유지에 대한 강조로 국가복지의 재분배효과는 거의 없다. 사회권을 인정하나 능력별 차등이 있으며 본인 부담이 높다. 이런 국가들은 보험원칙을 강조하는 사회보험에 크게 의존하는데, 독일, 프랑스, 이탈리아, 오스트리아 등이 이에 포함된다.

사회민주적 복지국가는 탈상품화 정도가 가장 크고 노동계급과 중간계급에 대하여 최대한의 평등성을 추구한다. 완전고용정책에 의해 일할 권리와 사회복지에 대한 권리를 적절하게 배합하며, 사회권을 강조하고, 급여대상은 전국민으로 하고, 종류도 다양하다. 복지에 대한 가족책임이 약한 동시에 국가의 가족복지서비스를 강조한다. 스웨덴, 노르웨이 등이 이에 속한다.

그런데 최근 복지국가의 변화와 조정문제가 새롭게 대두되고 있다. 심각한 재정위기든, 노동동기 저하든, 일자리 없는 성장이든, 빈부격차 심화든지 간에 복지국가의 근본적 재조정이 불가피하다는 것이 공론이다. 즉, 사회복지와 경제성장의 상승작용, 복지지출과 재정의 균형, 사회개발과 경제개발의 균형 등 경제와 복지의 균형을 주장한다. 그리고 이러한 정책이 반영된 균형 복지국가를 주장하기도 한다.

■ 함께 생각해봅시다.

1. IMF 이후 한국사회의 변화가 급격하게 이뤄지고 있는데 대표적 사회현상은 무엇인가?

2. 자본주의 초기의 자유주의 경제사상이 다시 1980년대에 신자유주의로 부활했는데, 그 배경은 무엇인가?

3. 이데올로기와 복지문제에서 1980년대까지 이념 노선에 따라 복지정책의 내용이 크게 달라졌는데, 최근에는 이런 경향이 완화되고 각국의 조건, 특히 재정상황에 의해 복지내용과 프로그램이 좌우되는 경우가 많아졌다. 이런 경향의 장, 단점을 토론해보자.

4. 자유주의자들의 복지담론이 구체적 현실에 의해 무너진 것은 1870년대의 공황현상 때문이었다. 공황이란 무엇이며, 가장 가까운 시기의 공황을 설명하라.

5. 케인즈(J. M. Keynes)의 이론이 2차 대전 이후 복지국가 발전과정에서 중요한 역할을 하게 된 핵심 요인은 무엇인가?

6. 한국은 신자유주의적 경제정책을 추진하면서 한편으로 복지제도의 확충에 힘쓰고 있는데, 국가나 정부의 본질을 어떻게 평가할 것인지 토론해보자.

7. 사회주의적 시장경제를 선택한 중국, 베트남 등 기존의 사회주의권 국가의 복지제도가 시장경제 도입 이후 어떤 상황에 놓여 있는지 자료를 찾아보자.

제 6 장

노동시장과 복지정치

1. 경제성장과 완전고용

완전고용은 빈곤제거라는 사회정책의 목표달성을 위한 필수 정책이다. 2차 세계대전 이후 1950년대에서 1970년대까지 자본주의는 황금기를 맞이했다. 이 시기에 서구 자본주의 경제는 전반적으로 생산성과 소득의 동시성장으로 이윤율이 안정되었고, 투자붐이 크게 일었으며, 인플레이션이 완만히 유지되었다. 생산품의 수요증가율과 생산능력의 성장률이 전반적으로 균형을 이루었다(Andrew Glyn Hughes, Alain Lipietz & Ajit Singh, 1990). 대량생산은 대량소비가 뒤따라 지속적 성장을 가능케 했고, 높은 성장률은 실업률을 완전고용에 가까운 수준으로 안정화시켰다(임혁백, 1994).

대공황의 경험은 대량실업을 개별 노동자들이 감당할 수 있는 시장의 실패가 아니라 국가의 도움이 없으면 해결할 수 없다는 인식을 광범위하게 확산시켰다. 보수, 진보를 막론하고 정도의 차이만 있을 뿐 이 원칙에 대한 합의가 이루어졌다. 이제 완전고용을 실현하고 인플레이션을 방지하며 성장을 촉진하고 경기 순환을 잘 운영하고, 노동조건을 규제하는 역할이 국가에게 주어졌다. 이로써 황금기 자본주의시대에 포드주의적 대량생산체제와 케인즈적 국가의 결합이 이뤄졌다.

1) 케인즈주의와 포드생산주의

테일러주의에 기계화를 결합시키는 것이 포드주의적 생산방식이다. 테일러주의는 엄격한 작업공정의 표준화, 기획과 집행의 분리, 노동의 파편화, 탈숙련화를 특징으로 한다. 세계대전 이전에 유럽에 소개되었다. 노동의 강도를 높여 초과 이윤을 확보하려는 자본간 경쟁의 산물이었기에 유럽의 조직노동자들의 반발로 정착되지 못했다.

하지만 미국에서는 테일러주의가 기계화와 접목되어 확산되었다. 미국의 노동자들은 포드주의적 생산방식을 수용하는 대가로 생산성향상에 상응하는 임금인상을 확보하였다. 이러한 새로운 자본과 노동의 관계는 포드주의적 계급타협을 낳았고, 성장의 과실을 나누고, 최저임금제를 제도화했다. 이는 자동차산업에서 가장 대표적으로 나타났다.

포드주의적 계급타협의 정착은 1차 세계대전과 2차 세계대전 사이에 등장했던 케인즈의 이론이 보편화되면서 사고의 전환을 가능케 했다. 왜냐하면 그때까지만 해도 높은 임금인상은 자본가의 이익뿐만 아니라 자본주의 국가 이익에도 반하는 것으로 인식되었기 때문이다.

고전학파인 자유방임주의자들은 실업은 기업주와 노동자 사이의 임금계약에 좌우되므로, 임금수준이 높으면 고용을 거부하게 되어 실업률이 높아진다고 보았다. 하지만 케인즈는 실업은 유효수요(투자+소비)에 좌우된다고 주장했다. 고용이 증가하면 소득이 증가하고, 소득이 증가하면 소비행위, 즉 유효수요가 증가하고, 그 반대로 유효수요가 감소하면 소득이 감소하고, 소득이 감소하면 실업이 증가하는 것이라고 분석한 것이다. 그들은 실업뿐 아니라 이자, 저축도 고전학파들의 생각과 달랐다. 고용이 증가하면 소득이 증가해 유효수요가 증가하게 되고, 반대로 유효수요가 감소하면 경기불황이 발생하여 소득이 감소하고 실업이 증가하며, 저축이 증가하면 투자가 감소하고 고용이 감소한다는 논리를 편 것이다. 그의 이론은 1929년 대공황으로 증명되었다.

케인즈는 더 나아가 부와 소득의 불평등이 새로운 부를 창출하는 데 장애물이 된다고 보았다. 남은 소득의 일부가 저축의 형태로 퇴장하기 때문에 저축은 소비감소를, 소비감소는 투자감소를, 투자감소는 실업증가를 가져오기 때문에 불평등은 국가에 의해 관리되어야 한다. 소득분배의 평등화가 정치적, 사회적으로뿐 아니라 경제적으로도 옳다는 주장한다(김수행, 1986).

또한 케인즈는 디플레이션, 즉 화폐가치 상승은 금리생활자에게만 유리할 뿐 사회 전체의 복지를 위협하기 때문에 해악이 크다고 생각했다. 하지만 반대로 화폐가치의 하락은 은행예금 등 축적된 부의 가치를 하락시키고 항상 새로운 투자를 자극하기 때문에 적당한 인플레이션은 해악이 비교적 덜하다고 보았다. 따라서 케인즈의 고용정책은 사회 소비성향을 증대시키기 위한 누진과세, 민간투자의 부족을 채우기 위한 공공투자, 화폐공급을 통제하고 이자율을 인하시키기 위한 통화정책 등이 애용되었다. 특히 누진과세를 통한 소득재분배정책은 가장 대표적인 사회보장정책으로 자리잡게 된다.

자유방임주의를 비판했던 케인즈의 경제이론은 1929년에 시작된 세계 대공황 이후 20세기 내내 정치경제학에 엄청난 영향을 미쳤다. 자본주의 경제는 국가가 적절히 개입해야만 그 건강성이 유지된다는 그의 경제관념은 2차 세계대전 이후의 복지국가의 이론적 기반이 되었다. 그래서 케인즈주의는 실업과 소득 분배의 불평등을 해소하여 완전고용의 증대, 높은 수준의 사회복지서비스 실시, 소득재분배를 특징으로 하는 혼합경제 형태를 띠고 있다. 그래서 일명 국가개입주의, 소극적 집합주의, 실용적 국가책임주의라고도 불린다.

하지만 케인즈주의는 1973년과 1979년 오일쇼크로 인한 스태그플레이션 앞에서 점차 무너졌다. 불황과 인플레이션을 동시에 발생시킴으로써 인플레이션이 경제를 활성화시키고 경제활성화는 실업률을 낮춘다는 케인즈 이론이 힘을 잃게 되고, 반대로 화폐공급을 억제하여 경제의 자율성을 회복하자는 통화주의자의 주장이 힘을 얻게 된다.

2) 조합주의

조합주의가 처음 등장한 것은 봉건국가시대에서 중세 말의 신분제국가시대로 넘어가던 시기로, 가톨릭 사회사상가들이 중세의 길드 같은 조직을 대신할 만한 것을 연구하면서부터이다. 그 이후 서구 여러 나라가 어려움에 처할 때마다 사회성원들의 단결과 협동, 안정을 고취하는 대안으로 거론되었다(최경구, 1993) 그리고 독일, 이탈리아의 선진화 전략의 하나로 사회주의적 조합주의를 꾀한다든지, 독재권력 이후 라틴아메리카 등지에서 발전전략의 하나로 국가적 조합주의를 택한다든지 하면서 재등장했다. 그 이름도 신조합주의, 자유조합주의, 민주조합주의, 사회조합주의 등 다양하다.

노조 등 각종 이익집단이 만들어내는 이익집단 정치가 등장하면서 이익집단의 정책결정 과정에 대한 영향력이 강화되었다. 또한 당초 빈민구호사업을 통해 최소한의 보장만을 했던 것으로부터 시민권, 사회권 등 복지권을 인정하고 제도적 복지의 실현을 강제하게 됐다.

자연히 복지국가와 조합주의는 상호보완적으로 결합되어 탄탄한 이론적 기초를 갖게 되었다. 그 대표적 학자가 미쉬라와 해리슨이다. 미쉬라는 조합주의 복지국가는 경제체계와 사회체계의 통합, 즉 경제계획이 생산뿐 아니라 생산문제까지 고려하는 통합적 복지국가를 조합주의 복지국가로 보았고(Mishra, 1984), 해리슨은 노동자, 사용자 그리고 정부의 삼자 협력주의에서 더 나아가 생산집단뿐 아니라 소비집단까지 포함시켜서 조합주의의 내용을 보충했다(Harrison, 1984).

조합주의 복지국가는 이익집단의 중앙집중화와 계급 협동, 권력구조의 유연성 확립을 통해 사회안정과 복지수혜층의 확대를 가져왔다. 특히 사회안정은 완전고용을 주요 목표로 했던 스웨덴의 노동시장위원회의 적극적 노동시장정책과 그 궤를 같이 한다(최경구, 1993).

하지만 늘어나는 재정 적자 등 계속되는 경기침체 속에서 유럽의 조합주의 국가들은 흔들리고 있다.

〈표 6-1〉 케인즈주의 복지국가와 조합주의 복지국가

	다원주의 복지국가 (케인즈, 베버리지형)	조합주의 복지국가 (전후 오스트리아와 스웨덴)
경제	• 수요측면의 경제 조절, 수요를 억제시키거나 억제하기 위한 재정정책, 적자재정을 운용 • 완전고용과 사회복지 공급과 같은 주요 목적에 대한 합의가 다소 부족함	• 수요와 공급을 모두 고려한 경제 조절 예를 들어 이윤, 투자, 임금수준, 노동시장 조건 등에 관심 • 경제문제 전반에 걸친 합의와 규제
사회복지	• 경제와 다른 비교적 자율적 영역, 경제와 직접 관련이 거의 없는 사회적 지향을 가진 것으로 인식되는 서비스의 국가 공급	• 경제정책으로부터 자율적인 것이 아님 사회적인 것과 경제적인 것의 상호의존성, 상호관련성 강조(스웨덴의 노동시장국, 오스트리아의 사회적 동반관계) • 경제적인 것과 사회적인 것 간의 기능적 관계와 상호교환관계를 명백히 인정(임금 억제와 사회적 지출)
정치체제	• 이익집단 다원주의 • 정치에 관한 자유시장 모델과 사회적 정책결정 과정 중시 • 산업영역의 자유로운 집단적 거래 부문적 이익추구, 전반적 결과에는 거의 관심이 없음. • 사회적 책임을 수반하지 않는 경제권력 행사	• 중앙집권적 다원주의 • 광범위한 경제사회정책에 관한 주요 경제적 이익집단들의 대표자 회담을 통한 거래 (자발적 임금협정이나 물가 억제). • 계급협동과 사회적 합의에 의해 제도화된 경제집단들간의 상호의존성 강조(오스트리아의 사회적 동반관계, 스웨덴의 노동시장국과 중앙집중화된 임금 동의) • 주요 경제권력 집단들이 사회적 책임을 짐.

출처: 최경구(1993).

2. 복지정치

자본주의적 산업화와 정치체제의 민주화는 복지 성장의 가장 중요한 거시적 조건을 형성한다(Flora & Heidenheimer, 1981: 22). 하지만 이 조건들은 나라마다 역사적 경험을 달리한다. 특히 정치체제의 민주화가 어떤 방식으로 진행되었는가와 어떤 세력에 의해 주도되고, 어떤 계기를 통해서 이루어졌으며, 어떤 정치경제적 결과를 낳았느냐는 매우 중요하다.

1) 정치적 민주화와 복지정책

틸리(Tilly, 1978)는 정치, 사회변동을 분석하기 위해 정체모델과 동원모델을 사용했다. 정체모델은 국가와 사회의 관계에서 국가를 중심으로 하는 지배구조가 어떻게 형성되는가를 분석하여 지지세력을 획득하거나 자신의 정책을 효과적으로 집행하기 위해 사회의 특정세력과 연합을 형성하는데 이 연합을 틸리는 정체라고 부른다(성경륭, 1996). 한국의 경우 1960년대 권위주의적 정부가 공무원과 군인 등 특정 세력에게 자원을 배분하는 방식, 즉 연금보험이나 의료보험 정책을 우선적이고 선별적으로 시행한 것 등이 그 예이다. 국가와 특정세력 간의 연합에 의해 자원의 권위적 배분이 독점, 폐쇄적으로 이루어질 때 그 과정에서 소외되고 불이익을 받는 세력이 필연적으로 나타나게 된다. 이를 도전세력이라 한다.

틸리는 정체모델에서는 도전세력은 잠재적 세력으로 정체구조의 밖에 존재하는 세력을 말하고, 동원모델에서는 잠재적 도전자들이 공동의 이익을 바탕으로 조직화되고 동원되어 집단행동을 전개하게 되어 대립하는 형태를 말한다.

루커(Looker)와 코테스(Coates)는 19세기 이래로 피지배계급, 특히 노동계급을 통제하기 위해 억압전략, 포섭전략, 헤게모니전략을 종합적으로 사용했다고 주장한다. 억압전략은 노동계급의 조직에 대한 강압적 해체, 조직지도자에 대한 체포, 구금, 집단행동에 대한 폭력적 파괴 등을 말하며, 포섭전략은 노동계급에 대한 선거권 확대, 온건한 노동조합 허용, 복지혜택 제공 등이고, 헤게모니전략은 반사회주의적 이데올로기 전파, 민족주의적 의식함양 등을 의미한다.

성경륭(1996)은 권위주의 정권의 산업화전략과 반복지적 노동통제 구조, 정치체제의 민주화와 노동계급의 조직화, 집단행동의 분출, 정치경제적 위기와 지배연합의 복지전략 추구, 복지전략의 작용기제와 효과 등을 분석했다. 독일의 비스마르크 정권은 1878년 '사회주의자 탄압법'을 제정하여 억압전략을 구사하고, 다른 한편으로는 '질병보험법'(1883), '재해보험법'(1994), '노령 및 폐질보험법'(1889)을 제정하여 포섭적 복지전략 등 이중적 전략을 사용하였다. 이에 비해 한국은 사회의 주요 도전세력인 노동자들을 무력적으로 제압하는 배제적 국가조합주의체제를 구축해 정치적 억압과 경제적 동원의 대상으로 삼았을 뿐, 포섭적 복지전략은 사용하지 않았다.

대신 자본가계급은 수출주도 산업화를 위해 국가로부터 세 종류의 지원과 보호를 받았다. 첫째, 국내시장을 보호하고 조세감면, 환율조작, 융자지원 등의 혜택을 부여했고, 둘째, 국가의 시장개입을 시장순응개입방식으로 하였으며, 셋째, 배제적 국가조합주의에 입각해서 노동자들의 의식화, 조직화, 동원, 집단행동 등을 원천적으로 봉쇄하여 임금인상, 경영참가 요구, 자본의 사회화 요구, 파업 등을 법과 제도 등 구조적으로 탄압해 자본가들의 이익을 옹호했다.

자본가계급, 특히 대자본가들은 노동계급을 반복지적 시장기제로 통제하여, 그 결과 1964년부터 자본가들이 노동자들을 위해 지출한 법정복지비용은 산재보험료뿐이었고, 1977년에 이르러서야 추가로 의료보험료를 부담했을 뿐이다. 이 지출도 500인 이상을 고용하는 대기업만을 대상으로 했다. 기업복지도 5공화국 때까지 제대로 발달하지 못했다(유길상, 1991). 1970년대 들어 노동운동이 활발해지면서 급식, 작업복 지급, 목욕시설, 탁구대 설치, 휴게실 설치, 통근차량 제공 등이 다소 확산되었지만, 초보적 상태였고, 1984년 '사내복지기금 운영준칙'을 만들어 기업복지에 투자를 권장했으나 1889년 노동운동이 분출하기 이전에는 거의 증가하지 않았다.

억압적, 배제적 특징은 제도운영 과정에도 그대로 나타났다. 국가가 정치집단(정당)과 노동자, 농민, 의료인, 시설운용자나 수혜자 등 사회복지제도와 관련된 이해집단을 복지정책 결정과 제도운영 과정에서 철저히 차단시키고, 제도의 구상, 수립, 집행 등 복지제도의 모든 과정과 절차를 관료집단이 통제하였다. 이러한 배제의 정치는 정당배제와 노동자를 비롯한 이해집단 배제라는 두 가지 차원이 있다.

(1) 정당 배제

1962년 산재보상보험법 제정 이후 어떤 사회복지정책의 형성과 제도 변경과정에서도 정당정치의 흔적과 압력을 발견하기 힘들다. 거의 모든 사회복지법률이 행정부의 발의로 이루어졌으며, 행정부에서 제안한 사회복지법률 제안이 정당정치에 의해 거부된 예도 극히 드물며, 또한 입법과정에서 법률안의 주요 골격이 훼손된 예도 없다.

사회복지예산의 경우도 마찬가지이다. 행정부에서 발의한 사회복지 예산안이 국회의 예산심의과정에서 크게 변경된 사례를 적어도 1990년대 중반 이전까지 발견하기 힘들며 예산안의 대부분이 정부원안에서 크게 바뀌지 않았다.

이처럼 한국의 사회복지제도의 형성과정에서는 국가에 의한 정당정치 배제라는 뚜렷한 특징이 나타난다.

(2) 이해관계인 배제

이해관계인 배제는 사회복지제도와 관련된 이해관계인을 정책결정 과정과 제도의 운영과정에서 배제시킨다. 즉, 사회보험제도의 주요 이해관계자인 노동자, 사용자, 농민, 자영인, 의료인 집단, 그리고 복지서비스제도의 주요 이해관계자인 노인, 장애인 등의 집단을 정책결정과정이나 운영 과정에서 배제시킨다. 물론 주요 정책결정이나 제도운영 과정에 이해관계인의 참여를 보장하는 메커니즘이 전혀 없는 것은 아니나, 대부분의 경우 관료적 통제를 합리화시키는, 즉 배제의 정치를 합리화시켜주는 도구로 이용되고 있다. 예를 들어 의료보험심의위원회, 생활보호위원회, 국민연금기금운용위원회 등 각종 사회복지 관련 법률에 법정기구로 명시된 위원회제도 등이다. 이러한 위원회는 대부분 정부대표가 임의로 가입자대표를 선임함으로써 이해관계자인의 실질적 참여가 보장되지 않고, 실질적 심의결정권한이 전혀 보장되지 않는다.

이러한 현상은 집행기구에서도 극명하게 나타나는데 대표적인 것이 국민건강보험관리공단의 이사회이다. 이사회는 관리공단의 최고의사결정기구이지만 주요 임원을 행정부에서 임명하며 그나마도 이사회가 이해관계인의 참여와 통제라는 제 구실을 제대로 못하는 실정이었다. 이해관계인을 제도의 운영과정에서 배제시키는 이러한 현상은 사회보험관리운영기구의 대표를 가입자가 직접선거에 의해 선출하거나 혹은 가입자의 대표를 파견하는 등으로 실질적으로 참여하는 서구와는 무척 대조되는 한국적 '배제의 정치'의 표본이라 할 수 있다.

2) 노동운동과 정치세력화

1987년부터 가시화된 노동, 사회시민세력들의 활동이 선거와 정치변화에 개입하기 시작하면서 복지정치 또한 급격히 변화하기 시작했다. 1990년대에 정치적 힘을 얻어가기 시작한 노동운동과 시민운동의 성장, 그리고 대규모 자본축적으로 국가의 통제에서 상당한 자율성을 획득한 자본과 형식적 민주주의의 틀에서 목소리를 강화하기 시작한 이익집단이 정책결정 과정과 제도운영 과정에서 적극적 개입을 시도하면서 더 이상 국가는 이해관계인을 배제시킬 수 없는 상황에 처하게 되었다. 1998년에 의료보험 통합 법안인 국민건강보험법의 제정 과정, 그리고 국민연금법 개정과정이 그 사례이다. 국민건강보험법은 IMF 양해각서를 이행하기 위한 노동사회단체 포섭전략에서 시민·노동사회단체의 참여로 입법화되었다. 또한 국민건강보험법, 개정 국민연금법 모두 가입자 등 이해관계인의 참여가 형식적으로 보장되는 방향으로 법개정이 이루어졌다.

그리고 의약분업, 유아교육 일원화 논쟁, 아동복지법, 사회복지사업법의 개정, 기초생활법 제정 운동 등 1990년대 중반 이후 쟁점화된 사회복지제도와 그 논의 과정 및 정책결정 과정을 보면 더 이상 배제의 정치라는 개념으로 포착하기 어려운 새로운 정치 형태가 뚜렷하게 나타나고 있다.

이 외에 새로운 정치의 흐름이 1990년대 중반에 나타났는데, 조합주의적 정치, 이익집단의 정치, 그리고 복지운동의 정치라는 세 가지 개념으로 포착해 볼 수 있다.

(1) 조합주의적 정치

배제의 정치를 대체하는 새로운 복지정치의 흐름 중 가장 뚜렷하게 나타나는 것은 '노사정위원회'로 대표되는 조합주의적 복지정치의 가능성이다. 1998년 초에 구성된 1기 노사정위원회와 1998년 6월에 구성된 2기 노사정위원회에서는 의료보험 통합, 국민연금기금의 공공자금관리기금 강제 예탁 금지, 고용보험의 전 사업장 확대, 사회보험관리공단의 가입자 참여 등 사회복지 부분에서 중요한 정책적 변화를 이루어 냈다.

그러나 IMF 관리체제 정착을 위해 노사정위원회가 매개역할을 했다는 점, 노사정위원회에서 들러리로 기능한 지도부들에 대해 현장노동자들이 불만과 불신을 나타낸다는 점, 노사정위원회가 수차례 제도의 개혁과 보완을 단행하였지만, 불참과 탈퇴 등 파행이 거듭되는 점 등으로 과연 조합주의적 복지정치라는 새로운 정치형태가 향후 한국의 복지정치를 적절히 포착할 수 있는 개념으로 사용될 수 있는가는 아직 미지수이다.

더욱이 조합주의적 정책결정 구조에서는 노동운동이 비정규직 등 노동자의 이해관계뿐만 아니라 다른 집단의 보편적 이해관계를 상당부분 대변해야 하는데 이점에서도 한국의 노동운동은 매우 취약한 상태로 당분간은 사회복지부문에서 조합주의적 복지정치가 기존의 배제정치를 대체할 가능성은 그리 높지 않은 것으로 보인다.

(2) 이익집단의 정치

1990년대에 절차적 민주주의가 상당부분 허용되면서 국가는 이익집단을 통제할 능력을 상실했으며, 이익집단 역시 이전처럼 국가의 정책적 권위를 인정하지 않는다. 특히 사회복지부문에서 이익집단의 정치는 1990년대 중반부터 나타난 현상이다. 약사의 한약조제권 허용으로 시작된 한의약 분쟁, 유아교육 일원화를 둘러싼 보육시설과 유치원의 갈등, 의약분업문제를 둘러싼 의사집단과 약사집단의 갈등, 사회복지 및 보건행정 전달체계 내 사회복지사와 간호사의 갈등, 진료비심사제도를 둘러싼 의료보험관리공단과 병원 간 갈등 등이 대표적인 예이다.

사회복지부문에서 이익집단의 정치는 집단이기주의라는 비난과 제약이 있기는 하지만 절차적 민주주의의 확대라는 외부적 조건, 그리고 선거라는 정당정치의 활성화를 통해 그 영향력이 더욱더 확대될 것으로 예상된다.

(3) 복지운동의 정치

사회복지부문에서 복지운동 정치의 활성화는 1990년대 중반 이후 나타난 가장 특징적인 현상이다. 대부분 학계의 적극적 참여로 정책대안 마련과 정책대안을 입법화시키는 능력이 있기 때문에 복지정책의 변화에 미치는 영향력이 다른 집단보다 크다. 의료보험 통합, 국민연금제도 및 기금운영의 민주화, 의료보험 약가 인하, 실업대책 정비, 공공부조 개혁(국민기초생활보장법 제정운동) 등 여러 가지 핵심적 사회복지 분야의 정책적 변화를 일으켰고, 갈수록 그 영향력이 확대될 것으로 예상된다.

사회복지부문에서 복지운동이라는 용어가 조합주의나 이익집단론같이 기존 사회과학계에서 일반적으로 사용되지 않는다. 이 용어가 과연 개념적으로 타당한 것인가에 대한 반론이 제기될 수 있다. 특히 1990년대 중반 이후 정부가 적극적으로 사회시민단체 및 학계의 입장을 적극 수렴, 반영하여 사회복지정책을 결정하는 경향도 커지고 있다. 사회시민단체가 각종 위원회에 참여하여 정부정책을 결정하는 특징도 존재해 노동, 일반 사회시민단체들의 복지운동과 복지단체들의 복지운동, 그리고 정부 산하 기구들의 복지정책결정 과정이 구분되지 못하는 측면이 크다. 복지관련 시민단체들이 독자적으로 정부의 복지정책에 항의하거나 입법과정에 적극적으로 의견을 개진하는 경우가 늘어나고 있으며 대중집회도 열리고 있다. 앞으로 한국의 복지운동이 복지정치에 중요한 변수가 되는 것도 분명한 것 같다.

3. 노동시장정책

노동과 복지는 자본주의 사회의 성격을 이해하는 데 필요한 두 가지 중심 개념이다. 현대 복지국가에서 양자를 연결하는 고리 역할은 노동시장이 맡고 있다(김종일, 2001). 노동시장은 노동수요자(고용주)와 노동공급자(노동자)가 노동력이라는 상품을 거래하는 시장을 말하며, 이 과정을 거쳐 임금을 비롯한 노동조건이 결정되며 각종 보상이 이루어진다. 그러나 노동시장은 다른 상품시장과 다른 특성을 지닌다. 즉, 노동력 상품의 특수성으로 인간의 생존과 관계되는 여러 요인이 개입된다. 불가분성, 팔지 않고는 안 되는 상품, 노동공급 조절의 곤란성,

질의 다양화 등이다. 이런 특성으로 인해 수요자와 공급자 간의 권력 관계에서 공급자가 절대적으로 불리한 위치를 차지하게 된다.

초창기 복지국가는 체계적 노동시장정책의 필요성을 느끼지 못했다 (Esping-Andersen, 1990). 복지국가의 역할은 노동시장 참여에서 원천적으로 차단된 취약한 집단, 즉 장애인, 만성질환자, 은퇴자 등의 생계를 책임지는 일로 한정되었다. 하지만, 대량실업, 노동운동, 사회복지 확대의 필요성 등이 결합하면서 노동시장에 대한 국가의 개입이 복지국가의 핵심적 영역으로 대두되었다.

노동시장정책은 노동시장에서 부딪치는 각종 불이익을 해소하여 노동 조건을 개선하고, 노동자와 그 가족의 사회보장과 노사협의와 노동자 복지시설 등의 노동문제에 대처하기 위해 국가가 행하는 노동자보호정책이라 할 수 있다.

노동시장정책은 노동력을 가장 적절하게 배분, 활용하도록 노동시장을 형성하고 기능하게 하는 여러 정책을 말한다. 따라서 고용정책, 노사정책, 임금정책, 사회보장, 산업복지 등으로 나누기도 하고, 소극적 노동시장정책과 적극적 노동시장정책으로 분류되기도 한다. 소극적 노동시장정책은 실업보상, 조기퇴직 등과 관련되고, 적극적 노동시장정책은 고용촉진을 목적으로 한다.

즉, 노동시장정보의 활성화, 실업상태 또는 실업위기에 처한 성인을 위한 훈련과, 고용상태에 있는 성인을 위한 훈련을 통해 취업능력을 높인다. 또한 민간부문의 정규고용 보조, 창업을 하려는 실직자 보조, 공공 및 비영리부문 일자리창출 등이 정부가 직접 일자리를 창출하는 경우이다. 또한 실업상태나 불리한 여건에 놓여있는 근로경험이 없거나 적은 청년을 위한 대책, 장애인을 위한 자활훈련과 취업을 포함한다.

한국의 노동시장정책에 영향력이 큰 OECD(1996년 가입)와 ILO(1991년 가입)의 노동시장정책을 살펴볼 필요가 있다. OECD 노동시장전략은 신자유주의정책에 입각해서 조세인하와 노동시장유연화를 주장한다. 반면 ILO는 적극적 노동시장정책과 사회적 합의주의를 주장한다.

1) OECD의 노동시장전략

OECD 회원국들은 제2차 세계대전 이후 30년 가까운 경기 호황을 누리면서 실업률도 3% 내외를 유지했다. 그러나 1970년대 오일쇼크 등 침체국면에 이르자 실업률이 급증했다. 1980년대 후반 경기회복으로 실업률이 다소 감소하였지만, 1990년대에 다시 급증하여 10%대 수준에 이르렀다. 장기실업자의 비율도 유럽국가들의 경우 40%를 상회할 정도로 높다.

이에 OECD는 1992년, 1994년 고용 및 실업에 관련된 보고서를 내면서 고용전략을 채택하여 이를 권장하게 된다(OECD, 1994a). 또한 급속히 진행되는 인구의 고령화 문제는 노동시장은 물론, 연금, 금융, 재정 등 경제사회 전반에 영향을 미치고 있다. 이에 또다시 OECD는 2001년과 2002년, 2005년에 보고서를 발간해 고령화에 대한 대책을 마련토록 권고한다.

OECD가 정책권고로 제시한 노동시장정책은 노동시장에 관한 정책, 제도, 법규만이 아니라 거시경제, 상품시장, 기업, 교육 등도 망라되어 있는데, 이는 10가지이다. ① 인플레이션 유발방지, ② 기술지식의 개발과 확산, ③ 노동시간의 탄력성 증대, ④ 창업과 확장에 대한 규제 제거, ⑤ 임금과 노동비용 탄력성 제고, ⑥ 고용법규 개혁, ⑦ 적극적 노동시장정책 강화, ⑧ 교육훈련시스템 개혁을 통한 노동 경쟁력 향상, ⑨ 세제 및 급여시스템 개혁, ⑩ 상품시장의 독과점 축소 및 상품시장의 경쟁촉진 등이다(이재갑, 2005).

이 중에서 노동시장 구조개혁과 관련된 부분만 살펴보면 다음과 같다.

(1) 일자리창출에 대한 장애요인 제거

OECD 《고용보고서》(*Job Study*, 1994b)는 민간부문에서 일자리가 창출되기 위해서는 기업의 노동력 채용인센티브가 저해되지 않아야 한다고 지적한다. 채용인센티브를 저해하는 정책으로 노동에 부과되는 높은 사회보장세, 기여금, 생산성과 기능수준에 따른 임금결정을 방해하는 중앙집중화된 임금교섭, 높은 수준의 최저임금, 엄격한 고용보호법규 등이 있다.

〈그림 6-1〉 OECD 고용전략

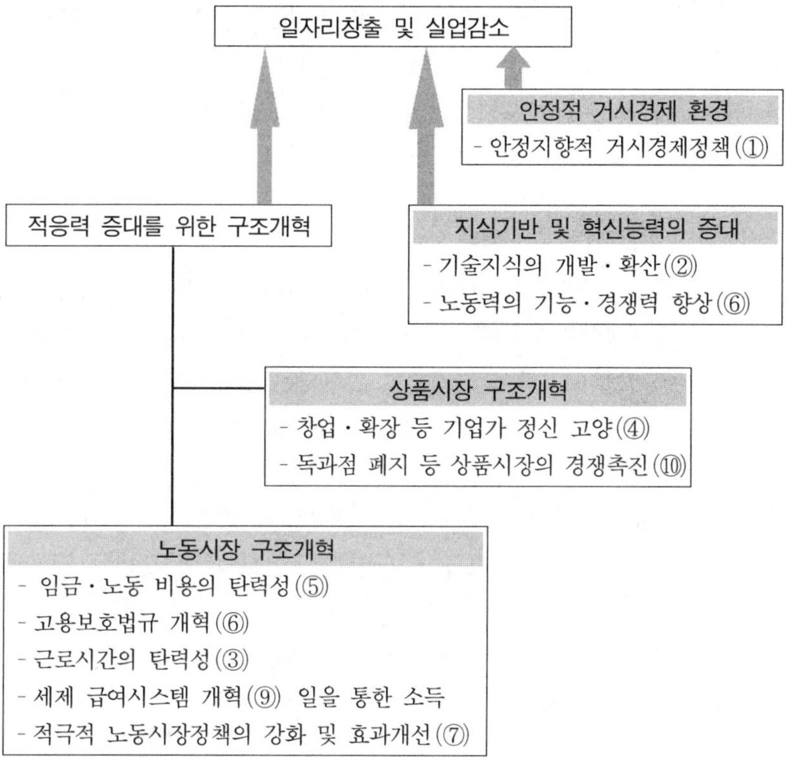

출처: 이재갑(2005).

OECD는 사회보장세, 기여금, 소득세가 높게 부과되는 경우 임금과 물가가 비탄력적이어서 높은 비임금 노동비용을 상쇄시킬 수 없을 때에는 고용에 부정적 영향을 미친다고 지적하면서 유럽국가들의 경우 사회정책비용의 지출을 줄여 재원 확보를 위한 세율을 낮추거나 재원조달을 소비세와 같이 다른 방식의 조세수입으로 변경할 것을 권고했다.

또한 개별기업이 시장변화에 탄력적으로 반응할 수 있도록 임금협약의 자동연장제를 없애고 재교섭을 허용하는 열린 조항들을 도입하라는 것이다. 최저임금제도 연령, 지역별로 차등화하는 등 유연하게 적용해 청소년과 저기능 노동자의 취업을 용이하게 해야 한다고 말한다.

기간제고용 및 파견제근로 등에 대한 규제도 완화할 것을 권고하면서 기업들의 비정규고용에 대한 남용을 방지하기 위해 정규고용에 대한 고용보호법규도 함께 완화돼야 한다. 더불어 기간제고용 계약종료시 특별수당을 지급토록 하거나 고용주가 실업보험 기여금을 추가로 납부토록 한다.

(2) 근로시간의 탄력성 증대

OECD는 그간 법이나 단체협약으로 규정되었던 표준근로시간제는 제조업의 대량생산체제에서는 타당했으나 서비스업이 확대되고 여성의 노동시장 참여가 증가하며 신기술이 확산되는 현대사회에서는 일자리 창출에 부정적 영향을 미친다며, 자발적 파트타임근로의 증가 및 탄력적 근로시간제를 확산시켜야 한다고 강조한다.

특히 조기퇴직유인제도는 고령자의 경제활동 참가율을 현저히 떨어뜨리고 청소년들의 고용기회를 효과적으로 창조해내지 못해 성장잠재력을 훼손하는 악순환에 빠질 우려가 있으며, 정부의 복지재정 지출만 크게 늘린다면서 고령자들이 좀더 오래 근로할 수 있도록 관련 정책과 제도를 정비하여 탄력적 퇴직경로를 설정해야 한다.

(3) 세제 및 급여시스템의 개혁

OECD는 세제 및 급여시스템의 소득대체율이 지나치게 높으면 실업, 비경제 활동, 빈곤의 함정에 빠지게 된다면서 일을 통한 소득의 원리를 실현시켜 나가야 한다고 권고한다. 이를 위해 구직활동 의무 등 사회보장급여의 지급요건을 강화하고 소득대체율을 낮추어야 하며, 사회보장급여가 장기간 지급되는 경우에는 적극적으로 노동시장프로그램에 참여하는 조건을 부과하는 등의 정책을 실시해야 한다.

또한 저소득노동자의 취업시 가처분 소득의 증대를 위해 근로소득세 및 사회보장기여금 납부의무를 줄이고, EITC 등 소득 보조장치를 도입한다.

(4) 적극적 노동시장정책의 강화 및 효과제고

OECD는 적극적 노동시장정책은 실업자의 기능 향상 및 취업지원을 통해 실업자의 취업 가능성을 증대시키고 노동시장의 인력수급기능의 효율성을 높여 실업을 감소시킬 수 있다고 지적한다. 또한 기존의 소득 지원을 목적으로 하는 소극적 노동시장정책 중심에서 적극적 노동시장정책 중심으로 정책을 변경해야 한다. 특히 적극적 노동시장정책이 청소년, 여성, 저기능노동자들에게 효과적일 수 있다고 지적하면서 공공직업안정기관의 취업알선 및 상담기능, 실업급여 지급기능, 노동시장프로그램 관리기능의 3대 기능을 통합해 실업급여수급자에 대한 적절한 조치를 강화해야 한다.

2) ILO가 제시한 성공한 노동시장정책

ILO는 성공적 고용창출정책으로 덴마크, 아일랜드, 스페인, 네덜란드 등을 꼽는데 적극적 노동시장정책을 사용한 예이다. 덴마크, 네덜란드, 아일랜드 3개국은 GDP의 4.5% 이상을 노동시정정책에 사용하였는데, 이는 미국의 10배에 해당하는 정도로 상당히 많은 것이었다.

〈그림 6-2〉 덴마크의 황금의 삼각형모형

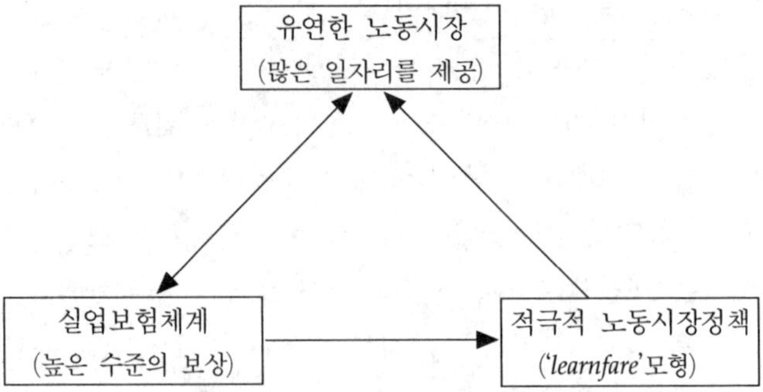

출처: 어수봉·성지미(2005).

또한 사회적 합의에는 정부, 기업 및 노동조합이 참여하는데, 네덜란드(1982년), 덴마크(1987년), 아일랜드(1987년) 등 3개 국가는 사회적 대화를 통해 공식적인 사회적 협약을 만들어냈다. 이 협약의 주 내용은 복지 수준을 개혁하면서 임금인상을 완화하는 것이다(어수봉·성지미, 2005).

(1) 덴마크

1994년부터 덴마크의 노동시장정책은 실업을 줄이고 휴가 및 일자리 순환과 같은 몇 가지 다른 목표를 달성하기 위해 적극적 노동시장 프로그램을 재구성하였다. '황금의 삼각형모형'이라고 불리는데, ① 유연한 노동시장, ② 실업보험체계, ③ 적극적 노동시장정책이 있다.

1994년 이후 노동시장정책을 몇 가지로 요약하면 다음과 같다.

사회보험 지급을 두 기간으로 설정하는 제도를 도입하였는데, 첫 번째 기간을 '수동적 기간'이라고 하고, 다음 기간을 '활성화 기간'이라 구분하였다. 수동적 기간으로 분류되면 실직자는 12개월 동안 사회보험을 지급 받는다. 기술수준이 낮은 청년층은 6개월로 1999년 한정하였다. 활성화기간은 3년간이다.

정책실행을 지역의 노동시장 당국으로 분산하여 지역의 요구를 반영하는 프로그램을 설계하도록 권한을 부여하였다. 직업훈련과 실업급여 체계의 연계를 차단하였고, 임금보조가 지급되는 고용의 경우 실업자가 실업보험급여를 받을 수 있는 기간을 연장할 수 없도록 하였다.

또 자녀양육, 교육 및 안식년제도 등 3가지 유급휴가제도를 도입해 노동자(실업자 포함)가 정부급여를 받으면서 휴가를 가질 수 있도록 하여 직업순환이 이루어지도록 하였다. 자녀양육 또는 교육을 목적으로 휴가를 갖는 경우 1년까지 실업보험급여의 수급기간을 연장할 수 있도록 하여 직업순환이 이루어지도록 하였다.

(2) 아일랜드

1개의 단일 노조를 갖고 있는 아일랜드에서는 모든 노조활동에서 가장 중심이 되는 것이 단체교섭이다. 아일랜드는 1987년 중앙단위협약이 시작되었다. 1987년 협약(PNR, Programme for National Recovery)을

〈표 6-2〉 아일랜드의 단체교섭 프로그램

프로그램	기 간	임금상승률
PNR (*Programme for National Recovery*)	1987~1991	연 2.5%
PESP (*Programme for Economic and Social Progress*)	1991~1994	- 첫 번째 해: 4% - 두 번째 해: 3% (+부수적으로 3% 지역에서 상승) - 세 번째 해: 3.75%
PCW (*Programme for Competitiveness and Work*)	1994~1997	연 2.5%
고용과 경쟁 : 포함을 위한 파트너십 2000	1997~2000	- 첫 번째 해: 2.5% - 두 번째 해: 2.25% (+부수적으로 2% 지역에서 상승) - 세 번째 해: 상반기 1.5%, 하반기 1% 상승

출처: Harastry (2004), *Successful Employment & Labor Market Policies in Europe and Asia and the Pacific* 수정.

통해 제조업에서 매년 2,000여 개의 새로운 일자리를 창출하였고, 국제 서비스업에서도 비슷한 수치의 일자리를 창출하였다. 1994년 실시한 협약(PCW, Programme for Competitiveness and Work)에서는 처음으로 공공서비스업종의 고용인과 다른 업종의 노동자를 차별화하였다. 1997년부터 2000년까지 실시된 '고용과 경쟁: 포함을 위한 파트너십 2000'은 장기실업을 감소시켜 사회적 분리와 배제를 줄이고, 경제적 경쟁 등을 통해 최저임금을 늘리는 등 저임금노동자들에게 관심을 가진 프로그램이다.

(3) 스페인

스페인은 직업훈련, 고용안정성의 증대, 재정정책과 투자 인센티브 개혁, 공공고용서비스의 현대화, 분권화, 통합배치서비스계획 등의 6가지 고용전략을 사용했다.

직업훈련과 관련된 3개의 하위 체계를 통합하여 새로운 법을 마련했는데, 훈련을 위한 새로운 프로그램 만들기, 특히 취약계층을 위해 고용 찾기 등을 강조했다. 1997년부터 2001년의 노동 규제의 변화에 따라 고용의 유연성과 안전성을 위한 체계를 마련하였다. 그리고 사회보장분담금 감면과 임시직에게 퇴직수당을 지급하였고, 그 대상에 16~45세 실업여성, 장기실업자, 45세 이상의 장기실업자, 출산 후 24개월 이내의 실업여성, 장애인 등을 포함시켰다.

또한 행정당국의 책임을 지방으로 이전해 1998년 이후 지방의 공공당국과 사회적 기관들이 고용창출과 적극적 측정의 개발을 통해 지방의 고용상태를 늘리기 위해 노력하였다. 1996년에는 통합배치서비스계획(*The Integrated Services Plan*)이 도입되어 공공부문의 일자리배치를 향상시키고 모든 일자리구직자들이 적극적 노동시장에 접근하기 쉽도록 만들며, 포괄적이고 다양한 서비스를 요구에 맞춰 제공한다. 1996년 143개 파트너기관과 협력하여 일자리를 구하는 565,000명을 지원하였으며, 7,767명을 대상으로 직업훈련을 실시하였고, 4,478명의 실업자에게 워크숍과 청년층을 위한 훈련프로그램에 따라 3,804명을 즉시 취업시켰다.

여성의 경제활동을 위한 정책으로 1997년 말에서 2001년 말까지 여성노동자 고용률은 23% 증가하였다. 이는 고용주의 사회보장 분담금을 낮추어 비용을 절감시키고, 여성이 자격을 갖추도록 훈련시키고, 자영업을 하도록 권장하는 등 개혁의 결과이다. '통합된 가족지원계획 2001~2004'가 통과되면서 자녀나 부양가족으로 인해 일정 기간이 지난 후에 노동시장으로 다시 되돌아오는 여성을 고용하는 고용주는 사회보장분담금을 감면 받게 되었다.

(4) 호주

노동부 산하에 있던 연방고용서비스가 1998년 민간부문과 지역공동체로 구성된 일자리 네트워크로 대체되었다. 200개의 민간, 지역공동체 및 정부조직이 참여하며 실업자들, 특히 장기실업자들에게 일을 찾아준다.

일자리 네트워크는 5개의 서비스를 제공하는데, 일자리 맞추기, 일자리 탐색훈련, 집중적 지원, 새로운 기업 인센티브 체제, 각종 노동서비스 등이 있다. 이는 대부분 소득지원에 관계없이 실업상태에 있는

〈그림 6-3〉 일자리 네트워크의 서비스영역

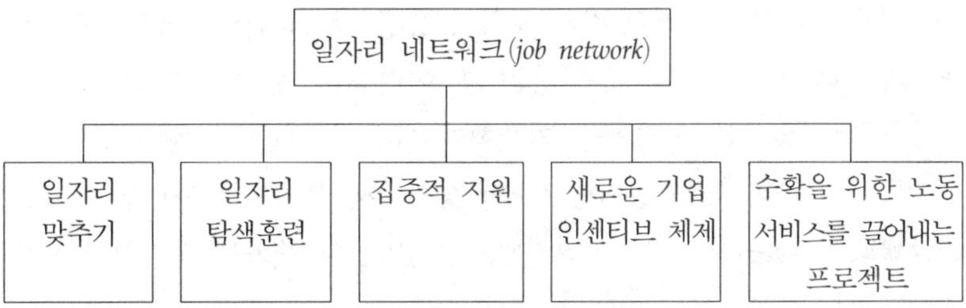

출처: 어수봉·성지미(2005).

는 사람들이 이용할 수 있으며, 무료로 제공되었다. 특히 집중적 지원으로 직업훈련, 근로경험, 글읽기훈련, 숫자 또는 영어훈련, 임금보조금을 포함해 사용자에 대한 인센티브, 일자리에 대한 배치지원에 따른 일자리 수정, 일자리 안전을 위한 의복과 장비제공이나 보조금지급 등이 있으며, 최대 15개월까지 제공된다. 규정에 따라 6개월 연장될 수 있다.

일자리 네트워크 실시 3개월 후 일자리 탐색자의 73%가 고용(70%)되거나 교육 및 훈련을 이수한 상태이다.

4. 조세정책과 불평등

조세제도는 공공부조에서 알 수 있듯이 사회복지제도의 재원을 마련하는 수단으로 기능한다. 또한 조세제도 자체가 소득의 분배, 재분배에 영향을 줌으로써 사회복지 목표의 하나인 불평등 완화에 기여한다.

물론 모든 조세제도가 소득 분배의 불평등을 완화하는 방향으로 작용하지는 않는다. 직접세와 간접세의 비율, 세율의 누진정도, 조세감면의 내용에 따라 그 영향이 다르기 때문이다.

1) 조세감면과 불평등

복지국가의 황금기였던 전후 호황기 동안 복지국가의 확대에 필요한 재원의 대부분을 국가가 충당하는 데 어려움은 없었다. 연간 약 4% 이상의 국내총생산 성장률을 기록했기 때문에 매년 세입을 증가시킬 수 있었다. 특히 높은 경제성장률의 상황에서 복지국가 확대의 재원을 공급했던 이들은 노동자들이었지만, 실질임금의 증가를 경험했기에 문제가 되지 않았다.

그러나 경제성장률이 하락하면서 정치적으로 문제가 되지 않았던 사회지출의 확대가 논란이 되었다. 외채위기는 조세제도를 크게 후퇴시켰으며 이것은 공공재정의 적자로 이어졌다. 정부가 재정능력을 상실하게 된 것이다.

사회보장에 대한 수요와 이용 가능한 재원 사이의 불균형을 해결하기 위해 각 나라들마다 삭감 쪽으로 방향을 돌리고 있다. 1980년대 영국과 미국에서, 1990년대 유럽대륙과 북유럽국가들에서 이러한 변화는 크게 나타난다. 하지만 일부 분야의 축소는 정치적 문제를 야기하기 때문에 늘 다른 분야의 확대와 결합하는 방식을 택한다. 독일의 경우는 연금, 보건의료, 실업보험의 삭감과 장기 요양에 필요한 새로운 보험제도 도입을 함께 결합시켰다. 프랑스에서도 연금, 실업급여 그리고 보건의료에서 본인부담의 증가와 함께 적극적인 노동시장정책의 확대가 동시에 일어났다. 이탈리아는 연금급여의 삭감과 장애급여 자격요건 강화와 가족에 대한 새로운 최저소득제도가 도입되었다.

또한 각 나라들 사이의 경쟁이 치열해졌다. 자국 내에 경제활동을 유치하기 위해 더 낮은 소득세율과 법인세율이 일반적으로 사용되기 시작한 것이다.

하지만 이러한 조세개혁 가운데 불평등이 내재되어 있다. 미셸 초스도프스키(Michel Chossudovsky, 1998)는 대부분의 나라들이 부가가치세를 포함하여 기업세인 법인세는 축소한 반면, 중, 저소득 월급생활자들에게 거둬들이는 새로운 조세수입을 늘여 공공재정의 적자를 보충하는 데 사용하였다고 주장한다. 국가는 한쪽에서는 국민들한테 세금을 거둬들이고, 기업보조금 또는 기금 형태로 국민의 세금을 대기업에 헌납한다는 것이다. 특히 미국의 재정적자는 대대적 탈세 및 회계상에 기록되지 않은 기업이윤의 유출과 직접적 관련이 있다.

국내생산자들과 합작기업이나 외국자본의 특혜간의 불평등도 큰 문제다. 국내생산자들은 세금을 내지만, 합작기업이나 외국자본은 외국인 투자유치라는 명목으로 신설된 제도로 각종 세제상의 우대를 받게 되었기 때문이다.

한국의 경우 조세감면의 기득권화를 방지하고 과세형평성을 제고하기 위해 '조세감면규제법'을 '조세특례제한법'으로 대체해 2000년에 각종 비과세, 감면 16개를 정비하고 2001년에는 180개 감면 중 40개를 폐지하고 16개를 축소했지만 비과세, 감면 재정비가 더 필요하다.

2) 소득재분배와 불평등

소득재분배기능이 논란이 될 때마다 나오는 것이 중산, 서민층에 대한 조세지원 확대와 고소득층에 대한 과세강화이다. 하지만 봉급생활자 외에는 소득이 제대로 파악되지 못하고 있다는 점이 가장 큰 문제이다. 음성, 탈루소득에 대한 세금 추징이 1999년 2조 5,000억 원에서, 2000년 3조 5,000억 원으로 증가했지만, 여전히 본보기 식의 적발에 그치고 있고 종합소득세 신고인원 중 기장신고자의 비율은 약 42% 정도에 불과하다. 따라서 자영사업자의 과세표준을 양성화하는 일이 절실하다. 1998년부터 '부가가치세법'을 개정해 변호사, 회계사, 기술사, 건축사 등 고소득 전문직종사자에 대한 과세를 강화하고, 2000년 1월1일부터 금융소득종합과세를 재실시하는 등 금융 고액소득자에 대한 과세를 강화하고 있지만, 미흡한 실정이다. 고액재산가의 상속, 증여세 부담을 높여야 하고, 대주주의 주식거래에 대한 양도소득세 과세를 더 강화해야 한다. 변칙적 상속, 증여를 통해 적정한 세금부담 없이 부를 세습하는 것을 방지하여 유형별 포괄주의 과세방식을 2001년부터 도입하였지만, 완전포괄주의로 전환할 필요가 있다. 또 부의 분산 및 공평과세를 위하여 현행 상속세의 과세체계를 취득과세형으로 전환하여 상속인별로 각자가 상속받은 재산에 대해 과세하도록 해야 할 것이다.

또한 중산, 서민층의 조세부담을 경감하고 사회적 약자인 노인, 장애인, 여성에 대한 조세 지원을 강화할 필요가 있다.

뿐만 아니라 가장 큰 재원의 효율성을 높이기 위해서는 공공부조제도의 효율성 제고와 사회보험제도의 개선이 필요하다. 특히 사회보험제도인 국민연금의 불공평은 어제오늘 지적된 문제가 아니다. 이미 서구 유럽에서는 공무원연금 등 공적 연금의 형평성에 어긋난 급여보장 수준은 연금재정 불안정의 주요 원인이 될 뿐 아니라 국가재정 압박의 주 요인이 되고 있다는 판단 하에 개혁됐거나 개혁중에 있다.

■ 함께 생각해봅시다.

1. 케인즈주의가 출현한 경제적 배경은 무엇이며, 중요한 내용은 무엇인가?
2. 케인즈주의에 따라 국가의 적극적 재정정책이 가능해졌지만, 복지국가의 안정적 성장을 뒷받침한 서방유럽 각국의 경제상황은 어떠했는가?
3. 한국의 권위주의정권은 노동자집단을 통제하고 억압하는 정책을 구사했으며, 포섭적 복지정책을 채택하지 않았는데, 그 이유는 어디에 있는지 구체적 예를 들어보자.
4. 노동시장에 대한 국가의 적극적 역할이 핵심적인 복지정책이 된 현실에서 한국의 노동시장정책 현황과 문제점을 토론해보자.
5. OECD의 10대 노동시장정책과 ILO의 적극적 노동시장정책을 비교해보고 장단점을 토론해보자.
6. 덴마크 노동시장정책의 특징은 무엇이며, 황금의 삼각모형에 대해 알아보자.
7. 한국의 복지운동이 복지정치의 수준으로까지 발전하려면 어떤 점이 우선적으로 바뀌어야 하는가?
8. 조세정책이 조성한 불평등과 양극화현상을 해소하기 위해 어떤 조세개혁방안이 있는지 설명해보자.

제 7 장

세계화

세계화는 1990년대 사회과학 논쟁에서 가장 널리 사용된 용어이다. 복지국가와 관련해 세계화는 두 가지 중요한 쟁점을 제기한다. 하나는 경제적 개방이 한 국가의 정책 자율성이나 사회적 보호체계에 어떤 영향을 미치는가 이다. 다른 하나는 국제적 시장에서 상호간의 경쟁이 사회적 표준의 하향화를 수반하는가 이다(Mishira, 2002). 미쉬라는 경제의 개방화가 완전고용과 경제성장을 위한 거시경제적 관리의 영역에서 국민국가의 정책 자율성을 위축시키고 있다고 주장한다. 또한 노동시장, 조세정책, 사회지출, 그리고 사회적 보호체계가 심각하게 침해되고 있으며, 그 결과로 하향화가 수반된다고 말한다.

세계화는 케인즈주의 복지국가의 제 1차 방어선인 완전고용과 고임금 전일제 직업을 붕괴시키고 있다. 개방과 경쟁의 가속화는 자본에게 노동시장의 유연화라는 임금 삭감을 위한 중요한 지렛대를 제공해주고 있다. 하지만 2차 방어선인 사회적 보호체계는 선거민주주의 덕분에 덜 약화하였다. 그 결과 소득불평등은 증대되었고, 사회복지 프로그램을 위한 조세부담분의 비중은 줄어들었지만, 여전히 광범위한 수준의 사회보장을 향유하고 있다.

하지만 이 또한 나라마다 다르다. 유럽대륙과 일본은 미국보다 소득

불평등의 정도가 훨씬 덜 악화됐고, 사회적 보호체계 역시 덜 손상된 것으로 나타난다. 미국은 빈곤의 심화, 불평등의 심화가 심각하다(Andersen, 1996).

1. 세계화와 국제기구의 압력

세계화란 국민경제가 초국적 경제의 영향력에 종속되고, 그럼으로써 국민국가의 통제로부터도 점차 벗어나게 되는 과정을 말한다. 우리나라에서도 1990년대 중반에 국제화와 세계화 논쟁이 있었지만, 국제화(*internationalization*)는 무역과 해외 직접투자, 다국적 기업과 같은 경제의 국제적 측면이 중요한 비중을 차지한다 하더라도 일차적 경제단위들은 국민국가의 차원에 머무는 상태를 가리킨다. 하지만 세계화(*globalization*)는 국민국가적 정체성이 없고, 국제적 경영관리기법으로 무장한 초국적 기업들이 다국적 기업을 대체하면서 지구적 생산으로 전환되고, 이들은 국민국가의 규제나 통제를 받지 않게 된다(Hirst & Thompson, 1996).

따라서 허스트와 톰슨에 따르면 경제의 개방성이 상대적으로 증대되는 오늘날의 현상은 세계화라기보다 국제화의 심화에 보다 가깝다고 본다. 즉, 경제의 국제화와 초국적화를 동시에 의미하는 것으로 세계화란 용어를 사용하자는 주장이다.

하지만 복지국가는 상대적으로 폐쇄적 경제에 구조적으로 의존하고 있었기 때문에 화폐와 자본의 자유로운 이동, 즉 금융의 세계화는 새로운 현상이면서 도전이 아닐 수 없다. 예를 들어 개방된 경제에서 한 국가가 수요관리를 통해 완전고용을 달성한다는 것은 불가능하다. 저금리정책과 같은 통화정책도 추진하기 어려워진다. 결국 세계화는 자본에게 노동과 정부에 대해 협상력을 강화시켰다. 1990년대 국내에서 투자하기를 거부하거나 생산입지를 옮기겠다는 것 하나만으로도 자본은 노동으로부터 임금과 노동조건에 관한 양보를 이끌어내기에 충분했다.

즉, 케인즈적 복지국가, 신조합주의적 국민국가가 탄생시킨 국민경제는 붕괴되기 시작하였다. 세계화는 완전고용, 높은 수준의 공적 지출, 그리고 누진적 과세정책이라는 고전적 사민주의전략에 조종을 울리고 있다(Teeple, 1995).

1) OECD와 IMF

세계화를 촉진하는 과정에 선진 7개국(G7) 정상회의, IMF, OECD, WB와 WTO 같은 국제기구들이 중요한 역할을 수행한다(Clarke & Barlow, 1997). 이들 국제기구들은 탈규제와 상품화 및 민영화를 촉진하는 과정에는 물론 정부의 다운사이징과 사회적 보호의 점진적 축소에도 직간접적으로 개입한다.

1970년대 이래 IMF와 WB는 대부금의 양여나 만기연장을 해주는 조건으로 구조조정프로그램과 여타 변화 조치들의 형태로 제3세계 국가들에 대해 긴축정책을 해왔다. 한국도 1997년 12월 IMF에 구제금융 신청을 한 후 IMF측이 요구한 초긴축, 고금리정책을 집행하면서 노동시장유연화, 대량실업 발생, 임시직 노동자의 급증, 빈부격차의 심화, 초국적자본의 한국시장 진출과 시장지배력의 강화라는 현상이 나타났다.

이렇듯 IMF가 《세계경제보고서》와 《스텝보고서》를 통해서, OECD가 개별 회원국가에 대한 《경제조사보고서》와 《특별보고서》 및 연구논문을 통해서 탈규제와 상품화, 민영화 압력을 행사했다. 특히 OECD는 회원국가들에게 자유로운 자본의 이동을 보장하는 법률을 제정하도록 구속력 있는 압력을 사용하기도 한다. 《고용보고서》를 통해서 노동시장과 고용에 대한 유연화를 강력하게 요청하고, 각종 보고서를 통해서 인플레이션을 통제하고 재정적자를 감축하도록 하여 연금 기여금 인상, 연금급여 삭감 등의 방법을 구체적으로 권장하기도 한다.

따라서 세계화를 단순히 시장 주도적 현상으로 이해하는 것은 잘못이다. 영향력이 강한 국제기구들이 전면에 나서서 한 나라의 경제, 사회정책을 초국적 차원에서 신자유주의적 방향으로 조종하는 과정이 세계화의 핵심인 것이다(Mishra, 2002).

2) OECD와 EU와의 비교

OECD와 EU는 노동시장을 보는 경제적 관점이 다르고, 그에 따라 추진되는 정책수단도 다르다(Casey, 2004). OECD 전략은 시장기능을 중시하여 시장에 기초한 해결책을 제시하는 반면, EU의 전략은 사회적 시장이론의 토대 위에서 시장기능에 의한 부정적 영향을 완화하고 시장성과를 제고시키기 위한 정부의 역할을 지지하는 경향이 있다고 캐시는 말한다. 특히 OECD 고용전략은 복지국가를 시장의 탄력성에 대한 잠재적 방해물로 여기는 경향이 있는 반면, EU 고용전략은 복지국가가 변화를 수용한다는 전제 속에서 성장을 촉진할 수 있는 생산적 요인으로 보는 경향이 있다고 기술한다.

특히 EU는 2000년 리스본전략이 채택되면서 완전고용, 고용의 질과 생산성 향상, 사회적 통합과 포용으로 고용전략의 목표가 설정되었다. 또한 고용정책이 대처해야 할 정책과제로 기존의 세계화, 기술발전, 경제통합 외에 인구의 고령화가 추가되어 실업 감소를 넘어서 노동력 활용도 제고를 통한 고용률 증가를 추구하게 되었다(이재갑, 2005).

OECD 고용전략은 실업해소를 주된 목표로 했기 때문에 보다 많은 일자리창출에 주된 관심을 보여 왔으며 고용의 질 문제는 정책적 관심을 보이지 않고 있다. 자연히 고용의 양을 증대시키는 구조개혁정책이 비정규고용 및 근로빈곤계층을 증가시키고 소득분배를 악화시키는 등 고용의 질을 약화시켰다는 비판과 함께 이에 대한 논쟁이 일어났다. 2003년 《OECD 고용보고서》는 1990년대 이래 회원국들의 노동시장성과를 분석하면서 고용증가는 질의 악화를 수반하지 않았으며, 소득불평등은 다소 증가했지만, 혁신과 생산성을 자극함으로써 임금이 상승하여 그 효과의 상쇄가 가능하다는 점을 지적했다.

반면 EU는 보다 많고 좋은 일자리를 목표로 추구함으로써 고용의 질 증가가 고용의 양 증대를 위한 필수 전제조건이라는 입장을 취하는 등 경제적 관점에서는 차이가 있다. 하지만 정책실무적 관점에서 볼 때에는 고용친화적 사회정책, 이를 통한 소득, 세제 및 급여시스템의 개편 등 여러 쟁점에서 OECD와 유사한 입장을 취하고 있다. 따라서 현재의 관점 차이, 정책실무적 유사성 등이 보인 만큼, OECD의 변화나 EU의 변화는 앞으로 주목할 문제이다.

2. 세계화와 사회양극화

1) 완전고용의 종말

완전고용정책은 복지국가에서 빈곤극복을 위한 기본적 요건이며, 동시에 사회보장의 전제조건이라 할 수 있다. 완전고용정책을 가능하게 했던 것은 폐쇄된 케인즈적 재정 및 금융정책이었다. 1970년대 후반까지만 해도 이 기조는 불안하기는 했지만 흔들리지는 않았다. 그러나 자본이동에 대한 정부통제의 이완, 변동환율제, 그리고 화폐와 통화의 상품화가 가속화되면서 경제성장과 일자리창출을 달성하려는 케인즈주의적 접근은 더 이상 어렵게 됐다. 1981년 프랑스 미테랑 정부가 고용과 성장을 위해 리플레이션전략을 구사하려고 했지만, 이듬해인 1982년 철회하지 않을 수 없었다. 그 원인은 프랑스 경제의 개방성과 국제금융의 압력 때문이었다(Hall, 1987). 스웨덴도 예외가 아니어서 국가부문 구조조정 압력이 거세지면서 고용의 원천인 공공부문의 일자리도 줄어들기 시작했다.

이제 실업은 서구 산업국가의 일상적 현상으로 자리잡아 OECD 국가 전체 노동력 가운데 7% 이상이 실업 상태에 처하게 되었다.

2) 노동시장의 유연화

OECD와 IMF 등 국제기구들은 노동시장에 대한 규제를 철폐하라고 권고해 왔다. 미국의 일자리창출은 노동시장 유연성 덕분이다. 하지만 대부분 저임금의 전일제이거나 불안정하고 낮은 임금의 비정규직 일자리이기 때문에 양적 성과일 뿐이다. 유럽의 경직된 노동시장과 달리, 노동시장의 유연화를 받아들인 나라가 영국이다. 영국도 전일제 일자리 수십만 개가 사라지고 대신 저임금이거나 임금 외에 다른 급여가 없는 일자리들만 늘어났다(Elliott, 1997).

문제는 일자리와 함께 제공되었던 기업복지가 사라졌다는 점이다. 더 이상 기업은 고용보장과 부가급여, 생활임금 등 가족부양 책임, 의료보험 등 보험부담을 하려하지 않는다. 의료보험, 연금제도의 적용을 받지 않는 임시직 고용을 선호한다. 또한 매출과 이윤이 늘어나도 노동력을 다운사이징하는 것을 멈추지 않고 오히려 공격적으로 사용하고 있다(Mishra, 1999). 경제가 성장하고 이윤이 늘어나고 주식시장도 활황을 보이지만 실업률은 계속 상승하게 되는 것이다.

유연성과는 다른 별개로 교육과 훈련을 통한 실업대책을 지향하는 나라들도 높은 수준의 교육과 훈련을 요구하는 일자리는 극히 제한적이고, 늘어나는 일자리들은 오히려 저숙련 요건을 요구하는 서비스직이라는 딜레마에 빠져있다.

3) 불평등과 사회양극화 심화

복지국가 황금기의 완전고용과 높은 임금, 그리고 사회적 보호체계가 확충되면서 소득이나 생활기회의 재분배도 어느 정도 보장되었다. 빈민, 장애인, 노인, 아동을 대상으로 하는 복지에서 노동자, 중산서민층에게까지 확대된 보편적 사회복지서비스들, 예를 들어 교육과 의료보장, 소득보장 등으로 시민권, 복지권은 확장되었다. 1960년대 후반부터는 사회시민운동에 힘입어 성과 인종에 대한 사회적 불평등도 점차 완화되기에 이르렀다.

하지만 1980년대 중반부터 노동시장의 규제철폐와 만성실업, 역진적 과세, 그리고 비평등주의적 조치들로 인해 불평등이 증대되기 시작했다. 높은 임금과 기업복지 혜택을 받는 조직노동자와 낮은 임금과 기업복지 혜택으로부터 소외된 비정규노동자들 내부에서의 양극화도 커지고 있다. 미숙련, 반숙련, 고령 및 여성노동자들의 빈곤이 심화될 수밖에 없게 된 것이다.

3. 세계화와 복지지출

1) 조세인하와 과세기반 축소

다국적 기업들이 성장하면서 재화와 서비스생산의 세계화현상은 정부의 세입에 불리한 환경을 만든다. 한 예로, 다국적 기업들이 조세회피로 이윤을 법인세가 낮거나 없는 나라에서 얻은 것처럼 신고하게 될 경우, 이전 가격조작으로 조세수입의 손실을 입게 된다. 미국의 하원의원이 실시한 1990년 조사에 따르면 40개 기업들 가운데 절반 이상이 10년 동안 세금을 한 푼도 내지 않은 것으로 밝혀졌다(Dicken, 1992).

뿐만 아니라 다국적 기업들은 조세감면 기간제, 보조금, 세금공제 등 다양하면서 상당한 양보를 받아내기도 한다는 것이다. 미국의 오하이오주는 1977년에 주 보조금과 세금우대 조치를 합해 2,200만 달러를 약속하고 일본의 혼다공장을 유치했다.

켄터키주는 혼다와 거의 동일한 수의 일자리를 창출해주는 조건으로

1억 달러 규모의 면세를 해주면서 도요타 공장을 유치했다. 다국적 기업에 대한 이런 관대한 조치들은 투자유치를 위한 조세인하 경쟁에서 비롯된 것이다.

또한 대부분의 국가에서 조세개혁은 고소득에 대한 세율을 낮춰 세금우대혜택을 제공하는 대신, 중간소득 및 저소득계층에게 하향적으로 전가시키는 정책이 대세를 이루었다. 공공지출의 부족한 재원을 재정적자의 확대를 수반하는 외부차입을 통해서 조달했고, 조세구조를 역진화시키는 방법을 통해 충당한 것이다(OECD, 1998). 이런 경향으로 누진적 과세정책이 퇴조하고, 직접세를 전반적으로 인하하는 경향이 커져 소득불평등이 증대되었다.

2) 사회보장의 축소

자원이 줄어들면서 소득보장 등 보편주의적 복지프로그램이 가장 먼저 공격을 받았다. 보편주의적 복지프로그램은 소득에 관계없이 제공되었던 가족수당이나 노령연금과 같은 프로그램이다. 이런 프로그램들은 삭감되거나 아니면 소득조사 혹은 자산조사를 조건으로 프로그램으로 전환하기 위한 전 단계에 들어갔다. 또 기여형 보험도 급여가 깎이고 수급 자격이 더 엄격해졌다.

실험보험은 노동시장의 유연화 이데올로기와 더불어 실업을 일으키는 요인이 실업급여에 있다는 공격을 받았고, 결국 실업급여를 삭감하는 변화를 겪게 된다.

공공부조 역시 마찬가지다. 장기실업의 증가로 공공부조 의존율이 늘어나면서 실업자들이 노동능력이 있으면서도 일을 기피한다는 역공을 받게 됐다. 정부는 노동능력자에 대한 수급 자격의 조건을 더욱 엄격히 하라는 압력을 받게 된다. 이른바 노동연계복지가 요구된다.

미국의 근로소득세공제제도(EITC)와 같은 정책이 노동빈민에게 도움을 주고는 있지만, 저임금 고용정책으로 인해 빈곤이 심화되었기 때문에 이 역시 현대판 '스핀햄랜드'(The Speenhamland Act) 제도라 할 수 있다(Mishra, 1999).

물론 세계화는 복지국가의 축소 지향적 재편을 위한 중요한 근거를 제공하기도 하지만, 새롭게 대두된 불안으로 인해 오히려 복지를 확대할 것을 요구하기도 한다. 즉, 세계화와 노동시장이 만들어낸 비복지 현상을 보완하는 데 복지지출을 하지 않을 수 없다. 실업은 가정폭력, 알코올중독, 우울증, 자살 등 다양한 사회문제를 일으키므로 이에 대한 지출이 필요하다.

■ 함께 생각해봅시다.

1. 규제완화가 고용성장에 타당한가?
2. 노동연계복지가 노동빈민과 주변부화문제를 해결할 수 있는가?
3. 세계화와 국제화의 유사점과 차이점은 무엇인가?
4. 세계화를 권장하거나 촉진시키는 국제기구들을 알아보자.
5. OECD와 EU의 노동시장정책에는 일정한 차이도 있는데, 이를 설명해보자.
6. 한국 복지정치의 현실은 어떠하며 어떻게 개선해야 하는가?
7. 세계화에 따른 사회적 현상으로 3대 경향을 드는데, 이 내용에 관해 토론해보자.

제 3 부

한국의 사회복지 태동과 발전

제8장 한국의 사회복지 전개과정

1. 고조선부터 조선시대의 사회복지

한국복지학계는 주로 유럽의 복지국가를 모델로 삼는 경향이 심하다. 그래서 복지제도의 역사를 처음부터 중세 유럽사로 시작해서 현대 복지국가로 끝맺는다. 아예 자기 나라의 복지제도와 역사에 대해서는 관심조차 기울이지 않는 경우가 대부분이다. 그러나 한국의 복지제도의 역사는 매우 깊고 다양한 형태를 갖고 있었다. 근대적 국민국가로 발전하지 못하고 일제의 식민지로 전락하는 바람에 한국의 고대와 중세의 복지제도가 잊혀졌던 것이다.

한국고대사의 최초 국가인 조선은 단군왕검의 홍익인간의 이념에서도 알 수 있듯이 사회적 약자에 대해 제도적 보호정책을 세웠다. 고조선은 8조 법금을 만들어 노약자, 과부 등을 보호하는 규정 등을 두었고, 문혜왕 원년(BC 843)에 윤환법(輪環法)을 만들어 빈민을 구제하고, 정경왕 13년(BC 710)에 흉년으로 인해 굶어죽는 사람들을 위해 제나라와 노나라에서 양곡을 구입해 이들을 구제하였으며, 효승왕 9년(BC 675)에 제양원(濟養院)을 설립하여 의탁할 데 없는 사궁(四窮)을 구제하였다(최익한, 1947).

1) 삼국시대의 사궁구휼

삼국시대의 고구려, 신라, 백제는 상호간 영토확장 전쟁을 끊임없이 계속했다. 당시 농업과 어업이 중심이었으며, 왕족, 귀족 및 관리들은 토지를 소유하고 정치 및 경제에서 절대적 지배자였지만, 평민과 농노들은 토지를 소유할 수 없었고, 영농 및 기타 생산노동에 종사하였다. 따라서 당시 백성들은 수많은 전쟁터에 나가 죽거나 한해, 수해, 질병 및 기타 재난을 당하면 굶거나 병들었다.

삼국시대 왕들은 노동력과 병력을 증강시키기 위해 인구증가정책에 힘을 쏟았고, 백성의 유실을 방지하고, 떠돌아다니는 유민들을 자국내로 이주케 하는 데 노력했다. 따라서 구제사업은 삼국의 중요한 국가시책 중 하나였다.

《삼국사기》에 의하면 백제 온조왕 32년(14)에 한재로 인해 굶주린 백성에게 곡물을 풀어 구제했고, 신라 유리왕 5년(28)에 빈곤한 백성을 조사하여 구제했으며, 고구려 고국천왕 16년(194)에 재상 을파소가 '진대법'을 만들어 3월에서 7월인 춘궁기에 빈곤한 백성들에게 가구원수의 많고 적음에 따라 필요한 곡물을 대여하였다가 추수기인 10월에 납입케 하는 제도를 만들었다는 기록이 있다. 백제 전지왕 13년(417)에는 춘궁기 빈민구제를 목적으로 동북 2부 빈곤백성 중 15세 이상인 자를 징발하여 사구성을 쌓게 하여 구제사업을 벌였다는 기록도 있다. 일종의 공공근로 구호사업인 셈이다.

이 밖에도 관곡진급, 사궁구휼, 조조감면, 대곡자모구면, 경형방수, 종자 및 식량 급여, 이재 및 빈자에 대한 왕의 친순 및 위문, 책기감선, 역농방재, 조묘기도, 불사기도 및 기타 제방축조, 귀농정책, 양주금지 등이 삼국 모두에서 공통적으로 실시되었다(하상락, 1989).

(1) 관곡진급

관곡진급(官穀賑給)은 각종 재해로 빈곤하게 된 백성들에게 관곡을 배급하여 구제하는 것을 말한다. 삼국시대에 자주 실시되었는데, 백제 시조 온조왕 33년(15)에 이재민에게 관곡을 진급하였고, 신라 남해왕 15년(18)에 경성지방의 한해와 황해(蝗害)로 굶주린 백성들에게 관곡을 진급하였다. 고구려 태조왕 56년(198), 신라 원성왕 2년(786)에도 관곡을 지급했다.

(2) 사궁구휼

사궁이란 환과고독(鰥寡孤獨), 즉 홀아비, 과부, 고아, 혼자 사는 노인 등 무의무탁한 이들을 말한다. 사궁구휼(四窮救恤)은 이들에게 왕들이 직접 방문하여 위로하고, 의류, 곡물, 및 과재 등을 주어 구제함을 말한다.

(3) 조조감면

조조감면(租調減免)은 재해로 심한 피해를 입은 지역의 주민들에게 조세를 감면해주는 것이다. 백제 고이왕 15년(248)에 조조를 1년간 면제하였고, 신라 내물왕 42년(397)에도 북변지방에 한해와 황해로 흉작이 심해 1년간 조조를 면제하였다.

(4) 대곡자모구면

대곡자모구면(貸穀子母俱免)은 춘궁기에 대여한 관곡을 추수기에 거두어들이는데, 흉작으로 상환이 곤란할 경우에는 원본 및 이자를 감면하여 주는 것을 말한다. 신라 문무왕 8년(668)에 실시했다.

(5) 경형방수와 책기감선

자연재난은 위정자의 죄라고 여겨 왕들은 형벌의 경감 또는 방수〔경형방수(輕刑放囚)〕로 선정을 베풀었다. 또한 일상생활을 하던 정전이 아니라 뜰 아래 방에서 기거하거나 소식(小食)을 하는 등 자신의 생활을 삼가〔책기감선(責己減膳)〕여 신의 노여움을 풀고자 하였다. 신라 내해왕 15년(210)에 한해가 심하자 왕이 지방옥수 등을 조사하여 죄의 경중에 따라 감면케 하였고, 백제 다루왕 28년(55)에도 사면하였다. 고구려 평원왕 5년(563), 신라 흥덕왕 7년(832)에는 왕이 책기감선하며 기도하였다.

(6) 종자 및 식량의 급여

흉작으로 영농의 종곡이 없거나 식량이 부족할 때 관의 비축곡을 풀어 종자용이나 식량용으로 대여 또는 급여한 제도이다. 삼국에서는 이를 자주 시행하였다. 신라 성덕왕 6년(707)에는 1인당 1일 3식씩 1월부터 7월까지 진급하고 백성들에게 오곡을 종자로 나눠주었다.

(7) 이재민에 대한 왕의 친순 및 위로

자연재해로 재난을 입은 자나 전사자 및 병자를 방문하여 백성을 위로하는 것은 삼국의 역대 왕들의 흔한 행정이었다. 고구려 대무신왕 5년(22), 신라 유리왕 5년(28), 과사왕 27년(106), 고구려 태조왕 69년(121), 신라 자비왕 12년(469), 진평왕 18년(596), 성덕왕 17년(718)에 재해로 피해를 입은 백성을 위로 방문을 하였으며 제사를 올리고 빈곤한 백성과 전사자를 위로하고 하사물을 내렸다.

(8) 종묘 및 불사기도

각종 천재지변의 재난을 피하게끔 종묘나 불사에서 기우제를 올리거나 기도를 올리는 것을 말한다. 신라 파사왕은 3, 4년 계속하여 수재해가 들고 한해가 빈발하자 산천에 편제기도를 올렸다.

(9) 양주 금지 및 귀농

백제 다루왕 11년(38)에는 흉년이 되어 양주를 금했으며, 신라 일성왕 11년(144)에는 금은주옥 사용금지, 소지왕 11년(489)에는 무위도식 백성을 선발하여 귀농케 하는 등 각종 다양한 정책을 사용했다.

2) 고려시대의 구휼제도

삼국시대의 민생과 구휼의 여러 제도는 고려시대에도 계속되었다. 불교의 자비사상이 큰 영향을 주어 구제사업이 확장되고 제도화되었다. 정인지의 《고려사》에 의하면 고려의 진휼로서 ① 은면지제(恩免之制), ② 재면지제(災免之制), ③ 환과고독진대지제(鰥寡孤獨賑貸之制), ④ 수한질여진대지제(水旱疾濾賑貸之制), ⑤ 납속보관지제(納粟補官之制) 등이 있으며, 구제사업은 크게 항구적 구빈사업과 일시적 이재민 구제사업으로 나뉜다(하상락 · 서기택, 1989).

태조는 흉년을 대비하기 위해 흑창(黑倉)을 창설하여 창적제도(倉積制度)를 시작하였다. 그러나 널리 보급되지 않았고 6대 성종 5년(986)에 인구수에 따라 흑창을 의창(義倉)으로 개칭, 설립하여 가난한 백성을 구제케 하였다. 또 이듬해에는 '재면법'을 제정하여 수, 한, 상, 충 등으로 인하여 전답의 피해가 4분 이상 손실되면 조를 면하고, 6분 이상이면 조포를 면하고, 7분 이상이면 조포역을 다 면제하여 주었다. 성종 12년(993)에는 개성과 평양 및 12목에 상평창(常平倉)을 설치케 하여 흉년에 대비케 하였다. 문종 4년(1050)에는 '손재면역법'이 제정되었지만, 그 내용은 성종의 '재면법'과 같다.

고려시대의 구호행정기관은 삼국시대에 비해 훨씬 발전하여 독립된 기관에 의하여 시행되었다. 고려의 구제기관으로는 흑창, 의창, 상평창, 제위보, 구제도감, 진제도감, 진제색, 동서대비원, 혜민국, 혜민전약국, 유비창, 연호미법 등이 있다(조충식, 1989). 제위보는 광종 14년(963)에 국고수입과 기타 고정된 기금을 원금으로 거치하고 여기에서 나오는 이자로 구제사업을 펼칠 목적으로 설립됐다. 그러나 공민왕 3년(1354)에 폐지되었다. 제위도감은 곡물, 식염, 소채, 의류 및 면포 등을 저장하여 빈민을 구제함을 목적으로 설립되었다. 동서대비원은 문종 때 빈곤한 질병환자를 구호치료하기 위해 양경도에 설립되었고, 혜민국은 의료 시약을 목적으로 설립되었으나 공민왕 3년에 혜민전약국으로 이름을 바꾸었다.

(1) 은면지제

은면지제(恩免之制)는 왕이 베푸는 은전으로 개국, 즉위, 순행, 불사, 경사, 난후 등 기타 적당한 시기에 실시됐다. 삼국시대에서도 가끔 실시되었던 것으로, 고려 개국 초에 태조가 3년간 전조를 면제하여 백성들이 농사일에 전념케 하였다. 그후 경종이 976년에 즉위하면서 결채를 탕감하고 조조를 감하였다. 현종 21년(1030)에도 중광사를 건축할 때에 부역자에 조포를 감하였다. 공양왕 2년(1390)에는 국가의 변방이란 이유로 의주, 이성, 강계 등의 지역 백성들에게 부역을 면제하였다.

(2) 재면지제

재면지제(災免之制)는 이재민들에게 조세, 부역 및 형벌 등을 전부 혹은 일부 감면해 주는 제도이다. 성종의 '재면법'을 비롯해 목종, 현종, 문종, 선종, 숙종, 명종, 고종, 충렬왕, 공민왕, 공양왕 등 여러 왕들이 재난에 대비해 면세 조치를 취했다. 목종 9년(1006)에 흉년이 발생해 5년간 공부 미납자를 전부 면제하고 구제하였으며, 현종 20년(1029)에 왜구들의 침공으로 폐농한 데다 흉년이 들자 조부를 면제하였고, 문종 6년(1052) 한재로 흉년이 들어 조부를 탕감하였다. 선종 7년(1090)에 각종 재변이 자주 일어나고 한해가 극심해 형벌이 가벼운 죄수를 방면하고 관곡을 대출 받았지만 환곡하지 못하는 자를 모두 면제하였다. 우왕 7년(1381)에 전라도와 경상도 지방에 흉년이 들어 지방

백성의 절반 이상이 타지방으로 이주해 가므로 그들에게 3년간 조세를 면제하였다.

(3) 환과고독진대지제

환과고독진대지제(鰥寡孤獨賑貸之制)는 우선적으로 보호를 받아야 할 대상자로 자활할 수 없는 홀아비, 과부, 고아 및 노인 등 4궁을 구휼의 대상으로 했다. 이는 삼국시대로부터 내려오던 제도였다. 특히 흉년, 재해 및 전란 등으로 흩어진 기아, 걸식아 및 빈민들은 여러 사찰에 수용, 보호되어 승려가 되기도 하고, 사원에서 노동을 하며 살기도 했다.

성종 10년(991)에 부모나 친족이 없는 아동은 관에서 양곡을 주어 구호하고 아픈 사람은 시설보호하였다. 성종 13년(994)에는 부양할 부모나 친족이 없는 어린 고아는 10세까지는 관에서 수용, 양육하고 10세가 지나면 본인의 희망에 따라 거주케 하였다. 이는 고아수용보호시설의 시초인 셈이다. 충렬왕 34년(1308)에는 부양할 자가 없는 70세 이상의 노인의 자손이 범죄로 형벌을 받아야 할 때는 벌을 일시중지 또는 면제하여 노인을 부양케 하고, 80세 이상의 중병인 경우는 자식의 죄를 면형, 감형하여 노인을 보호케 하였다. 보호할 자가 없을 경우 동서대비원에 수용, 보호하였다.

(4) 수한질여진대지제

수한질여진대지제(水旱疾濾賑貸之制)는 이재민에게 각종 물품과 의료, 주택 등을 급여하는 제도를 말한다. 이 제도로 국가재정도 가장 많이 소비되었고, 빈도와 범위가 가장 광범위했다. 현종 3년(1012)에는 개경 백성들이 기근으로 곤란하게 되자 이재민 30,000명에게 쌀, 밀가루, 소금 등을 나눠주고, 18년(1027)에는 개국사 인접지 수재빈민들에게 음식을 나눠주었으며, 임진보통원에서 죽과 소채를 마련하여 행려인들에게 급식하였다. 명종 18년(1188)에는 수재민에게 구제나 보상을 해주었다.

고려 말에는 원나라에게 원조를 청하여 양곡을 도입하여 구휼하기도 하였다. 원종 15년(1274), 충렬왕 6년(1280), 16년(1290)에 원조를 청하여 약 200,000석의 백미를 국내에 들여와 이재민과 빈민을 구제하였다. 공민왕 5년(1356)에는 권문세가의 기유미를 시가보다 감가 매출하여 그 수입금으로 4궁이나 폐질자를 구제하기도 하였다.

의료보호도 중시하여 문종 때 동서대비원을 설립했고, 예종 때는 혜민국을 설치하여 환자들에 대한 시약 및 구호를 담당하였다.

(5) 납속보관지제

납속보관지제(納粟補官之制)는 원나라제도로, 고려 충렬왕 원년(1275)에 국가재정의 부족을 보충하기 위해 일정한 금품을 납입한 자에게 일정한 관직을 주는 제도이다. 구휼과는 무관하지만, 충목왕 4년(1348)에 이 제도를 모방하여 흉년, 재해시에 백성을 구휼하기 위한 재원조달의 한 방안으로 이용되기도 하였다.

3) 조선시대의 구제행정

고려시대 초기에는 좋은 제도들이 채택되고 실시되어 구제사업도 활발하게 전개되었으나 후기에는 원나라 침략 등 국내외 혼란과 각종 재해 발생, 불교의 병폐 등으로 국가재정은 빈약해졌고, 구제사업도 쇠퇴하게 되었다. 이에 조선은 건국 초부터 불교 대신 유교, 특권층 중심의 소유제도 대신 신흥양반과 일반 백성들 간 이윤균점을 통해 중앙집권적 왕조를 탄생시켰다. 자연히 구제사업은 왕의 책임 하에 강력한 행정조치로 실시되었다. 세종 원년(1419)에는 지방관리가 구제 행정을 등한시할 경우 문책 또는 엄벌하기도 하였다. 인종 원년(1545)에 펴낸 《경국대전》 비황조에는 구제행정을 소홀히 하면 중죄에 처한다는 규정을 신설하였으며, 정조 18년(1794)에는 역대 구제행정에 관한 기록을 조진관으로 하여금 편찬케 하여 혜정연표(惠政年表)를 만들었다.

즉, 조선시대의 구제행정의 원칙은 ① 빈민구제는 왕의 책임이며, ② 구제를 신속하게 하되, 일차적 책임은 지방관에 있으며, ③ 중앙은 구제에 대한 교서 및 필요한 관계법을 제정, 공포하고, 구호행정을 지도감독하며, 구제에 노력한 지방관리를 표창하는 것 등이다.

구호의 내용은 곡물과 의류 등의 급여를 비롯해 의료보호, 조세와 부역 면제, 환곡의 감면, 영농종자 및 식량 진대, 곡물가격의 조정 및 구호대상자의 시설수용, 보호 등 고려시대 제도를 좀더 발전시켰다. 구빈사업을 크게 비황제도(備荒制度), 구황제도(救荒制度), 구료(救療) 등으로 나뉜다(하상락, 1989).

(1) 비황제도

비황의 기관으로는 상평창, 의창, 사창 등 삼창이 있으며, 관곡으로 빈민이나 이재민을 구제하는 기관을 말한다.

상평창은 흉년에 대비하여 곡물과 포목을 비축하였는데, 이는 고려시대보다 그 내용이 더 확대됐다. 경기에는 상평청, 경기 외에는 상평창을 설치하였는데, 재해가 각지에서 빈번하게 발생하였고, 병란 등으로 자원이 감소, 소실, 유실되어 운영에 어려움을 겪어 인조 13년(1636)에 진휼청으로 병합되었다.

의창은 지방행정에 필요한 경비를 충당하고, 미곡의 반은 거치하고 나머지 반은 매년 백성들에게 대부하여 추수기에 환납하게 했다. 일명 환곡이라고도 한다.

사창(社倉)은 의창과 달리 양반과 상민의 공동 저축으로 상부상조하며, 연대 책임으로 자치운영을 하는 것이다. 의창환곡이 지방관이 직접 관리하면서 횡포와 폐단이 많아짐에 따라, 세종 21년(1439)에 공조참판 이진이 사창제 실시를 제안하였으나 실시되지 못했고, 세종 26년(1414)에 이계순이 다시 제안하였으나 또다시 부결되었다. 숙종 10년(1684)에 사창절목이 제정되면서 각 도에 반포되어 사창이 처음 조선에 들어왔다. 하지만 제도로 안착하기까지는 200년 넘게 걸렸다. 사창절목에 따르면 100호를 단위로 일사(一社)를 설치케 하고, 양반과 상민의 공동출력으로 창고를 설립하고, 각자 곡물을 출납하여 이를 공동저축하였다가 매년 절반 거치하고 나머지 반은 빈곤한 자에게 대출하여 다음 추수기에 연 2분의 양식을 납입케 하고 대출 받은 자가 도망가 대출곡 회수가 불가능할 때에는 공동부담으로 원본만을 납입 보충케 하도록 되어 있다. 구제의 적절성과 신속을 기할 수 있었던 사창은 널리 보급되지 못하였고, 대부분 여전히 의창환곡으로 인한 관폐가 지속되었다.

삼창과는 별개로 교제창과 제민창이 숙종부터 영조에 이르는 60~70년간 해안 및 강변에 설치되어 이재민을 신속하게 구제하는 데 많은 도움을 주었다.

(2) 구황제도

구황제도는 사궁에 대한 보호를 비롯해서 노인보호사업, 시식, 진휼사업, 조적 및 방곡, 고조, 견감, 원납, 인보상조, 구황방 등이 있다.

세종 24년(1442)에 한성부의 응급구제기관인 진제창에 수용된 기민 수는 275명이었다. 하지만 해를 거듭하면서 빈민과 기아가 점차 증가되자 정조 7년(1783)에 자휼전칙(字恤典則)을 제정하여 사궁의 구제에 관한 진휼청의 구호사업의 준칙을 마련하게 되었다. 중앙에서는 진휼청이 수용보호하고, 지방에서는 지방관부가 관부청사 외부에 토막을 지어 사용하도록 하였다. 다만 유약한 자는 민간수용을 허용하였다. 아동에 대한 인신매매, 유아유괴 등의 병폐가 많아져 아동보호는 전적으로 관의 사업으로 하고, 민간보호는 일절 금하였지만 민간보호를 허용하지 않을 수 없어서 마련된 제도가 바로 자휼전칙이다.

노인보호를 왕의 군덕(君德)으로 여겨 백성들이 노인보호에 힘쓰게 권장하였다. 국왕이 지방순회시 지방의 노인걸식자들을 소집하여 의식을 내려주거나 향연을 베푼다든지, 국경사 때는 궁정에서 노인연을 베푼다든지, 노인직을 설정하여 위계를 주어 존경을 받게 한다든지, 노인부양을 위해 자식의 죄를 감형 또는 환형 처분을 한다든지 등은 경로사상에 기인한다.

양곡은 물론 된장, 고추장, 미역, 소금, 소채, 면포 등을 급여하는 진휼이나 곤란에 처한 백성에게 미곡을 대출하여 후일에 환납케 하는 진대, 흉년 또는 재해를 당한 백성에게 지세, 호세, 부역 등을 감면하거나 대부된 환곡을 면제 또는 감해주는 견감, 빈곤하여 혼례나 장례를 치르지 못하는 자에게 관에서 그 비용을 부조하는 고조 등이 있다.

또한 계 및 향약 등 민간 자체의 구제형태도 있었다. 특히 향약은 이퇴계를 중심으로 한 경상도 안동의 예안향약과 이율곡을 중심으로 한 충청도 청주의 서원향약 및 황해도의 석담향약이 대표적이다. 향약은 덕업상권(德業相勸), 과실상규(過失相規), 예속상교(禮俗相交), 환난상휼(患難相恤) 등 4개 덕목의 실천을 중심으로 하는데, 그 중에서도 환난상휼은 구호에 중점을 두고 있다. 또 향약은 일종의 지방자치단체로 지방풍교의 유지와 생업안정, 사창경영 등을 목적으로 했다.

(3) 구료

조선시대에 의료사업으로 태조 원년(1392)에는 왕실의 의료기관인 전의감과 일반 백성의 의료기관인 혜민서 및 동서대비원, 동서활인원 등이 설치되었다. 동서활인원은 도심지로부터 떨어져있는 곳에 두어 전염병환자를 분산 수용해 전염되는 것을 막도록 했다. 태조 6년(1397년)에는 재생원이 별도로 설치되어 의방의 조사 및 수집, 의학서적 간행, 약물의 조사 및 채집, 여의 양성 등에 주력하였다. 특히 부인들의 질병치료를 위해 의녀제도를 두었다. 세종 6년에는 질병을 치료하는 기관으로 구병실을 설치하여 병자를 구휼하였다. 숙종 35년(1709)에는 혜민서를 설치하고 재생원을 병합하여 일반인의 질병치료를 겸하였다.

조선 말기인 고종 31년(1894)에는 새로운 의학지식과 기술이 도입되어 종래의 한의방 위주의 의료행정제도에 큰 변화가 생겼다. 광제원,

의학교 및 대한의원 등을 설치하여 신식 의료사업을 보급하였으며 지방에는 자혜의원(1909)을 개설하여 현대 의료를 시작했다. 전염병 예방을 위한 종두예방 규정도 제정하였다.

4) 토정 이지함과 다산 정약용의 복지관

한국의 복지역사에서 시대적 한계를 안고 있었지만, 조선시대의 선비적 복지관을 갖고 있었던 대표적인 인물 2인을 살펴봄으로써 당시의 사회상황에 어떻게 대처하려 했는지 알아보자.

(1) 토정 이지함의 걸인청

토정 이지함(1517~1578)은 토정비결로 잘 알려져 있지만, 사실상 마포에 토정, 즉 흙집을 지어 살면서 물욕을 철저하게 배제하고 살았다. 당시 신분계급을 탈피해 가장 천시하던 장사를 하고, 어업을 10년간 하기도 했다. 이때 소금도 굽고 고기잡이도 하고 무인도에 박을 심어 이것을 곡식으로 바꿔 마포의 가난한 민중을 구제하기도 했다. 또한 당시 체제 옹호적 이기심성(理氣心性)의 담론을 일삼던 성리학에서 벗어나 민본사상과 실학정신 등 애민정신으로 구체적 현실비판과 그 개혁방안을 마련해 실천하기도 했다(권인호, 1993).

1573년 이지함은 탁행으로 추천돼 포천현감이 됐다. 마음속에 품었던 가난구제책을 실현할 좋은 기회였기 때문에 현감직을 받아들였던 것이다. 어업 및 상업의 경험을 가지고 민중구제책을 상소문으로 제시한다. 연고와 주인이 없는 전라도 만경현의 양초주(洋草洲)와 황해도 풍천부 초도정(椒島井)을 포천에 속하게 해준다면 어염을 통해 곡식을 바꾸어 민중들을 구제하겠다고 했다. 또 옥(玉) 채취와 은광(銀鑛) 개설, 제련 등 상공업의 발전책을 건의했다. 그러나 개혁방안이 받아들여지지 않자 벼슬을 버리고 낙향한다.

포천현감 당시 베옷에 짚신을 신고 베로 만든 갓(벼슬하기 전에는 쇠로 된 갓을 쓰고 다니면서 솥이나 그릇으로 사용하기도 했다고 한다)을 쓰고 등청했다. 아전이 밥상을 올리니 "우리나라 민생이 곤궁한 것은 위정자들이 다 먹고 마시는 데 절제가 없는 탓이라며, 잡곡밥 한 그릇과 해조류 나물 한 그릇을 모자 상자(帽匣)에 차려오도록 해 맛있게 먹었다는 기록이 있다. 맑은 마음과 욕심을 적게 가져야 한다는 것이다.

62세인 1578년 다시 조정의 부름을 받은 이지함은 아산 현감으로 내려갔다. 그곳에 걸인들이 많자 그는 걸인청을 짓고 거처하게 하면서 각자의 능력과 재주에 따라 수공업을 가르쳐 각자의 힘으로 의식을 얻게 하였으며 이것도 안 되면 볏짚을 주어 짚신이라도 삼도록 독려했다. 이는 단순한 빈민구제가 아니라 각자의 능력에 따라 일하면서 먹을 수 있도록 하는 것으로 대동세계를 만들고자 한 것이다.

또 각 고을의 토산품을 바치는 공물의 폐해를 백성의 입장에서 처리했다. 고을 민중들의 고통의 원인이자 원성의 대상이었던 임금에게 진상을 올리는 숭어 양어장을 폐쇄해 농토로 만들었다. 봉건시대 때 이러한 결정은 자리를 내놓을 정도의 과감한 일이었다.

그리고 민중에게 고통을 안겨주는 군액(軍額)을 삭감하고 군역(軍役·병역의무)을 덜어 주며, 족징(族徵)을 폐지할 것 등을 주장했다.

이지함은 3대 창고론을 주장했다. 첫 번째는 도덕의 창고인 인심을 계발해 화평한 세상을 만들자는 것으로, 사대부들이 마음의 욕심을 버리고 수기치인하며 도덕을 지키면 백성은 경제활동에 힘을 쏟을 수 있어 재물은 풍족해지고 그 재물이 균분돼 민생은 윤택해지고 이상적 대동사회가 된다는 것이다. 두 번째는 인재창고론이다. 인재를 적재적소에 배치하지 못하기 때문에 제도가 순기능을 발휘하지 못한다는 것이다. 세 번째는 재용창고론이다. 육지와 바다는 일백 가지로 소용되는 물산을 저장한 창고다. 이 창고에서 나는 은·옥·물고기·소금 등을 헐벗고 굶주린 백성 누구나 생산할 수 있도록 하자는 주장이었다.

그러나 그의 사상은 무능한 왕권과 주자성리학에 가로막혀 실현되지 못했다. 그의 예언대로 임진왜란과 병자호란으로 백성 백만여 명이 전사하거나 병에 걸리거나 굶주려 죽었다.

(2) 다산 정약용의 복지관

다산 정약용(1762~1836)은 실학의 대표적 학자로, 그가 생각하는 사회문제는 빈곤, 재산불평등, 기아, 자연재해로 인한 생활난, 노인, 기아, 장애자, 질환자 등 사회적 약자의 생존문제와 범죄, 비행 등이다(최원규, 1989). 그는 이런 사회문제가 발생하는 원인을 우선 토지의 편중과 부유층과 특권층의 탈세 등으로 보았다. 빈곤은 저열한 생산력이 주된 원인이지만 부호와 관리의 수탈, 착취 등에 의한 것으로 보았다. 사회적 약자의 문제는 가족, 친족, 지역사회 외에도 지방관의 무관심과 실정을 지적했다.

《목민심서》에는 "백성의 재산을 균제하여 다같이 살 수 있도록 하는 사람이 임금과 목자이다"고 하여 목(牧)이 백성을 위해 존재한다는 책임론을 펴고 있다. 하지만 실제 민생문제와 관련해서 들어가면 다산은 개인 및 가족 또는 이웃 등에 일차적 복지책임이 있다고 보았다. 흉년시 기민 구제방법에 관해 다산은 부자와 가까운 친척, 인척 등은 부자가 당연히 구휼해 주어야 하며, 다소 먼 친척, 인척 또는 이웃에 대해서는 수령의 통제를 통해 반강제적으로 구휼하도록 하자고 하였다.

또 향약이라든가 절과 같은 각종 결사나 종교단체의 복지 책임도 논하였다. 다산은 향약의 4덕목 중의 하나인 환난상휼을 설명하면서 수재와 화재, 도적, 질병, 사상, 고아와 노약자, 억울한 죄에 무고된 자, 가난 등의 경우 향약이 복지 기능을 할 수 있다고 소개하였으며 절의 경우 주변 촌락 및 스님의 친족에 대한 구제를 권장하였다. 또한 10~60세인 사람, 부모와 친척이 있는 사람, 자기재산이 있는 사람은 구휼대상에서 제외하자고 하였다. 일종의 자산조사와 같은 조건을 말한다.

다산의 분배이론은 흉년시 지방관에 의한 기민구제에서 뚜렷이 나타난다. 형식적 기민 선정방법을 비판하고 굶주린 사람의 정상, 즉 욕구에 따라 기민을 선정하자고 주장한다. 노동능력이 없어 자립하여 생활할 수 없는 사람, 즉 노인이나 고아, 장애아 등이나 가족, 친척이 없어서 도움을 받을 수 없는 고아, 홀아비, 과부, 늙어 자식 없는 사람 등의 4궁과 자기 재산이 없는 사람 등을 중심으로 하되 일시적으로 도움을 받아야 하는 사람으로는 상을 당한 사람, 각종 재해를 당한 사람, 전염병에 걸린 사람, 기타 결혼을 하지 못한 사람 순으로 선정해야 한다고 지적했다. 기민구제를 위한 경위표에 의하면 기민의 정상과 기민 수에 따라 표를 만들어 날짜를 조정하는 방식을 사용했는데, 욕구가 적은 사람을 일차로 줄이고, 그래도 안되면 구제일수를 줄이고, 마지막으로 주거가 불안정한 기민의 수를 줄이자고 했다.

또한 노동성과에 따른 차등제공을 주장하기도 했다. 예를 들어 땔나무를 잘 해오는 자에게 희미(餼米)를 더 늘려 밥을 주고, 그 다음은 죽을 주고, 더욱 부지런한 자는 따로 옷가지를 주어 그들을 격려, 권장하며 부녀자로서 밥 짓고 물 긷는 일을 할 수 있는 자는 희료를 더 주자고 하였다. 반면 게으른 자는 죽의 양을 줄이고, 도둑질, 사기, 패륜난법자는 군관이 잡아다 사방 경계 밖으로 내쫓자고 했다.

다산이 그리던 이상향은 부국안민의 이상이 실현되는 사회로, 정치적으로는 민본, 위민, 애민이라는 왕도정치의 구현을 말하고, 경제적으로는 생산력의 발전과 균등한 생산수단의 분배 및 능력과 성과에 기초한 분배정의의 실현으로 특징지어진다. 이를 위해 《경세유표》, 《목민심서》, 《흠흠심서》 등에서 중앙행정기구의 개편, 지방관의 수양과 지방행정의 개선, 인권·인명존중을 위한 행형제도의 개선, 왕과 관리의 덕치, 선정을 통한 사회개혁 등 개혁방안을 내놓았다.

2. 일제 강점기와 미군정기의 구호정책

일제 강점기의 구제사업은 근대적 복지이념에 의해 시행됐다기보다는 식민정책의 포섭정책으로서 추진되었다. 일제는 조선을 강제 합병하기 이전부터 조선에 대한 수탈을 위한 각종 조사사업을 세밀하게 진행해 토지수탈과 각종 사업을 통제하고 조선인들의 생활상태를 식민지 노예로 전락시켰다. 일제는 조선인의 빈궁화가 폭력적인 독립운동으로 진전되는 것을 막기 위해 최소한의 조치를 취하게 된다. 특히 대공황의 여파와 태평양전쟁 도발, 강제징용 등이 일상화되면서 이른바 구호행정이 등장했다.

미군정기는 일제 강점기시대와는 큰 차이가 있었으나 주권이 미군정에 있었다는 점에서 한계를 지닐 수밖에 없었다. 특히, 8·15광복으로 귀국동포들이 급증하였고 좌·우 대립에 따른 각종 소요와 사회혼란으로 복지수요가 급증했음에도, 미군정기의 복지정책은 임시구호적이며 시혜적인 성격을 벗어날 수 없었다.

1) 일제 강점기의 포섭정책

1928년 일본 내에서 구호법을 제정하여 구호행정을 시행했지만, 한국에서는 유사시에 은전을 베푸는 것이었으며 생업부조 또는 현물급여를 매우 한정된 영역에서 실시했다. 그리고 1944년에 이르러 징병과 노무징용을 강요하게 되면서 비로소 구호법을 확대 적용하였다.

일제 강점기의 구호사업은 ① 이재구조(罹災救助), ② 진휼구호, ③ 빈민구료, ④ 아동보호, ⑤ 복리시설, ⑥ 직업보도 등이다. 외견상으로는 다양했으나 대부분 형식적이고 시혜적인 것으로 일본이 총인구에 대한 피구호자의 비율이 0.3%인 데 비해 한국에서는 0.008%에 불과한 것에서도 알 수 있다(하상락·신은주 1989).

(1) 이재구조

이재구조는 수해, 화재, 한해, 풍해, 설해 또는 기타 비상재해 등으로 재난을 받은 자에게 식량, 의류, 주택개수비, 의료비, 종곡 및 농구 등을 급여 또는 대여하는 것이다. 주로 은사이재구조기금의 이자로 지출하고 부족할 때에는 국비로 충당했다.

(2) 진휼구호

노인, 유아, 장애, [illegible]병 등으로 인[illegible]생계를 유지할 수 없는 자에게 은사진휼기금에서 [illegible]호하였다. 양로시[illegible]는 1927년 경성양로원으로 현재의 청운[illegible]로원의 전신이다. 1917년에[illegible] 불교 각 종파가 협의를 하여 행려[illegible]를 구호하기 위해 경성불교자[illegible]를 결성하여 수용소를 신축하고 1918년부터 수용보호하기 시작했다. [illegible]919년 행려병자는 한국인이 [illegible]38명, 일본인이 103명, 행려사망인[illegible]는 한국인이 2,311명, 일본인이 82명으로 집계되었다.

(3) 빈민구료

관, 공립병원 또는 공[illegible]재하는 지역과 없는 지역을 구분하여 있는 경우는 외래진료[illegible]발급하여 가까운 병원이나 의사로부터 치료를 받게 하고, 없는 경우에는 치료상자를 각 면에 비치하고 매년 약품을 보충하였다.

경성제대부속병원 및 도립병원과 적십자병원에서도 빈민구료를 담당하였다. 1930년에는 전국에 구료단체가 55개 있었다.

(4) 아동보호

근대적 고아시설로는 고종 25년(1888)에 프랑스 신부가 명동 천주교회에 고아원을 설치하여 기아, 고아, 빈곤아동을 보호한 것이 처음이었다. 1905년에는 이필화가 경성고아원을 중부 서진방 수진동 23통에 개설하였는데, 1911년 조선총독부가 이를 접수하여 조선총독부 재생원이라 바꾸었다. 1913년에는 맹아부를 신설하여 재생원을 양육부와 맹아부로 나누었다.

1923년과 1924년에는 보호시설인 영흥학원 및 목포학원이 창설되어 국민학교 교육과 농업, 어업, 목공 및 재봉 등의 실과(實科)를 배워 자활하게 했다. 1942년에는 영흥학원에는 96명, 목포학원에는 53명의 아동을 수용했다. 부랑아 교호시설은 경기도립의 선감학원 외에 16개 시설에서 1942년 16,220명을 수용, 보호했다. 그밖에 탁아소, 모자보호시설 및 아동건강상담소 등도 있었다.

(5) 복리시설

1922년 박영효가 재단법인 인보원을 설립하여 인보사업과 빈민주택난을 돕는 운동을 시작하였다. 복지시설은 아동보건, 임산부 보호, 빈아교육, 공설인사상담, 원산사업, 간이숙박, 실비식당, 공설욕탕, 공설 세탁장, 공익전당포, 공설주택 등이 있었다.

(6) 직업보도

수산사업 및 직업소개와 소액 생산자금의 대부 등을 통하여 빈민의 생활안정을 꾀했는데 1934년 수산사업이 7개, 직업소개가 13개, 소액 생산자금 대부가 14개 있었다. 직업소개는 1929년 경성직업소개소가 설치되고 그 부설로 노동자 합숙소가 설치되었다. 구세군에서도 걸인수용소를 설립하였다. 이 외에 영세농민에 대한 소농생산자금 대부사업이 1928년부터 시작되었다.

2) 미군정기의 구호정책

8·15 광복 후 미군정 3년간(1945.9.8~1948.8.15)의 사회복지정책은 보건후생에 대한 구호사업이 주였다. 주로 월남한 피난민과 해외에서 귀환한 동포들, 국내 실직자들에 대한 식량, 의료 및 주택 등의 공급

에 치중하였다. 36년간의 일제지배로 대비책 부족, 국가자원 빈약, 외자 의존 심화, 과중한 군비부담 등으로 응급시책은 결국 국내외 민간구호단체와 외국의 자선단체나 기관에 의존할 수밖에 없었다. 이 경향은 6·25전쟁 이후에도 별로 달라지지 않았다. 이로 인해 행정적 혼란과 전문성의 결여로 사회사업의 기형적 발전이 조장되었다(하상락, 1989).

8·15광복 이후 가장 큰 사회적 양상 중의 하나는 민중의 정치적 활성화로서 건국준비위원회(이하 건준)나 인민위원회, 조선노동조합전국평의회(전평) 및 전국농민조합총연맹(전농) 등의 전국적 규모의 대중조직의 급격한 활성화로 집약된다(이영환, 1989). 빈곤 등 열악한 경제상황 속에서 이들의 생존권적 활동은 끊임없이 이어졌고, 1946년 9월 부산 철도노동자 7,000여 명의 파업으로 시작된 총 파업에는 151,000여 명의 노동자가 참가하였다. 노동자의 주장 12개 항목 중 '쌀을 달라', '임금인상', '전재민과 실업자구제', '해고반대', '노동운동의 자유' 등이 생존권과 관련된 것이었다. 이는 지방으로 확산되어 식량난 등 생활문제의 어려움에다가 양곡의 강제 공출정책이 불만을 낳아 대구 농민들을 시작으로 '쌀을 다오', '공출 반대' 등 전국의 농민들이 10월 폭동으로 나타났다.

이렇듯 빈곤을 둘러싼 사회적 갈등 속에서 미군정의 구호정책의 대상은 조선구호령(1929년 제정, 1932년 실시)과 유사하게 ① 65세 이상인 자, ② 6세 이하의 소아를 부양하는 모, ③ 13세 이하의 소아, ④ 불치의 병자, ⑤ 분만시 도움이 필요한 자, ⑥ 정신적, 육체적 결함이 있는 자로서 구호시설에 수용되지 않고 가족이나 친척의 보호가 없고 노동할 수 없는 자로 규정된다.

구호행정은 보건후생부를 중심으로 이루어졌는데, 이는 조선총독부 경무국 위생과에서 그 명칭이 바뀐 것이다. 주한미군정 장관 아놀드에 의해 1945년 10월 27일 공포된 미군정 법령 제18호에 따르면, 보건후생부의 역할은 조선총독부의 위생과 업무 외에 사변재해의 구제, 일반

빈곤자에 대한 공공부조, 아동의 후생 및 기타 필요한 보호, 노무자의 후생 및 응급제도, 주택문제, 귀국 및 실직자 보호 및 귀향 등을 추가하였다. 당시 1948년 3월에 발간한 《후생》 제3호에 따르면 당시의 이재민 및 빈민 수는 4,142,833명에 달하며 당시 총인구를 20,000,000여 명으로 추산할 때 20%가 넘는 비율이다. 고아원 및 양로원 등의 시설은 47개에서 127개로 증가하고, 수용인원도 2,228명에서 7,832명으로 3배 이상 급증하였다.

당시 구호정책은 시설구호, 공공구호, 응급구호 및 이재구호로 구성되며, 당시의 심각한 주택난과 실업난을 반영한 주택구호사업과 실업구제사업도 적지 않은 비중을 차지했다(이영환, 1989).

(1) 일반적 구호사업

일반적 구호사업으로는 시설구호, 공공구호, 응급구호 및 이재구호를 들 수 있다. 시설구호는 아동, 노인, 행려불구자에 대한 보호 및 수용시설의 구호를 의미하며, 이재구호는 피난민과 이재민에 대해 의류, 식량, 주택, 여비 및 구급치료 등을 제공하는 일시적 구호이다. 응급구호는 재난빈민, 재난실업자, 토착빈민, 토착실업자 구호이며, 공공구호는 65세 이상의 노인, 13세 이하 아동, 임산부, 불구폐질자에 대한 구호이다.

1946년 10월의 요구호자 조사와 비교한 수용구호율을 보면 아동은 구호대상자 3,000명 중 약 20%, 노인은 구호 대상자 18,254명 중 1.5%, 행려불구자는 구호대상자 50,786명 중 0.7%로 전체 구호대상자 약 95,000명 중 5.5%만이 수용, 구호되고 있는 실정이다. 1948년과 1949년에도 개선실적은 2배를 넘지 못했다(남정운, 1949).

〈표 8-1〉 후생보호시설의 현황

연 도	아동시설		양로시설		행려불구자시설		합 계	
	시설 수	수용자 수	시설 수	수용자 수	시설 수	수용자 수	시설 수	수용자 수
1945	42	1,819	8	128	3	245	53	2,192
1946	70	4,558	9	268	7	362	86	5,188
1947	86	6,149	12	368	18	704	116	7,221
1948	101	7,393	12	514	16	566	129	8,473
1949. 2	101	7,338	12	614	16	488	129	8,420

출처: 사회부, 《경제연감 Ⅳ》(1949), p. 232

(2) 전재민 수용구호사업

귀환 및 월남 전재민들에 대한 구호는 전재민수용소의 임시구호를 거쳐 각 지방에 정착토록 하는 것이 정책의 주 내용이었다.

각 시도별로 1~2개씩 설치된 수용시설에 미군정 3년 동안 수용 연인원 2,385,948명에 급식 연인원 4,771,886명 등이다(이영환, 1989). 구호내용은 임시적인 것으로 의, 식 제공, 치료 및 주택과 취업알선이며, 5일간 수용 후에 고향이나 연고지로 보내게 되는데, 의지할 데 없는 자들은 시나 도 당국이 주택과 직업을 알선했다.

(3) 주택구호사업

주택문제는 매우 심각했다. 귀환전재민의 경우 토굴이나 창고, 다리 밑, 공원, 방공호 등지에서 노숙, 유랑하는 사람들이 많았다. 당시 1949년 《경제연감》에 따르면 무주택호수가 1946년에 285,622호, 1947년에 11,868호, 1948년에 38,816호로 나타나 있다. 1947년 국고 1억 60,000,000원으로 호당 3평씩의 가건물 3,385호의 건축계획을 세웠으나 실제 건축의 진행은 극히 부진하여 서울시의 경우만 보더라도 2,000세대 8,000명 수용계획이 1차로 232세대 1,268명에 그쳤다.

〈표 8-2〉 직업별 실업자 실태조사

	전재(戰災)	실 업	계
공장노동자	106,877	81,078	187,955
광산노동자	79,353	43,245	122,598
사무소, 상점	62,983	48,364	111,347
농 업	125,594	84,693	210,287
운수사업장	18,794	21,171	39,965
토건사업장	67,599	74,185	141,784
기 타	176,003	111,784	287,787
합 계	637,203	464,520	1,101,723

출처: 조선은행(1948), 《조선경제연보》; 노동부(1946).

(4) 실업구호사업

실업문제에 대한 미군정의 대책은 직업소개사업과 취로사업 및 귀농 알선사업 등이다.

직업소개사업은 총 11개소 중 일제 강점기 때부터 있어 온 3개소 외에 1946년에 3개소, 1947년에 3개소가 더 창설되었지만, 구직자의 취직률이 10% 상회하는 정도였고, 1948년의 경우도 30%에 머물러 실업문제를 해결하기 위한 체계적 수단이라 평가하기 어렵다.

취로사업의 경우 국도건설, 수해방지 공사, 개간사업, 개척사업, 임업개발 사업장 등인데, 1947년의 경우 1억 원의 예산으로 1,700,000명의 실업자 구제 계획을 세웠으나 실적은 알 수 없다. 다만 급여수준이 일일노임 30원으로, 당시 평균생계비 월 1인당 2,690원에 비하면 너무 낮고 임시적 사업이라는 구제사업에서 크게 벗어나지 못했다.

귀농 알선사업은 전재민 대부분이 농민출신이라는 점으로 인해 3만여 호에 달하는 방대한 귀농 실적으로 나타났다. 하지만 귀농 희망자가 320,000호에 달한다는 《독립신보》(1947.1.8)의 지적이나 토지개혁이 실시되지 못하고 있었던 사정으로 볼 때 그 한계를 짐작할 수 있다.

3. 군사정부의 사회복지 전개과정

1) 대한민국정부수립과 6.25 전쟁

1948년 8월15일 대한민국정부가 수립되자 미군정의 보건후생부와 노동부를 합하여 사회부로 개칭하고 보건, 후생, 노동, 부녀 등에 관한 행정을 관장하였다. 그후 1949년 3월 보건부가 창설되어 보건행정이 분할되었으며, 1955년 2월에 보건 및 사회 양부는 다시 보건사회부로 통합되었다.

정부수립 당시 헌법 제19조에 따르면 "노령, 질병, 기타 근로능력이 없는 자는 법률이 정하는 바에 의하여 국가의 보호를 받는다"고 국민의 생존권을 명문으로 규정하였다. 하지만 관계 법률이 제정되기 전에 6·25전쟁이 벌어져 구호대상자들의 응급구호에 치중할 수밖에 없게 됐다. 이 당시 UN민사원조사령부는 사회부와 함께 피난민수용소를 설치해 피난민에 대한 응급구호에 집중했으며, 특히 아동, 노인, 임산부 및 유아를 부양하는 모 등을 우선적으로 구호했다.

1951년 구호대상자는 7,820,000명, 1952년과 1953년에는 950,000여 명을 초과하였는데, 당시 피구호자 1인당 1일 양곡 3합 또는 소맥분 250g을 급여하고 시설수용에 한하여 부식비 및 주택비 등을 약간 보조하였다.

주택의 피해는 막대해 1952년에 전소 또는 전파된 가옥만 410,000여 동이나 돼 난민 정착사업 중 주택건설사업이 큰 비중을 차지하게 되었다.

UN 및 우방 여러 나라에서 보내온 기증금품 및 외국 민간구호물자 등은 전시 및 전후에 국민의 자활에 큰 활력소가 되었다. 1957년까지 국내에서 활동하던 외국민간원조단체는 77개 기관이다.

사회복지시설에 대한 요구도 커졌다. 고아시설, 양로시설, 모자원 등의 각종 후생시설이 휴전협정 직후에 급속히 증가하여 1959년에는

686개의 각종 시설이 설립되었다. 국립시설로는 중앙사회사업종사자훈련원, 중앙소년직업훈련소, 중앙감화원, 중앙각심학원, 삼육학원 등 5개 시설이 있었다. 이곳에 수용보호를 받았던 자들은 총 65,626명이었다(하상락, 1989).

2) 박정희 군사정권시대

1960년대, 1970년대는 격동의 시기였다. 1961년 5·16군사정변으로 정권을 장악한 박정희 정부는 정통성을 확보하고 정권을 안정적으로 유지할 목적으로 경제성장 일변도의 경제정책을 추진하였다. 산업구조의 변화, 노동자의 양적 급성장 등으로 인해 산업재해, 노사갈등 등 사회, 경제문제들이 늘어났다(권문일, 1989). 또한 1961년 피구호자는 일반 구호와 의료구호를 합하여 1,952,922명으로 총인구의 7.6%를 차지했다. 군사정권은 지속적 경제성장에도 불구하고 정권의 불안정성이 증가하자 정권의 안정성을 확보하기 위해 경제성장의 희생물이었던 노동자층에게 최소한의 사회보험정책을 추진하였고 공무원들을 지지기반으로 확보하기 위해 각종 사회입법에 나섰다.

중요한 법률로는 생활보호법(1961년), 산업재해보상보험법(1963년), 의료보험법(1963년) 등이 제정되었다. 이밖에 공무원연금법(1960년), 군인연금법(1963년), 사회복지사업법(1970년), 국민복지연금법(1973년), 사립학교교원연금법(1963년), 공무원 및 사립학교교직원 의료보험법(1977년)도 제정 혹은 개정되었다.

(1) 생활보호법

일제 강점시의 구호법이 폐지되고 1961년에 생활보호법, 1962년에 재해구호법이 새로 제정, 실시되었다. 대상은 ① 65세 이상의 고령자, ② 18세 미만의 아동, ③ 임산부, ④ 장애인, 폐질자, ⑤ 기타 보호대상자 등으로 부양의무자가 없는 근로능력상실자들에 대해서 거택구호,

수용구호 또는 의탁보호 등을 행하고 근로능력은 있으나 자립생활을 못하는 실업자, 영세민 및 기타 구호대상자에 대해서는 자조 근로사업을 실시하여 구호하였다(하상락, 1989).

특히 1963년에는 보리흉작과 사라호 태풍 피해로 많은 이재민이 발생하여 미 공법 PL480-Ⅱ에 따라 양곡 75,000톤을 도입하여 전국적으로 2,000,000여 명에 달하는 이재민을 구호하고, 복구사업도 실시하였다. 1964년부터 구호사업은 자조 근로사업으로 영세민 구호에 중점을 두고, ① 개간사업, ② 수산물 증식사업, ③ 소유지 및 관개시설, ④ 조림 및 사방사업, ⑤ 경지정리사업, ⑥ 치수사업, ⑦ 도로사업, ⑧ 도시개발사업, ⑨ 간척사업, ⑩ 기타사업 등으로 국한하고 영세민 1가구 당 1명이 월간 20일 이내 기일만을 취로하고, 일당지급 양곡은 3.6kg이고, 이들에 대한 취로증은 시, 읍, 면 및 동장이 발급하였다.

이 사업에 소요되는 재원은 미공법 PL480 - Ⅱ와 Ⅲ에 의해 양곡 또는 정부양곡 및 보사부, 농림부, 건설부 등 국고에서 지급되었다.

〈표 8-3〉 연도별 각종 구호대상자(1962~1971)

연 도	생활보호	영세민보호	이재민보호	수용보호	계
1962	283,000	1,128,818	40,240	75,242	1,527,300
1963	283,000	1,307,057	131,645	69,564	1,721,702
1964	391,277	3,173,229	120,139	76,846	3,761,131
1965	402,946	2,851,766	353,390	71,615	3,679,717
1966	420,946	2,466,561	221,614	74,111	3,182,479
1967	440,401	2,378,791	890,858	75,442	3,785,492
1968	463,339	1,978,791	656,793	67,341	3,166,264
1969	424,070	1,347,152	477,709	67,901	2,316,832
1970	427,600	1,114,147	255,372	63,209	1,890,328
1971	552,000	1,214,000	111,645	66,000	1,943,645

출처: 하상락(1989), 《한국사회복지사론》.

(2) 산업재해보상보험제도

우리나라 산업재해보상제도는 1953년 근로기준법이 공포되어 재해보상의 개별 사용자책임제가 명시되었지만, 1963년 11월5일 사회보장에관한법률과 산업재해보상보험법이 공포되면서 근대적인 사회보장의 하나인 산재보험제도가 실시된다.

그런데 당초 이 법의 주요내용은 ① 강제사회보험으로 노동청이 관장하고, ② 적용범위는 근로기준법의 적용을 받는 광업, 제조업으로서 500인 이상의 종업원이 있는 사업장에만 적용하고, ③ 산재보험료는 사용자 전액 부담원칙에 의해 실적요율주의를 취하고, ④ 보험급여는 요양급여, 휴양급여, 장해급여, 유족급여, 장제급여 및 일시급여 등 6

〈표 8-4〉 정부 및 보사부 예산의 사회복지비에 대한 비율(1958~1972)

구 분	보사부 소관 예산(원)	정부 예산에 대한 비율			보사부 예산에 대한 비율	
		보사부 예산	보건비	사회복지비	보건비	사회복지비
1958	1,098,196,470	2.67	0.52	2.14	19.57	80.43
1959	1,284,482,440	3.20	0.64	2.56	20.20	79.80
1960	1,513,813,320	3.60	0.82	2.78	22.77	77.23
1961	950,227,750	1.66	0.70	0.95	42.63	57.37
1962	1,789,992,490	2.43	0.79	1.63	32.70	67.30
1963	2,729,955,300	3.64	1.09	2.55	29.93	70.07
1964	1,738,220,200	2.48	0.91	1.57	36.77	63.23
1965	3,168,000,000	3.38	0.94	2.43	27.93	27.93
1966	4,342,300,000	3.08	1.01	2.06	32.95	67.05
1937	5,394,000,000	2.98	0.97	2.00	32.68	67.32
1968	8,917,400,000	3.40	0.91	2.49	26.75	73.25
1969	10,536,300,000	2.84	0.85	1.99	35.75	64.25
1970	8,590,300,000	1.94	0.97	0.96	50.30	49.70
1971	13,304,100,000	2.43	1.46	0.97	59.94	40.06
1972	11,163,500,000	1.59	0.83	0.75	51.70	48.30

출처: 하상락(1989), 《한국사회복리사론》.

종으로 하며, ⑤ 산업재해보상보험심의위원회를 두어 보험사업의 주요 사항 등을 심의케 하였다.

산업재해보상법 의무적용대상은 1964년에는 광업, 제조업 중에서 500인 이상의 종사자를 거느린 사업장이었는데, 1967년 광업, 제조업, 전기가스업, 운수업, 건설업 및 기타 업종 50인 이상으로 확대되었다.

(3) 의료보험법

산재보험법보다 더 앞서 논의된 것은 의료보험제도이다. 1962년 3월에 사회보장제도 심의위원회가 발족되면서 일본의 건강보험제도와 국민건강제도를 모델로 하여 1963년 12월 의료보험법안을 제출해 최고회의 본회의를 통과하였다. 그러나 심의과정에서 대폭 수정돼 거의 무용지물화되어 버렸는데(권문일, 1989), 대표적 내용이 강제적용의 원리가 삭제되어 임의적용으로 바뀐 점이다.

1965년 2년간의 시범사업 준비를 마치고 호남비료주식회사, 봉명광업소가 의료보험조합을 형성함으로써 한국 의료보험의 효시가 되었다. 그러나 다른 기업체들은 관심이 없어 1970년 8월 강제가입과 임의가입을 가미시킨 개정법률을 새로이 마련했지만, 정부의 소극적 태도와 의료계의 반대에 부딪쳐 시행령을 개정하지 못해 사실상 유보되었다.

1976년 의료보험법이 전면 개정돼 1977년부터 500인 이상 노동자를 고용하는 사업장을 적용대상으로 하여 강제적용을 하는 사회보험제도로 변화되면서 생활보호법과 함께 공공부조의 양대 지주를 이루는 골격을 마련했다. 또 1977년에는 공무원 및 사립학교 교원의료보험법이 제정, 실시되어 사업장과 함께 의료보험의 대상계층을 확대하였으며, 1977년 1월 절대빈곤층인 생활보호대상자 등에 대해 의료보호제도를 실시하였다.

3) 전두환, 노태우 정부시대

1979년 12·12쿠데타로 정권을 이은 전두환 정부는 1980년 9월 1일 11대 대통령취임사에서 기회균등의 사회정의에 입각하여 전 국민의 행복이 보장되는 민주복지국가를 천명하였다. 이는 정통성 결여와 사회적 갈등과 반정부 운동을 차단하기 위해서였다. 이로써 헌법에 "모든

〈표 8-5〉 사회보장관계법(1960~1977)

법률명	공포 년, 월, 일
공무원연금법	1960. 1. 1
보호시설에있는고아의후견직무에관한법률	1961. 8. 31
입양특례법	1961. 9. 30
군인원호보상법	1961. 11. 1
윤락행위등방지법	1961. 11. 9
아동복리법	1961. 12. 30
생활보호법	1961. 12. 30
선원연금	1962. 1. 10
재해구호법	1962. 3. 20
군인연금법	1963. 1. 28
사회보장에관한법률	1963. 11. 5
산업재해보상보험법	1963. 11. 5
외국민간원조단체에관한법률	1963. 12. 7
의료보험법	1963. 12. 15
자활지도사업에관한임시조치법	1968. 7. 23
사회복지사업법	1970. 1. 1
재해구제로인한의사상자구호법	1970. 8. 4
국민복지연금법	1973. 12. 24
사립학교교원연금법	1973. 12. 30
의료보호법	1977. 12. 31
공무원및사립학교교직원의료보험법	1977. 12. 31

출처: 하상락(1989), 《한국사회복지사론》.

국민은 인간으로서 존엄과 가치를 가지며 행복을 추구할 권리를 가진다"(제 9조)고 명시되었으며, 인간다운 생활을 할 권리(제 29조), 국가의 사회보장, 사회복지 증진을 위한 노력의무(제 32조), 여자와 소년의 근로상 특별보호(제 30조) 등을 규정하였다. 또한 국정지표로 민주주의의 토착화, 복지사회 건설, 정의사회 구현, 교육혁신과 문화창달을 제시하였다.

특히 산업화, 도시화 과정에서 노인인구 증가, 교통사고나 산재사고 급증 등 사회문제가 대두되고, 다양한 국민의 욕구가 나타났다. 당시 60세 이상의 노인인구는 6.1%로 1970년대 5.4%보다 급증했으며, 교통사고 및 산업재해로 인한 발생이 급격히 늘어 100,000명당 교통사고 인원이 1970년에 145.0명이던 것이 1994년에 438.3명으로 급증했고, 산재사고도 1970년 120명이던 것이 1984년 392.4명으로 늘어 산업화, 도시화에 따른 장애가 급속도로 증가되어 이들에 대한 보호조치가 절실히 필요하게 되었다.

따라서 그 동안 도입되지 않거나 새로운 사회환경에 맞추어 사회복지법이 대거 제정되거나 개정되었다. 그 예로 1981년에 심신장애인복지법과 노인복지법이 처음 제정되었고, 1961년 제정되었던 아동복리법이 아동복지법으로 전면 개정되었다. 1983년에는 사회복지사업법과 생활보호법이 개정되었고, 1986년에는 갱생보호법도 개정되었다. 특히 개정된 생활보호법은 보호대상자 범위를 확대할 뿐 아니라 생활보호대상자가 자신의 생활 유지와 향상을 위하여 자산, 근로능력 등을 활용하여 최대한 노력할 것임을 전제로 이를 보충, 발전시킨다는 보충성의 원리를 채택하였다. 보호수준은 건강하고 문화적인 최저생활을 유지할 수 있는 것이어야 함을 명시하였다.

1987년 노동운동과 민주화운동, 6·29민주화 선언, 1988년 서울올림픽 개최 등 정치, 사회적 변화가 잇따랐고, 각 이익집단의 분배를 위한 투쟁이 활발히 나타났다. 1986년 12월 최저임금법이 제정, 1988년 1월 1일부터 시행되고, 1986년 국민연금법이 개정되어 1988년 비로소 실시되었다. 또한 1989년 노인복지법과 장애인복지법이 개정되고, 모자복지법이 제정되었으며, 1991년 영유아보육법이 제정되고 1992년 사회복지사업법이 개정되었다. 1988년 7월 의료보험법이 개정돼 5인 이상 사업장에도 적용되었고, 1988년 1월 농어촌주민에게, 1989년 7월 도시지역 자영인들에게 의료보험 당연적용대상이 확대돼 전 국민의료보험시대를 맞이하게 되었다.

(1) 국민연금법

1973년 제정되었지만 오일쇼크와 경제불황으로 집행이 계속 지체되었던 국민연금법이 1986년 개정되었다. 평균수명이 연장되고 대부분의 가족구조가 핵가족화됨에 따라 국민의 노후대책을 마련할 필요성이 생긴 것이다. 또한 3저 현상을 기초로 경제활황이 지속되면서 시행 여건이 조성됐다.

당시 국민연금가입자는 사업장가입자, 지역가입자 및 임의 계속 가입자로 구분하였으며, 급여의 종류는 노령연금, 장해연금, 유족연금 및 반환일시금으로 하였다. 국민연금사업에 소요되는 비용은 가입자 및 사용자로부터 각출료를 징수하도록 했으며, 각종 급여를 충당하기 위한 책임준비금으로 국민연금기금을 설치, 운영하도록 함으로써 부과방식이 아닌 적립방식으로 운영하게 되었다. 또한 국민연금관리공단을 설립하여 운영하도록 하였다. 당시에는 적용대상이 10인 이상의 사업장 종사자였으나 1991년 8월 5인 이상으로 확대되었다.

(2) 의료보험

1963년 제정된 의료보험제도는 오랫동안 정체현상을 면치 못하고 있다가 1976년 전면 개정되어, 의료시설 부족과 국민부담 능력을 고려해 500인 이상 사업장 노동자에게 강제적용하기 시작했다. 그러나 1980년대 중반 이후 수출경제의 호조에 힘입어 전 국민의 의료보험시대로 발돋움하게 된다. 1987년 제 6차 경제사회발전 5개년계획에서 보사부는 의료보험확대추진본부를 두어 실무작업반, 소추진반, 군실무반을 설치하였다. 또한 1987년 2월 한방의료보험을 전국에 확대 실시하였다.

당시 여소야대의 정국을 맞아 소득재분배, 위험분산의 강화, 관리운영비 절감 등을 이유로 한 통합의료보험법안이 국회를 통과하였으나 시행상의 어려움과 재정통합으로 인한 사유재산권 침해소지 등을 이유로 대통령이 거부권을 행사했다. 이에 따라 시, 군, 구 단위의 지역의료보험조합이 설립되어 다보험자방식의 전 국민의료보험이 출범하게 되었다.

1988년 1월부터 농어촌지역의료보험이 실시되고 5인 이상 사업장 노동자로 확대 적용되었다. 1988년 6월 17일 국민의료정책심의위원회의 안건으로 도시지역의료보험확대방안이 제출되었고, 1989년 7월부터 전국 60여 개 도시를 대상으로 약 9,640,000명의 도시지역 자영자까지도 적용대상으로 확대 실시됨으로써 의료보험 시행 13년만에 전국민의료보험의 시대를 맞이하게 되었다. 또한 임의조합인 직종조합이 해산되고 지역의료보험 적용을 받게 되었고, 1989년에는 약국의료보험을 실시하였다.

하지만 전국민의료보험제도가 실시되면서 여러 문제점이 드러났다. 우선, 조합주의 의료보험제도로 인한 국민계층간 평등주의 목표와 사회통합 목표가 달성되지 못하였으며 여전히 1,500,000가구 이상이 사각지대에 남아있다. 또 의료보험 관리운영의 방만함으로 재정적 낭비와 다양한 의료서비스 제공의 약화, 고령자 증가와 의료보험료 체납 등으로 인한 재정적자 등이 발생하였다.

(3) 최저임금법

1986년 제정되어 1988년 1월 1일부터 시행된 최저임금법은 노동자에 대해 임금의 최저수준을 보장함으로써 노동자의 생활안정과 노동력의 질적 향상을 국민경제의 건전한 발전에 이바지함을 목적으로 한다.

특히 이 법은 노동자의 최저생활보장을 위한 소득보장정책의 실현이라는 점과 노동자의 생존권을 실현하기 위한 강행법이라는 점에서 그 의의를 찾을 수 있다.

하지만 10인 이상의 제조업, 광업, 건설업에만 적용을 제한함으로써 이 법이 가장 절실하게 요구되는 9인 이하의 소기업과 농업, 어업, 수산업, 임업, 도소매업, 음식숙박업 등은 제외되어 실질적 노동자들의 생활안정을 보장하는 것과는 거리가 멀었다.

(4) 영유아보육법

1980년대 여성의 사회적 진출이 획기적으로 증가되는 추세에 따라 보육요구가 급격히 증가했고, 저소득층 아동과 농어촌지역의 아동의 방치문제가 심각한 사회문제로 대두되어 사회적 쟁점으로 떠올랐다. 그동안의 탁아사업은 보육사업으로 그 명칭이 바뀌고 보육사업의 설치주체도 다양화되었을 뿐 아니라 영유아를 보육, 양육하고 교육을 보장해주는 교육의 필요성이 크게 달라졌다.

도시빈민, 공단지역을 중심으로 비영리탁아소를 만들었던 지역사회탁아소연합회가 1987년 결성해 아동복지정책을 확립할 것을 요구하였다. 저소득층 탁아비용에 대한 정부재정지원, 미인가 소규모 비영리탁아시설에 대한 배려, 200인 이상 여성노동자 사업장을 직장탁아시설 의무대상 사업체로 확대할 것 등이다. 이에 1989년 9월 19일 아동복지법시행령을 개정하여 탁아시설에 관한 법적 근거를 부활시켰고, 1990년 1월 9일 탁아관련 시행규칙을 개정하게 되고 1991년 영유아보육법이 제정된다.

이로써 보육시설의 수가 크게 늘어났으며, 보육에 대한 국민의 인식도 크게 달라졌다.

■ 함께 생각해봅시다.

1. 한국 복지의 전개과정에 관한 논문이나 연구자가 부족한 이유는 무엇인가?

2. 한국 복지제도 발달을 언급할 때 삼국시대부터 시작했던 이유는 일제 강점기의 식민사관의 영향이 컸다. 최근에 개관한 용산국립박물관 연표에도 고조선시대 표기가 없어서 논란이 된 바 있다. 고조선시대는 어떤 사회이며, 왜 이제까지 공식적으로 기록하지 않는 이유가 무엇이라고 보는가?

3. 삼국시대의 기록은 《삼국사기》와 《삼국유사》 등에 복지관련 기록들이 남아있어 많은 복지제도가 시행됐다는 것을 알 수 있다. 이 복지제도의 성격은 어떤 것인가?

4. 고려시대 복지제도는 국교인 불교의 영향을 받아 대폭 확대되었지만, 이 역시 왕조체제의 한계를 벗어나지 못했고, 신분제사회의 고통과 하층민과 농민들의 가난은 여전했다. 그러나 삼국시대의 복지시책보다 진일보한 상설기관들이 많았다. 10개 정도 기관이름을 말해보자.

5. 조선시대의 유교의 통치이념에 따라 성군(聖君)은 마땅히 애민(愛民)하는 것이었으므로 중앙정부가 강력한 행정조치로 구제사업을 시행했다. 그 내용은 어떠한가?

6. 왕권과 권신이 부패, 타락하거나 전관, 외척의 세도가 횡행하면서 이런 구제사업들이 제 기능을 발휘하지 못했다. 이런 때는 사람이나 민간에서 여러 단체를 만들거나 상부상조의 전통을 이어갔다. 조직이나 개인적 인물들의 구제활동을 열거해보자.

7. 1987년 6·29민주화선언 이후 민주화세력이 분열되면서 노태우 정부가 출범하게 되었는데, 이 정권교체의 실패가 한국사회에 끼친 가장 큰 문제는 무엇인가?

제 9 장
민주화와 사회복지정책의 발전

1. 문민정부의 '삶의 질의 세계화'

양김의 분열로 군사정권 교체에 실패한 보수야당세력의 한 축이었던 민주당이 군사정권의 중심이었던 민정당, 공화당과 합당하여 보수 대연합을 형성하면서 비로소 군사정권이 끝나고 민간정부가 들어섰다. 1993년 출범한 김영삼 정부는 이른바 문민정부로 기대를 모았으나, 집권 중반에 가서야 사회복지 확충에 대한 관심을 보이기 시작했다. 그 계기가 된 것은 OECD 가입 추진계획이다. 1994년부터 한국의 자본시장개방을 목표로 미국정부가 가입을 권유함에 따라 OECD 가입계획이 추진되고 있었는데, 저급한 복지수준은 OECD 가입의 장애요인이 되었다. 게다가 1995년 덴마크 코펜하겐에서 열린 사회개발정상회의에 참석한 후 이 회의에서 논의되었던 빈곤, 실업, 사회분열 등의 문제를 해결함과 동시에 세계 중심국가로 도약하기 위한 국가기본전략으로 '삶의 질의 세계화'를 주장하게 된 것이다.

'삶의 질 세계화를 위한 대통령의 복지구상'은 5월 8일 국민복지기획단을 구성하게 된다. 하지만 국민복지구상은 추진에 실패하고 고용보험법 제정(1993년, 시행령 1995년 제정), 국민연금법 개정을 통한 농어민 연금제도의 실시(1995년), 국민최저생활 보장을 구체화하기 위해 최저생계비의 측정과 공표를 의무화한 '사회보장기본법' 제정(1995년), 공무원, 교육원 의료보험조합과 지역의료보험조합의 통합을 위한 '국민의료보험법'의 제정(1997년), 민간복지 활성화를 위한 '사회복지공동모금법' 제정(1997년) 등 복지정책은 아주 소박한 수준에 머물렀다.

보건복지부 복지예산도 집권 전반기인 1995년까지는 일반 회계예산 대비 3.82%로 노태우 정부시절의 4.66%보다 적었고, 사회보장 전체 예산 역시 5.64%로 노태우 정부시절의 6.36%보다 적었다. 집권 후반기에 투자를 늘리기 시작해 일반 회계예산 대비 4.22%, 사회보장 전체 예산 대비 6.23%로 각각 증가시켰지만 문민정부는 경쟁력 강화에 치중했다(김태성 · 성경륭, 2000).

1) '삶의 질 세계화'를 위한 국민복지 기본구상의 내용

문민정부는 삶의 질 세계화를 위한 국민복지 기본 모형으로 한국적 복지모형을 제시하였다. 이른바 균형적 복지국가이다. 이는 자유와 평등의 이념적 조화를 통해 성장과 복지의 균형을 모색하고 선진국 경험의 장점과 우리 사회의 전통을 융화시켜 한국인의 삶의 질을 극대화할 수 있다는 것이다(보건복지부, 1996).

이를 위해 다섯 가지 목표를 제시하고 있다. ① 성장과 복지의 조화를 이루는 균형적 복지국가 달성, ② 전통적 가족구조, 상부상조정신 등 한국적 특수성 반영, ③ 생산적 예방적 복지 강화, ④ 기업, 종교기관 등 민간의 복지참여를 확대함으로써 복지다원주의 지향, 국민과 정부가 함께하는 복지공동체 구축, ⑤ 물질적 만족과 정신적 행복 추구 등이다.

사회복지 기본 구상으로서 문민정부는 전 국민 사회보험 시대의 실현, 국민최저생활수준 보장, 보편적 사회복지서비스 확충, 복지공동체 구축 등을 제시하였다(김기원, 2003).

비록 문민정부 당대에는 추진에 실패하고 말았지만, 국민복지기획단이 제시한 내용은 국민의 정부, 참여정부로 이어지게 되므로 살펴볼 필요가 있다. 제안한 주요 정책내용은 다음과 같다.

(1) 전 국민 사회보험시대의 실현

노령, 질병, 실업, 산업재해 등 사회적 위험으로부터 국민생활을 보호하기 위한 사회안전망을 구축한다. 우선 1989년에는 형식적으로나마 전 국민 의료보험제도가 이미 구축되었으며, 1998년부터 국민연금제도가 도시지역 주민에게까지 확대되었고, 1999년부터 산재보험, 2000년부터 고용보험을 전 사업장으로 확대했다.

〈그림 9-1〉 삶의 질 세계화를 위한 21세기 국민복지의 비전

한국적 복지모형의 정립(균형적 복지국가)
성장과 복지의 조화, 세계적 보편성과 한국적 전통 융화, 생산적 예방적 복지 추구

↑

1. 수급자 중심의 사회보험제도 구축
전 국민 사회보험과 연대성 강화, 제도 및 운영의 선진화
2. 국민최저생활수준의 보장
인간다운 삶 보장, 자립을 위한 생산적 복지기반 확충
3. 보편적 복지서비스 확충
가족 및 지역사회중심 서비스 강화, 예방 및 재활서비스 강화

↑

복지공동체의 구축
중앙정부의 복지기능 확충, 지방자치단체의 역할제고, 민간참여의 활성화

출처: 김기원(2003) 자료 수정

여성연금권 확보를 위해 제도개선과 부부간 연금분할제도 도입을 검토하며 국민연금과 교직원연금 및 공무원연금 등 공적 연금간에 통산제도를 도입하여 합계 20년 이상 가입하면 누구나 연금을 받을 수 있도록 제도를 개선한다.

의료보험제도를 내실 있게 변화시켜 노인과 장애인에 대해서는 진료비 본인 부담을 경감하고 2000년까지 240여 일인 보험급여기간을 365일로 확대하고, 현행 조합방식을 유지하되 통합 방식의 장점을 반영할 수 있도록 제도를 개선하며 종합전산망을 조기에 구축한다.

산업재해를 줄이기 위한 예방사업을 강화하고 재해노동자의 사회복귀를 위한 재활사업을 적극 추진하며 2000년까지는 고용정보전산망을 완비하고 육아휴직장려금의 적용 사업장을 현행 70인 이상 사업장에서 5인 이상 사업장까지 확대한다.

(2) 국민최저생활수준의 보장

근로능력이 없는 사회취약계층의 삶의 질을 개선하기 위하여 정부재정투자를 확대하고 근로능력이 있는 저소득층의 빈곤탈피를 지원하는 생산적 복지정책을 강화한다. 특히 최저생계비의 80% 수준인 생활보호대상자의 생계보호수준을 1998년까지 100% 보장하고, 저소득층의 의료보호수가를 의료보험수가와 일치시켜 의료 질 향상을 기한다.

저소득층 자녀 학비지원을 1998년 전체 인문계고등학교 학생으로 확대하고 육성회, 급식비, 교재비도 지원한다. 저소득층 밀집지역에 청소년생활관을 설치하여 방과 후 학습지도를 실시한다.

또한 일할 의욕과 근로능력은 있으나 자본, 기술, 일자리가 없는 영세민들의 자영업 창업, 일거리 알선, 공동작업, 생산협동조합의 구성 등 자활공동체 활동을 적극 지원한다. 그리고 자활공동체활동 지원을 위해 종교계 등 주민지도자 중심으로 자활후견기관을 지정해 자활지원재단 설치를 검토한다.

(3) 보편적 사회복지서비스의 확충

가족 및 지역사회 중심의 복지서비스를 강화한다. 특히 노인, 장애인 등에 대한 가정방문서비스를 효율적으로 운영하기 위해 각종 복지관을 종합복지서비스기관으로 개편하며 노부모와 장애인을 부양하는 가정에 대해 소득공제를 확대하고 주택분양권을 우선 부여하는 등의 인센티브를 제공한다. 무의탁노인, 아동 등을 이웃에 위탁 보호하는 '지역사회 가족제'를 도입하고 위탁가정에는 생활보호비용을 지원한다.

또한 고령화사회에 대비한 노인에 대한 소득보장방안을 강구한다. 노령수당의 급여수준을 상향조정하고 노인취업기회 확대를 위하여 고령자 적합직종을 개발하고 공공기관부터 노인고용을 의무화한다. 치매 및 중풍노인을 대상으로 1995년 현재 6개 치매요양시설을 1998년까지 16개소로 확충하고 연차적으로 확대한다. 지역사회중심의 노인종합복지타운을 설치하여 노인단기보호, 교양강화, 지역사회봉사 등 각종 프로그램을 운영한다.

생활보호대상 장애인에게만 주는 중증장애인 생계보조수당을 1998년부터 1, 2급 중증장애인 전체로 확대하고 장애인 의무고용 대상업체를 연차적으로 늘리며 장애인 생산물품을 판매하고 관리하는 전문업체를 설립하며 장애인에 대한 사회적 우대분위기를 조성한다. 그리고 1998년부터 전국 장애인체육대회를 시도별로 순회 개최하며 만성신부전증 등의 내부장애와 정신장애를 장애 범주에 포함하는 방안을 검토한다.

여성의 사회참여와 아동복지를 촉진시키기 위해 1997년까지 공공보육시설 4,800개소, 민간보육시설 8,900개소를 확충하고 평가제도를 도입하여 보육의 질을 향상시키며 청소년비행예방을 위한 학교사회사업제도를 도입한다.

(4) 복지공동체의 구축

중앙과 지방의 효율적 복지분담과 기업 등 민간의 복지참여를 촉진하여 지역사회중심의 복지공동체를 구축한다. 이를 위해 2010년까지 선진국 수준으로 매년 복지부문 예산을 일반 회계예산 증가율보다 더 높게 증가시키고 2000년까지는 취약계층 생계지원예산과 노인, 장애인을 위한 복지예산을 증액하고 조세체계를 개선해 재원을 조달한다.

민간복지 참여를 활성화하기 위해 사회복지공동모금법을 제정하여 연중 모금활동이 가능하도록 제도화하며 기부금의 면세범위를 상향조정하고 공동모금에 대해서는 법정기부금과 같이 전액 면세하여 기업 및 일반 국민의 복지투자를 촉진한다.

2) 국민복지기획단의 개혁방안 실패요인

초기 문민정부의 경쟁력 강화 일변도에서 경제와 복지 병행발전 정책이 국민복지기획단의 개혁방안으로 구체화됐으나 실천하는 데는 실패했다. 그 원인은 크게 두 가지이다. 하지만 앞서 언급했듯이 이 정책들은 국민의 정부, 참여정부로 계승되었다.

(1) 반개혁세력의 경제위기론 등 저항

문민정부 초기 사정개혁, 금융실명제, 부동산실명제 등 경제개혁, 인적 청산, 역사 바로 세우기 등의 개혁작업이 추진되자 3당 연합세력의 하나인 구체제 기득권세력들은 개혁작업에 저항하기 시작했다. 특히 경제관료들은 복지개혁이 발의되고 추진되는 일련의 과정에서 부정적 자세를 견지하였고, 노동개혁의 경우에는 적극적으로 반대의사를 나타내었다. 결과적으로 복지개혁을 비롯한 각종 개혁이 좌초되었다(최장집, 1996).

그리고 급기야 국제수지적자가 1995년 85억 달러, 1996년 230억 달러, 1997년 82억 달러에 달하는 등 환율관리의 실패로 급격한 경제위기에 치닫게 돼 경제주권을 빼앗기는 초유의 사태가 일어났다.

(2) 사회 각계 설득에 미온적

정부 내에서 소수였던 민주계는 온건개혁세력이었기에 노동, 사회시민세력들과의 연합을 구축하여 개혁의 주체를 튼튼히 할 필요가 있었지만 야당의 반대, 재야민주화세력의 불신 등이 겹쳐 노동복지개혁에 힘을 얻지 못했다.

그 대표적인 예가 노동법 개정이다. 1996년 4월 24일 김영삼 대통령은 노사, 시민사회단체, 언론계, 학계대표들과 관계장관 등 200여 명이 참석한 자리에서 '신노사관계로 21세기 세계일류국가 건설'이라는 신노사관계 구상을 발표하며 21세기 노사관계가 지향해야 할 5대 원칙을 제시했다. 공동선의 극대화, 참여와 협력의 원칙, 노사의 자율과 책임의 원칙, 교육중시와 인간존중의 원칙, 제도와 의식의 세계화가 그 원칙이다. 즉, 세계화 요구와 OECD 가입 등 새로운 패러다임의 요구에 대응하자는 것이었다. 이를 토대로 1996년 5월 9일 대통령 직속의 노사관계개혁위원회(이하 노개위)가 출범하였다. 노개위는 노사대표 5명, 학계대표 10명, 공익대표 10명 등 총 30명으로 구성되었다.

한국노총은 1990년대 들어서면서 '노·사·정 협의형 노사관계' 정착의 필요성을 역설하기 시작했기 때문에 노개위에 적극적이었다. 반면 민노총은 신노사관계의 5대 원칙은 독점자본의 이익을 극대화하려는 목표를 화려한 정치적 수사로 표현한 것이라고 비판했다. 하지만 청와대 방문을 계기로 11월 4일 참여하게 된다.

양대 노총을 참여시키는 데 성공했지만, 노개위는 노동법 논의과정에서 노동과 자본측 간의 상충된 이해관계를 드러냈다. 자본측은 개별적 노사관계에 집중하면서 정리해고제와 변형근로시간제, 노동자파견제 등을 입법화해서 유연생산체제, 노동력의 유연화를 꾀하기 위해 신경영 전략을 촉진했다. 노동측은 집단적 노사관계에서 복수노조의 인정, 제 3자 개입금지 철폐, 정치활동금지조항 폐지 등에 초점에 맞추었다.

이 중 정리해고제는 노동법 개정의 가장 뜨거운 감자였다. 1996년 7월 11일 '노사의 자기혁신과제와 정부의 역할'에 관한 합의안 채택에서 7개 기본방향의 하나로 '근로자의 삶의 질 향상 및 노동시장의 활력제고'가 포함되는 것을 시발로 노개위에서는 팽팽한 논의가 벌어졌다. 사용자측은 정리해고 도입과 해고의 정당성을 명문화할 것을 주장했다. 공익안은 정리해고로부터 노동자를 보호하기 위해서는 법제화가 필요하다며 해고 회피 노력, 대상자 선정, 노조 또는 노동자 대표와의 협의를 그 요건으로 제안했다. 이에 노동자측은 실업자 양산과 고용불안을 들어 반대하였다. 정리해고를 입법화한다면 정리해고 사유를 더욱 엄격히 제한하고 요건을 강화해야 한다는 입장이었다.

또한 그 동안 첨예한 쟁점이 되었던 상급단체의 복수노조 허용문제는 3년간 유예하는 것으로 수정됨으로써 노동계의 총파업을 촉발하는 도화선이 되기도 했다.

특히 이 과정에서 국정운영의 책임을 지고 있던 정부측 당사자들이 상아탑식 형식논리에 빠져 노동사회단체에 대한 설득과 대안제시에 무능력을 드러냈다. 노사 양측의 눈치를 보며 노동법 개정을 피하고 싶었던 정치권은 노개위가 합의에 응하지 않으면 국회에서 논의가 어렵다는 비공식적 입장을 표명했다(노사개혁백서편찬위원회, 1997). 하지만 야당이 야당측 안을 발표하지 않은 채 개정반대만을 주장하자 여야합의로 개정안 처리가 여의치 않다고 판단한 정부, 여당이 1996년 12월 31일 단독으로 국회에서 변칙적 방법으로 노동법을 통과시키면서 노동자측의 총파업을 불러일으켰고, 결국 노·사·정 간의 사회적 합의는 제대로 된 결론도 내지 못한 채 끝나고 말았다.

의료보험의 경우도 시민운동이 1992년부터 의보연대회의를 결성해 의료보험 관리기구의 통합과 진료일수 제한의 폐지 등을 주장했으나 문민정부는 통합요구를 거부했다.

2. 국민의 정부의 '생산적 복지'

김대중의 국민회의 역시 이질적인 자민련과 DJP연합을 형성하면서 집권해 국민의 정부는 연합정권적 성격을 띠게 된다. 국민의 정부는 IMF 경제위기가 시작한 직후인 1998년 2월 출범했다. 1990년대 2~3%대인 실업률이 7~8%로 급상승하였고, 가출, 자살 등 사회적 분열과 해체의 경향이 심화되는 등 심각한 사회문제에 직면한 시기였다.

이에 국민의 정부는 경제, 사회적 위기를 해결하기 위해 출범 직전인 1998년 1월 15일 노사정위원회를 구성, 현안문제를 풀어갔으며, DJ노믹스의 하나로 '생산적 복지'를 기본 노선으로 제시하였다.

1) '삶의 질 기획단'과 생산적 복지

김대중 대통령이 1999년 8·15 광복 경축사에서 향후의 복지개혁을 '생산적 복지'의 관점에서 추진하겠다고 선언한 이후 '생산적 복지'를 둘러싸고 논란이 크게 일었다. 국민의 정부의 복지정책을 실천하기 위해 설립된 '삶의 질 향상 기획단'에서는 생산적 복지를 '모든 국민이 인간적 존엄성과 자긍심을 유지할 수 있도록 기초적 생활을 보장함과 동시에 자립적이고 주체적으로 경제, 사회활동에 참여할 수 있는 기회를 확대하고 분배의 형평성을 제고함으로써 삶의 질을 향상시키고 사회발전을 추구하는 국정 이념'으로 규정했다(삶의질향상기획단, 2002). 경제기획위원회에서는 전통적 복지와 생산적 복지를 비교하면서 '소비 일변도의 복지가 아니라 복지와 시장경제가 상호보완적 관계를 가질 수 있도록 인간개발을 통해 개인과 사회의 생산성을 모두 향상시킬 수 있는 복지'라고 규정한다. 김기원(2003)은 이를 서구의 사회민주주의와 신자유주의를 변증법적으로 통합한 자본주의 시장경제 내에서 자생 가능한 노동지향적 공동체 복지라 했다. 최장집(1998)은 복지제공을 통해 자립 여건이 조성되고 근로의욕을 고취한다는 방향성을 강조한다.

(1) 생산적 복지의 성격

생산적 복지가 민주주의와 시장경제를 보완하는 새로운 국정이념으로 제시되면서 정부 각 부처에서는 그것을 구체화하기 위해 국민기초생활의 보장, 사회보험의 내실화, 평생교육 시스템의 확장, 훈련 바우처 제도의 확대 등을 추진한다. 이는 문민정부의 국민복지기획단에 의해 제시된 생산적 복지이념이 국민의 정부에 들어와 구체화된 것이라 볼 수 있다. 생산적 복지의 성격은 보통 10가지 정도로 규정되지만 여기서는 6가지만을 살펴보겠다(김기원, 2003).

첫째, 우선 생산적 복지는 노동권을 적극적으로 보장하는 노동지향적 복지를 추구한다. 즉, 모든 국민은 적극적으로 노동권을 행사하고, 시장경쟁에 참여해야 하며, 시장에서 이뤄지는 공정분배를 통해 자립적 생활을 영위하도록 한다.

둘째, 적극적 복지를 추구한다. 단순히 저임금노동력을 기반으로 일자리 보호에 그치지 않고 정보화와 고기술화된 사회적 변화에 대응하기 위해 교육과 기술훈련을 통해 인적 자원을 고급화시키고 일할 권리와 기회를 보호하고 확대한다.

셋째, 사회연대적 복지를 추구한다. 국가중심 공공복지체계로부터 기업, 시민사회가 함께 참여하는 사회적 연대에 기초한 복지체계 구축을 지향한다.

넷째, 지역공동체 중심의 분권적 복지를 추구한다. 정부재정에만 의존하는 것이 아니라 지역공동체 내 정부기관, 기관, 시민단체 등이 주도적으로 지역사회의 복지문제를 해결한다.

다섯째, 참여형 복지를 추구한다. 국민들이 생산과정에 적극적으로 참여함으로써 노동을 통해 스스로의 삶을 영유하도록 인도하며, 인간자본을 개발함으로써 노동시장진입을 용이하게 하고 고용안정을 기하며 취약근로계층을 적극 보호하기 위한 제도를 마련하고 다양한 노동자참여제도와 노사정협력체제를 구축하여 산업민주주의와 산업평화를 실현한다.

여섯째, 지역사회 중심의 제 3영역의 인적, 물적 자원을 활용한 주민 밀착형 공동체 복지를 실현한다. 시민사회단체, 종교기관, 노동조합, 기타 영리, 비영리단체와 같은 지역사회공동체 자원을 활용하여 자활지원사업을 실시함으로써 국민참여형 복지를 추구한다. 즉, 제 3 섹터형 자활사업의 확대를 추구한다.

(2) 생산적 복지의 부문

DJ노믹스는 민주주의와 시장경제를 병합, 발전시키려는 기본 정책 노선이기에 DJ노믹스하에서의 생산적 복지는 일차적으로 시장을 통한 공정한 부의 분배, 이차적으로 국가에 의한 재분배적 공공복지, 시장과 국가 협력에 의한 취약계층 자활지원사업으로 구성된다(대통령비서실, 1999). 즉, 부문으로는 일자리창출과 고용안정, 직업능력개발, 근로복지와 사회안전망 확충, 여성, 노인, 장애인, 장기실업자 및 자활대상자 등을 위한 고용복지 등이 대표적 범주로 나타난다.

첫째, 일자리창출과 고용안정이다. 일자리창출은 공공근로와 정부지원 인턴제 실시이다. 또한 고용안정사업으로는 고용유지지원금, 재고용장려금, 전직지원장려금, 고령자고용촉진장려금, 여성고용촉진장려금, 장기실업자고용촉진장려금, 직장보육시설 지원, 건설노동자퇴직공제부금 지원 등을 실시한다. 노동시장인프라 확충은 고용안정센터 설치로 지방노동사무소의 직업안정과 고용보험과 통합을 말한다. 그리고 워크넷의 개통이다.

둘째, 직업능력개발이다. 여기에는 실업자훈련과 재직노동자훈련이 포함된다.

셋째, 근로복지와 사회안전망 확충이다. 여기에는 최저임금제도의 개선과 임금채권보장제도 도입, 공공근로복지와 기업복지 개선이 포함된다. 공공근로복지제도로는 신용보증제 도입, 저소득노동자를 위한 생활안정자금, 체불노동자 생계비 대부사업 확충, 근로소득세제 개편, 여가문화생활지원사업, 신우리사주제도 도입, 사내근로복지기금제도 개선, 노동보험(산재, 고용) 확대 및 내실화(건설노동자 퇴직공제조합 도입 등) 등이 포함된다.

넷째, 여성, 노인, 장애인, 장기실직자 및 자활대상자 등을 위한 고용복지이다. 여성에게는 모성보호, 직장과 가정의 양립 지원, 평등고용을 통한 여성고용 확대를, 고령자에게는 고령자고용촉진법, 고령자고용촉진장려금 등을 제공하며, 이 밖에 평생작업능력 향상을 위한 사회학습망사업도 제시했다.

2) 노사정위원회를 통한 사회적 합의주의

김대중 당선자는 대통령 선거에 당선되자마자, 노사정 간의 대타협을 모색했다. IMF 위기가 명분이었다. 그 결과 국민의 정부가 출범하기 전인 1998년 1월 15일에 노사정위원회(이하 노사정위)가 출범한다. 문민정부의 노동법 개정에 적극 투쟁을 벌였던 노동계가 DJ정부의 설득에 동참한 것이다. IMF 관리체제를 탈피하기 위해서는 최대한의 외자 유치와 수출경쟁력 확보가 필요하고, 그러기 위해서는 자본과 노동 양측의 '고통분담'이 필요하다는 정부측의 논리에 노사가 동의한 것이었다.

자본측에게는 '재벌개혁'을, 노동측에게는 '노동시장 유연성 제고'를 요구했고, 정부는 노-사 간의 중립적 조정자라는 입장을 강화했다. 하지만 논의과정이 순탄했던 것만은 아니었다. 민노총이 금융부문 구조조정방침 등 정리해고제 조기 입법화 움직임에 총력투쟁방침을 천명하고, 한국노총도 김대중 당선자의 제안을 즉각 수락했다가 불참을 선언하기도 했다. 그래서 김대중 당선자는 임시국회 개최를 2월로 연기하고 법제화 문제를 노사정위에서 논의하기로 하는 등의 진통이 잇따라 나타났다. 하지만 양대 노총은 건국이래 최대의 환란을 극복해야 한다는 여론과 친노동적 김대중 정부에 대한 기대로 노사정위 참여를 결정했다. 50년 만에 평화적 정권교체, 민주주의 완성, 친노동적 대통령, 화합과 회생의 위기관리 능력 등 김대중 정부에 대한 언론의 후한 점수도 사회적 합의에 호조건을 만들었다.

(1) 정리해고제, 노동자파견제 등 신자유주의 정책합의

1기 노사정위는 1998년 1월 20일과 2월 6일 '경제위기 극복을 위한 노사정 간의 공정한 고통분담에 관한 공동선언문'을 발표한 데 이어 9일에는 노사정 간에 '경제위기 극복을 위한 사회협약'을 맺는다. 사회협약의 내용은 기업의 경영투명성 확보, 구조조정 촉진, 고용 및 실업대책, 물가안정, 임금안정과 노사협력 증진, 사회보장제도 확충 등이다. 자본측은 정리해고제와 노동자파견제의 법제화를 성과로 확보한 반면, 노동측은 실업재원 확대, 공무원교원 단결권 보장, 정치자금법 개정으로 노조의 정치활동 보장, 실업자의 초기업 단위 노조가입 허용 등에 합의했다.

그 동안 첨예한 갈등을 빚어온 주요 쟁점에 노조와 사용자측이 합의를 함으로써 노개위와 노동법 파동에서 고통 전담이라며 거부했던 고통분담론을 받아들인 것이다. 결과적으로 정리해고제와 노동자파견제를 내주고, 기업투명성 확보와 재벌개혁을 통해서 노동자가 얻을 수 있는 이득은 고용보험도입 등 사회안전망을 구축한 것이다.

(2) 사회안전망은 초보적 틀에 그쳐

하지만 사회안전망은 초보적 틀 마련에 그쳤다. 노동계는 정규직노조원 보호에 치중하고, 단순 저임금노동자의 이해를 대변하지 못했다. 대량도산과 정리해고제의 도입으로 넘쳐나는 실업자들이 무방비상태로 방치되었다. 단순 저임금노동자는 4대 보험제도 틀 내에서도 여전히 제외되었다. 신빈곤층의 문제 역시 대비하지 못했다. 사회적 합의를 통해 외국의 노동자들이 복지적 요구를 관철시켜 나간 것과 대조적이었다. 이런 노사정 합의의 한계 때문에 노동현장에서 불만이 터져 나왔다. 민노총 대의원들은 지도부를 불신임하는 등 조직 내부갈등을 겪게 됐던 것이다.

뿐만 아니라 친노동이라고 자타가 공인한 김대중 대통령은 대통령 후보시절에는 'IMF 재협상론'을 제기하면서 IMF와 일정한 거리를 유지하고 있었지만 당선자 이후부터는 '재협상론'을 철회하고, 철저하게 자신의 정치적 이해관계에 부합되는 방향으로 기존의 입장을 번복해 나갔다. 이 배경에는 IMF 관리체제가 존재한다. 노사정위보다 이전인 1997년 11월에 김영삼 정부는 IMF에 구제금융을 신청한 뒤 실무협상을 거쳐 12월 3일 42개항의 양해각서를 발표하였다. 양해각서는 향후 3년간 IMF 프로그램을 이행하겠다는 각오를 피력한 공개합의서에는 각 부분별 상세 프로그램이 포함되어 있었다. 그런데 이 시기가 대단히 미묘하다. 대통령선거유세가 막바지를 향해 달리고 있었고, 대통령 선거는 바로 12월 18일에 치러졌다는 사실이다. 즉, 1997년 12월 18일 김대중 후보가 대통령으로 당선되기 이전에 IMF의 경제개입 프로그램이 이미 시작됐다는 것을 의미한다. 게다가 IMF측은 재협상을 요구하는 목소리를 잠재우기 위해 대통령선거전에 나선 후보들에게 양해각서를 이행하겠다는 각서를 요구했고, 주요 후보들은 이를 수용함으로써 정치적으로 반IMF 움직임을 봉쇄했다.

이렇게 출범한 IMF 관리체제는 한국정부의 재정금융정책을 좌우했을 뿐만 아니라 42개항의 양해각서를 구체화하는 작업을 강력하게 추진했다. 양해각서에는 초긴축, 고금리정책과 같은 통화신용정책에서부터 금융과 기업의 구조조정 계획, 정리해고와 노동자파견제도의 법제화를 요구하는 노동시장유연화정책까지 한국사회의 전 분야에 걸친 정책들이 포함돼 있었다. 양해각서 내용 중 일부 조항은 초기에 주목을 받지 못했으나 초국적자본이 한국의 금융시장을 장악하는 중요한 수단이 됐으며 재벌개혁의 압박카드로 활용된 것도 있었다. 결국 IMF 관리체제는 자신들의 목표달성에 가장 큰 저항세력인 재벌과 노조세력을 약화시키고 동원하기 위해 사회적 합의기구를 필요로 했고 2기 노사정위는 이러한 IMF관리체제의 요구를 충실히 반영했다. 한국인들의 삶에 심대한 영향을 끼친 IMF와의 양해각서는 외환위기를 극복하고 경제를 조기에 안정화시킨다는 목적과는 다르게 한국경제가 극심한 침체를 거듭해 대량도산과 대량실업을 양산했다. 또 IMF 관리체제가 추진한 자본시장 전면 자유화정책은 외국계 은행이나 증권사의 설립, 인수합병의 허용, 수입선 다변화 폐지, 공기업과 주요 대기업의 해외DR 헐값 발행 및 매각 등으로 귀결되었다. IMF관리체제는 한국의 외환위기를 기회로 삼아 그때까지 남아있던 박정희식 경제모델을 해체하고 초국적자본의 세계시장질서의 하위 체계로 한국경제와 사회를 재편시키는 데 성공했다(이태복, 1999).

결국 한국의 노사정위는 노조의 정치, 사회적 권리와 권한이 제도화되지 못한 상태에서 신자유주의적 제반정책을 협의할 지위를 인정했지만, 그 대신 IMF관리체제의 정책기조에 협력하는 기구로 기능했다. 그래서 들러리 기구라는 노동계 내의 비판이 높아져 노동계의 1차 탈퇴와 1999년 후반의 2차 탈퇴가 거듭돼 끝내 노사정위는 파국을 맞게 된다. 노사정위가 국가적 경제위기에 대처하기 위해 설립되었다는 입장도 있지만, 당시 한국의 공공부채가 20억 달러 수준에 지나지 않았음에도 불구하고 IMF의 요구대로 IMF프로그램을 관철시켜 나갔다. 그리고 채무상환 연기나 단기 부채를 장기 부채로 전환, 초긴축 고금리, 양적 구조조정 등 IMF프로그램의 문제점들이 국외에서도 거론되고 비판의 대상이 됐지만, IMF측과 재협상을 하지 못하도록 하는 데 노사정위 카드가 적극 활용됐다. 노동계 내부에서는 반IMF전선을 형성해 IMF와 재협상해서 잘못된 프로그램을 수정하도록 요구하는 세력들도 있었지만, 노사정위가 IMF프로그램에 합의하고 실천하는 과정 속에 반IMF전선은 힘을 결집시켜내지 못했다.

3) 노동 및 시민사회조직과의 협력

노사정위원회가 탈퇴, 불참 등 우여곡절을 겪었지만, 노사정위를 통해서 노동법 개정이 추진되었으며, 1999년에는 국민건강보험법의 법제화를 주도하여 의료보험통합의 법적 기초를 마련했다.

특히 국민기초생활보장법의 경우 국민의 정부가 직접 발의하지 않고, 30여 개 시민단체들이 발의하도록 한 것은 국민의 정부의 고충을 반영한 것이었다. 하지만 국민의 정부가 노동, 사회시민단체에 대해 문민정부보다 더 개방적이고 포용적인 입장을 견지했을 뿐만 아니라 이들 단체들의 성격이 친DJ 경향이 강해 개혁연합을 보다 용이하게 한 배경이 되었다.

3. 참여정부의 '참여복지'

2002년 노무현 당선자는 국정방향으로 참여정부를 제창하였다. 참여정부의 국정목표는 국민과 함께하는 민주주의, 더불어 사는 균형발전사회, 평화와 번영의 동북아시대이며, 국정원리로는 원칙과 신뢰, 공정과 투명, 대화와 타협, 분권과 자율을 제창했다. 복지정책의 기본노선에서도 참여복지를 내세워 참여복지와 삶의 질 향상, 국민통합의 양성평등 구현, 교육개혁과 지식문화 강국 실현, 사회통합적 노사관계 구축 등을 제시했다.

참여복지는 국민의 정부의 생산적 복지를 대체하기보다는 이를 계승 발전시키는 복지이념으로, 청와대가 2003년에 밝힌 '참여정부의 국정비전 12대 국정과제'를 요약하면 여섯 가지로 나눌 수 있다(청와대, 2003).

첫째, 보건, 복지, 여성, 환경, 문화, 교통 등 삶의 질과 관련된 분야가 상대적으로 낙후되어 있으므로 이를 균형 있게 발전시켜야 한다.

둘째는 공급자 중심의 행정으로부터 수요자 중심의 행정으로 전환하고 정책결정과 집행, 평가과정에 국민이 주체로 참여하도록 민주성을 유도한다.

셋째는 국민이 체감할 수 있는 복지사회를 구현한다. 노인일자리, 연금제도, 요양체계, 평생교육 활성화 등 노인복지 차원을 넘어 종합적 고령사회 대책을 수립하고 차상위계층에 대해 교육, 의료 등 부분 급여를 시행하고 근로소득 공제를 확대함으로써 기초생활보장을 확대하고 사회복지사무소 설치 등 사회복지 전달체계를 개편한다.

넷째, 공공보건의료를 강화하고 의료 보장성을 확대한다. 학교보건, 산업보건 등 전 국민을 대상으로 하는 적극적 건강증진 사업 및 주요 질병의 국가관리 체계를 구축하며 건강보험제도 개선과 의료급여제도 확대, 진료비 본인부담금 총액상한제도 등을 실시한다.

다섯째, 종합적 아동보호, 육성체계를 구축하고 모성보호와 여성의 사회참여 기반을 확대한다. 보육료의 평균 50%를 국가가 지원하고 평가인증제도 도입으로 질 높은 보육환경을 조성하고 방과 후 아동복지 서비스를 확대 개편한다.

여섯째, 주거여건을 개선한다. 국민임대주택 50만 호 건설을 통해 저소득층 주거안정을 도모하고, 최저주거기준 미달가구에 대한 실태조사를 해 이들에게 임대 아파트를 우선 공급, 주거환경정비사업을 한다.

하지만 참여정부는 신빈곤층과 장기실업자의 증가, 양극화 심화 등 다양한 복지수요에 대한 종합적 계획을 갖지 못한 채 임기응변식 대응과 복지지출의 급증 등 심각한 부작용을 양산하고 말았다.

1) '미션 · 비전 2010'과 주요 과제

참여정부는 보건복지정책의 존재 이유와 미래지향점을 설정하기 위해 2005년 10월 '미션 · 비전 2010'을 수립한다고 발표했다. 보건복지부의 비전에 따르면 건강한 국민, 더불어 사는 사회를 실현하기 위해 수

〈표 9-1〉 보건복지부 미션, 비전, 목표(2010)

<table>
<tr><td rowspan="3">보
건
복
지
부

비
전</td><td>미 션</td><td>건강한 국민,
더불어 사는 사회를 실현</td><td>▪건강수명: 세계 31위→세계 20위
▪사회복지지출: OECD 29위→20위</td></tr>
<tr><td>미래상과
전략방향</td><td>수요자 중심의 보건복지서비스를 제공해 국민으로부터 가장 신뢰받는 정부기관이 된다</td><td>수요자만족도 26% 상승
신뢰도 정부 내 상위 20%</td></tr>
<tr><td>공유가치</td><td>전문성과 혁신마인드로
사회발전을 도모한다</td><td>평생학습참가율 90%
정부혁신평가순위 선도그룹 진입</td></tr>
</table>

출처: 보건복지부(2005. 12), "업무추진현황".

요자 중심의 보건복지서비스를 제공하여 국민으로부터 가장 신뢰받는 정부기관이 되며 사회발전을 선도한다는 것이다(보건복지부, 2005).

이를 위해 각계 핵심전문가와 복지부 내 의견수렴을 거쳐 보건복지미래전략포럼을 운영하고 있는데, 2005년 현재 참여정부가 추진한다고 발표한 주요 정책업무 10개 중 7가지를 살펴보면 다음과 같다.

(1) 저출산고령사회 대응체계 구축

세계 최저수준인 출산율(1.16명, 2004년) 및 세계에서 유례없이 급속하게 진행되는 고령화에 대응하기 위해 참여정부는 2005년 '저출산고령사회기본법'을 제정하고, 대통령을 위원장으로 하는 저출산고령사회위원회와 보건복지부에 저출산고령사회정책본부를 설치했다. 그리고 2006년까지 인구, 건강, 고용, 소득, 주거, 보육, 교육, 문화, 산업, 세제, 근로 여건 등에 대해 범정부적 종합대책을 추진할 계획이라고 발표했다.

(2) 사회안전망 강화대책 마련

사회양극화에 대한 대책으로 '희망한국21 - 함께하는 복지' 프로젝트를 마련했다. '희망한국21 - 함께하는 복지'는 기초생활보장제도의 내실화, 차상위계층에 대한 빈곤예방 및 탈빈곤정책 강화, 사회안전망 추진체계 개편 등을 내걸고 있다. 또한 농산물시장 개방, 농촌의 급격한 고령화 등 환경변화에 대응해서 '농어촌보건복지 기본계획'을 수립해 2009년까지 2조 1,399억 원을 투자한다는 것이다.

국민복지체감도를 높이고 복지전달체계를 효율화하기 위해 시군구에 주민생활지원부서를 설치하여 복지 - 보건 - 노동 등 관련 서비스를 통합 제공하고 읍면동을 주민복지문화센터로 개편하여 현장성을 강화하며, 사회복지전담공무원을 확충하고 교육을 확대한다는 것이다.

(3) 국민건강보험 재정 안정화

건강보험재정건전화특별법이 2006년도에 만료되면서 보건재정문제가 시급한 상황이다. 이에 참여정부는 재정운영위원회, 자문회의 등을 통해 국고지원 방안을 준비하고 있어 논란이 예상된다. 또한 보험료 부담의 형평성을 높이고, 신의료 기술, 약제, 치료재료의 보험급여 기준을 합리적으로 개선하고, 요양병원형 건강보험수가를 개발해서 비용효과적 급여관리체계를 갖추겠다고 한다.

암 등 고액, 중증질환자에 대한 보장성을 강화하고, 식대, 병실료 차액 등 모든 입원환자가 혜택을 받을 수 있도록 2007년까지 단계적으로 보험적용을 확대할 예정이다.

(4) 종합적 고령화대책

급속한 고령화로 노인요양보호 수요가 급증하고 있다. 보호노인도 2020년에는 1,590,000명으로 증가할 예정이며 요양보호 비용도 2020년에 4조 195억 원으로 증가할 예정이다. 노인의료비는 1995년 이후 매년 27.9% 증가하고 있으며 노인단독가구 역시 급증하고 있다(보건복지부, 2003d).

치매, 중풍 등 중증노인가정의 고통분담을 위해 2008년부터 단계적으로 노인수발보장제도 도입과 요양시설 인프라 구축을 추진해서 요양시설을 매년 100개소씩 신축한다는 계획이다.

(5) 국민연금개혁추진

국민연금기금은 현행 보험료(9%), 급여수준(40년 가입시 평균소득자의 임금대체율이 60%)을 유지시킬 경우 2047년이 되면 기금이 소진될 전망이다. 따라서 2070년까지 연금재정이 안정적으로 유지될 수 있도록 국민연금법 개정을 재추진한다. 2005년 말 국회 내의 국민연금제도개선특별위원회 및 국회의장 직속 자문기구인 국민연금개혁국민협의회를 통해 사회적 합의기반을 구축한다. 기금운용은 2005년 9월 현재 기금적립금이 157조 원으로 세계 8대 기금으로 성장했고, 연평균 운용수익률이 7.45%로, 투자 다변화를 적극 추진한다. 또한 국민연금 5인 미만 사업장 노동자 등 비정규직노동자를 사업장 가입자로의 전환을 추진한다. 이로써 보험료 전액본인부담에 따른 차별문제와 연금 사각지대문제를 해소한다. 비정규직노동자를 사업장가입자로 전환하는 것은 사용자의 부담을 고려하여 2007년까지 단계적으로 확대 적용하도록 한다.

(6) 긴급복지지원제도 도입 및 보건복지콜센터(129) 설치

사회양극화로 빈곤과 자살 등 위기상황에 처한 취약계층에 대한 긴급지원제도를 실시하기 위해 '긴급복지지원법'을 제정해 제도적 장치를 마련하고 지역사회 자원과 연계방안을 통해 저소득층이 처한 위기상황 극복을 돕는 국가적 책임을 강화한다.

보건복지콜센터를 설치, 운영하여 보건복지관련 상담, 지원전화번호를 129번으로 통합하여 수요자 중심의 온라인서비스 제공의 기반을 마련한다.

(7) 공공보건의료 확충

2005년부터 2009년까지 총 4조 3억 원 규모를 투자하는 공공보건의료확충종합대책을 마련해서 공공보건의료정책을 수행하고, 전문진료와 양한방협조체계와 예방중심의 국가질병관리체계를 구축한다.

2) 참여정부의 보건복지정책 평가

문민·국민의 정부처럼 기득권세력과의 연합 없이 독자적으로 집권에 성공한 참여정부는 불행하게도 보건복지계획안을 갖고 있지 못했다. 집권 초반 이념적 차이를 지나치게 내세우면서 국민적 지지기반을 상실했고, 급증하는 실업자와 장기실업자 등 새로운 빈곤층 증대, 장기 경기침체 등에 효과적으로 대처하지 못했다. 임기 중반에 이르러 뒤늦게 땜질처방 중심의 방안을 내놓았을 뿐이다. 예를 들어 공공보건의료 확충사업도 기초적인 인프라인 보건소 확대보다 정보화사업에 더 많은 예산을 투입하고 있는데, 이는 의료기득권 집단의 반발을 의식한 것이다. 그리고 국민연금개혁과 동시에 추진되어야 할 공무원, 교사 등 특수직 연금개혁을 아예 계획에서 배제함으로써 매년 눈덩이처럼 불어나는 국민부담을 외면하고 있다.

그리고 복지예산의 확충이 밑 빠진 독에 물 붓기라는 비판에 직면한 것은 복지전달체계의 문제점 때문이다. 행정개혁과 함께 추진돼야 할 복지전달체계 정비사업이 현장조직의 부분적 개편만으로는 실효성을 거두기 어려울 것이다.

이처럼 참여정부의 보건복지정책은 자신들에게 부여된 복지정책의 전면적 전환이라는 역사적 임무와 책임감을 갖지 못한 채 기존 복지정책의 한계를 벗어나지 못해 복지재정의 폭증으로 귀결되고 있다.

■ 함께 생각해봅시다.

1. 군사정권하에서 체제유지적 성격을 띠었던 복지제도가 국민들의 봇물처럼 터지는 민주화 욕구에 의해 수준과 내용을 대폭적으로 개혁할 수밖에 없었다. 그 대표적 제도를 들어보자.

2. 김영삼 정부가 표방한 '삶의 질 세계화를 위한 국민복지구상'은 어떤 내용이었으며, 그 성격을 규정한다면 무엇이라 할 수 있는가? 그리고 실패한 이유는 무엇인가?

3. 국민의 정부가 '생산적 복지'를 제시한 배경에는 무엇이 있으며 이른바 DJ노믹스와는 어떤 관련이 있는가?

4. IMF 이후 한국사회는 경제와 사회의 양극화가 심화됐다. 이런 사회적 조건이 악화되는 상황에서 복지제도의 강화는 어떤 의미를 가지는가?

5. IMF 위기를 극복했다는 주장이 있는데, 이 말을 어떻게 평가할 수 있는가?

6. 참여정부의 복지정책에 대해 독자적 복지플랜이 없다는 비판이 있다. 이런 말이 나오는 까닭은 무엇인가?

7. 복지정책의 중앙독점 공급구조의 폐해가 심각하다. 그 예는 어떠한 것이 있는가?

제 4 부

사회복지정책의 실제

제 10 장

공공부조

1. 빈곤과 공공부조

1) 빈곤이란 무엇인가

빈곤은 어느 곳에서나 발견되고 복잡한 문제이기 때문에 표준적으로 정의내리기는 어렵다. 빈곤의 정의는 보통 두 가지로 구분된다. '절대적 빈곤'과 '상대적 빈곤'으로 구분하는 것과, '소득빈곤'이라는 협의의 정의와 '역량빈곤'이라는 광의의 정의로 구분하는 것이다(A. Bhattacharyya, 1998).

(1) 절대빈곤과 상대빈곤

'절대빈곤'은 인간의 기본요구를 충족시킬 수단이 없는 상태라고 폭넓게 정의되는데, "인간의 체면을 살리는 수준에 못 미치는 영양실조, 문맹, 질병, 더러운 환경, 높은 영아사망률, 낮은 기대수명 등의 상태"라 할 수 있다(Robert S. McNamara, 1978).

이러한 기본요구를 충족시키기 위한 금전적 필요량을 '빈곤선'이라고 하는데, 1985년 기준으로 세계은행은 1인당 연평균 소득이 350달러, 즉 하루에 1달러 조금 넘는 수준으로 규정하였고, 1999년에는 1인당

420달러로 정했다.

절대빈곤의 개념은 세계 최초로 과학적 사회조사를 한 부스(Charles Booth, 1889)로부터 시작됐다. 부스의 뒤를 이어 빈곤조사를 실시한 이는 라운트리(Seebhom Rowntree, 1901)이다. 라운트리는 부스의 빈곤 개념을 발전시켜 식품소매가격을 조사해 최저생계비를 측정하였다.

'상대빈곤'은 단순히 생존문제일 뿐만 아니라 공동체의 기준에 의해 판단되는 최소한의 수용가능한 생활수준을 영위하지 못하는 상태를 말한다. 상대빈곤을 주장한 대표적 학자는 타운센드(Townsend, 1974)로 '지난 12개월간 집을 벗어나서 1주간의 휴가를 갔는지', '지난 4주간 친지나 친구를 집으로 초대해 식사나 간식을 함께했는지' 등 12가지 박탈 조건을 제시했다. 몇몇 유럽국가에서 빈곤선은 평균국민소득의 2분의 1 수준에서 결정되나 3분의 1이 기준이 되는 국가도 있다.

(2) 소득빈곤과 역량빈곤

'소득빈곤'은 상대적으로 측정하기 쉽다. 하지만 사회적 소외와 환경훼손 같은 질적 측면이 무시되어 빈곤이라는 개념을 부실하게 만들거나 실제의 광범위한 빈곤상황을 일반화하는 데 곤란하다. 왜냐하면 빈곤을 소득에 의해 정의하는 것은 지엽적이기 때문이다. 빈곤은 복잡하며, 다양하고 동태적이고 다차원적이다.

1992년 《UN 인간개발보고서》에서 경제성장이 인간개발을 촉진하는 수단이지, 그 자체가 목적이 아니라는 전제 아래, 빈곤과 발전을 평가하는 새로운 방식을 제안한다. 소득수준과 인간개발 수준은 뚜렷이 구별된다는 것이다(Amartya Sen, 1996). 센은 소득에 의해 빈곤을 정의하는 방식으로는 극빈계층이나 극빈자들을 정확히 밝혀낼 수 없으며, 사회복지의 가장 중요한 측면을 파악하기 위해서는 교육, 평균수명, 영아사망률뿐만 아니라 소득분배 등을 고려해야 한다고 주장한다. 즉, '역량빈곤척도'(*Capability Poverty Measure*, CPM)라는 다차원적 지수를 개발하여 최저생활을 영위하는 데 필요한 자원에 접근할 수 없는 무능력에 의해 느끼는 인간의 박탈감을 측정하는 복잡지수이다.

'역량빈곤'은 3가지 결핍으로 구성된다. 첫째, 충분히 영양을 섭취하고 건강할 능력으로서 5세 미만 아동 중 저체중아 비중으로 측정된다. 둘째, 건강한 재생산능력으로서 훈련받은 보건요원이 처치하지 않은 출산 건수의 비율로 측정된다. 셋째, 교육받고 지식을 터득할 능력으로서 여성 식자율로 측정된다. 최근 전세계적으로 약 9억 인구가 소득빈곤에, 16억 인구가 역량빈곤에 시달리고 있다고 한다.

(3) 빈곤선 측정

나라마다 사회보장제도의 운용을 위해 빈곤을 측정하는 방법을 개발해왔다. 대표적인 것으로는 오샨스키(Orsansky)척도, 예산기준방식, 여론합의방식, 가계지출방식 등이 있다(원석조, 2003).

오샨스키척도는 최저생계비 개념에 입각하여 빈곤을 측정하는 방법으로, 이론적 식품비를 계산한 다음, 가구의 실질적 생활비분석을 통해 엥겔지수를 구하고, 엥겔지수를 이론적 식품비에 적용하여 전체 생계비를 계산한다. 모든 항목의 생계비를 조사하지 않고, 엥겔지수로 생계비를 추정한다는 점에서 엥겔방식이라고도 한다. 미국은 오샨스키척도를 1963년부터 빈곤선 기준으로 채택했으며, 오샨스키 빈곤선은 매년 인플레이션을 감안하여 인상되었다. 하지만 1963년 빈곤선 적용 이후에 생긴 생활수준, 소비 및 지출패턴의 변화는 반영되지 않고 있어 다양한 생활상의 압박을 제대로 반영하지 못하는 단점이 있다.

예산기준방식이란 식료품, 의료, 교통, 주택, 난방 등 표준적 소비를 위해 지출내역을 만든 다음 이를 합산하여 빈곤선을 정하는 방법이다. 오샨스키방식이 식품의 마켓바스켓이라면, 예산기준방식은 전체 생필품의 마켓바스켓이다. 예산기준방식은 라운트리의 신체적 효율성에 입각한 최저생계비 개념에서 나와 마켓바스켓방식이라고도 한다.

여론합의방식은 일반인에게 여론을 물어 정한다. 즉, 여론조사를 통해 '빈곤에서 벗어나기 위해 어느 정도의 소득이 있어야 하는가'나 '표준생계를 위해 꼭 필요한 생필품 항목은 무엇인가' 등을 물어서 빈곤선을 계산해내는 것이다.

가계지출방식은 전체인구의 가계지출 평균치에 의거해 빈곤선을 정하는 것으로 상대빈곤의 개념에 입각한 것이다. 영국은 1988년부터 이 방식을 채택하고 있는데, 평균 가계소득의 40%를 빈곤선으로 정하고 있고 이 기준이 사회보장의 최저급여수준이기도 하다.

2) 공공부조의 원리와 원칙

공공부조는 모든 국민에게 최저한도의 인간다운 생활을 보장하는 제도적 목적을 갖고 있다. 하지만 공공부조와 사회보험 모두 국민의 최저생계보장을 목적으로 하지만, 뚜렷한 차이점이 있다. 즉 공공부조는 서양의 경우 기원을 절대왕정시대에 부랑자를 다스리기 위해 제정한 빈민법에 두고 있거나 동양의 경우 고아, 과부, 노약자 등을 보호하기 위한 제도에서 나왔지만, 사회보험은 노동자들의 상호부조조직인 공제조합에 그 기원을 두고 있다. 즉, 공공부조는 빈곤을 완화하는 데 목적을 두지만, 사회보험은 앞으로 예상되는 욕구에 기초해 빈곤을 예방하고 모든 계층의 경제적 비보장을 경감시키는 데 목적을 둔다. 공공부조는 정부의 일반 세입에서 재정을 충당하기에 정부가 정한 소득 및 재산의 기준을 충족시켜야 하며, 이를 위해 자산조사를 한다. 하지만 사회보험은 보험료로 재정을 충당하기 때문에 사회보험료를 낸 대상자는 모두 적용을 받는다.

공공부조는 가난한 개인이나 가족에게 제공되는 현금급여, 의료부조, 사회서비스를 말하며, 빈민에게 낙인을 준다(Rejda, 1999).

(1) 보편성의 원칙

공공부조의 첫 번째 원칙은 보편성이다. 근로능력 존재여부에 관계없이 빈곤상태에 있는 모든 국민을 보호의 대상으로 한다. 최저한도의 인간다운 생활을 하는 데 저해가 되는 모든 상황이 보호의 대상이 된다.

이는 사회보험이나 사회보상과 다른 점이다. 즉, 질병, 장애, 노령, 실업 등 특정한 원인에 의해서 야기된 혹은 공동체에 책임이 있는 행위 중에 발생한 생활상태를 보호하는 사회보험 혹은 사회보상과는 차이가 있다.

(2) 보충성의 원칙

보충성의 원칙은 개인의 빈곤이 극복될 수 없을 때 투입되는 것을 말한다. 국민기초생활보장법은 첫째, 자기자신의 근로능력 및 자산, 둘째, 자신의 다른 사회보장급여, 셋째, 부양의무자의 부양급여에 대해서 보충적으로 제공되는 급여라고 명시한다(법 제 3조).

(3) 개별성의 원칙

구체적 자산조사가 실시된 후 보호가 이루어진다. 또 현물 혹은 현금급여만으로는 스스로 거동할 수 없는 자의 생활간호와 같은 수요를 충족시키는 데는 한계가 있으므로 공공부조에서는 현금급여 및 현물급여와 함께 의료급여, 사회서비스 등에 중요한 비중이 두어진다.

2. 국민기초생활보장제도

우리나라에서 빈민의 소득을 보조하기 위한 대표적 공공부조정책은 국민기초생활보장제도이다. 국민기초생활보장제도는 1961년부터 시행되었던 생활보호제도를 대체하여 2000년 10월 1일부터 시행됐다.

국민기초생활보장제도는 1997년 IMF 관리체제를 겪으면서 대량실업과 자살자와 노숙자 증가, 가족해체 등 심각한 사회문제에 대처하는 데 기존의 생활보호제도가 근본적 한계가 있다는 판단하에 새로운 사회안전망의 필요성 때문에 제정되었다. 국민기초생활보장법은 근로능력에 관계없이, 연령에 상관없이 빈곤선 이하의 모든 저소득층에게 빈곤의 정도에 따라 필요한 급여를 행하여 최저생계비수준 이상의 생활을 보장하고 자활을 조성하는 것을 목적으로 한다(법 제1조).

국민기초생활보장제도의 의의는 첫째, 최저생계보장이 국민의 기본권으로 인정되었다는 것이다(보건복지부, 2005c). 즉, 공공부조급여를 권리로 인정해서 급여청구권을 대상자에게 부여한다. 따라서 과거에는 보호대상자라는 낙인된 용어가 사용됐지만, 급여를 받을 수 있는 권리를 인정해 수급자, 수급권자라는 용어로 바뀌고 생계보호, 의료보호, 자활보호를 생계급여, 주거급여, 의료급여 등으로 변경했다.

둘째는 근로능력과 연령에 관계없이 모든 저소득층에게 최저생계비 이상의 생활을 유지할 수 있도록 급여를 제공한다. 과거 생활보호제도의 65세 이상과 18세 미만이라는 연령별 기준을 없애고 근로능력 유무와 관계없이 수급권자로 인정해 빈곤의 개념을 확대했다.

셋째, 국가가 절대빈곤을 해소하는 데 책임이 있음을 확인했다. 빈곤선 이하의 모든 저소득층에게 최저생계비 이상의 생활수준을 국가가 보장한다.

넷째, 근로능력자에게 빈곤에서 탈출하도록 자활지원서비스를 제공, 지원하여 생산적 복지를 전개한다. 직업훈련, 공공근로, 자활공동체, 자원봉사 등의 참가를 조건부로 생계비를 지급하고, 근로능력과 근로의욕, 가구여건 등을 감안해 자활지원프로그램 및 사회복지서비스를 제공함으로써 자립을 강화시킨다는 목표를 세웠다.

〈표 10-1〉 소득인정액 산정방법

소득인정액 산정방법
소득인정액 = 소득평가액 + 재산의 소득환산액
소득평가액 = 실제 소득 − 가구 특성별 지출비용 − 근로소득공제
재산의 소득환산액 = (재산의 종류별 가액 − 기본재산액 − 부채) × 재산의 종류별 소득환산율

1) 급여대상

기초생활보장제도의 적용대상은 최저생계비 이하인 모든 계층으로 확대되었다. 하지만 소득인정액 기준과 부양의무자 기준을 동시에 충족시켜야 한다. 급여대상은 부양의무자가 없거나 부양의무자가 있어도 부양능력이 없거나 또는 부양을 받을 수 없는 자로서, 소득인정액이 최저생계비 이하인 자로 규정한다(보건복지부, 2005c).

(1) 소득인정액

소득인정액 기준은 가구 규모별로 산정된 소득인정액을 최저생계비와 비교하여 수급자 선정 및 급여액을 결정하게 된다.

즉, 소득인정액은 소득평가액과 재산의 소득환산액을 합한 것으로, 소득평가액은 실제소득에서 가구특성별 지출비용, 근로소득공제 등을 차감하고 남은 금액을 산정한다. 실제 소득에는 근로소득, 사업소득(농업소득, 임업소득, 어업소득, 기타 사업소득), 재산소득(임대소득, 이자소득), 기타 소득(부양비, 사적 이전소득, 공적 이전소득), 추정소득이 포함된다. 기타 소득 중 사적 이전소득은 친족이나 후원자로부터 3개월 이상 정기적으로 받는 금품을, 공적 이전소득은 각종 사회보험 급여와 복지서비스 관련 제 수당들, 경로연금, 국가유공자나 독립유공자 관련 연금, 고엽제 후유의증환자 수당 등을 포함한다. 추정소득은 취업 및 근로여부가 불분명하여 소득을 조사할 수는 없으나 주거 및 생활실태로 보아 소득이 없다고 인정하기 어려운 경우로 주당 2~3일 근로활동을 하는 것으로 간주하고 추정한 금액이다.

가구 특성별 지출비용이란 경로연금, 장애수당, 장애아동부양수당, 보호수당, 아동양육비, 소년소녀가장세대에 대한 국비, 지방비 지원금, 간호수당 또는 고엽제 후유의증환자 수당, 만성질환요양재활로 6개월 이상 지속적으로 지출되는 의료비, 중·고등학생의 입학금, 수업료, 국민연금에 가입한 수급자의 본인부담분 연금보험료의 50%에 해당하는 금액 등이며, 이를 소득으로 간주하지 않는다.

근로활동을 통해 얻은 소득에 대한 공제액은 장애인이 직업재활소득으로 얻은 액수의 15%, 자활공동체 참가로 인한 소득의 10%, 학생의 근로소득 10%를 말한다.

〈그림 10-1〉 소득인정액 도입에 따른 수급자 선정기준의 변화

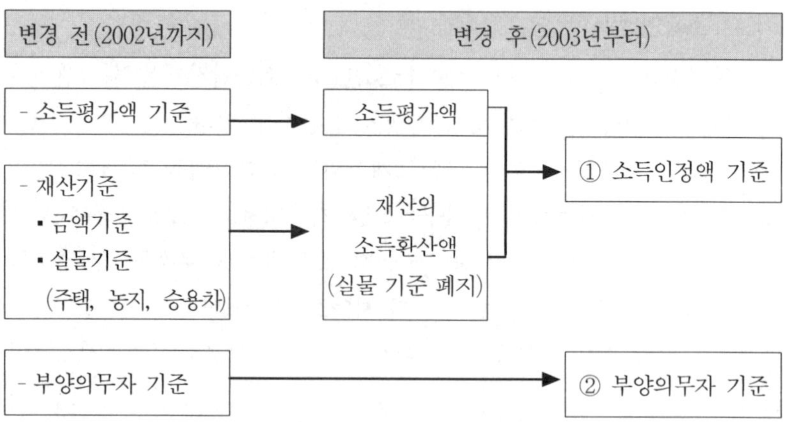

출처: 박병현(2004).

〈표 10-2〉 최저생계비

(단 위: 천 원)

구 분	2004년 최저생계비	2005년 최저생계비
1인 가구	368	401 (9.0% 인상)
2인 가구	61	669 (9.7% 인상)
3인 가구	839	908 (8.2% 인상)
4인 가구	1,055	1,136 (7.7% 인상)

소득인정액 기준은 최저생계비에 의거해 정해지는데, 2005년도 최저생계비는 1인 가구의 경우 2004년도의 368,000원에서 9% 오른 401,000원으로, 2인 가구는 610,000원에서 669,000원, 3인 가구는 839,000원에서 908,000원으로, 4인 가구는 1,055,000원에서 1,136,000원이다.

(2) 부양의무자

국민기초생활보장제도의 부양의무자는 수급권자를 부양할 책임이 있는 자로, 수급권자의 직계혈족 및 그 배우자와 생계를 같이하는 2촌 이내의 혈족을 말한다. 2004년 3월 개정되어 2005년 7월부터 부양의무자 범위 중 직계혈족의 범위를 1촌 이내로 축소했다. 2촌에 대해서는 '생계를 같이하는' 경우에만 부양의무를 부여하여 실질적으로는 부양의무자가 1촌으로 줄어들었다. 부양의무자 기준은 첫째, 부양의무자가 없는 경우, 둘째, 부양의무자가 있어도 부양능력이 없는 경우, 셋째, 부양의무자가 부양능력이 미약한 경우로 수급권자에 대한 부양비 지원을 전제로 부양능력이 없는 것으로 인정하는 경우, 넷째, 부양능력이 있는 부양의무자가 있어도 부양을 받을 수 없는 경우로, 이를 충족해야 수급자 선정이 가능하다. 부양능력이 있어도 받을 수 없는 경우로는 군복무, 해외이주자, 교도소, 구치소 등에 수용중인 자, 시설수급자, 행방불명자, 자연재해 및 이에 준하는 사고 등이 발생한 경우, 기타 소명으로 확인된 자 등이다.

〈표 10-3〉 부양비 산정방법

부양비＝(부양의무자의 실제 소득－부양의부자 가구의 최저생계비의 120%) ×부양비 부과율

부양비는 〈표 10-3〉과 같이 산정된다.

(3) 수급자의 수

국민기초생활보장제도의 수급자 수는 정부의 공식통계로는 2000년 1,490,000명에서 2001년에는 1,420,000명, 2002년에는 1,390,000명, 2003년에는 1,370,000명이며, 2004년도에는 1,420,000명, 2005년에는 1,489,000명으로 발표되었지만, 실제 수급자 수는 몇만 명씩 감소할 것으로 추정된다. 예를 들어 2001년과 2002년의 실제 수급자는 1,340,000명 수준이었다.

2) 급 여

(1) 급여의 기본 원칙

기초생활보장 급여의 기본 원칙에는 6가지가 있다. 첫째, 최저생활보장의 원칙이다. 생활이 어려운 자에게 생계, 주거, 의료, 교육, 자활 등 필요한 급여를 행하여 이들의 최저생활을 보장한다. 둘째, 보충급여의 원칙이다. 급여수준을 최저생계비 이상이 되도록 지원해주는 것으로, 가구별 최저생계비와 소득인정액의 차액을 급여한다. 셋째, 자립지원의 원칙으로, 근로능력이 있는 수급자에게 자활사업에 참여할 것을 조건으로 생계급여를 지급한다. 넷째, 개별성의 원칙으로, 수급권자의 개별적 특수상황을 최대한 반영한다. 다섯째, 가족부양 우선의 원칙으로, 급여신청자가 부양의무자에 의하여 부양될 수 있는 경우에는 기초생활보장급여에 우선하여 부양의무자에 의한 보호가 먼저 행해

〈표 10-4〉 기초생활보장 수급자 급여체계

부가급여	경로연금 (노인)	장애수당 (장애인)	보육료 (아동)	양육비 (모부자가정)	소년소녀 가정지원금 (소년소녀가정)	해산비, 장재비 (출산, 사망시)
기초급여	현물급여(교육급여, 의료급여)					
	현금급여(생계급여, 주거급여)					
	가구소득					

출처: 보건복지부(2001), 《국민기초생활보장제도업무지침》.

져야 한다. 여섯째, 타 급여 우선 원칙으로, 급여신청자가 다른 법령에 의하여 보호를 받을 수 있는 경우에는 기초생활보장급여에 우선하여 다른 법령에 의한 보호가 먼저 행해져야 한다. 즉, TV시청료, 주민세, 건강보험료 등이 이에 속한다.

(2) 급여의 종류

기초생활보장수급자로 결정되면, 생계급여, 자활급여, 의료급여, 주거급여, 교육급여, 해산급여, 장제급여를 지급받는다.

생계급여는 일반생계급여와 긴급생계급여로 나뉜다. 일반생계급여는 의료, 교육, 자활급여의 특례자, 에이즈쉼터 거주자, 노숙자쉼터 등 거주자를 제외한 모든 수급자에게 의복, 음식물 및 연료비, 기타 일상생활에 본격적으로 필요한 금품이 지급된다. 현금급여는 최저생계비에서 의료, 교육급여 및 타 법 지원금(주민세, 교육세, TV수신료 등)을 뺀 금액이다. 긴급생계급여는 주소득원의 사망, 질병 또는 행방불명 등으로 생계유지가 갑자기 어려워진 경우, 부 또는 모의 가출이나 천재지변이나 화재 등으로 생계가 어려운 경우에 시장, 군수, 구청장이 최저생계비 중 식료품비(40.7%)에 해당하는 금액을 우선 지급하는데 1개월로 하되 필요시 1개월을 더 연장할 수 있다. 긴급급여를 실시

〈표 10-5〉 급여종류별 급여수준

<table>
<tr><th colspan="2">급여종류</th><th>지급대상</th><th>지급수준</th></tr>
<tr><td rowspan="2">생계급여</td><td>일반생계급여</td><td>의료, 교육, 자활급여의 특례자를 제외한 모든 수급자</td><td>- 현금급여 기준(최저생계비인 의료, 교육, 타 법령 지원액)을 차감한 금액
- 가구별 급여수준(2004년):
1인 가구 324,186원, 2인 가구 536,905원
3인 가구 738,476원, 4인 가구 928,901원
5인 가구 1,056,160원, 6인 가구 1,191,780원</td></tr>
<tr><td>긴급생계급여</td><td>- 주 소득원의 사망, 질병, 행방불명
- 부 또는 모의 가출
- 천재지변이나 화재 등으로 재산소득상의 손실 발생
- 기타 거주지 외의 지역에서 거주하고 있으나 소득이 없어 생계 유지가 어려운 경우</td><td>- 최저생계비 중 식료품비에 해당하는 금액을 가구 규모별로 차등지급
- 가구별 급여수준(2004년):
1인 가구 150,000원, 2인 가구 249,000원
3인 가구 342,000원, 4인 가구 430,000원
5인 가구 489,000원, 6인 가구 551,000원</td></tr>
<tr><td colspan="2">주거급여</td><td>의료, 교육, 자활급여의 특례자를 제외한 모든 수급자</td><td>- 가구규모에 따라 주거 안정에 필요한 임차료, 유지수선비 등 지급
- 가구별 급여수준(2004년):
1~2인 가구 33,000원,
3~4인 가구 42,000원
5~6인 가구 55,000원,
7인 이상 가구: 6인 가구의 1인당 급여액에 당해 가구원 수를 곱한 금액</td></tr>
<tr><td rowspan="2">의료급여</td><td>1종</td><td>- 근로능력이 없는 자로 구성된 세대
- 미취학 자녀 또는 거동이 불편한 가구원을 보호하는 자
- 보장시설대상자</td><td>진료비 전액무료</td></tr>
<tr><td>2종</td><td>1종에 해당되지 않는 수급자</td><td>일부 본인부담(진료비의 20% 수준)</td></tr>
<tr><td colspan="2">교육급여</td><td>수급권자 중 중고생 자녀가 있는 자</td><td>입학금 및 수업료 전액, 교과서비</td></tr>
<tr><td colspan="2">해산급여</td><td>수급자 가구의 출산여성</td><td>출산시 200,000원(쌍둥이는 100,000원 추가)</td></tr>
<tr><td colspan="2">장제급여</td><td>수급자 가구원의 사망</td><td>의료급여 1종 가구는 가구당 500,000원,
의료급여 2종 가구는 가구당 200,000원</td></tr>
<tr><td colspan="2">자활급여</td><td>조건부 수급자</td><td>생업자금 융자, 직업교육, 취업알선, 창업정보 제공, 자활공동체 지원, 공동작업장, 공공근로 등</td></tr>
</table>

출처: 박병현(2004).

한 후 조사를 거쳐 수급자 선정여부를 결정하고 긴급급여액과 생계급여액 간의 차액을 정산한다.

자활급여는 수급자들에게 취업 또는 자활프로그램에 참여할 수 있는 기회를 제공해 자립할 수 있도록 돕는 것으로 노동연계 복지 프로그램이다. 대상자는 자활급여 특례자, 조건부 수급자, 일반 수급자와 차상위계층이다.

의료급여는 국민기초생활보장법과는 별도로 의료급여법에 의해 이루어지고 있다. 18세 미만인 자, 65세 이상인 자, 장애인고용촉진 및 직업재활법 제 2조 2호에 해당하는 중증장애인, 질병, 부상 또는 그 후 유증으로 인해 3개월 이상의 치료 또는 요양이 필요한 자 및 임산부, 보장시설수급자 등 근로능력이 없거나 근로가 곤란하다고 복지부장관이 인정하는 자는 1종 수급권자가 되고, 그 외의 자는 의료급여 2종 수급권자가 된다. 1종 수급권자는 본인부담금이 없으며 전액 의료급여

〈표 10-6〉 자활급여 종류

유 형	자활급여 종류		자활사업 실시기관
비취업대상자 (복지부)	자활공동사업		자활후견기관
	자활근로	업그레이드형	민간위탁기관
		취로형	시군구, 사회복지기관 등
	지역봉사		사회복지기관, 자원봉사센터, 시·군·구 등
	재활 프로그램		정신보건센터 등 정신보건시설, 사회복지관, 대학연구소, 자활후견기관 등
	생업자금융자		시, 군, 구
취업대상자 (노동부)	취업알선		고용안정센터
	직업훈련(창업훈련)		직업훈련기관
	직업적응훈련		고용안정센터, 직업적응훈련기관
	자활취업촉진사업		고용안정센터

출처: 보건복지부(2003), 《2003년도 기초생활보장안내》.

기금(국고+지방비로 조성)에서 부담한다. 2종의 경우는 외래진료시 진료일당 1,500원(의원은 1,000원, 약국 500원)을 본인이 부담하며, 입원할 경우 보험급여액의 15%에 해당하는 비용을 본인이 부담하고 나머지 85%는 의료급여기금에서 부담한다. 의료급여기간은 연 365일로 상한선이 정해져 있지만, 뇌성마비 및 마비성증후군 등 보건복지부장관이 정하여 고시하는 질환의 경우에는 30일을 추가할 수 있다.

주거급여는 의료, 교육, 자활급여의 특례자를 제외한 모든 수급자를 대상으로 하며, 시설수급자에게는 지급하지 않는다. 주거급여는 자가가구에 해당하지 않는 수급자의 경우 100% 현금으로 지급되고, 자가가구 등에 해당하는 수급자에게는 현금급여와 현물급여는 7:3으로 병행 실시한다. 현물급여는 집수리도우미사업단이 도배, 집수리 등을 제

〈표 10-7〉 의료급여 수급권자 현황

연 도			2003	2004	2005(6월)
총 계			1,453,786	1,528,843	1,644,306
1종 수급권자	소 계		867,305	919,181	957,366
	기초	일 반	690,766	729,537	761,562
		시 설	81,715	86,374	86,553
	국가유공자		80,584	83,999	84,571
	북한이탈주민		2,994	4,481	4,813
	인간문화재		425	434	407
	광 주		9,221	9,342	9,277
	기 타		1,600	545	534
	입양아동		-	-	515
	차상위		-	4,469	9,134
2종 수급권자	소 계		586,481	609,662	686,940
	기 초		586,481	596,639	627,902
	차상위			13,023	59,038

출처: 보건복지부(2005c).

공한다.

교육급여의 대상은 수급자의 중·고등학생 자녀이며 입학금 및 수업료 전액과 학생 1인당 연 1회 100,000원의 교과서비와 연 2회 20,000원씩의 학용품비, 의무교육대상자인 중학생에게 연 1회 1인당 28,000원의 부교재비를 지원한다.

해산급여는 수급자가 출산시 200,000원을 현금으로 지급하며, 추가 출생 영아 1인당 100,000원이 추가되어 쌍둥이 출산시 300,000원이 지급된다.

장제급여는 수급자 가구원이 사망한 경우 사망자 1인당 근로능력이 없는 자로 구성된 가구는 500,000원, 근로능력이 있는 가구의 경우는 300,000원을 현금으로 지급한다.

3) 기초수급자 및 차상위계층 지원

국민기초생활보장제도 등 공공부조제도에서 사각지대가 논란이 되고 있다. 2002년 저소득층 자활사업 실태조사자료를 토대로 추정한 빈곤율은 10.3%이고, 2003년 도시가계조사자료 토대로 추정한 빈곤율은 5.7%로, 각종 통계자료의 결과가 차이를 보이며, 사각지대 역시 약 1,430,000명에서 4,200,000명까지 계산방법에 따라 그 폭이 넓다.

따라서 비수급 빈곤가구의 34.6%, 개인의 33.3%가 보호필요집단이라고 보고, 차상위계층에 대한 보호를 더 늘리고 있는 추세다. 참여정부가 '희망한국21' 시행을 통해 취약계층에 대한 지원을 다양하게 변화시키고 있다.

우선 기초수급자 추가지원으로 장애수당을 중증 70,000원으로 인상을 하였으며, 긴급지원제도를 두어 2006년부터 긴급생계지원 77,000가구, 긴급의료 12,000 가구, 긴급주거 8,000가구 등에게 혜택을 주고, 통합 콜센터(129번)를 설치했다.

차상위계층에 대한 기초보장부분 급여도 늘리기로 했다. 최저생계비

〈표 10-8〉 희망한국21 시행에 따른 취약계층 지원 변화(2005)

구 분		현행지원	추가지원
① 기초 생활 보장	기 준	최저생계비 이하(4인 가구 1,140,000 원)	
	기초보장 급여	▪ 생계 · 주거 · 교육급여 등: 1,495,000명 - 4인 최고 972,000원	▪ 신규 수급자 증가 - 부양의무자 기준 완화: 116,000명
	의료급여	▪ 의료급여: 1,654,000명 ▪ 1, 2종 구분(2종 본인부담: 15%)	▪ 2종 본인부담금 인하: 15%→10%
	자활지원	▪ 조건부 수급자 등 자활사업: 40,000명	▪ 좌 동 ▪ 직업적응훈련: 3,000명(연간)
② 기초 수급자 추가 지원	기 준	최저생계비 이하(4인 가구 1,140,000원)	
	노 인	▪ 경로연금: 363,000명 (45,000~50,000원)	▪ 좌 동
	장애인	▪ 장애수당 285,000명 * 중증 60,000원, 경증 20,000원 ▪ 장애아동부양수당 3,000명(50,000원) ▪ 본인부담 의료비: 130,000명(실비)	* 장애수당: 중증 70,000원으로 인상
	저소득 유자녀가정	▪ 보육료 44,000명 (153,000~299,000원)	▪ 좌 동
	소년소녀 가정	▪ 학용품비등 부가급여: 6,000명 * 2005년 지방 이양	▪ 좌 동
※긴급지원제도			▪ 긴급지원제도 도입(2006년) - 긴급생계지원 77,000가구, 긴급의료 12,000가구, 긴급주거 8,000가구 등 ▪ 통합 콜센터 설치(129번)
③ 차상위 계층 기초 보장 부분 급여	기 준	최저생계비의 100~120%	
	의료급여	▪ 차상위 의료급여 - 희귀난치성 질환자: 22,000명(2004) - 12세 미만 아동: 121,000명(2005)	▪ 차상위 의료급여 확대: 160,000명(2008) - 18세 미만 아동 : 87,000명(2006) - 임산부 : 12,000명(2007) - 장애인 : 64,000명(2008)
	자활급여	▪ 차상위 자활사업 20,000명 ▪ 사회적 일자리 7,000명	▪ 자활사업 확대 : 60,000명(2009) ▪ 사회적 일자리 확대 : 연간 10,000명(2007)

〈표 10-8〉 계속

구분		현행지원	추가지원
④ 요보호차상위계층 등 지원	기준	최저 생계비의 100%~최대 210%	
	노인	▪ 경로연금 : 269,000명 - 1인 31,000~35,000원 ▪ 노인일자리 35,000자리	▪ 좌 동 ▪ 노인일자리 확대: 300,000자리 (2009) * 기초수급노인 포함 ▪ 치매·중풍노인 보호대책 - 요양시설 확충 등(2008): 실비시설(110개소) 등 - 시설 입소비 지원(2007): 5,000~6,000명(250,000~400,000원) - '돌보미 바우처': 약 6,000명(월 200,000원)
	장애인	▪ 1~3급 중고교생 입학금 및 수업료 등 : 4,000명(실비) ▪ 장애인 직업재활 시설 248개소 ▪ 중증장애인 특별보호대책 - 무료·실비 보호시설 79개소	▪ 좌 동 ▪ 중증장애인 장애수당 신설(2007) - 122,000명, 70,000원 ▪ 장애인 직업재활시설 309개소(2009) ▪ 중증장애인 특별보호대책 - 무료·실비보호시설: 79개소(2005) → 329개소(2009) - 시설입소비지원(2007): 800명(270,000원) - '돌보미 바우처': 5,000명(월 200,000원)
	저소득 모부자 가정	▪ 아동양육비 : 30,000명(50,000원) ▪ 자녀학비 : 30,000명(실비)	▪ 좌 동
	저소득 유자녀 가정	▪ 저소득 보육료: 228,000명 (46,000~239,000원) ▪ 만 5세 아 무상보육: 95,000명(131,000원) ▪ 장애아 무상보육: 9,000명(299,000원)	▪ 소득 계층별 차등지원 수준 확대 ▪ 만 5세아 무상보육 확대 및 장애아 전원으로 확대 * '둘둘 플랜'(*plan*)에서 별도 제시
	교육비 지원	▪ 고교생 수업료, 입학금: 140,000명 * 2005년 지방 이양(교육부) ▪ 중고생 학교운영 지원비: 155,000명	▪ 고교생 수업료, 입학금: 175,000명
		▪ 농업인 자녀 수업료, 입학금: 107,000명 * 2005년 지방 이양(농림부)	▪ 좌 동
		▪ 국가유공자 학용품비, 수업료: 15,000명 * 국가보훈처	▪ 좌 동
		▪ 북한이탈주민 학용품비, - 수업료: 11명 * 통일부	▪ 좌 동

〈그림 10-2〉 차상위계층 정책대상 규모(2003년)

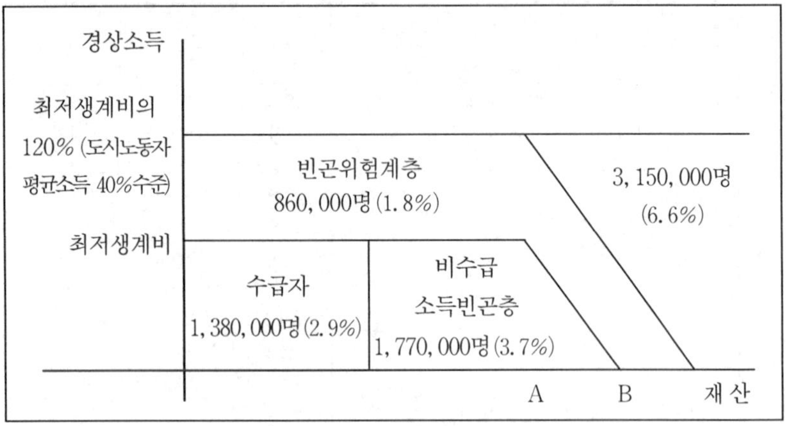

* A: 소득인정액(소득평가액+재산의 소득환산액)이 최저생계비의 100%인 선
B: 소득인정액이 최저생계비의 120%인 선

출처: 한국보건사회연구원(2005.7), "2004년 차상위계층 실태조사에 의한 잠정추계".

의 100~120%인 이들에 대한 급여지원은 의료급여와 자활급여이다. 의료급여 지원확대는 18세 미만 아동 87,000명, 임산부 12,000명, 장애인 64,000명 등 총 160,000명을 2008년까지 확대하기로 하고, 자활사업도 2009년까지 60,000명으로 확대하기로 했다.

보호가 필요한 차상위계층 등에 대한 지원은 노인, 장애인, 저소득 유자녀가정, 교육비 지원 등이다. 노인의 경우는 치매, 중풍노인 보호대책으로 요양시설 입소비지원을 2007년에 5,000명, 250,000원에서 400,000원 지원으로 추가지원하고 '돌보미 바우처' 약 6,000명을 월 200,000원 지원하며, 장애인에 대한 특별보호대책으로 무료시설을 확충하고, 시설입소비를 지원해 800명에게 27,000원씩, '돌보미 바우처' 5,000명에게 월 200,000원의 혜택이 돌아간다. 무상보육은 장애아 전원과 저소득 유자녀가정은 만 5세 아동까지 확대된다. 교육비 지원은 고교생 수업료이며 입학금 지원은 175,000명이다.

3. 국민기초생활보장제도의 평가

1) 평 가

국민의 최저생활수준을 보장해야 한다는 공공부조제도의 확립은 국민복지 기본선을 확보하기 위한 중요한 제도가 아닐 수 없다. 그런 점에서 이 제도를 평가해보는 것은 매우 중요하다. 특히 최근 국민기초생활제도를 둘러싼 보완 논란이 일고 있는 것은 그런 점에서 의미있는 일이다.

(1) 소득재분배의 효과가 있는가

공공부조제도란 소득을 보조함으로써 빈부의 격차를 완화해 소득재분배효과를 기하는 제도이다.

홍경준(2002)은 도시가계자료를 활용해 공적 이전의 빈곤감소효과를 보고하였다. 소득이전 전의 전체 가구의 빈곤율은 6.81%였는데, 공적 이전 후에는 6.17%로 줄어들었다. 특히 노인가구와 비노인 편부모가구는 공적 이전의 빈곤감소효과가 두드러졌다. 노인가구의 경우 소득이전 전에는 빈곤율이 14.47%였으나 공적 이전 후엔 12.16%로 줄어들었다. 비노인 편부모가구는 소득이전에는 23.1%였으나 이후에는 16.83%로 줄어들어 빈곤율 감소효과는 27.45%에 달했다. 이 연구는 국민기초생활보장제도가 소득재분배 효과가 있다는 결과를 보여준다.

하지만 전체 사회복지 지출 가운데 차지하는 비중이 낮기 때문에 소득재분배효과가 국가 전체적으로 볼 때 미미하다고 할 수 있다. 특히 우리나라 공공부조제도의 재원규모가 전체 GDP대비 0.5% 정도이다(박병현, 2004).

(2) 노동공급효과는 있는가

국민기초생활보장제도가 기존에 근로무능력빈곤가구에게만 제한되어 지급되던 현금지원을 근로능력빈곤가구에게도 확대하였다. 이때만 해도 노동공급을 감소시킬 것이라는 우려가 있었지만, 이상은(2004)의 연구에 의하면 취업과 노동시간에 통계적으로 유의미한 영향을 미치지 않는 것으로 나타났다. 하지만 조건부수급자의 노동시장 참여를 위한 다양한 프로그램이 구체화되지 못하는 상황에서 노동시장에 관한 의도적 기피로 나타날 수 있다.

(3) 사각지대는 없는가

우리나라 빈곤율은 허선(2001)에 의하면 7~23%로 추정된다. 그러나 현재 국민기초생활보장제도의 대상자는 전체 인구의 3% 수준이다. 뿐만 아니라 홍경준(2003)에 의하면 소득기준과 재산기준을 만족시키는 수급대상가구 중 실제 국민기초생활보장제도의 혜택을 받는 가구는 전체 대상가구의 37.1%에 불과한 것으로 보고되었다. 또 가구별 공공부조 수급률에 있어 편부모가구의 수급률이 가장 높고 노인가구의 수급률이 가장 낮게 나타난 점으로 볼 때 부양의무자 기준에 의해 노인가구가 탈락할 가능성이 크다고 할 수 있다.

최희경(2004)은 욕구 유형별 최저생계비를 기준으로 마련하지 않았기 때문에 대도시의 일부 빈곤층, 장애가구나 노인가구 등이 수급의 사각지대에 놓일 수 있다고 한다. 또한 부양의무자기준이 문제다. 국민기초생활보장평가단의 조사에 의하면 탈락자가구의 77%가 넘는 사람들이 최저생계비 이하의 소득을 가진 절대빈곤층이었는데, 부양의무자기준 초과가 45%가 넘었고, 소득기준 초과 17%, 재산기준 초과 13%로 나타나 부양의무자기준이 현실과 괴리가 있다는 것을 보여주었다. 또한 재산의 소득환산의 문제도 있다. 재산이 주택이나 토지일 경우 이를 팔아서 생계를 유지한다는 것은 현실적이지 않기 때문에 현실적 대체조건이 필요하다는 주장이 제기되고 있다.

(4) 급여수준은 적절한가

급여수준은 계속 상승하고 있지만, 기초생활보장제도의 급여가 최저생활을 보장하기에 적절한가 하는 점이다. 현재 기초생활보장제도의 생계급여액은 최저생계비에서 소득인정액, 평균의료급여액, 평균교육급여액을 제외한 부분으로 실제 수령급여로는 최저생활을 유지하기 어려운 경우도 적지 않다. 또한 최저생계비 계측에서 현실성의 문제도 대두된다. 최저생계비가 계속 증가하고 있지만, 5년마다 실계측하는 문제점과 대도시형과 농촌형 가구별 등의 현실적 차이를 고려해야 한다는 점이 문제로 제시된다.

2) 향후 개혁과제

(1) 통계인프라 확보

공공부조는 전적으로 국민세금으로 운영되는 제도이므로 지원대상자의 선정과 급여의 내용이 지극히 공정해야 한다. 이를 위해서는 철저한 빈곤층실태조사와 자산 및 소비형태 등 과학적 데이터의 생산이 확보되어야 한다. 일부 연구자들의 주관적 데이터나 편향된 조사로 빈곤실태가 과장되거나 축소되어서는 안될 것이다.

(2) 최저생계비제도 개선

최저생계비 산정에서 도시와 농촌, 가구별 차이를 정확히 반영할 필요가 있다. 현행 최저생계비는 가구 규모에 따른 차이만을 반영하고 있어 노인, 장애인이 속한 가구유형별 계측이 필요하고, 이를 토대로 해서 정책에 활용해야 한다.

(3) 부양의무자제도 개선

부양의무자 범위는 수급권자의 직계혈족 및 그 배우자와 생계를 같이하는 2촌 이내의 혈족으로 부모, 아들, 딸, 며느리, 사위, 형제, 자매 등이 포함된다. 법 개정으로 생계를 같이하는 2촌까지 부양의무자로 했지만, 사실상 부양범위를 1촌으로 축소했다. 그러나 가족해체, 가족변화로 인해 과거와 같은 부양에 대한 의무를 우선시하는 시대조류가 변화됐고, 실제로 이로 인해 노인가구의 사각지대 문제점이 해소되지 않고 있다.

대부분의 선진국에서는 부양의무자제도가 없다. 하지만 부양의무자의 생활수준을 고려하지 않은 채, 범위만을 축소할 경우 소득은폐 등 도덕적 해이현상도 우려할 수 있다. 일부 조사에서 기초생활수급대상자의 10% 정도가 자격미달이라는 결과가 나올 만큼 부양의무자기준에 대한 논란이 뜨겁다.

(4) 차상위계층에 대한 지원 확대

차상위계층은 최저생계비의 120% 미만에 해당하는 자로 혜택을 받지 못하게 되면 수급자계층과 차상위계층 간의 소득역전현상이 발생할 수 있다. 특히 의료비로 인한 경제적 파산을 막을 장치가 필요하다. 2002년 장애인실태조사에 따르면 의료비, 교통비, 교육비, 보장구비 등으로 지출하는 경비가 월평균 157,900원으로 최소생활경비를 지원하는 것이 오히려 부정수급이나 빈곤전략으로 인한 추가지원을 줄일 수 있는 효과를 얻게 될 것이다(박병현, 2004).

(5) 전달체계 개선

국민기초생활보장제도의 성패는 정확한 조사를 통한 수급자 선정의 공정성과 효율적 관리에 달려있다. 이를 위해서는 복지전달체계의 전면적 개혁이 필요하다.

복지전달체계의 기능과 분야의 부분적 통합이나 개편은 효과를 볼 수 없다. 중앙정부와 지자체, 공공과 민간부문을 포함하는 전면적인 것이어야 한다. 특히 지자체의 주체적이며 지역실정에 맞는 책임있는 서비스 제공이 필요하다.

(6) 자활지원사업의 내실화

실질적 자활이 될 수 있도록 프로그램개발과 확충이 필요하다. 현재 집수리, 간병, 청소, 폐자원 재활용, 음식물 재활용 등의 5대 표준화 사업에 뒤이어 새로운 사업이 개발되어야 한다. 왜냐하면 현재처럼 일시적이고 임시적이며 보조적인 일로는 자활자립의 실효성이 떨어지기 때문이다.

자활공동체 역시 수익성을 확대하지 않고는 자활도모에 한계가 있다. 자활사업에 대한 정기적인 평가를 통해 실효성을 점검하여 노동시장정책 차원에서 전환을 검토할 수도 있을 것이다.

■ 함께 생각해봅시다.

1. 빈곤에 대한 다양한 정의와 함께, 세계은행이 정한 빈곤선은 현재 얼마인지 알아보자.

2. UN인간개발보고서에서 '역량빈곤'이라는 개념을 사용하고 있다. 이를 구체적으로 설명해보자.

3. 공공부조의 3가지 원칙에 관해 토론해보자.

4. IMF 이후 국민기초생활보장제도가 도입된 사회적 상황에 대해 토론해보자.

5. 김대중 정부가 IMF와 맺은 양해각서에 따라 정리해고와 같은 구조조정 작업을 추진했는데, 이 정책을 어떻게 평가하는가?

6. 대량실업과 기업의 대량도산 등 IMF 후유증이 폭발적으로 증가하면서 국민기초생활보장과 고용보험 등의 사회적 안전망이 강화됐는데, 이런 복지정책의 성격을 어떻게 보아야 하는가?

7. 국민기초생활수급자와 차상위계층 간에 소득역전현상이 발생하는 모순이 나타나고 있는데, 이에 대한 해결책은?

8. 자식들이 부모를 외면하는 경우도 있고, 거꾸로 자식들의 지원을 은폐하면서 수급자가 되는 경우도 있는데, 공정성의 차원에서 어떤 해결책이 바람직한가?

9. 국민기초생활제도에도 불구하고 신빈곤층이 지속적으로 확대되면서 복지지출이 폭발적으로 증가하고, 이에 따른 비판여론도 높아가고 있는데, 외국의 해결방안은 무엇이 있는가?

제 11 장

사회보험 I

고용보험, 산재보험

1. 고용보험

1) 고용정책의 배경 및 과정

자본주의 사회에서 노동의 상실, 즉 실업이란 노동자 자신뿐만 아니라 그 가족의 생활안정을 위협하는 가장 큰 요소이다. 또한 국가적으로 볼 때 실업이란 인적 자원의 손실, 구매력 상실에 따른 국민소비수요 감소, 생산 저하 등으로 국민경제를 어렵게 만들 뿐만 아니라 국가경쟁력을 저해시키는 일이다.

최근 들어 고용정책, 실업정책은 국가정책의 우선순위를 차지한다. 특히 1997년 IMF 위기를 맞아 대량실업이 발생했고, 이로 인한 자살자 급증, 노숙자 증가, 가족해체 등이 잇따라 사회문제화되었기 때문이다.

한국의 고용보험 도입은 실업자에 대한 생계를 지원하는 사후구제 차원의 단순한 실업보험이 아니라 사전적으로 고용조정 지원을 통한 실업의 예방, 잠재인력의 고용촉진, 직업능력개발 및 인력수급 원활화 등을 목적으로 하는 적극적 노동시장정책으로 전환시킨 중요한 계기가 되었다.

1960년대 실업보험에 대한 논의가 있었지만 시기상조라며 주목받지 못했다. 1970년대 말 경기불황으로 실업률이 증가하면서 공식적 검토가 이루어졌다. 실업률은 1979년 말 5.6%, 1980년 7.5%, 1981년 6.5% 등이었다. 하지만 일하지 않는 자에게 급여를 지급하는 것에 대한 반발로 논의가 제대로 이뤄지지 못하다가, 1980년대부터는 고용보험과 실업보험을 구분하여 사용하기 시작했다. 1986년에 제6차 경제사회발전 5개년 계획안에 고용보험제도의 도입이 공식적으로 거론됐으나 논의는 되지 않았다가 제7차 경제사회발전 5개년 계획을 수립하던 1990년 11월에 4개 소위원회의 하나로 고용보험소위원회를 구성하게 됐다. 1991년 2월 한국노동연구원이 담당연구기관으로 지정되어 3월초에 고용보험계획안을 제출하게 되었고 8월 경제장관회의에서 제7차 5개년 계획기간 중 고용보험제도를 도입하기로 확정하였다(김성중·성제환, 2005).

1992년 3월 학계인사 29명으로 구성된 고용보험연구기획단이 한국노동연구원에 발족되었다. 기획단은 실업보험사업뿐 아니라 고용정보제공 및 직업상담과 고용조정 지원을 수행할 고용안정사업, 공공직업훈련시설의 설치와 운영, 사업장 내 직업훈련의 활성화를 위한 능력개발사업을 포함할 것을 주요 골격으로 하는 정책보고서를 제출했다. 관계부처 협의, 적용범위와 비용부담, 직업능력개발사업과 사업장 내 직업훈련 의무와의 관계, 실업급여 수준, 퇴직금의 고용보험료 전환, 고용보험관리운영기구 등에 대한 논란이 많았는데, 1993년 12월 국회에서 의결하고 공포되었다.

보험료율에 대한 논란이 일었으나 1995년 4월 6일 고용보험법시행령을 공포하고 1995년 6월 12일 시행규칙을 공포해 1995년 7월 1일 고용보험법의 시행과 동시에 전국의 고용보험적용 사업 및 고용보험 피보험자의 일제신고를 받아 1996년 7월 1일부터 실업급여가 지급되기 시작했다.

1997년 말 IMF 경제위기 이후 고용보험의 역할은 더 중요하게 됐다. 실업급여사업의 적용대상을 30인 이상 사업장에서 1998년 1월부터 10인 이상 사업장(직업능력개발사업은 50인 이상 사업장)으로 확대했다가 대량실업이 발생하면서 3월부터는 5인 이상으로 확대했고, 다시 10월에는 1인 이상 전 사업장 노동자를 포괄하게 된다. 4대 사회보험 가

〈표 11-1〉 고용보험 당연적용대상 사업장 및 수혜범위 확대

연도별 / 사업별	1995. 7. 1 ~12. 31	1997. 1. 1 ~12. 31	1998. 1. 1 ~2. 28	1998. 3. 1 ~6. 30	1998. 7. 1 ~9. 30	1998. 10. 1~	2001. 8 ~
실업급여	30인 이상	30인 이상	10인 이상	5인 이상	5인 이상	1인 이상	1인 이상
고용안정, 직업능력개발	70인 이상	70인 이상	50인 이상	50인 이상	5인 이상	1인 이상	1인 이상
건설업의 총 공사 금액(원)	40억	44억	34억	34억	3억 4천만	3억 4천만	3억 4천만
대상사업장(개)	43,000	-	118,000	200,000	-	664,000	1,208,000
대상노동자(명)	4,280,000	-	5,190,000	5,710,000	-	8,342,000	9,269,000

출처: 노동부(2002).

〈표 11-2〉 보험사업별 보험료율 및 부담

		2003. 1. 1 이후		1999~2002년		1998년 이전	
		노동자	사업주	노동자	사업주	노동자	사업주
실업급여		0.45	0.45	0.5	0.5	0.3	0.3
고용안정		-	0.15	-	0.3	-	0.2
직업능력개발사업	150인 미만 기업	-	0.1	-	0.1	-	0.1
	150인 이상 우선 지원 대상기업	-	0.3	-	0.3	-	0.3
	150인 이상~1,000인 미만 기업	-	0.5	-	0.5	-	0.5
	1천 인 이상 기업	-	0.7	-	0.7	-	0.05

출처: 노동부(2003), 《2003 고용보험백서》.

운데 가장 늦게 출발한 고용보험이 IMF 위기 이후 심각한 대량실업 사태 때문에 사회보험 역사상 최초로 1인 이상 전 사업장노동자를 포괄하는 작업에 거꾸로 앞장서게 된 것이다.

2) 고용보험정책의 실제

(1) 목 적

고용보험제도란 노동자가 실직했을 때 실직노동자의 생활안정을 위해 일정기간 동안 실업급여를 제공하는 전통적 의미의 실업보험 사업, 적극적 취업알선을 통한 재취업의 촉진과 노동자의 직업안정 및 고용구조 개선을 위한 고용안정사업, 노동자의 직업능력수행을 체계적으로 개발, 향상시키기 위한 직업능력 개발사업 등 적극적 노동시장정책을 상호결합시킨 사회보험제도이다. 실업자들에게 실업급여를 지급함으로 산업구조조정을 촉진하고 실업을 예방하며 노동자의 생애 직업능력을 개발한다. 적극적 · 사전적 차원의 인력정책수단이다.

고용보험의 목적은 고용보험법 제1조에서 밝힌 바처럼 "실업의 예방, 고용의 촉진 및 근로자의 직업능력의 개발 · 향상을 도모하고, 국가의 직업지도 · 직업소개기능을 강화하며, 근로자가 실업한 경우에 생활에 필요한 급여를 제공함으로써 근로자의 생활안정과 구직활동을 촉진하여 경제 · 사회발전에 이바지"하는 것이다.

고용보험은 보험원리에 의하여 노동자가 실업으로 인해 소득을 상실한 일정기간 동안 일정 수준의 급부를 지급하여 노동자의 생활안정과 기업에 필요한 노동력을 유지 · 보존하는 데 그 목적이 있다. 고용보험제도는 고용보장제도이면서 동시에 사회보장제도라고 보는 관점과 같이 고용보험제도의 목적 또한 고용보험제도가 본래 추구하고자 하는 본원적 목적과 부수적 목적이 존재한다.

본원적 목적은 ① 실직자 및 그 가족생활 안정을 보장, ② 실직노동자의 재취업 촉진, ③ 노동력의 효율적 이용과 기술 기능을 유지 · 보

〈그림 11-1〉 고용보험 정책급여

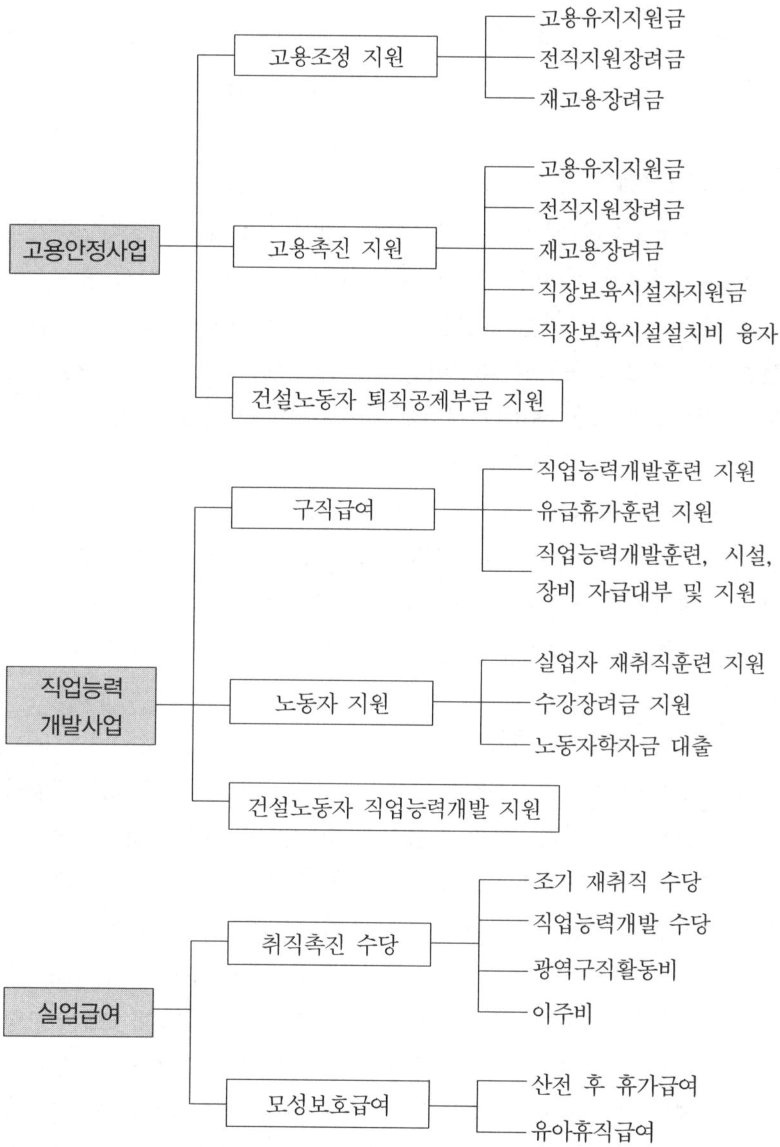

출처: 김기원(2003) 수정.

전, ④ 노동정보의 신속, 정확한 파악, ⑤ 노동복지의 증진이다. 반면 부수적 목적은 ① 고용조정의 원활화 및 경제의 효율성 제고, ② 경기 조절기능 수행, ③ 미숙련 노동자의 이직 감소와 사용자의 고용안정 노력 유도, ④ 저소득노동자계층에 대한 소득 재분배이다.

(2) 고용보험의 기능

우선 고용보험은 사회보장제도의 일환으로서 실업중인 실직노동자에 대한 보험급여를 행하여 실업에 대한 소득의 상실을 보상해 줌으로써 실직기간 동안 인간다운 생활을 영위하게 함과 동시에 적극적 취업알선을 촉발하고 노동자의 취업안정을 위해 실업을 예방하고 노동자의 능력개발 및 향상을 꾀하는 사회보장적 기능을 가지고 있다.

두 번째로는 국민경제적 기능으로 ① 경기를 안정시키는 기능, ② 소득재분배의 기능, ③ 노동인력의 공급 조정적 역할, ④ 고용보험제도의 이상과 같은 기능들이 복합적으로 작용하여 사양산업부문의 노동자를 자동적으로 조절하고, 전직훈련을 시켜 성장산업부문으로 재배치하도록 지원, ⑤ 노동시장을 조절하고 규제하는 기능이 있다.

(3) 고용보험의 사업내용

고용보험사업의 주요 내용은 고용안정사업, 직업훈련 등 능력개발사업, 실업급여 등 실직노동자 생활안정 및 사회적 보호사업, 공공근로 등 고용창출사업 등이 있다. 첫째, 고용안정사업은 고용조정 필요성에 직면한 기업이 노동자의 고용안정을 위하여 휴업, 근로시간 단축, 고용유지훈련, 노동자 사외파견, 직업전환훈련, 인력재배치, 창업교육훈련 등을 실시할 경우 소요되는 비용의 일부를 지원하였다. 또한 고령자 및 장애인 고용촉진, 주부노동력 고용촉진, 특정 불황업종 및 지역의 고용개발 촉진 등도 포함된다. 특히 고령자고용촉진장려금, 장기실업자고용촉진장려금, 여성고용촉진장려금, 육아휴직장려금, 직장보육시설지원금 등을 지원했다.

이런 지원을 통해 실질적인 고용유지가 얼마만큼 이뤄졌는지는 검증된 바 없다. 대기업과 일부 중소기업이 고용유지자금을 받았지만 총액은 미미한 수준이었다.

둘째 직업능력개발사업으로는 일정규모 이상의 산업에 대해 직업훈련실시의무를 부과하여 직업훈련을 실시하였다. 그러나 1990년대 들어서면서 기업의 수동적 훈련참여로는 양질의 인력양성이 어렵다고 판단, 1,000인 미만 사업체는 직업훈련의무제 대신에 고용보험법상의 직업능력개발사업을 실시하게 하였다. 사업 내 직업훈련, 교육훈련, 유급휴가훈련 등을 지원하고 노동자에게는 수강장려금, 교육수강비용 대부, 실업자 재취직훈련 등을 지원하였다. 이병희와 강순희(2000)에 의하면 직업능력개발사업은 IMF 경제위기에 따른 대량실업사태시 실업자에 대한 소득보전과 직업훈련을 통해 실업으로 인한 충격을 완화하는 긍정적 기능을 수행한 것으로 평가되었다.

하지만 중소기업과 영세기업 노동자들이 대부분 배제되어 있고, 재취업율이 지극히 저조한 것을 보면 부정적 측면도 상당하다.

셋째, 실업급여는 실직했을 때 일정기간 동안 실직자와 그 가족의 생활안정을 위한 소득보장과 실직자에게 구인, 구직정보를 체계적으로 제공하고 직업훈련 안내 등을 통해 재취업을 촉진하는 제도이다. 실업급여는 구직급여와 취직촉진 수당으로 구분되는데, 구직급여는 실업시 질병, 부상 또는 출산으로 취업이 불가능하여 구직활동을 할 수 없을 경우 지급되는 상병급여와 재취직을 위한 직업능력개발훈련을 받을 필요가 있다고 인정되는 노동자에게 지급되는 훈련연장급여, 구직급여의 종료시까지 취업을 하지 못하는 재취직지원자를 위한 개별연장급여, 특별연장급여 등이 있다. 취직촉진 수당에는 조기 재취직수당과 직업능력개발수당, 광역구직활동비, 이주비 등이 있다.

실업급여제도가 급여기간이 너무 짧았고 IMF 대량실업이 발생했을 때 적용대상 노동자는 극소수에 지나지 않았기 때문에 별다른 효과를 거두지 못했다.

〈표 11-3〉 실업급여

구분		지급요건	지급금액
구직급여		일용노동자는 실업급여 신청 전 1월간 근로일수가 10일 미만이어야 하고, 90일 이상을 일용노동자로 근무해야 함	이직시 연령과 피보험 기간에 따라 90~240일간 실직 전 평균임금의 50%를 지급, 최고: 35,000원, 최저: 최저임금액의 90%
상병급여		실업급여 신청 후 7일 이상 질병 부상으로 실업을 인정받지 못한 경우, 수급자격자가 출산으로 취업이 불가능한 경우	구직급여액과 같은 금액
연장급여	훈련연장급여	지방관서장의 직업능력개발훈련 지시로 훈련을 수강하는 경우	직업능력개발훈련을 받은 기간(최대 2년) 동안 구직급여의 70% 연장 지급
	개별연장급여	취직이 특히 곤란하고 생활이 어려운 수급자격자로서 지방노동서장이 인정하는 자	취직이 특히 곤란한 경우에는 60일 범위 내에서 구직급여의 70%를 연장지급
	특별연장급여	대통령이 정하는 사유가 발생한 경우	60일의 범위 내에서 실업인정을 받은 날에 대해 구직급여의 70%를 연장지급
취직촉진수당	조기재취직수당	구직급여를 지급 받을 수 있는 급여일수 2분의 1 이상을 남기고 재취직할 때	남은 기간동안 받을 수 있는 구직급여액의 2분의 1을 지급
	직업능력개발수당	지방노동관서장이 지시한 직업능력개발훈련을 받을 때	실제로 훈련을 받은 날 1일 5,000원
	광역구직활동비	지방노동관서장의 소개로 거주지에서 50㎞ 이상 떨어진 회사에서 구직활동을 할 때	숙박료: 1일 20,000원 운임: 자동차(건교부 고시 요금), 선박(2등 정액요금), 철도(무궁화 보통)
	이주비	취직하거나 직업능력개발훈련을 받기 위하여 이사할 때	이주거리와 동반가족 수에 따라 43,150~348,790원 지급
모성보호급여	출산휴가급여	고용보험에 6개월 이상 가입한 자(산전후 휴가 종료일 기준)로서 출산휴가를 부여받은 경우	1개월 분의 통상 임금 지급 최고: 1,350,000원 최저: 최저임금
	육아휴직급여	고용보험에 6개월 이상 가입한 후 육아휴직을 부여받은 경우	매월 200,000원을 지급(여자의 경우 최대 10.4개월, 남자의 경우 12개월 지급)

출처: 노동부(2003).

〈표 11-4〉 고용촉진 지원사업

<table>
<tr><th colspan="3">구 분</th><th>지원요건</th><th>지원수준 및 기간</th></tr>
<tr><td rowspan="5">고용촉진 지원</td><td rowspan="4">채용장려금</td><td>고령자</td><td>① 55세 이상의 고령자를 월 평균 노동자수의 6% 이상 고용
② 직업안정기관 등에 구직등록 후 실업기간이 3개월을 초과한 고령자를 피보험자로 고용
③ 경영상의 이유로 퇴직한 고령 노령자(45세 이상 60세 미만)를 퇴직 후 3월 이후 2년 이내 재고용</td><td>① 6% 초과 고령자 1인당 분기별로 150,000원 지원 매 분기당 노동자 수의 19%(대규모 기업 10%) 한도
② 채용 1인당 월 280,000원을 6개월간 지급 - 신규고용자 100명 초과시 초과 인원의 30%만 지원
③ 재고용 1인당 월 330,000원을 6월간 지원</td></tr>
<tr><td>장기 구직자</td><td>구직등록 후 6개월을 초과하여 실업상태에 있는 실업자</td><td>채용 1인당 월 600,000원을 6개월간 지급</td></tr>
<tr><td>중장년 훈련수료 채용장려금</td><td>실업자재취직훈련 등을 수료한 40세 이상 실업자를 훈련수료일에서 6개월 이내에 신규채용</td><td>채용 후 3개월은 매월 600,000원, 그 이후 3개월은 매월 400,000원, 나머지 6개월은 매월 200,000원</td></tr>
<tr><td>여 성</td><td>① 노동자에게 30일 이상(산전 후 유급휴가 기간 제외) 육아휴직을 부여하고 휴직 종료 후 30일 이상 계속 고용
② 임신, 출산, 육아를 이유로 퇴직한 여성노동자를 퇴직 후 6월 이후 5년 이내에 피보험자로 재고용
③ 직업안정기관 등에 구직 신청한 부양가족이 있는 여성세대주이거나 기타 가족부양의 책임이 있는 여성가장을 고용</td><td>① 육아휴직 기간(산후유급휴가기간 포함)동안 1인당 월 200,000원 지급
② 재고용 1인당 월 300,000원을 6개월간 지급
③ 채용 1인당 월 600,000원을 6개월간</td></tr>
<tr><td colspan="2">직장 보육시설 설치운영 지원</td><td>① 직장보육시설을 단독 또는 공동으로 설치하거나 시설 기능을 보강하는 경우
② 직장보육시설을 단독 또는 공동으로 설치, 운영하는 사업주로서 보육교사를 고용하고 있는 경우</td><td>① 직장보육시설설치비 융자
② 직장보육시설설치비 지원
③ 보육교사 1인당 월 650,000원 시설운영 기간 동안 지급</td></tr>
<tr><td colspan="3">건설노동자 퇴직공제부금 지원</td><td>건설노동자의 고용개선 등에 관한 법률에 의거 건설노동자 퇴직공제 계약을 체결</td><td>사업주가 납부한 공제부금의 3분의 1 지원</td></tr>
</table>

출처: 노동부(2003).

넷째, 고용창출사업으로는 노동시장에서 일자리를 찾지 못했거나 찾아도 최저생활을 보장받을 수 없을 때 직접적으로 일자리를 개발하는 정책으로 대표적인 것이 공공근로사업이다. 공공근로사업은 IMF 경제위기 이후 실업률을 낮추는 데 중요한 기능을 했으나, 대부분 환경정화사업, 숲 가꾸기 사업 등 단순하고 임시적이고 생산성이 높지 않은 사업에 편중됐다. 저소득층에 대한 일시적인 소득보전이라는 정책적 의미 이외에 별다른 효과를 낳지 못하였다.

3) 사회안전망과 고용보험

사회안전망이란 개념은 IMF 위기 이후 급증하기 시작한 실업자의 보호를 위해 대두된 것이어서 일반적 빈곤, 취약계층을 위한 사회복지 대책까지 포괄하는 사회안전망이라기보다는 실업으로부터의 보호, 실업자의 생계보호와 재취업을 촉진하기 위한 제도적 장치로 보았다.

1차적 사회안전망은 고용보험에 의한 실업급여의 지급이었다. 또 직업훈련을 통하여 재취업의 능력을 갖추게 할 뿐 아니라 훈련수당을 지급하여 생계를 유지하는 것도 중요시되었다. 2005년 말 현재 고용보험 적용 확대, 급여일수 확대, 채용장려금 지급 등 고용보험제도 개선이 부분적으로 이루어졌다. 2차적 사회안전망으로는 공공근로를 통한 소득지원사업과 실업자대부사업 실시, 실직자 중·고등학생자녀학비지원사업, 중식지원사업, 실직자 의료보험지원사업, 결식아동중식지원 등 생활안정지원이다. 3차적 사회안전망은 자활보호자 생계비 지급 등 생활보호사업이다.

이 과정에서 사회복지학자들이 제기한 실업수당 지급 등 실업부조사업은 유보되었다. '한시적 생활보호사업'은 2000년 10월 국민기초생활보장제도의 도입으로 흡수되었고, '힘내라 대부사업'은 2000년 폐지되었고, 귀농자영농창업지원사업도 축소되었다가 폐지되었다(김성중·성제환, 2005).

〈그림 11-2〉 실업에 대한 사회안전망

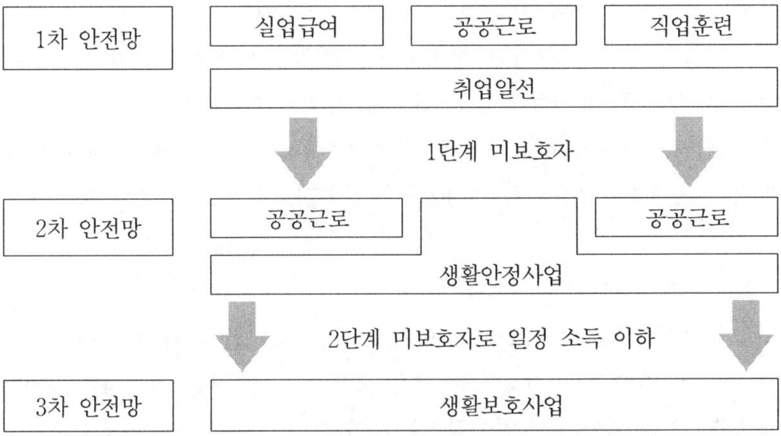

출처: 한국노동연구원(2005) 《한국의 고용정책》.

4) 고용보험정책의 문제점 및 개선과제

(1) 공공근로는 고용창출의 효율성이 있는가

정부는 고용보험정책의 중점을 고용창출에 두겠다고 했으나 실제는 실업자 생활안정에 집중되고, 고용창출의 효율성이 의문시되는 공공근로사업이 중심이 되었다.

공공근로사업은 원래 정부가 직접 실업자에게 한시적으로 공익성이 높은 사업의 일자리를 제공하여 최소한의 생계를 보장해주는 실업대책으로 고용창출과 사회안전망 가동이라는 두 가지의 정책목표가 적용된 것이다. 그런데, IMF 관리체제하에서 진행된 공공근로사업은 1998년도의 전체 고용정책 예산의 절반을 차지할 정도로 큰 비중을 갖고 있었지만, 일자리창출과 경제적 파급효과를 거둘 수 없었다. 실제적 대상집단이 되어야 할 가장, 남성, 중장년층 실직자집단의 참가는 부진한 반면, 비가장, 여성, 노령층이 상대적으로 높은 비중을 차지하고 있어서 지속적인 고용창출효과가 없었다. 또한 단순하고 생산성이 낮으며, 무계획적 공공근로가 중심이었기 때문에 뉴딜적 효과를 얻기는 불가능했다. 공공근로사업 참여자의 재취업률은 정부기관인 한국노동연구원(2000)의 조사에서는 26.5%에 머무르고 있지만, 공공근로와의 연계성은 확인되지 않았다. 저소득층에 대한 소득보전과 실업률 안정이라는 정책적 의미 이상을 얻을 수 없었다.

(2) 고용안정사업에 기여했는가

고용안정사업에서는 주로 고령자고용촉진장려금 지급이 가장 많고, 그 다음이 휴업수당 지급으로 전체 고용안정사업지원 인원 174,000명 가운데 119,000명이 휴업수당 해당자였으며, 고령자가 50,000명이었다. 반면에 고용유지훈련지원금이나 근로시간 단축, 사외파견 등의 사업은 미미하였다. 주로 중소기업이 사용한 고용유지지원금은 휴업수당이었고, 이는 노동시장유연화정책에 밀려 사전적 예방성격을 띤 고용안정사업은 활성화될 수 없었음을 보여준다.

고용유지책의 일환으로 시행된 신용보증의 확충은 예산이 모자랄 정도로 호응이 높았지만, 막대한 예산집행에도 불구하고 고용안정에 얼마나 기여했는지는 알 수 없다.

(3) 직업능력개발 등 재취업훈련과 인력개발훈련에 기여했는가

직업훈련노동자의 재취업률은 노동부의 공식발표로는 1998년 19.8%, 1999년 30.6%, 2000년 43.5%로 매년 증가추세를 보이고 있으나 이 통계대상이 명확하지 않다. 어떤 조사에서는 14%로 나오기도 한다. 또 재취업훈련기관의 실제 취업률과는 상당한 차이가 있다. 10% 수준의 통계도 나오는 실정이므로 직업능력개발을 통한 재취업훈련사업은 통계만 요란할 뿐 실제로는 실패한 사업이라는 평가가 많다. 가장 중요한 문제는 직업훈련 내용과 실제 사업수요와의 연계가 부족한 것이다. 지역 내 노동의 공급과 수요의 시장조사를 통한 훈련이어야 하며,

그렇지 않을 경우 인력수급상의 불균형이 오히려 더 심화될 가능성이 높다.

고용촉진훈련 또한 상대적으로 더욱 낮은 취업률, 3분의 1에 가까운 높은 중도 탈락률(노동부, 1998), 훈련기관당 평균 26명에 불과한 훈련위탁 인원의 배정으로 부실훈련의 상존과 노동부와 지방자치단체 간의 업무 이원화 등이 나타났다. 훈련 그 자체로 그칠 것이 아니라 고용할 수 있는 직접적 훈련과정이 되기 위한 방안이 모색돼야 할 것이다.

(4) 사회적 보호정책으로서 기능을 다했는가

실업급여대상은 1998년 1월 1일부터 10인 이상 사업장, 3월 1일부터 5인 이상 사업장, 다시 10월 1일부터 1인 이상 전 사업장으로 확대 적용되었다. 이에 따라 영세사업장에서 이직한 수급자격자가 늘어났지만, 총실업급여자는 감소하였다. 1999년 6월말 발표된 190,000명의 실업급여자는 전체 실업자의 10% 수준에 지나지 않았고, 그 실업급여자도 대부분 대공장, 숙련, 사무직, 고학력 노동자에 집중되어 있었다. 이는 고용보험적용대상 이전의 실업자를 제외했고, 단기간에 그치는 실업급여기간 때문에 효과적 실업자생활안정대책이 되지 못하는 것을 말한다. 선진국의 경우 실업급여 비율이 독일 43.5%, 미국 36%, 영국 30%, 일본 27.8%수준에 비하면, 한국은 13.3%로 너무 낮기 때문에 실업급여의 실질 대상을 확대하고 기간도 늘려가야 한다.

2. 산업재해보험

1) 산재보험의 의의와 발전

대부분의 국가들이 사회보험을 도입할 때 가장 먼저 도입하는 제도가 산재보험제도이다. 산업혁명 이후 공장노동이 일반화되면서 산업재해의 위험은 증대하였으며, 복잡한 기계, 설비를 사용하는 노동자의 재해발생은 불가피했다. 이에 따라 재해를 입은 노동자의 보호와 이에 대한 충분한 보상이 필요했다. 따라서 산재보험제도는 재해노동자나 그 가족들에게 신속하고 공정한 보상을 해주는 반면에 사용자의 위험을 분산, 경감시켜줄 수 있는 보험에 의하여 보상할 수 있도록 하는 제도다. 사용자의 고의, 과실을 묻지 않는 무과실책임주의, 실질적 손해액과 관계없는 손해액의 획일화, 보상액을 민사소송에 의하지 않고 신속하게 처리할 수 있는 행정관청의 지도와 벌칙 등을 통한 간편한 청구제도 등을 특징으로 한다.

한국에서는 1963년에 제정되어 1964년 7월부터 시행에 들어갔으며, 1960년의 공무원 연금법을 제외하고는 일반 국민계층을 포괄적 대상으로 접근하는 의료보험, 국민연금 및 고용보험에 앞서 시행된 최초의 사회보험제도라 할 수 있다.

1964년 500인 이상의 기업체로부터 시작하여 1992년에는 5인 이상의 사업체까지 확대되었고, 2000년 7월 1일부터는 전 사업장의 노동자로 적용범위를 확대하게 된다.

하지만 1990년대 후반까지의 산재보험은 피해노동자에 대해 요양급여를 통한 치료의 보장과 치료종결 후 장해가 남은 노동자에 대한 장해급여 및 재해로 사망한 노동자의 가족에게 유족급여의 지급을 통하여 최소한의 생활보장에만 중점을 두었다. 치료종결 후 장해가 남아있는 산재노동자의 직업복귀, 사회복귀 등 재활에 대한 노력은 상대적으로 취약하였다.

산재장애인에 대한 현금 위주의 보상은 장기적 생활안정을 도모하는데 한계가 있는 반면 적극적 재활사업을 통한 직업복귀 및 사회복귀가 중요해지고 있다.

2) 산재보험제도의 현황

(1) 보상 지급과 절차

산재보험제도는 사업장별로 당해 사업장의 노동자 임금총액의 일정 비율(요율)을 산재보험료로 징수(100% 사업주 부담)한다. 징수와 적용을 사업장별로 하기 때문에 산재보험적용대상 사업장이기만 하면 그 사업장의 노동자는 근로계약 기간, 지위, 급여형태에 관계없이 보호(간접고용 형태인 파견노동자도 적용)받을 수 있다. 또한 산재보험은 사회보험으로서 그 적용이 강제되고 있어 산재노동자가 산재보험의 보상을 신청하면 보험가입 여부와는 관계없이 보상이 실시될 수 있다.

〈표 11-5〉 보험급여의 종류

종류	내 용
요양급여	질병이 치료될 때까지 국민건강보험 진료비 수가 및 요양급여 산정 기준에 의거 요양비 전액 지급
휴업급여	요양으로 취업하지 못한 기간에 대하여 평균 임금의 70% 지급
장애급여	치료종결 후 잔존 장해상태에 따라 1~14등급으로 세분하여 연금 또는 일시금 지급
유족급여	노동자 사망시 유족에게 평균 임금의 47~67%를 연금으로 지급
장의비	노동자 사망시 평균임금의 120일분 지급
간병급여	치료종결 후에도 장해로 간병이 필요한 1, 2급 중장해자에게 수시, 상시 간병대상으로 나누어 노동부장관이 고시하는 금액을 지급

출처: 김기원(2003).

보험급여는 요양, 휴업, 장해, 유족급여 등과 장례비, 상병보상연금 및 개호료, 이송비 등이 있는데(위자료 제외), 요양비는 비급여를 제외한 일체가 해당되며 휴업급여는 평균 임금의 70%(일부 제외), 장해급여는 1급~14급까지의 연금 내지 일시금 등으로 지급된다.

산재보험 적용대상인 노동자는 근로기준법상의 노동자와 중소기업사업주 및 현장 실습생으로 규정되어 있어 특수고용노동자는 제외된다. 산재에 대한 보상 절차로는 산재법, 근로기준법, 민법이 있으나 이 중 근로기준법은 산재법 적용제외대상 사업장과 소속노동자에게 주로 적용된다. 과실비율에 따른 배상 중심의 민법은 산재법의 보상과 중복되지 않는 범위의 보상을 위한 절차이므로 산재환자의 선택에 따라 결정되지만 비용과 시간, 특히 과실상계에 따른 실효성문제가 발생한다.

(2) 산업재해 실태

한국은 산재왕국이라는 오명을 쓸 정도로 산업재해가 심각하다. 정부의 공식적 통계로는 1990년 산재 발생률이 1.76%이던 것이 점차 감소해 2000년에는 0.73%로 줄어들었고, 2001년 0.77%, 20020.77%, 2003년 0.90%, 2004년 0.85%로 약간 증가한 것으로 나타나고 있다. 그러나 IMF 이후 규제완화 등으로 산재발생이 은폐되어 있을 뿐 실제로는 증가하는 실정이다. 또 중대 재해의 경우는 더 심각하다. 1990년에는 22.6%였지만, 1998년에는 52.4%로 급증했으며, 사망자 수도 1998년 2,212명에서 1999년 2,291명, 2000년 2,528명, 2001년 2,748명, 2002년 2,605명, 2003년 2,923명, 2004년 2,825명으로 늘어났다(노동부, 2005).

산재사고로 인해 영구적 장해가 남게 된 산재노동자의 경우 노동력을 100% 완전히 상실한 장해 1~3급 산재장애인이 약 2%, 노동능력이 50% 이상 손실된 장애 4~7급 산재장애인의 경우가 10%를 차지한다. 산재보험급여 지급총액도 해마다 증가했다. 1990년에는 5천 393억 원이었으나 1999년에는 1조 2,742억 원으로 지난 10년 동안 136.3%

〈표 11-6〉 산업재해 발생률, 재해자 수, 사망자 수

(단위: 백만 원, 명, %, 개소)

구분 \ 연도	2000	2001	2002	2003	2004
보험급여액	1,456,266	1,744,560	2,020,335	2,481,814	2,859,914
적용노동자	9,485,557	10,581,186	10,571,279	10,599,345	10,473,090
재해자 수	68,976	81,434	81,911	94,924	88,874
사망자	2,528	2,748	2,605	2,923	2,825
지정의료기관	4,358	5,066	5,382	5,539	5,165
요양환자	33,125	36,300	41,553	49,351	53,068
입 원	12,891	13,583	14,928	17,625	18,746
통 원	20,234	22,717	26,625	31,726	34,322
진 폐	2,738	2,968	3,171	3,279	3,320
재해율	0.73	0.77	0.77	0.90	0.85

출처: 노동부(2004. 12.).

가 증가하였다. IMF 경제위기 때 재해율이 감소하여 1998년과 1999년에 산재보험급여 지급총액이 감소하였을 뿐, 재해발생시 장기간 요양을 요하는 중증재해의 증가로 평균 요양일수가 계속 증가하고 있다.

(3) 재활사업의 의의

현재 산재보험에서 실시하는 산재노동자에 대한 재활사업은 각 사업간의 연계가 취약해 종합적 재활시스템 구축이 미진한 상태에서 부분적 의료재활과 직업재활이 실시되는 상태이다.

보통 사업장에서 산재가 발생하면 사고현장에서 응급치료를 한 후 인근의 산재지정병원으로 이송하여 긴급한 위험요인을 제거한 후 부상의 상태에 따라 적절한 전문병원으로 이송하여 치료한다. 그리고 난 후 의료재활과정을 거쳐 치료가 종결된다.

이때 치료종결 후 장애가 남아 원직복귀가 불가능할 경우 전직훈련을 위한 직업재활과정에 들어간다. 또한 산재노동자와 사망노동자 유족을 위한 복지사업의 성격을 띤 사회재활사업이 진행된다.

산재장애인의 경우 일반 장애인, 특히 선천성 장애인이나 조기 장애인과 다른 특성을 갖는다. 첫째, 자신의 장애에 대해 신체적으로나 심리적으로 수용하기 어려워하며 적응의 어려움을 겪는다. 둘째, 국가나 기업, 사회에 대한 보상심리가 강하다. 셋째, 전문기술 및 직장경험이

〈표 11-7〉 급여종류별 지급현황

(단 위: 억 원, %)

구 분	2000		2001		2002		2003		2004	
	금 액	증감률	금 액	증감률	금 액	증감률	금 액	증감률	금 액	증감률
계 (구성비)	14,563 (100)	14.3	17,446 (100)	19.8	20,203 (100)	15.8	24,818 (100)	19.7	28,599 (100)	15.2
요양급여	4,252 (29.2)	18.5	5,365 (30.7)	26.2	6,090 (30.1)	13.5	7,096 (28.6)	16.5	7,868 (27.5)	10.9
휴업급여	4,225 (29.0)	25.2	5,263 (30.2)	24.6	6,287 (31.1)	19.5	8,197 (33.0)	30.4	9,546 (33.4)	16.5
장해급여	3,605 (24.8)	4.8	4,470 (25.6)	24.0	5,144 (25.5)	15.1	6,262 (25.2)	21.7	7,523 (26.3)	20.1
유족급여	1,593 (10.9)	1.0	1,346 (7.7)	15.5	1,518 (7.5)	12.8	1,926 (7.8)	26.9	2,108 (7.4)	9.5
상병보상연금	717 (4.9)	15.5	808 (4.6)	12.7	941 (4.7)	16.6	1,053 (4.2)	11.9	1,231 (4.3)	16.9
장의비	171 (1.2)	18.3	183 (1.1)	6.3	191 (0.9)	4.6	227 (0.9)	18.8	228 (0.8)	0.6
간병급여	1 (0.01)	-	12 (0.1)	-	32 (0.2)	169.3	57 (0.2)	78.5	94 (0.3)	64.5

출처: 노동부(2004. 12.).

있고 직장복귀에 대한 의욕이 높다. 넷째, 산재당사자의 문제로 국한되지 않고 가족문제로 확산된다. 산재장애인의 평균연령은 40세이고, 80% 이상이 기혼자로 산재사고 이후 가족부담이 크다는 점을 지적할 수 있다.

따라서 산재보험의 산재노동자에 대한 재활사업은 가정 내 통합, 작업상의 통합, 지역사회 통합 등의 사회통합적 성격을 가져야 하며, 삶의 질 향상 등 삶에 대한 만족을 회복시켜주는 과정으로 진행할 필요가 있다.

3) 산재보험제도의 개선과제

(1) 가입대상의 사각지대는 없는가

1인 사업장까지 가입대상을 확대함으로써 산재보험가입대상자가 제도적으로 해결됐다고 정부는 주장한다. 하지만 영세자영업자는 여전히 임의 가입으로 되어 있고, 비정규직과 특수직 등 사각지대는 여전히 남아 있다. 이들에 대한 일괄가입제도를 도입해 전 국민이 노동과정에서 발생하는 재해에 대해 대처할 수 있어야 한다.

(2) 보상수준과 자격요건은 적절한가

산업재해보상보험은 보험료를 사업주가 전액 부담하도록 되어 있고, 노동자 개인별 관리체제가 아니라 사업장단위로 관리하게 되어 있어 개별 노동자의 보상보험수급권과 관련하여 분쟁의 소지가 남아 있기 때문에 개선이 요구된다. 특히 보상의 대상이 되는 업무상 재해의 인정범위가 지나치게 엄격하며, 장해의 등급제도가 과거의 육체적 노동을 기준으로 한 것으로 오늘날 업무의 다양성과 전문성을 반영하여 노동능력의 상실정도를 판정하는 방안이 개발되어야 할 것이다. 또한 보상의 수준이 낮은 것도 자주 문제점으로 지적된다.

〈그림 11-3〉 산재보험 재활서비스 체계

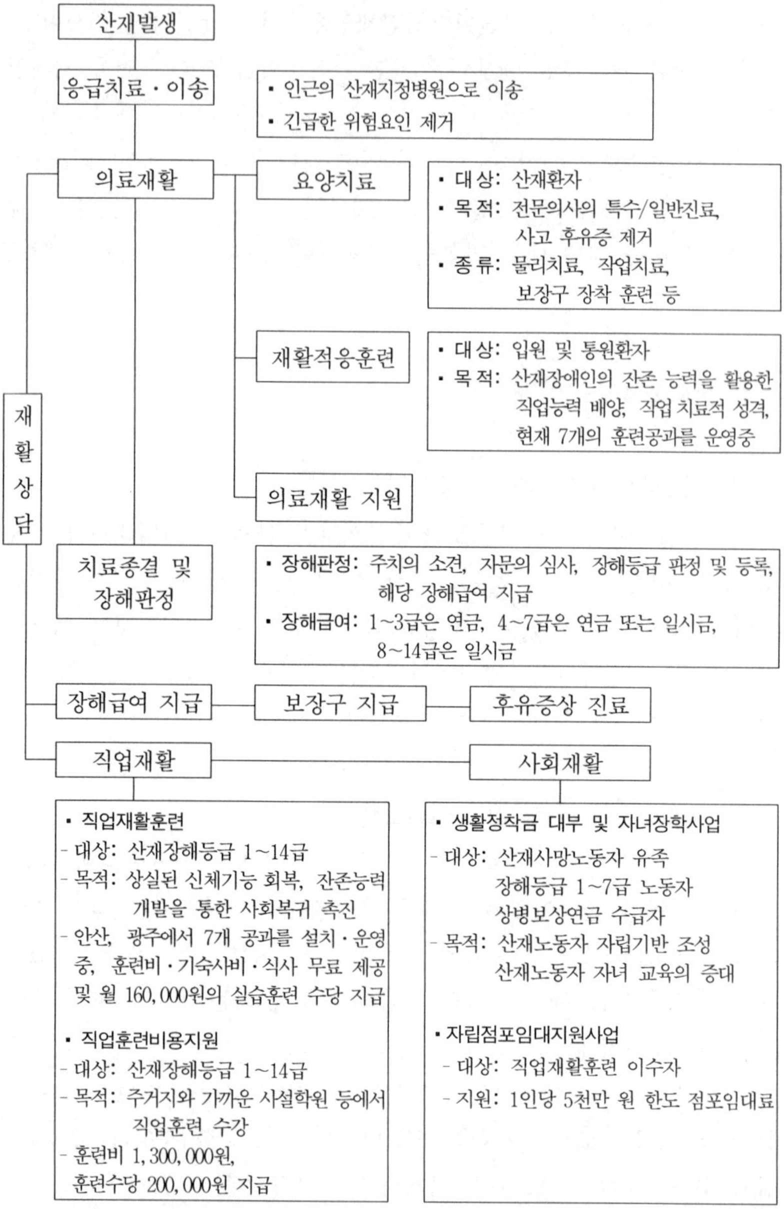

출처: 한국노동연구원(2001).

(3) 산업재해 예방대책은 충분한가

사후대책도 중요하지만, 궁극적으로는 산업재해의 예방이 가장 중요하다. 산업재해의 예방을 위한 기술개발과 제도개발이 요구되며, 안전의식을 높이는 교육서비스가 확충되어야 할 것이다.

그런데, 현행 산업재해보험제도의 운영이 관료적으로 진행됐기 때문에 산재사망자가 거꾸로 증가하고 재해발생률도 증가하는 실정이다.

첫째, 운영주체인 근로복지공단은 이윤동기가 결여되어 영업수지개선을 위해 재해율을 낮추는 데 적극적으로 노력할 동기가 없다. 따라서 사업장에 대한 예방점검과 전문적 위험관리를 통해 전반적으로 재해율을 낮추는 데 소극적이다. 더구나 재해예방사업은 산업안전관리 공단에서 주로 담당하는 것으로 되어 있어 현행 체계하에서는 근로복지공단에서의 재해예방을 위한 노력은 근본적으로 결여될 수밖에 없다.

둘째, 근로복지공단은 조직상 비효율성을 갖고 있다. 즉, 보험료 수납률이 저조하고 관리운영비가 지나치게 높다. 낙하산인사와 기관장의 잦은 교체, 비전문성 등으로 인해 조직 전체의 풍토가 방만하고 각종 비리사고가 끊이지 않고 있다.

셋째, 최근 실제 보험관리와 운영에 대한 부분적인 혁신이 이뤄지고 있지만, 재해율 감소와 사전 예방기능을 강화하기 위한 획기적 조치로는 미흡하다.

(4) 의료재활이 성공적으로 진행되고 있는가

업무상 재해노동자 요양에 대한 비용은 산재보험에서 지급하는 요양급여를 통해 지급되며, 요양기간 4일째부터 발생하는 요양비용 전액을 현물급여로 제공하고 있다. 요양급여는 통상적 진료 및 치료 이외에 물리치료나 작업치료와 같은 재활치료와 직업훈련을 위한 기초 훈련으로서 재활적응훈련이 포함된다.

보통 의료재활서비스는 산재의료관리원과 산재지정병원에서 제공하고 있는데, 6개의 종합병원과 3개의 특수병원 그리고 1개의 재활공학

연구센터가 있다. 동해병원과 정선병원은 진폐환자의 치료를 위한 전문병원이며, 경기요양병원은 척수 및 마비환자의 요양을 위한 전문병원이다. 나머지 병원은 산재환자 일반요양전문종합병원이다. 이들 중 재활의학과가 설치된 곳은 인천중앙병원과 대전병원 2곳에 불과하다. 9개의 산재병원의 총 병상 수는 1999년 기준으로 3,258개, 의사 수는 123명인데, 대부분 물리치료 위주이며 적합한 작업치료나 심리치료는 거의 제공되지 못하고 있다.

더 큰 문제는 공공의료를 표방하고 있으면서도 수익성이 적은 재활치료를 기피하는 현상이 크다는 것이다.

(5) 직업재활서비스는 제대로 되는가

산재장애인의 전직훈련을 위한 직업재활시설로는 안산과 광주의 2곳이 있다. 산재노동자 중 원직복귀가 어려운 산재장해등급 1~4등급이 입소대상이다. 1인당 투자비용이 15,000,000원에서 17,000,000원인데 비해 취업 등 사회복귀성과는 미흡하다.

직업훈련비용 지원은 학원 또는 능력개발훈련시설을 이용할 경우 1인당 1,300,000원 한도의 훈련비용과 훈련수당 200,000원과 훈련수료 후 사회복귀준비금으로 150,000원을 지급한다. 2000년에는 수료자가 250명이었는데, 이 사업은 훈련을 지원하는 데 그치고 훈련종료 후 사후관리를 전혀 하지 못해 사후관리체계가 미흡하다. 재활상담원제도 역시 일회성이 아닌 지속적 상담 및 서비스 제공이 필수적인데, 관리하고 있는 대상은 재활상담원 1인당 2000년에는 95.8명이나 되고 있다.

(6) 생활정착금 대부사업 등 사회재활서비스는 제대로 되는가

사회재활서비스로는 생활정착금 대부사업과 산재노동자 자녀장학사업이 있다. 생활정착금 대부사업은 담보능력에 따라 차등 지급됨에 따라 생활정착금으로서의 실효성이 저하되고 있다.

또 자녀장학사업이나 학자금 대부사업의 경우도 대학교육에 대부비용이 1,500,000원으로 제한되어 있고, 장해 8~14등급의 경증장해자는 대상에서 제외되어 대부액 수준의 제고와 경증장애인에 대한 대책도 추가될 필요가 있다(윤조덕 외, 2001).

■ 함께 생각해봅시다.

1. 현행 실업급여 조건이나 재취업프로그램으로는 장기실업자들의 생활안정과 일자리찾기가 쉽지 않은데, 개선방안을 하나씩 제안해보자.
2. 국민의 정부 5년 동안 22조 원이 넘는 실업예산이 집행됐지만 실업대책이 여전히 겉돌고 있다. 정부의 실업대책이 국민의 정부의 전철을 되풀이하는 이유는 무엇인가?
3. 1870년대 독일에서 산재보험제도를 도입하게 된 정치적 배경에 관해서 토론해보자.
4. 우리나라 산재보험제도가 열악한 중소기업이나 영세기업보다 500인 이상의 대기업노동자부터 적용대상으로 한 이유는 어디에 있는가?
5. 현재도 특수고용직 등 정말 열악한 조건에 있는 노동자들을 제외하거나 상당수의 서비스직노동자들이 적용대상에서 제외되고 있다는 사실은 무엇을 의미하는가?
6. 산재인정 기준을 둘러싼 논란이 끊이지 않고 있다. 단계적으로 개선조치가 나오고 있지만, 산재당사자의 고통과 산재재정의 안정적 운용 가운데 무엇이 더 중요한 가치라고 생각하는가?
7. 산재환자 가운데 꾀병환자들로 인해 재정손실이 적지 않다는 보도도 있는데, 어떤 문제점 때문에 생겨나는가?
8. 재활치료가 형식적으로 되고 있어 국가적 시설확충과 전문적 연구, 재취업프로그램의 다양화가 필요하다. 재활기관을 방문해서 문제점을 찾아본다면 무엇이 있겠는가?

제 12 장

사회보험 II

국민건강보험, 국민연금

1. 국민건강보험

1) 의료보장정책의 발전과정

우리나라는 1963년 12월 16일에 의료보험제도가 최초로 제정되었으나 법률제정 과정에서 강제적 성격의 의료보험제도가 임의적 성격으로 바뀌어 실질적 시행이 이루어지지 않았다. 그후 1977년 7월 1일 사문화되어 있던 의료보험제도를 전면 개정하여 강제적용의 사회보험방식으로 하되 적용이 쉬운 일정규모 이상의 사업장 노동자를 우선 적용하고, 이를 단계적으로 확대하기로 했다. 1977년에는 500인 이상 사업장에 한하여 실시하였으며, 1979년 7월부터 300인 이상, 1981년 1월부터 100인 이상 사업장으로 확대하였다. 1981년 2월 1일 5인 이상 사업장을 임의적용하였으며, 1982년 12월부터 16인 이상, 1988년 7월부터 5인 이상 사업장 당연적용 등 단계적으로 적용대상자를 확대하였다.

공무원 및 사립학교 교직원과 같은 공직자를 대상으로 하는 특수직 건강보험은 직장 건강보험과는 별도로 1979년 1월부터 시작되었다. 공직자 건강보험의 적용대상도 조금씩 확대되었는데, 1980년 1월부터 군인 가족, 1981년 7월에는 공무원 및 사립학교교직원 퇴직연금 수급자,

10월에는 군인퇴직연금 수급자, 1986년 1월에는 유족, 장해, 상이연금 수급자도 포함되었다.

피용자나 공직자같이 비교적 안정된 자에게 건강보험을 먼저 적용하고 오히려 재정적 부담 능력이 떨어지는 농어민과 도시영세자 영업자층이 배제되어 있다는 비판이 나오자 1988년 농어촌 주민, 1989년 도시자영업자를 포함시켜 1989년에 전 국민 건강보험이 달성된 셈이다.

의료보험의 통합을 선거공약으로 내세운 김대중 정부가 집권하면서 의료보험 통합이 시도되었다. 1998년 10월 1일 이전에는 227개의 지역의료보험조합, 1개의 공무원 및 사립학교교직원 의료보험공단, 140개의 직장의료보험조합으로 나뉘어져 각각 조합을 유지했다. 1998년 10월 1일 1기 노사정위원회에서 의료보험통합법의 연내 제정에 합의하였고, 1998년 10월 1일 227개 지역의료보험조합과 공교의료보험관리공단을 통합한 국민의료보험관리공단이 발족되었으며, 1999년 2월 8일에는 2002년까지 의료보험 통합 시행을 골자로 국민건강보험법이 국회에서 통과되고 2000년 7월 1일부터 시행되었다. 재정통합은 2002년 1월 직장과 지역건강보험 재정을 통합하기로 결정하고, 2003년 7월에 통합했다.

2) 국민건강보험정책의 내용

(1) 급여대상

강제가입을 원칙으로 하는 국민건강보험의 적용대상은 의료급여대상자를 제외한 모든 국민이다. 국민건강보험공단을 단일 보험자로 하여, 사업장노동자 및 그 사용자와 공무원 및 교직원을 직장가입자로, 지역주민(농어민, 도시자영자)을 지역가입자로 구분·적용한다.

건강보험의 적용대상자는 가입자 자신과 가입자에 의해 주로 생계를 유지하는 자로 이루어지며, 의료급여법에 따라 의료급여를 받는 자(수급권자)와 독립유공자예우에관한법률 및 국가유공자등예우및지원에관한법률에의한 의료보호대상자(유공자 등 의료보호대상자: 본인이 건강보험적용을 신청한 자는 예외)를 제외한 모든 국민이 건강보험의 적용대상이 된다.

자격취득은 ① 건강보험 적용사업장에 취업한 날, ② 공무원으로 임용된 날(선거에 의하여 취임하는 공무원은 그 임기가 개시된 날), ③ 교직원으로 임용(또는 채용)된 날, ④ 직장가입자의 피부양자이었던 자가 그 자격을 잃은 날, ⑤ 수급권자 또는 유공자 등 의료보호대상자이었던 자는 그 대상자에서 제외된 날, ⑥ 유공자 등 의료보호대상자로서 건강보험의 적용을 보험자에게 신청한 자는 그 신청한 날, ⑦ 출생한 날, ⑧ 주민(재)등록일, ⑨ 국적 취득일, ⑩ 외국인은 외국인등록일(본인이 원할 경우) 등이다.

자격상실은 ① 사망한 날의 다음 날, ② 국적을 상실한 날의 다음 날, ③ 국민기초생활보호법의 수급권자가 된 날, ④ 건강보험의 적용을 받고 있던 자로서 유공자 등 의료보호대상자된 자가 건강보험의 적용배제신청을 한 날, ⑤ 국내에 거주하지 아니하게 된 날의 다음 날, ⑥ 외국인이 국외로 출국한 날의 다음 날 등이다.

(2) 급여종류

보험료는 모든 사람이 똑같이 부담하는 것이 아니라 부담능력에 따라 차등 부담한다. 보험료를 얼마나 부담했느냐와는 상관없이 질병이나 부상 등이 발생된 때 누구나 똑같이 보험급여를 받는다. 그리고 건강보험은 법에 의하여 의무적으로 적용되는 것이므로 보험료는 매월 내야하며 보험료를 일정 기간 안낼 경우에는 법에 의하여 보험료를 강제 징수하게 된다.

건강보험의 급여에는 의료 그 자체를 보장하는 현물급여와 의료비의 상환제도인 현금급여 등 두 가지 형태가 있다. 우리나라는 현물급여를 원칙으로 하되, 현금급여를 병행한다. 가입자 또는 피부양자가 요양급여를 받을 때에는 진료비용의 일부를 본인이 부담하여야 하며, 그 내용은 입원의 경우 진료비 총액의 20%이고, 외래의 경우에는 요양기관 종별에 따라 30~50% 차등 적용하고 있다(보건복지부, 2005).

① 현물급여

- 요양급여: 가입자 또는 피부양자의 질병·부상·출산 등에 대한 급여로서 급여의 내용은 진찰, 약제 또는 치료재료 지급, 처치, 수술, 기타의 치료, 의료시설에의 수용, 간호 및 이송 등이 있다.

〈표 12-1〉 2004년 건강보험 급여율 현황

(단위: %)

계	보험자부담	본인부담			
		계	일부 부담	비급여	전액 본인부담
100	61.3	38.7	23.1	14.6	1.0

출처: 희망한국21(2005).

〈표 12-2〉 보험료 수입 대 급여비 지출

(단위: 억 원)

구분		1990년	1995년	2000년	2001년	2002년
계	보험료(A)	21,298	41,626	86,098	113,227	138,117
	급여비(B)	19,467	40,676	92,856	131,956	138,237
	수지(A−B)	1,831	950	△6,758	△18,729	△119
직장	보험료(A)	12,814	22,767	41,289	52,408	71,134
	급여비(B)	1,715	20,428	47,600	68,925	72,328
	수지(A−B)	2,099	2,339	△6,311	△16,517	△1,194
지역	보험료(A)	8,484	18,859	44,809	60,819	66,983
	급여비(B)	8,751	20,248	45,256	63,031	65,908
	수지(A−B)	△268	△1,389	△447	△2,212	1,075

출처: 보건복지부(2003).

■ 건강검진: 가입자·피부양자에 대한 질병의 조기 발견과 이에 따른 요양급여이다.

② 현금급여

■ 요양비: 가입자 또는 피부양자가 긴급·기타 부득이한 사유로 인하여 요양기관과 유사한 기능을 수행하는 기관에서 질병·부상·출산 등에 대하여 요양을 받은 경우 그 요양급여에 상당하는 금

〈표 12-3〉 최근 5년간 의료급여 추이

구 분	2000년	2001년	2002년	2003년	2004년
수급권자 (증가율)	157만 명 (-3.7%)	150만 명 (-4.4%)	142만 명 (-5.3%)	146만 명 (2.8%)	153만 명 (4.8%)
총진료비 (증가율)	1조 4,346억 원 (21.8%)	1조 8,419억 원 (28.4%)	1조 9,824억 원 (7.6%)	2조 1,655억 원 (9.2%)	2조 5,593억 원 (18.2%)
1인당 진료비 (증가율)	91만 4천 원 (26.9%)	122만 6천 원 (34.1%)	139만 6천 원 (13.9%)	149만 원 (6.7%)	167만 4천 원 (12.4%)
예산(국고) (증가율)	1조 320억 원 (27.4%)	1조 5,893억 원 (54.0%)	1조 6,901억 원 (6.3%)	1조 7,612억 원 (4.2%)	1조 8,807억 원 (6.8%)

출처: 보건복지부(2005).

〈그림 12-1〉 2002년 건강보험료 3조 8,117억 원의 구성

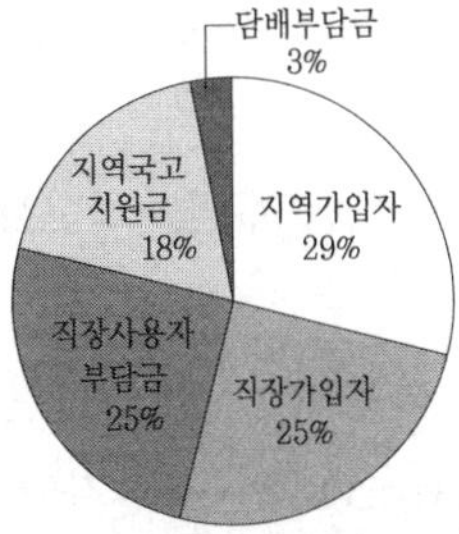

출처: 건강보험공단(2003).

액을 지급하는 것이다. 단, 요양기관 외의 장소에서 출산을 하는 경우에는 일정금액(종전 분만비를 요양비에 포함시킴)을 지급한다.

- 장애인보장구에 대한 보험급여: 장애인복지법에 의한 등록장애인이 필수보장구를 구입하는 경우에는 요양급여에 상당하는 금액을 현금으로 지급한다.

- 본인부담액 보상금: 가입자 또는 피부양자가 보험급여를 받고 요양기관에 지급한 건강보험 요양급여비용 중 매 30일간의 본인부담액이 1,000,000원을 초과한 경우에 그 초과한 금액의 100분의 50을 현금으로 지급한다.

- 장제비: 가입자 또는 피부양자가 사망한 때에는 그 장제를 행한 자에게 250,000원씩 지급한다.

건강보험 비급여범위는 '질병, 부상의 치료 목적이 아니거나 업무 또는 일상생활에 지장이 없는 질환, 기타 보험급여의 원리에 부합되지 아니하는 사항'이다. 그리고 이상의 사항 이외에 '기타 장관이 정하는 사항'과 '위에서 별도로 정한 사항 이외에는 일체 요양기관에서 임의로 비급여대상으로 적용하여서는 아니된다'고 규정하여 비급여범위도 제한하고 있다.

(3) 재 원

국민건강보험의 재원은 보험료 수입, 국고보조금 그리고 본인부담금 등을 통해서 마련된다.

직장노동자는 보험료를 사용자와 절반씩 분담하지만 자영업자는 전액 단독으로 부담하게 된다. 2005년 직장가입자의 보험료율은 보수 총액의 4.31%가 적용되고 있다. 반면 지역가입자의 경우는 대개가 자영

〈표 12-4〉 재원조달체계(2005년 기준)

<table>
<tr><th colspan="2">구 분</th><th>직장노동자</th><th>농·어민, 도시자영자</th></tr>
<tr><td rowspan="3">재원
조달</td><td>보험료</td><td>▪보수총액의 4.31%
▪사용자, 근로자가 각 50%씩 부담
▪사용자가 원천징수해 공단에 납부
▪교직원은 본인, 학교경영자, 정부가 각 50%, 30%, 20%씩 부담</td><td>▪소득·재산(자동차 포함)에 따라 등급별 일정액
▪세대주가 자진납부 또는 보험자가 방문징수</td></tr>
<tr><td>국고부담</td><td>없 음</td><td>없 음</td></tr>
<tr><td>담배부담금</td><td colspan="2">담배부담금 10%를 직장가입자·피부양자 및 지역가입자 중 65세 이상 노인보험급여비로 지원
(전년도 말 노인인구비율을 감안, 직장 57.2%, 지역 42.8% 배분)</td></tr>
</table>

출처: 보건복지부(2005).

업을 하는 사람들로서 그 소득을 파악하기 어려워 소득 외의 요소를 반영하여 보험료를 산정하는데, 이는 세대와 가족 수를 반영하는 기본보험료와 소득, 재산 및 자동차 등에 따라 달라지는 능력비례보험료로 구성된다.

직장가입자의 보험료는 소득에만 부과하지만, 지역가입자는 가구당 기본보험료나 가족 수에 따라 보험료를 부과하므로 형평성문제가 제기된다. 또 세대와 가족 수에 따라 부과되는 것은 능력에 따른 부담의 원칙에 위배되어 소득분배의 역진성문제가 생긴다.

한편 지역가입자가 동일한 소득과 재산을 가지고 있어도 조합의 재정 상태에 따라 보험료 부담이 달라지는 문제는 의료보험이 통합되어 전국적으로 단일한 보험료를 부과함으로써 해소되었다. 하지만 지역가입자의 경우 소득파악이 제대로 되지 않고 있다는 점은 여전하다. 주택과 자동차소유 여부로 소득규모를 정확하게 파악하기 어렵기 때문에 현실에 맞는 부과기준이 필요하다.

국가의 보조금은 농어민 등의 보험료 부담을 경감시켜주고, 재정안정을 도모하기 위해서이다.

건강보험재정은 관리운영체계 통합과정과 의약분업 도입과정에서 2조 원 이상의 심각한 재정적자 상황에 직면했다. 건강보험 재정악화 이후 정부는 재정안정대책을 추진하여 지역가입자에 대한 40~50% 국고지원 확대, 수가 인하, 보험료 인상 등으로 2002년부터 외형상 수지가 개선되기 시작하였다. 하지만 이 수치는 국민세금으로 지역가입자에 대한 수조 원의 지원과 담배부담금 수입 등으로 생긴 것이다. 여전히 수가와 약가체계의 불합리, 고가약 사용 폭증, 적정 약가관리 실패, 의료기관 증가의 문제점과 최근 경제 여건 악화 및 인구의 고령화 등 외부 여건을 감안하여 향후 재정 전망에 대한 우려가 크다.

특히 보험재원에 대한 정부지원은 건강보험재정건전화특별법 제15조의 규정에 따라 한시적으로 지역가입자 급여비의 50% 수준이 지원되고 있는데, 이후의 대책이 문제다. 재정문제를 해결하기 위해서는 수가체계의 개편, 고가약 사용억제와 약가 인하, 예방보건사업 강화, 공공의료체제 확대, 값싼 전통 의료의 제도화, 만성질환자대책 등을 시급히 추진해야 한다.

3) 건강보험의 문제점 및 개혁과제

(1) 고령사회에 대비한 재원확충과 조달체계가 있는가

현행 정책기조는 2006년까지 누적적자를 국민세금과 담배 부과금으로 해소하는 수준으로 구조적인 개혁이 제대로 추진되고 있지 않다. 급격한 고령화 등 인구구조 변화와 소득 증가에 따른 보험급여 확대 요구 및 고급 의료서비스 수요의 증대, 의대생정원 축소 등으로 인해 진료비가 증가할 소지가 많으나 보험재정의 안정적 운영을 뒷받침할 수 있는 새로운 진료체계, 약가관리, 공단운영의 효율화, 재원개발 및 수입 확충방안은 구체화되고 있지 못하다.

특히 국고지원의 경우 2006년 말 건강보험재정건전화특별법 만료 후에도 보험재정의 안정적으로 운영한다는 명분으로 국민세금을 지속적

〈표 12-5〉 주요 국가의 국민의료비(국민의료비/국내총생산, 2001년)

미 국	독 일	캐나다	스웨덴	이탈리아	일 본	오스트리아	영 국	한국(2000)
14.2%	10.8%	9.7%	8.9%	8.4%	8%	8%	7.7%	5.9%

출처: 미보건국(2004).

으로 투입한다는 것도 문제다. 이는 건강보험제도 운영의 획기적 개혁을 방치한 채 천문학적 국민세금에만 의존하는 병폐를 조장하게 된다.

(2) 보험료 부과체계의 통합성은 이루었는가

재정통합에도 불구하고 보험료 부과체계에 있어 직장가입자와 지역가입자 간 자격·부과·징수 기준이 이원화되어 있으며, 재원부담에 있어서도 직장가입자에게는 사용자부담분이 있고 지역가입자에게는 국민세금을 지원하는 등 상이한 체계의 문제가 있다.

또 직장가입자의 배우자, 부모 등은 소득이 있어도 피부양자로 등재되어 보험료를 부과하지 않아 형평성문제가 생기고 있다. 이에 정부가 사업 및 임대소득이 있는 직장 가입자의 배우자, 노인세대 등을 지역가입자로 전환해서 부과하고 있지만 부정등재된 피부양자 발굴이 쉽지 않다. 그 요인이 되는 소득파악 등의 과제에 대한 정부의지가 명확하지 않기 때문이다.

(3) 보장성이 충분히 확보되고 있는가

우리나라는 1989년 전국민을 대상으로 건강보험 적용을 확대하고 1996년 12월 OECD에 가입함으로써 외형적으로는 선진국 대열에 합류하였으나, 보험급여율은 주요 선진국에 비해 낮은 수준에 머물고 있다.

OECD 자료에 따르면 건강보험제도를 포함한 공적체계로 조달하는 우리나라의 의료비는 2000년 기준 총 진료비의 48.6%로 OECD 회원국 평균 72%에 비해 낮으며, 환자가 직접 부담하는 비용 역시 44%로

OECD 평균 15%에 비해 상당히 높은 수준(OECD Health Data, 2003)이다. 이것은 국민수용성을 고려하여 조성한 한정된 재원으로 건강보험제도를 운용해야 하는 여건으로 인해 제도권에서 충분히 수용되지 못한 의료영역서비스가 비급여 등의 형태로 이루어졌기 때문이다.

저소득층의 경우 소득의 10% 이상을 의료비로 지출하며, 특히 차상위계층의 의료 사각지대문제는 보장성 강화를 위한 과제의 하나로 제기된다.

정부에서는 보장성을 강화하려는 노력의 일환으로 기존의 중증·고액질환자 진료비부담 경감제도를 확대하여 2004년부터 각종 암 및 파킨슨병 등 62종의 희귀난치성질환에 대하여 본인부담률을 입원 본인부담률 수준인 20%로 인하하였다. 또 한시적 비급여의 일부를 급여로 전환하고 2004년 7월부터 건강보험 적용을 받는 진료비에 대해서 본인부담액이 6개월간 3,000,000원을 초과하지 않도록 하는 본인부담상한제가 시행되고 있다. 하지만 불충분한 급여수준과 국민 불만은 여전히 크다. 전 국민 건강보험 적용이라는 정책기조에 따라 '저부담-저급여' 체제를 유지하고 있기 때문이다.

건강보험의 통합추진과 더불어 보험급여를 확대하고 보험수가체계 개편 등 건강보험제도의 내실화를 꾸준히 추진했지만, 보험급여범위는 여전히 확대할 여지가 많다. 통합 이후, 건강보험에 대한 국민인식 제고와 요구 증대 등으로 건강위험으로부터 국민을 보호하는 보장성 강화에 대한 압력은 더욱 가중될 것이다.

비급여항목으로 인한 높은 본인부담 수준도 변화되어야 한다. 전체 의료비 중 법정급여 본인부담을 비롯하여 총 본인부담 진료비 과다는 건강보험의 보장성이 취약함을 의미하고, 또한 건강보험제도 자체에 대한 불신으로 이어질 수 있어 제도 운영에 장애요인이 될 수 있다.

질병의 진단, 치료, 재활과 직접 관련된 의료와 예방을 포함한 기본적이고 필수적인 의료서비스도 충실하게 급여화되지 못하고 있다. 최근 사용빈도가 높은 초음파 검사나 MRI 등이 아직도 보험급여로 확대

〈표 12-6〉 OECD 국가의 재원별 보건의료비 지출

(단 위: 백분율)

	정부 (사회보험 제외)	사회보험	민간보험	기타 민간재원	개인부담
프랑스	2	74	13	1	10
독 일	7	69	13	2	11
영 국	66	10	7	6	11
뉴질랜드	79	0	6	0	15
덴마크	82	0	2	0	16
일 본(1999)	9	69	0	5	17
핀란드	59	15	3	2	21
헝가리	13	63	0	3	21
이탈리아	74	0	1	2	23
스페인	65	6	3	0	26
한 국(1999)	11	33	7	5	44
미 국	29	15	35	6	15

출처: OECD(2003), *Health Data*.

되지 않고 있다. 새로운 의학적 진단 및 치료 방법, 약제 및 진료재료의 급여기준 항목 인정이 극히 제한되었다. 이는 의료기술의 발전을 저해하고 진료로 인한 고통을 최소화할 수 있는 의료행위에 대한 국민들의 욕구도 만족시키지 못하고 있다. 하지만 고가 의료장비의 과다공급과 남용은 매우 심각한 실정인데, 적절한 사용기준조차 마련되어 있지 않다.

그리고 현행 건강보험제도의 근간이 되는 의료체제가 의료기득권을 전제로 구성되어 있어 광범위한 전통의료나 민간요법 등의 활용이 배제된다. 따라서 공론화와 검증과정을 거쳐 적절한 치료방법에 대한 환자의 선택권, 의료정보에 대한 접근권을 보장하는 작업도 중요한 과제다.

적정급여는 적정부담이 전제되어야 하므로 현행 비급여영역을 급여로 전환하기 위해서는 비급여항목으로 인한 과다한 본인부담금을 우선

보험료로 추가 부담하는 것이 불가피하다. 그러나 현재의 본인부담 수준이 과다하다는 인식으로 말미암아 건강보험에 대한 국민의 신뢰도가 낮아서 보험료 추가부담을 통하여 의료비에 대한 보장성을 제고할 수 있다는 대국민 설득이 쉽지 않다.

(4) 의료비가 적정하며 서비스 질이 높아졌는가

진료비는 수가지불제도, 즉 행위별 수가제를 근간으로 하며, 일부 입원상병에 대해서는 포괄수가제(DRG)를, 보건기관 외래환자 및 의료급여 정신과 질환자에 대해서는 일당수가제를 적용한다. 진료과목간 불형평성을 개선하고 수가조정의 일관성을 유지하기 위해 행위별 수가제에 상대가치 시스템이 2001년부터 도입되었다.

진료비 절감에 대한 유인이 없을 뿐만 아니라 사후보상방식이므로 진료비심사 이외에는 진료비를 통제할 기전이 없다. 행위별 수가제에서는 개별 행위단위로 진료비를 심사하기 때문에 의학적 전문성과 진료의 자율성에 대한 논란이 수반될 수밖에 없다.

의료기관 시설·인력기준의 완화로 고가 의료장비의 과잉 설치, 수익성을 추구하는 과잉 권장이 보험재정 부담 및 전체 의료비 증가의 원인이 되고 있다. 또 진료비 및 진료의 질 관리수단의 하나인 진료지침(*practice guide-line*)이 일부 학회를 중심으로 개발되었으나, 진료지침에 대한 전문가적 자율규제가 미비한 실정이다.

의료급여 환자의 정신과 진료에 대한 일당제 수가제도는 일당수가 수준이 건강보험수가(행위수가)보다 낮게 설정되어 있기 때문에 대학병원에서는 진료 거부, 일반 정신병원에서는 의료급여환자병동을 분리 운영하며 인력과 약제, 식사 및 병실 환경수준 등 서비스 질을 떨어뜨리고 있다.

현재의 보험의약품등재체계는 비급여 목록체계(*negative list*)로, '국민건강보험 요양급여의 기준에 관한 규칙'에서 정한 비급여대상이 아닌 모든 의약품이 급여대상이 되고 있다(2004년 1월 현재 19,353품목).

(5) 약가관리체계는 적정한가

효율적 약제비 지출관리가 수준 이하다. 우리나라는 약가 산정과정에 원가분석(*cost break down sheet*)을 하지 않은 채 제약회사의 신청 가액을 복지부가 객관적 기준 없이 임의로 결정한다. 다국적 제약사의 오리지널 제품의 경우 OECD 8개국의 평균 약가를 무조건 인정하도록 되어 있기 때문에 국가별 소득격차를 전혀 고려하지 않는 제도를 운용하고 있다. 의약분업 이후 고가약 사용과 약제비가 폭주하는 상황에서 첫째, 기본적으로 원가분석제도를 도입해야 하며, 둘째, 근거 없는 고가약을 인하하고, 셋째, 참조가격제나 최저약가제를 도입해야 한다. 약가관리는 건강보험 재정 안정화에 매우 중요한 과제이다.

(6) 통합관리 운영은 효율적인가

국민건강보험의 통합 이후 정부, 공단 및 심평원 간 역할구분과 협력관계의 정립이 제대로 이루어지지 않고 있어 건강보험제도의 효율적 운영 및 발전에 영향을 미치고 있다. 공단은 자격관리와 보험료 징수업무에 한정하지 않고 보험재정의 건실한 관리자로서의 역할을 정립하며, 가입자에 대한 건강정보 제공 등 적극적 서비스 제공자로서 국민의 건강증진에 기여해야 한다. 따라서 재정통합으로 완성된 통합체제가 출범함에 따라 환경 여건에 부응하는 건강보험제도를 정립하고, 정부와 건강보험공단, 그리고 심사평가원으로 이루어지는 관리체계가 효과적으로 작동할 수 있도록 기능을 재정립해야 한다.

건강보험 관리운영 주체가 하나의 공단으로 통합되었으나 관리비가 과다하고 조직 경직화, 획일화, 비전문화, 관료화의 비효율성이 지적되고 있다. 또한 공단의 의사결정이 가입자의 이익과 유리되는 경우가 많아 국민의 신뢰를 확지 못하고 있다. 통합 건강보험제도를 운영하는 외국(예: 대만)의 제도운영과 비교해도 조직과 인력운영의 효율성이 현격하게 떨어진다.

2. 국민연금제도

1) 국민연금제도의 시행 배경과 역사

한국개발연구원이 사회보장연금제도로 2년 이내에 1,000억 원의 내자동원이 가능하다는 연구 결과가 1972년 11월 발표되자 국민복지연금법이 그 이듬해인 1973년 제정됐다. 당시만 하더라도 65세 이상의 노인인구는 3.3%인데다 노인부양은 자녀의 책임이라는 유교적 문화가 강했기 때문에 국민복지연금제도가 노후의 소득보장이라는 본래의 주목적으로 인해 도입됐다고 보기는 어렵다. 오히려 중화학공업 육성계획의 재정을 마련하기 위한 것이었다. 당시 중화학공업 육성계획은 외자 도입이나 외국의 직접투자보다 국내 저축으로 충당할 예정이었는데, 연금제도 시행으로 초기에 적립될 막대한 기금을 중화학공업 육성계획에 사용할 예정이었다.

그런데 야당과 언론, 노사단체가 내자동원에 대해 강하게 반발했고, 이 가운데 1973년 12월 법이 통과되고 1974년 1월 4일 대통령이 이를 공포하기에 이른다. 당시 국민복지연금제도의 주 내용은 가입대상자를 18세 이상 60세 미만의 30인 이상 사업장 피용자로 하고, 몇 년 후에 10인 이상으로 확대하기로 했다. 또 보험료는 노사부담분을 합하여 5~7%가 되도록 하였고, 저소득가입자에게는 1%의 국고보조를 규정하였으며 연금재정방식은 20년 이상 보험료를 납부하여 급여를 지급하는 적립방식을 택했다.

하지만 1973년부터 시작된 석유파동으로 인한 국제경기의 불황이 한국경제에 막대한 타격을 주면서 국민생활의 곤란으로 자금의 추출능력이 감소되자 1979년으로 연기하였다가 다시 그 시행을 규정하는 대통령령이 제정될 때까지 무기한 연기되었다.

1980년대 중반에 들어 노령화 속도가 증가하고 노인부양의식도 약화되면서 1986년 대통령 하계 기자회견을 통해 전 국민의료보험의 확대

방안, 최저임금제도의 도입방안, 국민연금제도의 실시방안 등 국민복지 3대 정책을 발표하기에 이른다. 당시 보건사회부는 1986년 10월 4일 국민연급법을 입법예고하고 1988년 1월 1일부터 시행할 것을 공표했다. 1986년 국민연금법의 주요 개정내용은 가입대상자를 10인 이상 사업장 노동자로 하고, 급여 중 균등부분도 가입 기간에 정비례하도록 하여 20년 가입하면 20%, 40년 가입하면 40%가 되도록 하고, 소득비례부분은 20년 가입하면 15%, 40년 가입하면 30%로 만들었다. 보험료의 부담도 초기 3%에서 5년 간격으로 3%씩 상향하여 9%까지 상향 조정하고, 저소득층에 대한 보험료 국고보조를 없앴다.

당시 국민연금법의 특징은 첫째, 자영자와 농어민을 제외한 소득 파악이 용이한 노동자를 대상으로 했으며, 둘째, 연금급여는 가입 기간에 비례하는 정액연금과 소득비례하는 소득비례연금이 혼합되어 있으며, 셋째, 급여산정방식이 전체 가입자의 평균소득에 연동하도록 되어 있기 때문에 소득재분배가 이뤄지고, 넷째, 저부담, 고급여 체제를 갖추고 있고, 다섯째, 재정방식을 적립방식과 부과방식이 혼합된 수정적립방식으로 하였다.

점차 적용대상을 확대하기 시작해 1992년에는 5인 이상 사업장으로, 1995년에는 농어촌지역으로 1999년에는 도시지역 자영자를 대상으로 확대해 전 국민을 대상으로 하는 연금제도로 발전하게 되었다.

2) 국민연금제도의 내용과 현황

국민연금제도란 노후의 소득보장과 빈곤예방을 위한 복지정책으로, 노령, 장애, 사망과 같은 사회적 위험에 의해 소득이 상실되는 경우를 대비해 미리 갹출한 보험료를 기초로 현금급여를 제공하는 사회보험이다. 1986년 12월 31일 입법된 국민연금법에 따라 국민연금관리공단에 의해 운영되는데, 급여의 종류에 따라 노령연금, 장애연금, 유족연금, 반환일시금을 지급하게 되어 있다. 재원은 가입자의 기여금과 사용주

또는 국가의 부담금으로 하며, 장기적 소득보장을 제공한다.

(1) 대상자

국내에 거주하는 18세 이상 60세 미만의 국민이 대상자이다. 소득활동의 유무나 소득액에 관계없이 일정 연령에 해당하는 모든 국민과 외국인 중에서도 당연적용사업장에 근무하거나 국내에 거주하면 의무가입 대상이 된다. 그러나 공무원연금법에 적용 받는 공무원, 군인연금법에 적용 받는 군인, 사립학교 교직원 등 이중 연금을 받을 수 있는 국민은 제외된다. 2004년 기준으로 가입자는 모두 17,000,000명 정도이다.

가입자는 사업장가입자, 지역가입자, 임의가입자, 임의계속가입자로 구분된다. 사업장가입자란 1인 이상 노동자를 상시고용하는 사업장의 경우를, 지역가입자는 사업장가입자가 아닌 자로 도시 자영업자, 농민, 임시직, 일용직, 파트타임 노동자 등 유급종사자와 실업자, 학생, 군인 등 비경제활동 인구까지 포함한다. 임의가입자는 국민연금을 처음 시행할 1988년 당시 당연적용에서 제외된 사람에게도 가입의 기회를 부여하기 위해 만든 조치로, 상시 노동자 5인 이상 10인 미만사업장 노동자와 사업장 노동자 이외에 지역주민 중 본인의 희망에 따라 가입한 자를 말한다. 임의계속가입자는 60세에 도달했지만 가입기간이 20년 미만인 가입자로서 본인의 희망으로 65세에 이를 때까지 계속 가입할 수 있다.

(2) 급 여

일반적으로 연금급여는 노령연금, 장해연금, 유족연금 등 3가지이다.

국민연금급여는 기본연금액과 가급연금액을 합한 금액인데, 기본연금액은 노령연금, 장애연금, 유족연금의 산정기초가 되며, 가급연금액은 수급권자가 연금수급권을 취득할 당시에 수급권자에 의해 생계가 유지되고 있던 배우자, 자녀, 부모에게 지급되는 일종의 가족수당이다. 기본 연금액은 다음과 같은 산정공식에 의해 계산된다.

> 기본 연금액=1.8×(A+B)×(1+0.05N/12)
>
> A=사업장가입자 및 지역가입자 전원의 소득월액의 평균액
> B=가입자 개인의 가입기간 중 소득월액의 평균액
> N=20년 이상 각출한 연도

국민연금은 가입 기간 동안의 소득을 연금수급 전년도의 현재 가치로 재평가하여 산정되며 최초 산정연금액도 소비자물가지수, 임금상승률 등에 연금급여를 연동시키는데, 법적으로 전국소비자물가변동률을 적용하도록 되어 있고, 통계청이 발표하는 전국소비자물가지수를 적용한다. 또한 국민의 최저생활보장을 목적으로 연금급여액은 전체 가입자의 평균소득과 개별가입자의 평균소득을 기준으로 결정된다. 따라서 전체 가입자의 평균소득을 반영하기 때문에 소득계층간의 소득재분배가 발생한다.

(3) 재 원

국민연금제도에 드는 재정은 원칙적으로 가입자, 사용자, 정부가 부담하도록 되어 있으며, 지역가입자의 경우 사용자가 없으므로 가입자가 사용자 몫을 부담해야 한다. 사업장가입자의 경우 연금보험료는 노, 사가 각각 소득월액의 4.5%씩 부담한다. 지역가입자는 소득월액의 9%를 부담하여야 한다. 농민의 경우 농특자금(농어촌특별세에서 조성된 자금)에서 가입자 1인당 월 2,200원씩 보조를 한다.

그러나 저소득층에 불리한 역진성이 있다. 국민연금의 보험료는 근로소득에 대해서만 동일한 비율로 부과되기 때문에 부동산과 같은 자산소득이 적은 저소득층의 부담이 클 수밖에 없다.

연금재정운용은 기본적으로 적립방식과 부과방식, 부분적립방식이 있다. 적립방식은 장래에 지급하게 될 연금급여를 위해 보험료, 국고

〈표 12-7〉 국민연금 보험료율

사업장가입자	1988~1922	1923~1997	1998~1999년 3월	1999년 4월 이후
노동자	1.5	2.0	3.0	4.5
고용주	1.5	2.0	3.0	4.5
퇴직금 전환금	-	2.0	3.0	-
합 계	3.0	6.0	9.0	9.0
지역가입자	-	1995~1999	2000~2004	2005년 이후
합 계	-	3.0	6.0	9.0

출처: 원석조(2003).

출연금, 누적기금 등을 적립하는 방식이다. 막대한 석유자금이 있는 쿠웨이트가 이 방식을 채택하고 있는데, 석유잉여자금이 바닥났을 때에도 연금약속을 이행하기 위한 것이다. 장점으로는 보험료의 평준화, 제도 성숙기의 자원활용, 연금재정의 안정운영, 개인별 저축강조 등인데, 단점으로는 제도 초기부터 과중한 부담이 있고, 장기적으로 예측이 곤란하고, 인플레이션에 취약하다는 것이다(원석조, 2003).

부과방식은 한 해 지출액정도에 해당하는 미미한 보유잔고를 남겨두고 그 해 연금보험료 수입을 그 해 급여의 지출로 써버리는 것을 말한다. 부과방식의 장점은 시행 초기에 적은 보험료로 제도를 운영할 수 있어 부담이 적고, 인플레이션의 영향을 받지 않으며 세대간의 소득재분배 효과가 있지만 단점으로는 노후를 대비한 저축요인이 적고 후세대에 부담이 과중되며 연금재정운영이 불안하다는 점이다. 대부분의 선진국에서 초기에는 적립방식을 채택하다가 제도가 성숙하는 20~30년 후에는 가중되는 인플레이션과 연금액의 실질가치 유지를 위한 슬라이딩 제도를 통해 수지균형을 유지할 수 있어 수정적립방식이나 부과방식으로 변경 운용하고 있다.

부분적립방식은 부과방식을 주로 하되, 부분적으로 적립금을 유지하는 경우이다. 우리나라는 가입자들로부터 보험료를 받아 기금을 형성하고 이를 운용해서 생긴 이익 등을 미래의 연금지급에 사용하지만, 미래의 연금지급액을 완전히 적립하지 않기 때문에 부분적립방식이라고 할 수 있다.

(4) 특수직연금

국민연금 외에 공무원, 군인, 사립학교교직원 등 공직자를 대상으로 하는 특수직연금은 공무원연금, 군인연금, 사학연금 등 3가지로, 1960년, 1963년, 1975년부터 각각 시행하고 있다. 대상자와 관리운영 주체가 공무원연금관리공단, 국방부, 사학연금관리공단으로 다르다.

국민연금이 소득의 9%(기업과 가입자가 절반씩 분담)를 납부하는 데 비해 특수직연금은 2001년부터 소득의 15%(정부와 가입자가 절반씩 분담)를 보험료로 납부한다. 단, 사학연금의 경우 고용주부담을 정부와 학교법인이 3:2로 분담한다. 급여의 경우 국민연금은 생애 평균소득의 60%에 그치는 반면 특수연금은 퇴직 전 3년간 보수 평균의 76%를 받을 수 있다. 연금을 받기 위해 보험료를 내야하는 기간도 특수직연금이 더 짧다.

국민연금보험료율이 조만간 상향조정되고 급여율이 낮아진다는 점에서 특수직연금과의 형평성은 앞으로 더욱 커질 수밖에 없다. 게다가 공직자들이 퇴직 후 산하 공기업 등에 재취업할 경우 근로소득에다 연금은 연금대로 추가 지급 받는 것도 형평성 시비가 일어나 최근 일부 제한조치가 추진되고 있다. 문제는 특수직연금의 재정 적자이다. 매년 눈덩이처럼 수급자가 급증하고 수급기간이 계속 늘어나고 있기 때문이다. 공무원 연금의 경우 2005년 7,330억 원의 적자에 이어 2006년 8,996억 원, 2007년 1조 4,779억 원 등 적자폭이 기하급수적으로 늘어날 것으로 예상된다. 현행법에는 공무원연금의 적자에 대해서는 모두 정부에서 보전해 주기로 되어 있어 공무원연금 적자는 곧 국민부담으로 직결되게 된다. 2001년 처음으로 적자가 발생한 이후 세금으로 보전해야 하는 규모가 확대돼 앞으로 2010년까지 무려 11조 원 이상을 혈세로 보전해야 할 전망이다.

〈표 12-8〉 특수직연금과 국민연금 비교

구 분	특수직연금			국민연금
	공무원연금	군인연금	사립교원연금	
시행년도	1960	1963	1975	1988
근거법	공무원연금법	군인연금법	사립학교 교원연금법	국민연금법
적용대상	국가 및 지방공무원, 법관, 경찰관, 교육공무원	장기복무 하사관, 장교	사립학교 교직원	18세 이상 60세 미만 모든 국민
수급 조건	정년퇴직			60세 이상
급여 내용	퇴직, 장해, 유족연금, 일시금, 단기급여 (공무상 요양비, 사망 조위금, 지해 부조금)			노령, 장해, 유족 연금, 반환일시금
보험료율	소득월액의 15% (2001년부터 시행. 이전에는 13%)			- 사업장가입자: 평균 소득월액의 9% - 지역가입자: 신고 소득의 3%
연금액 조정	소비자물가지수 (2001년부터 시행 이전에는 재직자 평균보수에 연동)			소비자물가지수
소득대체율	20년 가입시 퇴직 전 3년 평균소득의 50%, 40년 가입시 70%			40년 가입시 생애 평균소득이 60%
소득 재분배효과	거의 없음			어느 정도 있음
운영 주체	총무처/ 공무원연금관리공단	국방부/ 재정경제부	교육부/사립 학교교원연금 관리공단	보건복지부/ 국민연금관리공단

출처: 원석조(2003).

군인연금도 30여 년 전인 지난 1973년에 이미 적자로 돌아섰다. 이후 해마다 6,000억 원 규모를 국민들의 세금으로 지원 받고 있다. 사학연금은 심각성은 덜하지만 2013년이면 급여가 부담금보다 많아지고 2026년에는 연금이 완전히 바닥날 것으로 추정된다.

3) 국민연금제도의 개혁과 당면과제

(1) 빈곤을 완화시켰는가

국민연금제도는 노후의 빈곤을 예방하는 제도이다. 권문일(1999)에 의하면 약 18% 빈곤율을 감소시키는 효과가 나타났다고 조사했다. 하지만 절대적 빈곤율을 감소시키는 효과는 소극계층별로 차이가 나타났다. 2, 3, 4, 5분위 계층에서는 상대적으로 높게 나타난 반면, 1분위, 6분위 이상에서는 상대적으로 낮게 나타났다. 1분위 소득계층에서 빈곤완화효과가 상대적으로 낮게 나타난 것은 총 가용자원의 연금화 가치가 전반적으로 낮아 절대적 빈곤선과의 차이가 상대적으로 큰 반면, 그 차이를 보충할 수 있는 국민연금 급여수준은 다른 소득계층에 비해 상대적으로 낮은 데서 기인하는 것으로 추정된다.

(2) 소득재분배 효과가 있는가

국민연금제도에서는 급여의 균등부문으로 인해 소득이 낮을수록 급여의 비율이 높아지도록 고안되어 있어 수직적 소득재분배 효과가 있으며, 부과방식의 재정방식은 근로세대로부터 퇴직세대로의 세대간 소득재분배를 가능케 한다. 또한 유족급여는 남성에서 여성으로의 소득재분배를 이루어지게 함으로써 수평적 소득재분배를 가능케 한다.

하지만 고소득계층도 지불한 보험료에 비해 혜택을 누리고 있는 것도 사실이다. 권문일(2000)에 의하면 최고 소득계층인 10분위 계층의 손익분기 수급기간이 4년 9개월에 불과하고 수익비는 3.5배에 달하기 때문에 연금 수급 후 생애 총급여의 현재가치에서 연금 수급 전 생애 총 보험료액의 현재가치를 뺀 순 생애 이전에서는 고소득계층이 유리한 수익을 거두고 있는 것으로 나타난다. 따라서 소득재분배 효과가 의심스럽다 할 수 있다.

(3) 사각지대가 없는가

우리나라 연금제도가 전 국민에게 적용된 것은 1999년으로 5~6년밖에 되지 않아 현재 노인 중 약 11% 정도만이 국민연금제도에 의해 소득보장을 받고 있다. 또 국민연금제도가 도입된 지 20년이 되는 2008년에도 많은 혜택을 보지 못한다. 그 이유는 70% 넘는 대상자가 당연가입 제외, 납부 예외자 및 소득 미신고자, 보험료 미납자 등으로 인해 연금수급을 위한 자격을 갖추지 못해 노인들 중 상당수는 국민연금제도의 사각지대에 놓이게 될 것이기 때문이다.

뿐만 아니라 석재은(2003)에 의하면 2001년 말 60세 이상 남성노인의 공적연금 사각지대비율은 75.4%이지만, 여성노인의 비율은 94.7%로 높게 나타나 여성노인의 경우 독립적 수급권자라기보다 피부양자인 유족으로서 파생적 연금수급권을 가지고 있다고 할 수 있다. 따라서 노후소득보장에 상당한 어려움을 겪고 있다.

노인뿐 아니라 현재 국민연금 미가입자는 40.5%이다. 이들 중 최저생계비 기준 빈곤층의 미가입자가 79.2%로 미래의 빈곤층이 될 가능성이 높다. 대부분 연금 사각지대에 있는 사람은 영세사업장 노동자, 임시 및 일용직, 실업자, 영세자영인 등 가장 취약한 계층이다. 이들이 계속 사각지대로 놓여있으면 노후의 소득보장, 소득불평등은 물론 계층간의 갈등 또한 심화될 것이다.

(4) 급여수준은 적절한가

현재 국민연금의 급여수준은 노령연금의 소득대체율을 중심으로 살펴보면, 40년간 가입한 경우는 60%이고 20년간 가입한 경우는 30%이다. ILO 권고안은 55%인 점을 감안하면 40년 이상 가입해야 적정한 수준이 된다는 뜻이다.

또한 현재 수급자 중 가장 많은 사람들이 수급하는 특례노령연금의 평균 수급액이 160,000원 선으로 1인 최저생계비의 절반에도 훨씬 못 미치고 있으며, 실질적 여성 수혜자인 유족연금의 경우 170,000원 선이어서 실질적 생활을 보장하는 데 턱없이 부족하다.

(5) 재정은 건전하고 기금운영에 문제는 없는가

국민연금 재정은 2005년 현재 150조 원에 가깝다. 이는 재정 건전성을 보여주는 것이지만, 국민연금이 본격적으로 제공되는 2008년 이후에 연금급여가 증가하여 수지적자와 기금고갈에 대한 위기의식이 커지고 있다. 1998년 기여와 급여의 불균형을 해소하기 위해 국민연금법

〈표 12-9〉 국민연금 재정수지 예측

(단 위: 10억 원)

연도	적립기금	수입			지출		수지 차	적립률	보험료율
		총수입	보험료 수입	이자 수입	총지출	연금 급여			
2002	92,798	19,513	13,446	6,067	2,210	2,106	17,303	34.2	9.00
2005	160,396	29,687	19,024	10,663	4,219	4,093	25,468	32.0	9.00
2010	328,694	50,080	27,739	22,341	11,094	10,921	38,986	26.1	9.00
2015	571,775	74,678	37,897	36,780	19,091	18,860	55,587	27.0	9.00
2020	908,028	109,073	50,174	58,899	35,010	34,701	74,064	23.8	9.00
2025	1,256,246	135,186	64,052	71,134	64,936	64,532	70,250	18.3	9.00
2030	1,581,638	170,648	80,235	90,413	111,103	110,576	59,544	13.7	9.00
2035	1,715,359	186,032	94,311	91,721	181,177	180,504	4,855	9.4	9.00
2040	1,447,808	191,224	111,041	80,184	289,188	288,329	−97,964	5.3	9.00
2045	526,472	164,768	129,806	34,962	414,321	413,225	−249,533	1.9	9.00
2050	-	154,610	154,610	-	561,966	560,567	-407,356	-	9.00

출처: 국민연금발전위원회(2003).

〈표 12-10〉 보험료율 조정안

구 분	2010~2014년	2015~2019년	2020~2024년	2025~2029년	2030년 이후
제 1안	11.17%	13.34%	15.51%	17.68%	19.85%
제 2안	10.37%	11.74%	13.11%	14.48%	15.85%
제 3안	9.57%	10.14%	10.71%	11.28%	11.85%

출처: 국민연금발전위원회(2003).

을 개정, 40년 가입기준 평균소득자의 경우 기존의 70% 소득대체율을 60%로 하향조정하고, 연금수급연령도 2013년부터 매 5년마다 1세씩 상향조정하기로 했다. 하지만 현재의 보험료 9%를 그대로 유지할 경우 발행되는 적자분의 문제는 여전히 남는다.

그래서 2003년 보건복지부와 국민연금발전위원회는 국민연금재정계산결과를 공식적으로 발표하고, 재정 안정화방안으로 3개 대안을 제시했다. 현행 보험료율과 연금급여 수준을 유지할 경우 2036년부터 수지적자가 발생하고, 2047년도에는 기금이 소진될 것으로 예상한다는 것이다. 소득대체율을 하향조정하는 3개 방안은 1안은 소득대체율 60%-보험료율 19.85%, 2안은 소득대체율 50%-보험료율 15.85%, 3안 소득대체율 40%-보험효율 11.85% 등이다. 하지만 이 방안 중 어느 방안도 국민들의 지지를 얻지 못하고 있다. 재정 적자를 보험료율 대폭인상과 급여수준 낮추는 등 가입자의 부담과 희생으로 해결하겠다는 것이기 때문이다. 결국 도입 당시 적게 내게 하고 많이 주자는 정치논리가 적용되었던 제도도입 당시의 설계문제가 지금은 가입자의 희생이라는 문제로 해결하려고 할 때 또다시 정치적 문제가 개입될 수밖에 없다.

또한 기금운영문제다. 기금운영이 어떻게 이루어졌는지 정보가 공개되지 않아 기금운용의 투명성과 의사결정의 민주성을 어떻게 확보하느냐이다. 또한 국민연금 적립금은 2010년에는 250조 원으로 늘어날 것으로 예상된다. 이처럼 엄청난 적립금을 어디에 어떻게 쓰여 국민경제에 긍정적으로 미치게 할 것인지는 정확한 관리, 평가가 더불어 매우 중요한 문제다. 최근 기금에 대한 관리운영의 주체를 경제부처가 갖고 경기부양자금으로 사용하려는 시도가 지속되고 있다. 기금관리법이 통과되어 경제부처의 개입과 관여가 용이해졌고, 주식투자 비중을 높이고 있어 주가 상승에 기여하고 있지만, 이미 몇 년 전부터 기금이 주식시장에 투입될 것을 예상해 준비한 세계 금융자본들이 한국주식시장에서 얼마나 많은 이득을 보고 있는가도 정확히 분석할 필요가 있다. 기금운용의 투명성과 결과에 대한 상시평가제도를 도입 실행하지 않으면 내실화를 담보하기 어렵다.

(6) 특수직연금 개혁이 우선 과제인가

국내에서 국민연금과 특수직연금 간 형평성문제는 특수직연금 개혁의 필요성과 함께 국민연금에 대한 불신으로 나타나고 있다. 특수직연금 가입자들의 엄청난 저항에도 불구하고 특수직연금 개혁을 전체 연금개혁에 앞서 또는 동시에 단행한 해외 사례들은 얼마든지 있다.

프랑스 정부는 연금개혁에 대한 필요성과 철저한 홍보로 4개월에 걸친 논란 끝에 2003년 7월 개혁법안을 통과시켰는데, 그 동안 상대적 혜택을 누린 특수직연금 개혁이 선행됐기 때문이다. 프랑스는 연금개혁으로 2008년부터 공무원연금 납입기간이 현재의 37.5년에서 40년으로 늘어나고 2020년부터 민간부문과 공공부문이 함께 42년으로 연장된다. 이 과정에서 공무원과 교사, 공공교통부문 노동자들의 총파업으로 국가기간서비스가 마비되는 사태를 연출하기도 했으나 특수직연금 개혁을 포함한 개혁안은 국민들의 제도개선에 대한 합의를 이끌어내는 계기가 됐다.

공무원연금, 군인연금 등을 손질하지 않은 채 국민연금가입자의 부담만 가중시킬 경우 자칫 전 국민적 저항에 직면할 수 있다. 정부는 특수직연금은 급여보전차원임을 강조하고 있지만 실직자들이 수백만 명에 이르는 상황에서 정부의 이 같은 주장은 설득력이 없다. 또한 특수직 연금이 설계될 당시에 비해 최근 들어 공무원과 민간부문과의 평생소득 격차가 크게 줄어든 데다 보험납입기간도 국민연금과 형평성에 문제가 있기 때문에 특수직연금 개혁이 우선되어야 한다는 게 중론이다. 보험 납입기간을 늘리거나 급여의 기준을 3년치 평균에서 5년, 또는 10년 평균 등으로 단계적으로 늘려 궁극적으로는 형평성 시비가 해소되도록 하는 방안 등이 제시되고 있다.

특수직연금 잠재부실이 정부 일반 회계예산을 크게 초과하는 182조원에 달한다는 점은 특수직연금의 개혁 없이 진행되는 국민연금 개혁은 또 하나의 미봉책에 불과하다는 것을 말해준다.

■ 함께 생각해봅시다.

1. 국민건강보험 운영이 의약분업 이후 적자폭 확대로 심각한 위기에 직면했는데 어떤 점의 준비부족 때문에 적자폭이 확대되었는가?

2. 건강보험법상 모든 의료기관이 강제가입을 하도록 하고 있는데, 동네의원이 증가한 현재 조건에서는 큰 의미를 갖고 있지 않음에도 정부가 이를 고수하려는 태도는 보인다. 정부의 태도는 바람직한 것인가?

3. 노후 소득보장과 사회안전망의 핵심인 국민연금제도가 우리나라에 도입된 배경을 살펴보고 토론해보자.

4. 특수직연금과 국민연금 간의 통합운영방안은 어떤 장점과 단점이 있는지 4가지씩 들어보자.

5. 정부가 경기부양정책의 일환으로 연기금을 주식에 투자하는 비중을 점차 높이고 있는데 문제점은 무엇인가?

6. 국민연금의 사각지대인 미가입자문제의 해법을 토론해보자.

7. 지역가입자의 소득파악이 여전히 제대로 진척되고 있지 못한 이유는 어디에 있는가?

8. 고소득자의 연금부과상한선을 설정한 이유는 무엇이며, 그 타당성은 있는가?

9. 국민연금제도가 소득재분배역할을 제대로 하려면 현행 구조를 어떻게 개선하는 것이 바람직한가?

10. 저소득고령자 등 빈곤층의 노후생활을 보장하기 위해 기초 연금제도 운영이 필요하다는 주장을 어떻게 평가해야 하는가?

제 13 장

사회복지서비스정책 I

아동, 여성

1. 아동복지

1) 아동복지정책의 발전

8·15광복 이후 1960년대까지 한국사회는 빈곤과 혼란의 시기였다. 이 기간 동안 아동의 수가 급증했을 뿐 아니라 전쟁고아를 비롯해서 고아, 미아, 기아 등 수많은 보호 아동이 생겼다. 하지만 정부의 아동복지정책은 민간자원을 활용한 응급구호적 시설수용중심의 정책뿐이었다. 아동보호시설은 광복 당시 38개소에서 1950년 215개, 1955년 496개소 54,592명의 아동이 수용될 정도로 증가하였다. 이때 외국의 자원단체들의 도움이 컸다.

1960~1970년대 산업화시대에는 '선성장 후분배', '선경제, 후복지'의 국가발전 논리에 따라 제정 공포된 사회복지관련 입법들, 예를 들면 생활보호법(1961년), 아동복리법(1961년), 사회보장에 관한 법(1963년) 등이 거의 유명무실해졌다. 특히 아동복리법은 1981년 아동복지법으로 개정되기까지 효과를 발휘하지 못했다.

뿐만 아니라 이 시대 아동복지정책은 잔여적 성격을 분명히 했다. 아동복리법에서는 "보호자로부터 유실 또는 이탈되었을 경우, 보호자가 아동을 양육하기에 부적당하거나 양육할 수 없는 경우"(1조)로 보호대상을 한정한다. 뿐만 아니라 1960년대 들어와 외국지원단체의 철수 및 지원 축소 등으로 국가보조가 증가하기 시작하면서 정부는 국가재정 축소와 보호아동 발생 예방, 시설구호 아동의 가정복귀를 추진하였다. 1970년대 탈농업화, 여성노동자 급증 등 산업구조와 인력구조의 변화로 인해 탁아사업, 가정위탁 보호, 입양 등의 정책이 장려되었다. 특히 여성취업 인구의 증가에 따라 보육서비스가 본격화됐다. 1968년에는 탁아소를 어린이집으로 명칭을 변경하였으며 정부의 미인가탁아시설임시조치요령의 공표로 시설이 급증하였다.

한편, 홀트아동복지회, 십자군연맹, 한국봉사회 등 민간사회복지기관을 중심으로 국외 입양사업이 추진되기도 했다(박광덕, 1997).

보호를 필요로 하는 아동을 중심으로 선별주의에 기초하여 잔여적 복지정책을 펼쳤던 지난 시기와 다르게 1980년대부터는 큰 변화에 직면하게 된다. 그 첫 번째 요인은 외국단체의 철수에 의한 아동복지 재정의 국내 조달문제이다. 아동복지서비스에 대한 국가의 책임이 대두하게 된 것이다. 두 번째는 아동복지의 대상을 일반 아동까지 넓히는 아동복지법의 제정(1981년)이다. 세 번째는 영세가정, 결손가정에 대한 보육서비스에서 일반 아동의 보육서비스 확대를 포함하는 영유아보육법(1991년)의 제정이다. 이는 여성취업노동자의 증가로 인해 일반 아동에 대한 보육서비스가 증가했기 때문이다.

아동복지정책은 시설수용중심의 보호, 보호아동에 대한 선별적, 잔여적 복지서비스에서부터 가정과 지역사회중심의 보육서비스, 아동학대예방 등 아동권리 확대서비스 등으로 변화하고 있다.

〈표 13-1〉 보육제도 전개과정

연 도	내 용
1962~1981	'아동복리법'에 의거 복지부 주관으로 탁아사업실시 (어린이집 691개소 설치운영)
1981. 4. 31	'아동복리법'을 '아동복지법'으로 전문 개정
1982. 이후	유아교육진흥법에 의거 '어린이집'을 '새마을유아원'으로 흡수 운영
1987. 12. 4	남녀고용평등법에 의한 '직장탁아제' 도입
1989. 9. 19	'아동복지법시행령'에 탁아사업 실시근거 도입
1990. 1. 15	'탁아시설의 설치운영규정' 제정
1991. 1. 14	'영유아보육법'에 의한 보육사업 실시 - 보육사업을 보건복지부로 일원화 - 종전 단순 '탁아'에서 보호와 교육을 통합한 '보육'으로 기능 확대
1991. 8	'영유아교육법시행령' 및 시행규칙 제정 공포
1991. 8. 26	'탁아시설의 설치 운영 규정' 폐지
1992. 10. 20	영유아보육법시행규칙 개정 (시설 및 종사자 기준 완화)
1993. 12. 6	영유아보육법시행규칙 개정 - 교육훈련실시 및 교육훈련시설 위탁 선정권 시, 도 위임
1994. 2. 18	영유아보육법시행령 개정 (시설 및 종사자 기준 등 일부 조정)
1995. 5. 19	영유아보육법시행령 개정 - 보육교사 양성교육시간 강화 (800 → 1,000시간) - 직장보육시설 설치의무대상 확대 등
1996. 1. 6	영유아보육법시행규칙 개정 - 보육시설 규모조정 • 민간보육시설: 상시 영유아 16인 이상 → 21인 이상 • 가정보육시설: 상시 영유아 15인이상 → 20인 이하 - 종사자 기준 중 의사(촉탁), 사무원, 관리인 자율화 - 보육시설 설치 신청서류 간소화 (사업계획서 등 4종 폐지) - 종전의 시 · 군 · 구별 보육료 고시제를 폐지하고, 보건복지부장관이 정한 비용수납 한도액 범위 내에서 보육료 자율화 - 보육교사 교육훈련제도 강화 • 2급에서 1급 승진시 보수교육 (40시간) 의무화 • 보육교사 교육원에 부설보육시설 설치의무화
1997. 12. 24	영유아보육법 개정 - 초등학교 취학직전 1년 유아의 무상보육실시 근거마련
1999. 1. 6	- 신고가 필요한 시설과 아닌 시설로 분류함 - 민간 및 직장보육시설의 휴지, 폐지의 경우 시장 · 군수 · 구청장의 신고로 완화 - 보육시설이 보육료 승인제가 아닌, 한도액을 관할 시 · 도지사가 정하도록 함.
2004. 6. 12	여성부로 이관

출처: 《보육사업추진계획》(2005) 보완.

2) 아동복지정책의 현황 및 실태

(1) 보육서비스정책

현재 보육서비스 관련법은 영유아보육법으로 보육시설의 설치에 관한 조항이 규정되어 있다. 하지만 이외에도 모성보호와 자녀양육을 지원하는 제도들은 근로기준법, 남녀고용평등법을 통해 실시되는데, 근로기준법에는 생리휴가, 산전산후 휴가, 수유시간 제공 등이 보장되고 남녀고용평등법에는 육아휴직 및 육아시설의 제공이 규정되어 있다.

우리나라의 보육사업이 처음 태동한 것은 1921년 서울의 태화사회관에서 보육 프로그램을 실시한 것이다. 법률적 토대는 1961년의 아동복리법이고, 이 법에 따라 1962년부터 보건사회부에서 어린이집 691개소를 설치, 운영하여 오다가 1982년 유아교육진흥법이 제정됨에 따라 내무부로 이관되어 새마을유아원으로 흡수, 운영하게 되었다. 1987년에는 남녀고용평등법에 의한 직장 보육제도가 도입, 실시되었다.

그러나 보육시설의 절대 부족으로 취업여성의 자녀양육문제가 대두됨에 따라 보건사회부에서는 1989년도에 아동복지법시행령상에 보육사업 실시근거를 부활시켜 저소득층 지역을 우선적으로 하여 보육사업을 실행하게 되었다. 하지만 가장 큰 문제는 관장부서가 내무부, 노동부, 교육부, 보건사회부 등 다원화되어 있어 효율성이 떨어지는 것이었다.

이에 국회에서는 보육사업의 통합 일원화를 내용으로 한 보육에 관한 독립된 법률을 의원 입법으로 추진, 공청회, 토론회 등 각계 각층의 폭넓은 여론 수렴과정을 거쳐 1991년 1월 영유아보육법을 제정, 공포하였다. 8월에 영유아보육법시행령 및 시행규칙을 제정, 시행함으로써 보육사업 주관부처를 보건복지부로 일원화하고 종전의 단순, '탁아'(託兒)사업에서 유아교육의 기능을 포함한 '보육'(保育)사업으로 확대 발전하게 되었다. 1995년에는 동법의 시행령을 개정하여 상시 여성노동자가 300명 이상 사업장의 직장보육시설 설치를 의무화하였다. 또 1997년에는 방과 후 아동보육을 위해 12세까지 대상연령을 확대하였고 초등학교 취학 직전 1년 동안 유아의 무상보육의 근거를 마련하였다. 1999년 1월에는 영유아보육법과 동법시행령, 시행규칙을 개정하여 시설운영의 자율성을 높이고 일부 규제사항을 완화하였다(보건복지부, 2003).

2001년 여성부가 신설되면서 많은 논란 끝에 2004년 6월 12일 영유아 보육업무가 보건복지부에서 여성부로 옮겨졌다. 여성부는 2005년 6월 23일부로 여성가족부로 명칭을 변경하면서 여성과 가족, 보육업무 관련 업무를 총 관장하게 되었다.

〈표 13-2〉 보육재정

(단 위: 억 원)

구 분	2000년	2001년	2002년	2003년	2004년	2005년
전 체	3,056	3,273	4,355	6,551	8,752	13,355
국 비	1,457	1,703	2,101	3,120	4,050	6,001

출처: 여성가족부(2005).

〈표 13-3〉 보육료 지원대상 및 지원비율(2005년)

<table>
<tr><th>구분</th><th>지원기준</th><th>소득수준(4인 가구)</th><th>지원율</th><th>아동 수</th><th>비 고</th></tr>
<tr><td>1층</td><td>법정 저소득층</td><td>기초생활수급자</td><td>100%</td><td>44,000명</td><td rowspan="4">▪ 지원단가
- 0~1세 299,000원
- 만 2세 247,000원
- 만 3~4세 153,000원</td></tr>
<tr><td>2층</td><td>최저생계비의 120% 수준 가구</td><td>1,360,000원 이하</td><td>80%</td><td>58,000명</td></tr>
<tr><td>3층</td><td>평균소득 50% 수준 이하 가구</td><td>1,700,000원 이하</td><td>60%</td><td>80,000명</td></tr>
<tr><td>4층</td><td>평균소득 60% 수준 이하 가구</td><td>2,040,000원 이하</td><td>30%</td><td>90,000명</td></tr>
</table>

출처: 희망한국21(2005).

2005년 현재 영유아(0~5세)아동은 3,600,000명으로 보육시설 이용 영유아 수는 900,000명으로 전체의 25.0%에 불과하다. 보육시설은 25,319개소로 국공립 1,344개소(5.3%), 민간 23,741개소(93.8%), 직장 234개소(0.9%)로 직장보육시설이 턱없이 부족하다. 보육시설종사자는 106,574명으로 시설장이 25,319명(23.8%)이고, 보육교사가 61,883명(58.1%), 기타 19,372명(18.2%)이다(여성가족부 보육사업 개요, 2005).

(2) 가정보호정책

아동의 최선의 발달은 친가정과 친부모에 의해서이다. 그러나 이런 환경이 되지 못할 경우, 아동발달상에 미치는 부정적 영향을 최소화하기 위해 가정보호, 가정위탁보호, 입양 등으로 가정적 환경을 만들어 주는 것이 중요하다(보건복지백서, 2005).

① 소년소녀가정 지원

소년소녀가정 지원은 가정을 이끌어 가는 소년소녀가정의 아동에 대해 소득보장, 생활용품비 등을 지원함으로써 자립 능력을 배양시키고 건전한 사회인으로 육성하기 위하여 국가가 지원하는 사업이다. 2000년 9월부터 '소년소녀가장세대'란 명칭을 '소년소녀가정'으로 바꾸었다.

지원대상은 국민기초생활보장법에 의한 수급자가구 중 18세 미만의 아동이 실질적으로 가정을 이끌어 가는 세대, 18세 미만의 아동으로만 이루어진 세대, 18세 미만의 아동이 부양능력이 없는 부모와 동거하는 세대로 한다. 부모가 아닌, 부양의무자와 동거하는 경우에는 대리양육가정으로, 부양의무자가 아닌 친인척과 동거하는 경우에는 가정위탁으로 선정한다. 15세 미만의 아동으로만 세대를 구성할 경우 소년소녀가정 지정을 제한하고, 가정위탁시설로 입소하도록 한다.

소년소녀가정에 대해서는 국민기초생활보장법에 의해 생계보장 및 의료급여를 제공하고 중, 고교생에게는 입학금 및 수업료를 지급하며, 부가급여로 매월 1인당 65,000원을 지원한다.

또한 후견인제도도 활용한다. 정서적 후원으로 가까운 이웃에 거주하는 아동위원, 종교인, 지역여성지도자, 공무원 등을 후견인으로 지정해 아동생활상태 및 가정환경을 파악하고 아동복지에 관한 원조와 지도를 행하도록 한다.

② 가정위탁보호

가정위탁보호는 부모와 헤어진 아동에게 친가정을 대신하여 다른 가정을 제공해 가정적 분위기에서 건전한 사회인으로 자랄 수 있도록 하는 서비스이다. 즉, 대리가정을 만들어주는 개념이다.

대상은 15세 미만 또는 부모의 질병, 가출, 학대 등으로 단기보호가 필요한 아동을 우선적으로 보호한다.

유형으로는 친인척이자 부양의무자에 의한 대리양육가정, 친인척이지만 부양의무자가 아닌 자에 의한 위탁가정, 일반인에 의한 위탁가정 등이 있다. 위탁가정의 위탁부모는 입양부모와 달리, 아동에 대해 부모로서의 영구적인 법적 책임은 없고 일시적 책임만을 가진다. 하지만 위탁가정에도 선정기준이 있다. 가정폭력, 아동학대, 알코올, 약물중독 등의 전력이 없을 것, 가정위탁에 필요한 교육을 이수할 것, 위탁가정으로 적합한지 등을 조사를 통해 확인한다. 일반인에 의한 위탁보호의 경우는 결혼하여 아이를 키워본 경험이 있는 가정을 원칙으로 하고, 공립아동상담소 또는 2인 이상의 이웃주민의 추천이 있어야 하며, 위탁가정의 아동은 자신의 자녀를 포함 4인을 넘지 않아야 한다(김기원, 2003).

지원내용은 위탁보호아동에 대한 지원과 대리양육가정 및 위탁가정에 대한 지원으로 나뉜다. 위탁보호아동에 대해서는 국민기초생활보장법에 의한 수급자 선정기준에 따라 생계, 의료, 교육 등의 급여를 실시한다. 대리양육가정 및 위탁가정에는 아동 1인당 월 65,000원의 양육보조금을 지급한다.

③ 입 양

이혼, 가출, 실종, 투옥, 혼외출생 등 자녀양육에 영구적 결함이 생긴 가정의 아동으로, 보호자가 없거나 보호자가 친권을 포기한 아동에게 건전한 가정을 영구적으로 제공하는 서비스이다. 입양의 역사는 비교적 오래되었으나 동기는 변화하고 있다. 과거 가계계승, 가문번영 중심에서 아동의 권익을 중시하는 경향으로 바뀌고 있다. 국내 입양이 우선이고, 국외 입양은 차선인데, 국외 입양의 최다국이라는 불명예가 있지만, 점차 국내 입양이 늘고 있다.

입양부모가 될 자격은 입양아동에게 가정보호가 가능하도록 하는 조건들이다. 부양할 수 있는 충분한 재산이 있으며, 양육과 교육을 할 수 있는 조건, 그리고 가정의 화목함 등 부양함에 장애가 없을 것, 25세 이상 45세 미만인 자, 자녀가 없거나 자녀의 수가 입양아동을 포함하여 5명 이내일 것, 혼인중일 것 등이다.

지원내용으로는 장애아동에게는 1인당 월 500,000원씩 양육보조수당을 지급하고, 연간 1,200,000원 한도 내에서 본인이 부담한 의료비 전액을 지원한다. 국립의료원에서 무료진료서비스를 제공하며, 중, 고등학교 재학생 또는 입학생의 수업료 및 입학금을 면제한다.

④ 그룹홈 가정보호

그룹홈 혹은 공동생활 가정보호는 기존의 시설보호에서 탈피하여 가정보호 형태로 가는 과도기적 형태로, 보호아동에게 사회복지사 등의 보호자와 함께 가정형태를 구성하여 일상생활을 함께하면서 지역사회 중심에 뿌리를 내리고자 하는 제도이다.

단기보호, 장기보호, 치료보호가 있는데, 단기보호는 경제적 위기 또는 부부갈등이나 별거, 수감 및 아동학대 등으로 보호자 또는 친인척이 보호할 수 없는 아동을 보호하는 것이며, 장기보호는 장기보호가 필요한 아동을 보호한다. 치료보호는 시설보호에 적응하지 못하거나 약간의 정서적 문제로 시설보호에 적합하지 않는 아동을 보호하는 것을 말한다.

보호자는 사회복지사 자격을 가진 생활지도원으로 일상생활의 지원, 지도에 지장이 없는 심신이 건강한 자로 하고, 보호자를 포함하여 5명을 표준으로 하되 7인 이내로 한다. 단기보호 및 치료보호는 1년이 원칙이나 1년 단위로 시, 군, 구청장이 연장조치를 할 수 있으며, 장기보호의 경우에는 시설보호와 마찬가지로 18세 미만까지 한다.

주거형태는 일반주택지 내에 위치한 주거공간이면 되고, 간판이나 표찰을 붙이지 않는다. 몇 개가 공동생활가정이 한 곳에 집결되지 않도록 한다.

(3) 건전육성보호정책

아동을 건전하게 육성하기 위해 아동위원제도 실시, 결연사업 운영, 아동학대예방센터 운영, 어린이 찾아주기 종합센터 운영, 퇴소아동에 대한 지원, 아동급식지원, 학령전기 보호아동 건강검진 등을 실시한다(김기원, 2003).

① 아동위원제도

시, 군, 구에 아동위원을 배치하도록 하여 지역 내 아동의 생활상태 및 가정환경을 상세히 파악하고 아동복지에 필요한 지원을 행하도록 아동위원제도를 실시한다.

아동위원은 읍, 면, 동에 1인 이상 배치하도록 하며, 소년소녀가정의 후견인 역할을 하고, 보호아동이 발생하는 즉시 시, 군, 구에 알리며 아동상담 및 아동지도를 아동복지지도원과 상호 협조하여 실시한다. 아동위원은 시장, 군수 또는 구청장이 위촉한다.

② 아동상담

스트레스 및 각종 재해의 증가로 아동의 성격 및 정서장애, 유기, 학대 등 문제가 증가하고 있다. 아동상담은 보호아동의 발생을 예방하고 이미 발생된 경우 조속한 문제해결로 아동복지를 증진시키기 위해서이다.

각 도와 시, 군, 구에 아동복지지도원(별정직 공무원)이 배치되어 상담과 지도를 실시하고 아동위원과 협력하여 아동복지에 대한 원조와 지도를 한다.

아동상담의 주요 대상은 가출, 부랑아, 문제아동, 결손가정아동, 저소득가정의 아동, 기아나 미아, 심신장애아동 등이다. 아동상담이 현재는 소극적 차원에서 선도나 보호자에게 인계하는 수준의 서비스에 그치고 있는데, 장기적이고 적극적인 상담이나 치료서비스의 제공으로 나아갈 필요가 있다. 그러기 위해서는 상담요원의 교육 강화, 상담 프로그램의 다양화 등과 더불어 부모교육 등 가정문제 전반에 관한 상담을 제공하도록 노력해야 한다.

③ 결연사업

시설보호아동, 소년소녀가정, 모자가정 등 자원이 부족하거나 불우한 환경에 놓여있는 아동과 지역사회 이웃과의 결연으로 물질적, 정신적 지원을 통해 이웃사랑의 사회 기풍을 조성하고 불우아동의 건전 육성을 도모하는 서비스이다. 1981년부터는 민간의 자율적 참여를 촉진시키기 위해 민간재단에 위탁하여 실시하고 있다.

④ 결식아동 급식 지원

결식하거나 결식할 우려가 있는 아동들에게 식사를 제공하는 서비스다. 취학아동에게는 조·석식, 미취학아동에게는 조·중·석식 급식비를 한 끼당 3,000원씩 연중 지급한다.

급식 방법은 사회복지관, 민간 및 종교단체 급식소와 연계하여 교육 및 복지프로그램과 병행하여 급식을 제공하거나 일반음식점을 이용하거나 도시락을 배달한다. 부득이한 경우 현물 또는 식품권을 지급하되 현금지급은 하지 않는다.

⑤ 아동학대예방센터

부모를 포함한 성인에 의해 아동의 건강, 복지를 해치거나 정상적 발달을 저해할 수 있는 신체적, 정신적, 성적 폭력 또는 가혹행위 및 유기, 방임을 아동학대라 한다.

아동학대를 체계적으로 적극적으로 대처하기 위해 아동학대예방센터를 중앙과 지방에서 운영하고, 중앙아동학대센터에서는 아동학대 데이터베이스 구축 및 운영, 관련기관 협력체계 구축 및 관리 등을 맡고, 지방아동학대예방선테에서는 아동학대신고전화로 신고 접수 해놓고 현장조사, 응급보호 조치, 상담 및 교육, 서비스 제공 및 연계 등을 한다.

⑥ 어린이 찾아주기 종합센터

미아발생을 예방하고 발생시 신속히 발견하여 가정에 복귀시키기 위한 제도로 민간기관에 위탁하여 운영한다. 어린이 찾아주기 운동, DNA 정보를 활용한 가족 찾기 사업 추진, 보호아동의 신상카드 비치 등의 사업을 실시한다. 우유팩이나 담배포장지 등의 광고, 대중매체를 통한 지속적 홍보를 실시하고 있다. 또한 전국 경찰관서와 시, 군, 구에 182신고전화를 설치하였다.

⑦ 퇴소아동 지원

아동복지시설에서 퇴소하는 만 18세 이상의 아동이 사회에서 자립하는 데 필요한 생활용품 구입비용을 지원해 자립활성화에 기여하도록 하기 위해 서비스이다.

아동복지시설에서 퇴소하는 만 18세 이상의 아동에게 1인당 1,000,000원을 시설퇴소와 함께 지급한다. 이밖에 취업정보 제공, 직업알선 및 상담서비스 등도 제공한다.

(4) 시설보호정책

시설보호는 가정보호가 적합하지 않은 아동을 시설에 입소시켜 보호하는 서비스이다. 8·15광복, 6·25전쟁 등 국가적 위기로 인해 보호아동이 대량으로 발생해 아동들을 긴급구호했던 경험에서 시설보호가 아동복지정책의 주요한 프로그램이었지만, 탈시설화, 아동권리 증대 등으로 가정보호중심으로 이동되고 있다.

시설보호가 필요한 아동을 발견하면, 시, 군 아동복지담당에 보호를 의뢰하거나 아동복지지도원과 상담을 통해 시장, 군수가 시설보호가 필요하다고 판단하면 아동복지시설에 만 18세까지 시설보호하는 것이 가능하다.

시설보호로는 아동양육시설, 아동일시보호시설, 아동보호치료시설, 아동직업훈련시설, 자립지원시설, 아동상담소, 아동전용시설, 종합시설 등이 있다. 이 외에 아동가정 지원사업, 아동주간보호사업, 학교부적응아동을 대상으로 하는 아동전문상담사업, 학대아동보호사업, 공동생활가정사업, 방과후 아동지도사업 등도 있다.

입소는 시, 도지사 또는 시장, 군수, 구청장이 입소 대상 아동의 아동카드를 작성하고 의뢰서를 작성하여 시설장에게 의뢰한다.

3) 아동복지정책의 과제 및 방향

(1) 아동수당제도 등 보편적 서비스 개발 필요

모든 아동은 성인에 의지할 수밖에 없다. 이는 아동빈곤과 결합된다. 현재 우리나라는 아동수당제도가 없다. 부모의 재산의 많고 적음에 상관없이 모든 아동은 소득보장 및 각종 복지서비스를 제공받아 성장발달을 건전하게 할 권리가 있다.

(2) 가정해체 예방 등 가정기능 강화 절실

아동은 기본적으로 가족을 중심으로 한 부모의 도움 속에서 살아간다. 따라서 아동들에게서 나타나는 문제는 아동 개인에게 있다 하더라도 대부분의 문제는 부모, 가족, 이웃과 학교 등 성인들 속에서 그 원인이 있다고 할 수 있다. 부모의 이혼, 별거, 부모의 실직상태, 무주택가구 등을 비롯한 원인들은 아동에게 직접 영향을 미치는 요소들이다. 과거에는 가정의 보호 및 강화는 가장을 포함해 가족의 책임으로 생각했다. 하지만 사회의 위험으로부터 가정이 해체되는 현상이 일반화되면서 개개 가정이 스스로 자신을 보호할 수 없다는 인식이 보편화됐다. 가정의 해체는 아동의 비행, 학교 부적응 등 사회문제를 직접적으로 유발한다. 따라서 아동의 건전한 성장발달을 위해서 국가는 적극적이고 체계적으로 개입해 가정의 해체 예방 및 사회정책적으로 가정을 강화하기 위해 소득보장, 보육사업, 가정봉사원제도, 가정상담 및 치료, 아동상담 등의 프로그램을 강화하고 신설해야 한다.

(3) 아동복지정책의 일원화

아동복지정책을 수립하는 주무부서가 분산되어 있기 때문에 인력과 예산이 과도하게 들고 업무추진이 비효율적이다. 아동과 청소년은 연령상 중복된 부분이 많으며, 아동, 청소년, 가정을 다루는 부서를 통합할 필요가 있다. 특히 보육은 여성가족부, 교육관련은 교육부, 일반상담 등의 기능은 보건복지부 등으로 분산되어 아동복지의 통합적 서비스에 장애를 받고 있다.

(4) 보호아동에 대한 재검토

가정에서 이탈된 아동, 빈곤아동, 장애아동 등 보호아동에 대한 복지서비스가 재검토될 필요가 있다. 우선 시설보호서비스에서 가정중심서비스로 이행하는 것이 필요하다. 가정은 아동복지의 최선의 공간이기에 가정중심의 서비스를 제공하기 위해서는 부득이한 경우를 제외하고는 가정 형태, 가정보호라는 양적, 질적 모습을 갖추는 것이 필요하다. 그리고 무엇보다 이혼 등의 사유로 발생하는 조손(祖孫) 가정을 비롯해, 보호아동을 조기에 발견하고 제반 서비스를 바로 제공할 수 있는 시스템이 가동될 수 있으려면 각급 단위의 지역복지활동이 활성화돼야 한다.

다음으로는 부분적 지원에 대한 재검토이다. 소년소녀가정의 경우 경제적 원조제공에 그친다든지, 가족해체와 관련된 아동들의 경우 정서와 행동문제를 지원해줄 프로그램, 청소년 비행과 가출 등 일탈행동에 대처하는 프로그램, 학대예방의 사회적 대책 등이 종합적으로 강구되어야 한다.

2. 여성복지

1) 여성복지정책의 발전

우리나라에서 여성복지는 1950년 6·25전쟁으로 인해 전쟁미망인, 전쟁고아, 피난민문제 등이 사회문제화되면서 대두되기 시작했다. 당시에는 부녀복지라는 용어로 사용됐지만, 주로 전쟁미망인이나 윤락여성들의 생계문제의 개선이 중점적으로 이루어졌다. 1960년대에는 윤락여성을 선도하기 위한 '윤락행위등에관한방지법'이 제정 공포되었고, 부녀상담소가 설치되고, 시립부녀복지관이 만들어졌다. 1970년대 들어서면서 취업여성이 중심으로 되었고, 남녀평등과 여성의 발전문제가 대두되었다(박광덕, 1997).

1983년에 한국여성개발원 설립, 1987년 '남녀고용평등법' 제정, 1988년 정무장관(제2)실 발족, 1989년 '모자복지법' 제정 등으로 여성의 지위 향상과 복지 증진을 위한 제도적 기틀을 마련하였다. 하지만 여전히 기득권 여성, 지식인 여성중심에서 크게 벗어나지 못했다.

1991년에 '영유아보호법' 등 모성보호의 제도적 틀이 확보되기 시작했으며, 여성 모두를 대상으로 하는 여성복지의 개념으로 전환되어야 한다는 의식이 확산되었다. 여성복지의 서비스 범위도 확대되기 시작했으며, 1995년 '여성발전기본법' 제정을 계기로 여성발전을 위해 여성복지의 양적, 질적 향상을 꾀하기 시작했다. 특히 1998년 대통령 직속 여성특별위원회가 구성되고, 1차 여성정책 기본 계획이 설정되었으며 2001년 여성부가 신설되고 2004년 6월 12일 영유아 보육업무를 이관받게 되었다. 2005년 6월 23일부로 여성가족부로 명칭이 변경되면서 여성과 가족, 보육관련 업무를 총괄하고 여성복지, 가족복지, 아동복지의 일부를 관장하는 부처가 됐다.

하지만 대인(對人)부처가 폐지되는 세계적 추세에 어긋나고 중앙정부의 중복기능과 중층적 구조를 개혁해야 한다는 비판적 여론도 적지 않다. 여성정책의 발전을 행정부서의 신설과 업무확대로 인식하는 잘못된 경향은 여성정책의 발전에 장애를 조성한다는 비판이다.

2) 여성복지정책의 현황

(1) 여성복지의 개념

여성복지라는 용어가 사용된 것은 1990년대 중반 이후부터이다. 그 전에는 부녀복지로 가장의 보호를 받을 수 없는 여성 등 취약한 여성에 대한 보호개념에서 벗어나지 못했다. 지금도 여전히 여성의 개념이 가장에게 의존하는 자, 자녀양육과 노인이나 병자보호 등 보호자 등으로 사용된다. '모성보호'라는 테두리에서의 여성의 권리인정도 그 연장선상에 있다.

하지만 여성복지란 여성들이 그 역할이나 생산물의 가치와 무관하게 하나의 인간으로서 존중받는 상태, 즉 여성의 독자성과 주체성을 인정받는 것을 말한다. 국가나 사회로부터 인간의 존엄성과 인간다운 생활을 할 권리를 동등하게 보장받아 건강, 재산, 행복 등의 삶의 조건들

속에서 기쁨을 느끼는 상태를 의미한다. 따라서 여성의 복지는 여성에 대한 문화적 편견이나 오류를 극복하며, 여성을 억압했던 사회조건이 변화되어 여성의 주체적, 능동적으로 사회에 참여할 수 있도록 하는 조건들이어야 한다.

그런데 오늘날 산업사회는 사회적 위험이 늘고, 빈곤의 여성화가 심각해지고, 노동시장에서는 여성을 주변화시키며, 성 개방 등의 사회변동으로 성상품화가 심각하기 때문에 여성복지의 필요성이 더욱 증가되었다.

(2) 가족형태 변화와 여성의 현실

① 가족형태의 변화

하늘의 절반이라는 여성이 최근 직면한 변화는 가족의 형태와 관련된 문제이다. 대표적인 것이 이혼문제이다. 이로 인한 편부모가족, 여성가구주가 증가하고 있다. 또한 독신가족, 무자녀가족이 늘어나고 있는 추세다. 자녀와 별거하여 사는 노인단독가구 비율이 증가하고 있으며, 소년소녀가정도 점점 증가하고 있다.

② 여성의 경제활동참가

여성의 경제활동참가율은 50%를 넘었다. 1985년 41.9%, 1990년 47.0%, 1993년 47.2%, 1997년 49.5%, 2000년 48.3% 등 여성들의 취업은 확대되어 2005년 말 50%를 넘어선 것이다. 하지만 고용의 형태가 보조적이고 차별적인 수준은 여전하다. 학력, 경력 등 동일 조건에서 남성에 비해 적은 임금을 지급받고, 기업복지에서도 가족수당, 교육수당, 통근수당, 주택대부금 등 차별이 존재하고 있다. 대개 노동시장 이중구조에서 여성은 저변부를 차지하는 저임금, 미숙련, 단순반복직, 하위직에 머물고 있으며, 파트타임, 임시직, 일용 등 불안정한 취업이 많고 열악한 조건 속에서 일을 하고 있다.

최근 남성들의 40~50대 퇴직이 늘면서 장년과 노년층의 취업이 증가한 것은 여성들에게 가족부양의 부담이 증가했음을 의미하는 것이다. 빈곤가구 중 남성가구주 가운데 빈곤층 비율이 3.36%에 비해 여성가구주 중 빈곤층 비율이 11.04%로 무려 3배(2001년)나 높았다.

③ 고령화와 빈곤화

여성인구의 고령화현상으로 인한 빈곤화이다. 1997년 여성노인 100명당 남성노인 55명으로 여성노인 과다현상이 두드러지고 있으며, 빈곤화도 심각하다. 2000년 65세 이상 노인여성의 경제활동 참가율은 전체 여성 경제활동 참가율 48.3%이 절반에도 미치지 못하는 22.5% 수준으로 노인남성의 경제활동 참가율 39.9%보다 현저히 낮다. 기초생활수급자의 43%가 65세 이상 노인으로, 노인층의 빈곤문제가 심각한데, 여성일수록 심각한 것으로 나타났다(보건복지백서, 2004).

④ 여성장애인의 문제

여성장애인 비중의 증가이다. 장애인 관련 단체에서는 장애인 인구를 전체 인구의 10%인 약 4,000,000명으로 추정한다. 정부는 약 1,780,000명으로 추정하고 있는데, 2004년 등록장애인수는 1,610,000여 명이었다(보건복지백서, 2004). 이 중 여성장애인은 전체 장애인의 35%인 560,000여 명이 등록되어 있다. 교육, 결혼, 취업 등에 제약이 많은 여성장애인의 문제도 간과할 수 없는 문제로 대두되고 있다.

⑤ 성의 상품화

성의 상품화, 성 개방으로 인해 이혼 여성, 미혼모, 매매춘 여성, 폭력을 당하는 여성 등 보호 여성문제들이 많이 발생하고 있다. 특히 배우자와의 사별, 이혼, 유기된 여성, 정신, 신체장애로 인해 노동력을 상실한 배우자를 가진 여성, 미혼모 등이 가구주가 된 가구인 모자가정의 경우 2000년 전체 가구주 중 3%에 해당하는 482,602가구이다.

또한 노동시장의 구조적 차별과 성상품화 문화로 인해 급증한 매매춘 여성이나 미혼모도 줄어들지 않고 있다.

(3) 여성관련법과 여성복지

존립 자체에 대한 논란 속에 2001년 여성부가 신설되었고, 2005년 여성가족부로 명칭이 변경되었지만, 여성정책을 기획, 종합하는 업무가 정부차원에서 일단 일원화되고 격상되었다. 여성가족부의 업무내용을 통해서 살펴본 여성정책은 여성인력의 개발, 활용 등 여성의 사회참여 확대사업, 성매매방지 및 종합대책, 영유아 보육사업, 가정폭력 및 성폭력 예방 및 피해자보호, 성희롱 예방사업, 모부자복지사업, 여성단체 및 국제기구와 협력사업 등으로 나타나고 있다. 보건복지부에서 시행하는 여성정책은 여성보건 및 모성보호에 관한 정책, 저소득모자가정의 여성, 미혼모, 가출여성, 장애여성 등 보호여성 및 노인여성의 복지증진, 노동부에서 하는 고용상의 남녀차별 등 여성고용 촉진 및 안정에 대한 정책 등이 있다.

여성복지 관련법률로는 '남녀고용평등법'(1988), '모부자복지법'(1989), '여성발전기본법'(1996) 등이 있다.

① 평 등

여성은 임신, 출산, 수유 등 모성기능을 제외하고는 남성과 동등한 인권을 지녔다. 이는 가정과 사회, 국가발전에 참여할 권리와 책임을 진다는 것을 말한다. 따라서 고용과 교육 등에서의 성차별 폐지를 위해 노력했다.

'여성발전기본법'에서는 고용평등(제 17조), 교육평등(제 19조, 20조, 21조), 대중매체의 성차별 개선(제 28조) 등을 지적하고, '남녀고용평등법'에서는 모집과 채용, 임금, 교육 배치 및 승진, 정년, 퇴직 및 해고, 직장 내 성희롱, 직업지도, 직업훈련 등 고용에서의 평등한 기회 및 대우(제 6조, 7조, 8조, 9조, 10조) 등을 지적한다. 또한 '모부자복지법'에서도 고용촉진(제 14조)을 내용으로 한다.

특히 '남녀고용평등법'은 '근로여성은 경제 및 사회발전에 기여하며 다음 세대의 출산과 양육에 중요한 역할을 담당하는 자이므로 모성을 보호받으면서 성별에 의한 차별 없이 그 능력을 직장생활에서 최대한 발휘할 수 있어야 한다'고 기본 이념을 규정한다.

② 사회참여

여성은 그간 가사전담자, 피부양자, 자녀양육책임자, 노인부양책임자 등 전통적 성별 역할에 의해 사회참여에서 배제되었다. 서구도 예외가 아니어서, UN은 1975년 국가발전전략안에서 여성이 배제되었다면서, 여성의 적극적 사회참여를 유도하는 WID(*Women In Development*) 접근의 여성정책을 공포하였다. 그러나 여전히 여성을 약자로 규정해 여성참여영역이 제한되자, 1985년 3차 여성대회에서 성으로 인한 권력관계에 중점을 두는 GAD(*Gender And Development*) 접근의 필요성이 강조되었다. 다시 1995년 성주류화(*gender mainstreaming*)정책을 통해 국가의 모든 정책에 여성의 참여와 국가발전에 장애가 되는 요소를 근절해나가기로 결의하였다(김경희, 2002).

한국에서는 '여성발전기본법'에 잠정적 우대조치(제 6조), 정책결정과정 및 정치참여(제 15조), 공직참여(제 16조), 여성국제협력(제 27조), 여성단체 및 여성자원봉사 활동 지원(제 32조) 등을 내용으로 하여 사회참여를 확대하기 위한 조건을 규정한다.

③ 모성보호

모성보호는 여성의 건강과 직결된 문제이다. '모부자복지법'에서는 모자가정과 미혼모 등을 위해 모자복지시설뿐 아니라 생계비, 아동교육지원비, 직업훈련비, 아동양육비, 의료비, 주택자금 등 복지급여(제 12조, 13조)를 규정하여 보호하고 있으며, '남녀고용평등법'에서는 육아휴직과 보육시설, 복지시설 설치 등을 규정했다.

특히 '여성발전기본법'에서는 모성보호가 가정과 사회, 기업, 국가에게 인력을 제공하는 사회적 기능을 가진다는 것을 전제로 하여 모성보호비용에 대한 사회분담화를 규정했다는 점이 특기할 만하다. 이 밖에 노인여성과 농어촌여성의 복지증진(제22조), 성폭력 및 가정폭력 예방(제25조), 가사노동 가치평가(제26조), 평등한 가족관계 확립(제24조) 등을 명문화해 민주적이고 평등한 가족관계 확립을 추구하고 있음을 분명히 했다.

3) 여성복지정책의 과제 및 방향

여성의 복지욕구는 고용, 건강, 교육, 주택, 연금 등으로 경제력 확보를 위한 여성고용에 집중되어 있는 것으로 나타났다(박미석, 2001). 저출산의 문제도 상당부분 결혼과 출산, 육아 등에 대한 여성의 역할과 전망을 찾기보다는 사회에 진출해 활동을 통해서 경제적 자립과 자아를 성취하고자 하는 여성의 욕구가 반영된 결과일 수 있다.

(1) 고용창출을 통한 경제활동 참여 제고

남녀고용평등과 경제활동 남녀고용평등과 여성의 경제활동 참여 제고에 대한 과제는 여섯 영역으로 분류된다(여성가족부, 2005). 첫째, 고용상 기회균등과 남녀차별 개선으로 여성의 경제활동 참여를 제고하는 데 바람직한 과제로 실질적 측면에서 지원을 강화해야 한다. 둘째, 모성보호 및 직장과 가정생활을 양립할 수 있도록 지원이 뒷받침돼야 한다. 이는 지식기반 사회에서 여성경쟁력 강화와 복지증진 및 인권보호 강화를 구현하는 데 긴요한 과제이다. 셋째, 여성의 직업능력개발 및 고용촉진으로 다양한 프로그램 개발이 필요하다. 넷째, 남녀고용평등 의식의 확산이다. 다섯째, 비정규직 여성노동자 등의 근로조건 보호와 능력개발이 필요하며, 여섯째, 보육서비스 강화 등 보육에 대한 세제지원도 강화돼야 한다.

(2) 빈곤여성의 탈빈곤 방안 모색

국민기초생활보장제도와 사회보험체계 등으로 절대빈곤율을 감소시켜왔지만, 여전히 여성은 빈곤계층의 대표적 집단을 형성하고 있다. 최저생계비를 기준으로 할 때 남성가구주와 여성가구주의 빈곤율은 각각 3.36%, 11.04%(보건복지백서, 2003)로 상대적으로 여성가구주의 빈곤위험이 높아 빈곤대책 마련에 성인지적 접근이 필요하다.

(3) 여성장애인, 여성노인 복지 향상방안 강구

약 560,000명으로 추정되는 여성장애인은 낮은 교육수준, 경제활동 참가율의 저조 등으로 여성과 장애인이라는 이중고를 겪고 있다. 여성장애인이 사회구성원으로서의 권리를 확보하기 위해서는 일상적 사회참여부터 원활히 이뤄져야 하며, 이를 위해서는 지역사회 장애인복지관의 역할이 강화되어야 한다. 그리고 이를 통해 여성장애인 복지사업이 확대되고, 강화될 필요가 있다.

또한 노인인구의 62%를 차지하는 여성노인의 경우 취약한 인적자원이 고려돼야 한다. 여성노인에게 적합한 일자리를 개발하고 훈련, 체계화 방안을 마련하여 여성노인들의 소득활동이 활성화될 수 있도록 지속적 지원이 강화될 필요가 있다(보건복지백서, 2003).

(4) 여성건강 증진대책 강화

임신, 출산기에 치중된 여성건강정책을 여성의 삶의 양태에 의해 고유하게 발생할 수 있는 건강문제까지 포함해 여성의 생애주기별 건강정책으로 확대해야 한다. 여성청소년의 임신 및 건강문제, 다이어트 및 미용성형시술 남용문제, 제왕절개 남용방지 및 자연분만 출산문화, 중년 여성의 요실금예방프로그램, 고혈압, 당뇨, 뇌졸중 등 만성질환 예방 및 치료강화 등 보건의료정책 인프라 구축이 강화돼야 한다.

(5) 양성평등문화 확산

평등문화의 확산과 정착에는 평등한 가족과 교육환경, 미디어문화 조성 및 정착이 중요하다.

남녀평등의식 교육홍보는 한국양성평등교육진흥원의 설립으로 체계적으로 추진되고 있으나 생활 속의 평등문화 확산운동의 구체적 정책수단이 개발되지 않아 형식적으로 추진되고 있다(여성가족부 여성정책기본계획, 2004). 보다 구체적인 정책수단을 개발하는 것이 중요하다. 또한 교사의 성인지적 교수능력 신장, 교육과정의 양성평등성 강화, 학교 성교육 및 성희롱 예방체계 강화 등이 보다 구체화될 필요가 있으며, 여전히 미디어매체에서는 성상품화 및 여성의 전통적이고 주변부적인 역할 묘사에 치우치고 있어 양성문화 확산에 장애가 되고 있다.

(6) 폭력예방 및 인권보호 강화

성매매문제는 윤락행위자들의 문란행위문제가 아니라 성을 상품화하여 소득을 얻는 성행위이면서 여성에 대한 폭력이며 피해여성에 대한 인권유린이란 차원에서 접근되어야 한다. 따라서 성을 구매하는 수요자와 매매자, 성매매를 통해 경제적 이득을 얻는 성매매알선행위자에 대한 대책이 함께 강화돼야 한다. 또한 성매매로 이어지는 술자리문화, 직장의 접대문화 등을 근본적으로 차단하고 변화시킬 수 있는 대대적 의식변화사업이 보완되어야 한다.

가정폭력 및 성폭력으로부터 여성을 보호하고 폭력을 근절하기 위해서는 폭력 가해자들에 대한 상담과 교육, 일반인 및 청소년을 대상으로 예방교육이 반드시 병행돼야 한다. 그리고 피해자에 대한 보호강화와 사회복귀 지원을 내용으로 해야 한다. 그러기 위해 상담소와 피해자 보호시설의 질적 향상 및 기능 강화를 추진하고, 시설기준 종사자 자격기준을 강화하여 운영을 활성화하며, 가정폭력과 성폭력의 통합 상담서비스체제를 구축해 피해자의 직업재활교육 및 의료지원 등으로 사회복귀지원프로그램을 강화해야 한다.

■ 함께 생각해봅시다.

1. 해방 이후 외국원조기관들이 아동복지의 주체가 되었던 원인은 어디에 있는가?

2. 아동복지관련 입법경과를 살펴보고 영유아보육법의 핵심 내용과 문제점에 대해 토론해보자.

3. 영유아 가운데 시설을 이용하는 비율이 아직도 낮다. 이에 대한 개선 방향을 논의해보자.

4. 보육시설의 90%가 민간소유로 되어 있어 시설의 영세성과 프로그램 미비, 근무환경 열악 등으로 잦은 이직과 피로현상이 나타나 골머리를 앓고 있는 실정이다. 단순히 공보육을 강화하자는 주장만으로 이 문제가 해결할 수 있는가?

5. '세 살 버릇 여든 간다'는 속담에서도 알 수 있듯이 보육시설 프로그램수준과 운영방식은 국가적으로 매우 중요한 일이다. 정부도 가정에 보육료를 지원해 보육시설을 선택할 수 있는 바우처제도를 도입하려는 움직임이 있는데, 이는 어떤 장단점이 있는가?

6. 여성의 경제활동 인구가 증가하고 있지만, 비정규직, 단순노동직 등 저임금직종에 집중되어 있다. 여성 취업을 위한 훈련과정이 개선되지 못한 것도 하나의 원인이다. 어떠한 여성취업훈련이 필요한지, 그리고 지금과 같은 여성취업센터의 운영으로 효과를 볼 수 있는지 토론해보자.

7. 여성복지정책 과제 가운데 가족해체문제도 중요하다. 가족해체문제에 대한 선진국의 정책은 어떤 것이 있으며, 그 결과는 어떠한가? 그리고 우리나라는 어떤 대책을 세워야 하는가?

8. 여성, 아동복지정책 일부가 여성가족부로 이관되면서 중앙정부의 이중, 중층구조의 비효율성이 문제로 지적된다. 중앙정부의 이중적, 중층적 복지정책결정체계를 여성문제와 관련해서 토론해보자.

제 14 장

사회복지서비스정책 II

노인, 장애인

1. 노인복지

1) 노인복지정책의 발전

노인복지는 꽤 이른 시기부터 있어 왔다. 삼국시대 때 사궁이라고 해서 홀아비, 과부, 고아, 혼자 사는 노인에게 국왕들이 직접 방문 위로하고, 의류, 곡물 등을 급여하여 구제했다, 혼자 사는 노인에 대한 급여는 조선시대 《경국대전》에도, 일제 강점기 조선구호령에도 명시되어 있다. 그후 1961년 '생활보호법'이 제정돼 65세 이상의 노인에 대한 보호대상을 포괄적으로 규정했다.

하지만 노인복지에 대한 기본법은 1981년 '노인복지법'이 제정되면서 시작됐다. 이때에는 경로주간 설정, 노인복지시설 설치 및 운영, 노인건강 증진과 경로우대 등에 불과했다. 1981년 이후 사회, 경제의 변화로 노인인구 증가, 평균수명 연장, 부양회피 증가 등 노인문제가 보다 심각하고 일반화되면서 노인복지의 증진을 도모하는 데 필요한 제도를 보완, 개선하기 위해 1989년 '노인복지법'을 전면 개정하였다.

2) 노인복지 현황 및 실태

노인은 단순히 65세 이상의 고령자를 말하지 않는다. 그들은 가족과 사회를 위해 노동하여 가족의 부와 사회의 부를 생산했다. 따라서 가족과 사회로부터 존중받고 보호받을 권리가 있다.

그러나 경제적 침체와 사회적 갈등이 높아지면서 가족해체가 증가하고 노인이 소외되는 현상이 커지면서 본인이나 가족 스스로 해결하도록 하는 소극적 복지행정으로는 노인복지를 실현할 수가 없게 되었다. 우리나라는 전통적으로 가족부양의식이 강해 노인부양, 노인복지가 그리 큰 사회적 이슈화되지 못했다. 하지만 급격한 사회변동과 젊은이들의 의식 변화로 노인부양문제는 가족문제로 국한되지 않고, 지역사회와 국가차원에서 역할분담으로 대처해야 하는 사회적 문제로 대두되고 있다. 특히 노인직업의 감소, 퇴직 후 생계수단 결여, 제한된 시설보호 등 노인복지제도의 미비로 노인의 빈곤과 부양문제는 심각하다.

2005년 현재 65세 이상의 노인인구는 전 국민의 9.1%인 4,383,000명이며, 이 중 87%가 만성퇴행성질환이 있다. 노인 1인 가구 거주비율은 1980년 48%, 1990년 9.5%, 2000년 16.8%이며, 부부가구 거주비율은 1980년 10.7%, 1990년 17.5%, 2000년 29.2%로 급증하고 있다(김정석, 2005).

노인복지는 빈곤한 노인을 대상으로 하는 소극적이고 보조적인 생계보호적 행정에서 노인 모두를 대상으로, 그들의 삶의 질을 향상시키고 노인인구의 상대적 증가에 따른 고령화사회에 대한 대책 마련이 포함되어야 한다. 노인문제는 빈곤, 질병, 일로부터의 소외, 사람들과의 관계로부터의 고립이다. 따라서 일자리, 노후소득보장제도, 건강 증진과 의료서비스대책 등이 노인복지의 핵심적 정책방향이 된다.

(1) 소득보장정책

노인들에게 소득 감소를 가져오는 가장 근본적인 원인은 퇴직이다. 하지만 퇴직 후의 연금 등의 사회보장제도가 마련된 것은 1988년이고, 그 혜택을 2003년 이전에는 받을 수 없었다. 게다가 노인들의 노후생활의 가장 중요한 소득원인 퇴직금제도는 근로기준법상 의무조항이지만, 공무원, 대기업 등의 경우를 제외하고는 1992년까지 제대로 지켜지지 않았다.

노인빈곤의 또 다른 원인으로는 자녀교육과 자녀결혼에 대한 부모의 과다한 지원이다. 자녀양육에 올인하는 우리나라 가족풍속으로 부모들이 노후대책을 마련하기보다는 자녀교육과 결혼준비에 거의 대부분의

〈표 14-1〉 노인인구

(단위: 천 명)

연도별	1990	2000	2005	2010	2020	2030
전 인구	42,869	47,008	48,294	49,220	49,956	49,329
65세 이상 노인인구(%)	2,195 (5.1)	3,395 (7.2)	4,383 (9.1)	5,354 (10.9)	7,821 (15.7)	11,899 (24.1)

출처: 통계청(2005).

〈표 14-2〉 한국과 외국의 노인인구비 및 노령화 지수 비교

국가별	한국(2005)	일본	미국	영국	독일	스웨덴
65세 이상 노인인구 비율	9.1	18.4	12.3	15.9	17.3	17.2
노령화지수	45.9	129.2	58.7	85.8	113.9	94.9

* 노령화지수=65세 이상인구／0~14세 인구×100

출처: OECD(2004), *Health Data.*

재산을 바친다. 자녀들이 가정으로부터 독립하고 결혼을 준비하고, 결혼생활을 스스로 책임지는 서구와 달리, 우리나라는 부모들이 자녀의 독립을 기피하고 결혼 준비를 전적으로 책임지고, 결혼 생활의 안정까지도 책임지려 하는 경향이 크다. 반면 자녀들은 경제적 지원을 당연시 생각하면서도 반대로 노인들의 생활을 이해하지 못하기 때문에 용돈조차 궁색하게 주는 경우가 많다.

1998년 IMF 관리체제 이후 부도, 해고 등 경제적 위기로 가족해체 현상이 두드러지면서 연락이 두절되어 자식으로부터 버림받는 경우가 늘었으며, 또한 오히려 노인들이 손자, 손녀 등을 떠맡게 되는 경향이 증가했다. 65세 이상 노인 중 빈곤노인은 13% 정도이며, 2004년 말 1,420,000명, 717,861가구 중 33.3%가 노인세대이다. 용돈을 제대로

〈표 14-3〉 만성질환 유병률

(단 위: %)

구분		계	65~69세	70~74세	75세 이상
합계		86.7	85.2	87.6	87.8
지역	도시	85.3	82.9	88.1	85.8
	농촌	89.1	89.6	86.8	90.7
성별	남	77.4	75.8	79.4	78.0
	여	92.2	92.0	92.0	92.5

출처: 한국보건사회연구원(1998), "전국노인생활실태 및 복지욕구조사".

〈표 14-4〉 치매노인 수 추계

구 분	치매노인 수				
	1995년	2000년	2005년	2010년	2020년
치매노인 수	218,096	277,748	362,375	433,918	619,132
치매 유병률	8.3	8.2	8.3	8.6	9.0

출처: 한국보건사회연구원(1997), "치매관리 Mapping 개발연구".

쓸 수 없는 노인까지 합하면 전체 노인의 과반수가 경제적 어려움을 겪고 있는 것으로 예상된다.

지금까지의 소득보장정책은 65세(1933년 7.1 이전 출생) 이상의 빈곤층 500,000명의 노인들에게 1인당 월 35,000원에서 50,000원의 경로연금을 지급하는 것이었다. 경로연금제 도입 당시에 특례연금가입자 대상자에서 제외했으나 이마저 가입하지 않은 1933년 7월1일 이후 출생자들이 여전히 수급대상에서 제외되어 저소득층의 소득보장정책으로서 실효성이 떨어진다는 비판이 제기되었다.

1981년부터 대한노인회에서는 노인 취업상담 및 취업알선을 위한 노인과 노인인력은행과 취업상담센터를 설치, 운영하지만, 노인일자리사업은 제자리걸음이다. 또한 경로당 또는 노인복지시설로서 작업장 설치가 가능한 시설에 공동작업장을 설치하고 있다.

(2) 건강증진과 의료서비스정책

노인의 질병은 만성적인 것이어서 병원이나 요양원에서의 보호에도 별 효과를 얻지 못하는 경우가 대부분이다. 고혈압, 당뇨, 관절염 등 만성노인질환을 가진 경우가 대부분이기 때문에 계속적 치료가 필요하다. 특히 합병증으로 거동이 불편해지거나 완전히 누워있거나 치매 등으로 인해 간호보호가 절실한 경우도 적지 않다. 한국의 치매출현율은 보건복지부 2004년도의 자료에 따르면 75~79세의 8.3%인데, 2010년에는 10.6%로 증가되고 2004년 65세 이상 노인의 약 14.8%인 620,000명이 타인이 도움을 받아야 할 요양보호대상자로 추정되며 2010년에 790,000명, 2020년에는 1140,000명으로 늘어날 전망이다.

노인질환 조기발견, 예방적 차원의 건강지도 및 보건교육 등도 매우 중요하다. 건강보장과 관련해서 1983년부터 저소득노인을 대상으로 무료노인건강진단을 실시하고 있으며, 1996년부터는 의료보험 적용기간을 365일로 확대하였으며, '노인건강관리법'을 제정하여 건강상담을 통한 치료, 요양, 재활서비스 공급을 체계화하였다.

〈표 14-5〉 노인의료비 증가 추이

연 도	전체 진료비(증가지수)	노인진료비(증가지수)	노인의료비 구성비(%)
1985	583,278(100)	27,515(100)	4.7
1990	2,219,773(381)	239,173(869)	8.2
1995	5,977,453(1,025)	728,137(2,643)	12.2
2000	13,140,959(2,233)	2,289,300(8,320)	17.4
2003	20,533,559(3,520)	4,372,305(15,891)	21.3
2004	22,355,900(3,832)	5,109,700(18,570)	22.9

출처: 국민건강보험관리공단(각 연도)

보건소에서는 노인에 대한 당뇨, 고혈압 등에 대한 질병치료를 무료로 진단, 치료하고 있다. 중풍, 치매 등 와상질환 노인에 대한 전문진료체계를 확립하기 위해 치매노인전문센터 등 노인병원을 확충해 2004년 현재 391개소로 증가했다.

(3) 노인일자리

노인일자리문제는 그 중요성에 비해 별다른 정책이 없었다. 노인적합직종을 지정해 노인들에게 일자리를 제도적으로 보장하려고 했으나 IMF 이후 40~50대의 퇴직자들이 증가하면서 이마저 유명무실해졌다. 외국에서 노인적합직종을 확대하고 임의적용이 아닌 강제적용을 하는 사례도 있으므로 한국도 노인적합직종 가운데 강제 적용할 수 있는 직종을 순차적으로 확대하는 방안을 추진할 필요가 있다.

또 일부 국가에서 연금재정적자문제 때문에 정년을 연장하여 노인일자리를 유지하면서 연금지급연령을 늦추는 경향도 나타나고 있다.

(4) 소외감대책

일과 가족 등 사회로부터의 소외와 고립을 해소하기 위한 대책으로 노인부양에 따른 각종 세제혜택 부여, 경로효친사상 앙양, 노인여가활동 지원 등이 있었다.

노인부양에 따른 각종 세제혜택으로는 상속세 공제와 소득세 공제가 있으며, 노부모봉양수당 지급과 주택자금 할증지원 등이 있다. 상속세로는 주택상속 공제와 30,000,000원의 노인인적 공제가 있는데, 주택상속공제는 3대 이상 대물림한 주택이나 5년 이상 동거봉양한 자가 상속받은 주택에 대하여 주택가액의 90% 추가공제를 한다. 소득세 공제로는 부양가족 공제와 경로우대 공제, 양도소득세 면제 등이 있는데, 65세 이상 부모와 자녀가 각각 주택을 소유하다가 세대를 합치기 위해 하나의 주택을 팔 경우 3년 이상 거주, 1년 이내 매매일 경우에 부양가족 공제와 양도소득세 면제를 한다. 경로우대 공제는 65세 이상 노인부양자가 있을 경우 연 480,000원을 지급한다.

경로우대제도로 1980년 어버이날을 기해 70세 이상의 노인에게 철도, 목욕 등 8개 업종에 실시되었고, 1982년에는 대상노인을 65세 이상으로 확대하는 한편 우대업종도 8개 업종에서 시내버스, 극장 등 5개 업종이 추가되어 13개 업종으로 됐다. 그러다가 승차거부, 불친절 등의 문제가 커지면서 1995년부터는 노인교통비를 분기별로 노인들에게 직접 지급하고 있다.

노인여가활동 지원과 관련해서는 경로당에 매년 난방비와 운영비를 지원하고 있다.

(5) 노인전문복지시설 지원정책

노인복지시설은 양로시설, 노인요양시설, 실비양로시설, 실비노인요양시설, 실비노인복지주택, 유료양로시설, 유료노인요양시설, 유료노인복지주택, 노인복지회관 등 9종으로 구별하여 규정하고 있으며 노인복지시설의 현황은 〈표 14-6, 7〉과 같다.

3) 노인복지의 과제 및 방향

노인복지정책은 실효성보다는 정치적 목적으로 생색내기 및 전시용이 많았다. 대표적인 것이 노인취업상담과 공동작업장 등 취업관련 사업들이다. 하지만 노인들이 느끼는 가장 큰 고통은 경제적 빈곤으로 소득 상실, 수입 감소에 따른 빈곤문제이다.

〈표 14-6〉 요양보호대상 노인 현황

노인 현황 (총 노인 4,383,000명)	요양보호 대상 노인	시설 현황 (2004년 말 기준)	비용부담
기초수급자 352,000명	43,000명	무료시설 239개소 18,000명	무 료
서민층 2,716,000명 *도시노동자 월 평균소득 이하	242,000명	실비시설 43개소 2,400명	본인부담 50% (400,000~ 700,000원)
중산층 이상 1,315,000명	117,000명	유료시설 75개소 2,600명 요양병상 입원 20,000명	전액 본인부담 (1,000,000~ 2,500,000원)

* 요양보호가 필요한 중산층 이상의 노인 수를 소득계층별 노인의 9%로 추정한 수치

출처: 희망한국21(2005).

〈표 14-7〉 노인복지시설 현황(2004년 1월 31일 현재)

구분	계			무료시설			실비시설			유료시설		
	합계	양로	요양	전문요양	양로	요양	전문요양	양로	요양	양로	요양	전문요양
시설 수	391	107	180	104	73	132	97	5	35	29	13	7
입소 인원	22,597	5,527	9,727	7,343	3,809	8,061	6,824	147	1,293	1,571	373	519

출처: 희망한국21(2005).

(1) 소득보장의 현실화

노인이 기본적으로 생활을 할 수 있도록 소득을 보장받는 것이 가장 중요하다. 현재의 기초생활수급자인 노인의 경우는 최저생계비 수준을 보장받고 있지만, 이 경우 노인의 8%에 불과하다. 즉, 부양자가 법적으로 존재하는 무의탁노인의 경우는 기초생활보장제도의 적용대상이 아니다. 뿐만 아니라 빈곤노인 외에도 노인들의 빈곤을 해결하기 위해서는 소득보장이 현실화될 필요가 있다. 경로연금제도를 개혁해 지급대상을 중·하층까지 확대하고 지급액을 현실화하는 방법을 모색하거나 사각지대를 해소할 수 있는 연금체계개편을 강구할 필요가 있다.

(2) 정년연장

노인들의 소득 상실, 소외감 증대는 퇴직과 관련이 높다. 게다가 조기 퇴직과 사회적 참여 프로그램 미비로 가족간의 문제뿐 아니라 사회, 지역사회로부터 퇴출당했다는 소외감과 위축감이 더해지는 경향이 크다. 특히 연금 등 노후생활이 퇴직 이전과 70~80% 정도로 차이가 적은 서구의 경우와 다르게 한국의 노인들은 가족과 사회로부터 소외되고 갈등과 고독감이 클 수밖에 없다. 유럽대륙에서는 조기 퇴직정책의 문제점이 드러나 이를 보완하기 위해 정년연장정책을 적극 검토하고 있다. 퇴직 연령이 60대 초반에서 40~50대 중·초반으로 퇴직 대상이 낮아지는 것은 그만큼 노인복지 지출이 많아짐을 의미한다. 정년퇴직을 연장하여 부담을 줄이는 것이 필요하다.

(3) 의료보장 급여수준 확대

노인들은 만성질환이 대부분이기 때문에 의료비 부담이 클 수밖에 없다. 따라서 의료급여에서 지급되는 노인의료비 비율을 높이고 자체부담률을 낮추는 것이 바람직하다. 특히 만성질환에 대한 수가체계와 약가체계, 진료남용과 중복진료, 약품의 과다사용, 마약처방 등에 대한 별도대책이 필요하다. 노인성질환 검진과 관련이 되는 CT, MRI 촬영 등 각종 검진항목에 대한 의료보험이 적용, 확대되어야 한다. 또한 안경, 보청기, 틀니, 지팡이, 휠체어 등 의료보장기구비용을 의료보험과 의료급여비용에서 지급할 수 있도록 해야 한다.

(4) 시설복지와 재가복지의 병행

노인의 질병은 만성적이고 퇴행적이어서 의료비의 부담이 커지고 간호보호가 어려워지는 속성을 갖고 있다. 따라서 양로원, 요양원 등 시설복지를 개선하고 확대해야 한다. 호스피스법, 노인병원관련법 등을 제정, 개정해 현실에 맞는 간병, 간호를 할 수 있도록 이를 제도화해야 한다.

그런데 시설보호에도 한계가 있으며, 가정에서 간호보호할 수 있는 재가복지체계를 병행, 강화하는 것이 필요하다. 그러나 가족 수의 감소, 가족형태의 변화, 여성취업의 증가 등으로 가정간호가 어려워지고 있기 때문에 간병인서비스, 가정방문간호사서비스, 가정봉사원서비스 등 노인들의 건강보호를 위한 체계를 갖추고 제도화하는 것이 매우 중요하다.

(5) 주택급여 및 서비스 확대

한국의 주택정책은 대상자의 경제적 여건과 수요자들의 만족도를 거의 고려하지 않고 공급 물량 중심으로 추진되고 있다. 노인에게 적합한 구조를 가진 노인전용주택의 공급도 거의 없다. 대부분의 노인은 관절염 등 퇴행성 질환으로 거동이 불편하다. 2000년 당시 1인 가구 거주비율이 16.8%, 부부가구 거주비율이 29.2%로 적지 않다. 노인이 생활하기에 적합한 구조로 된 주택이 공급될 필요가 있다(김정석, 2005). 독거노인을 위한 영구임대주택의 공급도 늘려야 하며, 이들을 일상체계에서 지원하고 문제를 발견할 수 있는 전달체계를 갖추어야 한다.

(6) 다양한 사회적 서비스 개발 필요

지금까지는 노인복지급여는 주로 소득보장과 의료보장에 국한되었다. 그것도 대부분 공적부조를 받을 수 있는 절대빈곤노인에 한해서였다. 앞으로는 다양한 노인들의 욕구를 충족시키는 사회적 서비스가 개발될 필요가 있다. 취업 등 일을 하고자 하는 욕구, 사회에 기여하고자 하는 욕구, 건강한 생활과 편안하게 임종을 할 수 있는 건강과 관련된 욕구, 여가 및 문화생활을 할 욕구, 소외 및 고독의 문제를 해결할 욕구 등을 간호서비스와 소득보장서비스, 노인 일자리 제공, 사회적 서비스를 결합시켜 발전시켜야 한다.

2. 장애인복지

1) 장애인복지의 발전과정

예전에는 장애인을 업보로 처벌받고 있다는 시각이 지배적이어서 죄인과 동일시하는 경향이 컸다. 불쌍하다는 마음과 불결하고 가까이하기 꺼리는 이른바 기피대상, 기피집단으로 여겨졌다. 최근까지도 인근에 장애인시설이 들어선다면 설치를 반대하는 플래카드가 버젓이 내걸리고 있다.

장애인에 대한 보호개념이 시작된 것은 6·25전쟁으로 인한 상이군인처럼 부상을 당한 고아들을 수용보호하는 것으로부터 시작된다. 하지만 이때도 불의의 사고로 인한 장애아동 및 장애인 보호는 다분히 사회와 격리한다는 의미가 더 강했다. 사회나 국가가 장애인들에 대한 보호조치가 미흡하고, 스스로 자립하기 어렵게 되자 장애인들은 구걸에 나서게 되고, 이를 악용하는 사례들이 늘면서 장애인에 대한 기피현상은 계속되었다.

장애인복지에 대한 시작은 1981년 세계장애인의 해를 기점으로 '심신장애자복지법'의 제정과 당시 보건사회부의 전담 부서인 재활과를 설치하면서부터다. 장애인복지시설을 개선, 확충하고 수용보호사업의 내실화를 도모하는 한편, 저소득중증장애인을 중심으로 한 재가장애인 복지서비스를 확대하기 시작했다.

본격적 장애인복지정책은 1988년 장애인올림픽대회를 기점으로 장애인복지대책위원회 규정을 공포, 장애인들의 복지요구에 부응하면서부터이다. 장애인복지정책은 등록사업 전국 확대 실시, 상속세 및 소득세 공제, 보철용 승용자동차 특별소비세 및 자동차세 감면, 전화요금 감면, 저소득 중증·중복장애인 생계보조수당 지급, 의료비 지원으로 구체화되었다. 또 장애인승용차 LPG 사용시 감세와 고속도로통행료 감면, 국공립박물관 및 고궁 무료 입장, 철도 및 지하철 요금 50% 할인, 저소득장애인가구 자녀교육비 지원 및 자립자금 대여, 재가장애인 순회재활서비스 실시 등으로 확대되었다.

2) 장애인복지의 현황 및 실태

(1) 장애인복지의 개념

우리나라의 장애인은 총인구의 10%, 4,000,000명에 이른다는 보고가 있다. 하지만 2004년 등록된 장애인 수는 1,610,000여 명이다. 미국의 17%에 비하면 터무니없이 적다. 이 같은 까닭은 장애인의 범주를 어떻게 설정하느냐와 장애인에 대한 실태조사가 정확치 않다는 것을 의미한다.

장애인복지법 제 1조에서는 장애인복지를 "장애발생의 예방과 장애인의 재활 및 보호"로 규정하면서 2조에서는 그 유형을 지체장애, 시각장애, 청각장애, 언어장애, 정신지체 등으로 규정한다.

장애인은 장애조건 및 특성에 따라 정신지체, 학습장애 등 지적장애, 정서장애, 언어장애 등 의사소통장애, 청각, 시각장애 등 감각기능상의 장애, 운동기능상의 장애인 지체장애 등으로 나눌 수 있다(Harris, 1977).

〈표 14-8〉 장애인 등록현황

연 도	1999년	2000년	2001년	2002년	2003년	2004년 9월
등록현황	753, 451	1, 024, 371	1, 134, 177	1, 294, 254	1, 454, 215	1, 568, 261

출처: 《2004 보건복지백서》 (2005).

장애인 발생의 원인을 살펴보면, 그 첫 번째가 산업화에 따른 산업재해와 교통사고의 증대이다. 두 번째가 약물복용, 담배 및 유해물질 섭취로 인한 선천성장애이고, 세 번째가 환경문제로 인한 장애아 출산 등이다. 따라서 장애가족의 문제가 아니라 사회환경의 변화에 따른 장애 출현 가능성이 크기 때문에 장애인의 복지요구는 정당하고 당연하다 하겠다.

UN총회에서 1975년 장애인권리선언을 필두로 하여 1981년을 세계장애인의 해로 정하고 1983년부터 1992년까지 10년간 장애인을 위한 10년으로 정해 장애인 복지향상에 노력을 기울였다.

장애인복지의 가장 기본은 똑같은 인간이라는 점에서의 존중받을 가치를 지녔다는 것이다. 따라서 장애라는 이유로 편견과 선입관, 차별을 받아서는 안되며(장애인복지법 제3조 2항), 사회로부터 고립, 격리되는 것이 아니라 사회구성원으로 정치, 경제, 사회, 문화 등 모든 분야에서 사회적 참여를 하고 활동을 할 권리를 갖고 있다(제3조 2항)는 것이다. 따라서 자립생활의 보장(제4조)과 장애발생의 예방과 조기발견, 보호 및 복지 증진(제5조 1항)에 국가와 지방자치단체의 책임을 규정하는 것이다.

(2) 장애인복지 실태

2004년 말 현재 장애인의 수는 1, 610, 994명으로 추정된다. 장애 등록별로 보면 지체가 가장 많은 883, 296명으로 전체의 54. 83%를 차지하고, 시각이 10. 56%, 뇌병변이 8. 86% 순이다.

장애인복지 중 가장 우선적으로 이루어지는 분야가 의료재활서비스이다. 생활이 어려운 장애인에게는 의료비를 지원하고, 의료재활서비스를 확대하기 위해 재활전문가, 물리치료사, 작업치료사 등 전문인력을 양성하고 국립재활병원 등 재활병원을 개원하고, 종합병원에 재활의학과를 설치했다.

저소득장애인 의료비 및 보장구 지원을 확대하고 장애 발생을 예방하기 위해 전 사업장에 무재해운동을 벌이고 교통안전대책을 강화하는 한편, 보육시설, 보건의료기관, 유치원 기타 교육기관을 통해 조기 발견에 대한 교육을 강화하고 있다.

직업재활서비스를 통해 장애인들이 일할 수 있는 근로시설과 보호작업장을 증설해 직업훈련 및 취업알선을 하며, 장애인고용촉진공단을 1990년도에 설립해 체계적 장애인직업훈련을 실시하고, 1991년부터 장애인의무고용제도를 실시토록 해 장애인들이 취업하고 있다.

하지만 재활서비스를 제공할 수 있는 시설이 절대 부족하고 장애인 취업도 별다른 성과를 내지 못하고 있기 때문에 강제적용방식으로 전환하고 일관성 있는 관리와 체계적 서비스체계 구축이 추진돼야 한다.

장애인소득보장과 생활안정지원은 1991년도에 심신장애자복지법령을 장애인복지법 시행령, 시행규칙으로 개정, 자녀학비 지원, 생업자금 대부, 생계보조수당 지급, 공공요금 감면 등 장애인의 소득보장을 위한 지원을 마련하기 시작했다. 생활보호법이 실시되면서 생활보호급여와 장애인생계수당제도를 두었으며, 현재는 기초생활보장법에 의해 기초수급자에 대한 생계급여 등 다양한 기초생활보장을 추구한다.

〈표 14-9〉 장애유형별 등록현황(2004년 12월 기준)

구분	지체	시각	뇌병변	청각	정신지체	정신	신장	언어	총계
인원(명)	883,296	170,107	142,804	141,908	119,207	54,333	38,175	13,474	1,610,994
비율(%)	54.83	10.56	8.86	8.81	7.40	3.37	2.37	0.84	
구분	심장	호흡기	장루요루	발달	간질	간	안면	-	총비율
인원(명)	11,634	9,768	8,182	7,740	5,180	4,072	1,114	-	100
비율(%)	0.72	0.61	0.51	0.48	0.32	0.25	0.07	-	

출처: 《2004 보건복지백서》(2005).

〈표 14-10〉 장애정도별 등록인원(2004년 12월 기준)

구분		계	1급	2급	3급	4급	5급	6급
총계		1,610,994	158,819	299,463	297,858	223,181	280,465	351,208
비율(%)		100.0	9.9	18.6	18.5	13.9	17.4	21.8
성별	남	1,047,562	94,358	180,001	200,109	144,089	177,790	251,215
	비율(%)	65.0	59.4	60.1	67.2	64.6	63.4	71.5
	여	563,432	64,461	119,462	97,749	79,092	102,675	99,993
	비율(%)	35.0	40.6	39.9	32.8	35.4	36.6	28.5

출처: 《2004 보건복지백서》 (2005).

〈표 14-11〉 장애인시설 현황

구분	총계	장애인 생활시설	직업재활관련		장애인 복지관	공동생활가정 등 지역사회시설	심부름 센터	장애인 체육관	수화 통역
			일반회계	기 금					
개소 수	1,191	238	244	168	125	299	51	16	50

출처: 《희망한국21》 (2005).

2005년 현재 25개소의 장애인종합복지관이 운영중이며, 비인가 장애시설을 인가시설로 전환, 양성화하면서 장애인착취, 비리의 싹을 근절시키고자 노력하고 있다. 또 재가장애인이용시설을 확충하고 있다. 현재 299개소가 운영되는데, 재가장애인에 대한 순회재활서비스가 확대되고 있다.

3) 장애인복지의 과제 및 방향

장애인복지의 가장 우선적인 과제는 장애원인과 시점을 정확히 파악하여 대처하는 일이다. 정신지체 및 언어장애는 6세 이전에, 지체장애는 20세 이후, 시각장애는 40세 이후, 청각장애는 60세 이후에 발생시기가 집중되고 있다. 또한 장애의 대부분이 출생 이후에 나타난다는 것이다. 출생시 발생되는 의료적, 유전적 문제점을 예방한다면 장애 발병률은 훨씬 줄어들 수 있을 것이다.

(1) 소득보장체계 강화

장애인가구의 평균소득이 1,082,000원(2000년)으로 도시노동자 가구소득 2,330,000원의 46.4%이었고, 전 국민 평균가구 소득의 65% 수준에 지나지 않는다는 보고도 있는 현실에서 장애인들의 빈곤문제는 매우 심각하다. 따라서 기초생활수급자도 장애인의 경우 수당의 현실화와 일정한 소득 이하의 장애인 가구에 대한 생계지원을 강화할 필요가 있다.

(2) 자립조건 강화

장애인이 가장 바라는 것은 자립적 생활이다. 가벼운 장애인뿐만 아니라 중증인 장애인조차 자립하고 싶은 욕구가 강하다. 장애인의 자립은 신체 동작에서 직업적, 경제적 자립까지 다양하다. 중요한 것은 자신에게 남아있는 능력을 개발하고 증진시킬 수 있는 조건 향상에 초점이 맞추어져야 한다.

(3) 정상화와 통합화

정상화란 불리한 조건들을 갖고 있지만, 지역사회에서 일상생활상의 모든 욕구를 충족시키면서 다른 사람들과 더불어 살아갈 수 있는 여건을 말한다. 통합화란 교육, 노동, 의료, 주거, 교통수단, 문화생활 등 생활 전체가 상호연계, 통합되어야 하며, 생애주기상 문제들이 괴리가 없도록 하는 등 기능적, 사회적 측면에서 모든 기회와 조건에 서로 공동 협력하기 위한 가능성을 추구하는 과정이다.

이밖에 주택구조 개선, 생활권의 네트워크화, 복지 전달체계의 통합 등 조건을 만드는 일도 중요하다.

〈표 14-12〉 장애인 장애등급별 소득수준 분포(2004년 6월 기준)

(단 위: 원)

구 분	장애등급						전 체
	1	2	3	4	5	6	
수급자	49,930	61,972	64,690	34,804	32,600	42,819	286,815
	32.8%	21.4%	22.5%	16.3%	12.4%	13.1%	18.7%
차상위	12,744	21,035	27,803	12,020	18,560	27,220	119,382
	8.4%	7.3%	9.7%	5.6%	7.1%	8.3%	7.8%
차차상위	29,330	75,062	59,205	70,313	77,029	83,051	393,990
	19.2%	25.9%	20.6%	33.0%	29.4%	25.4%	25.7%
150% 이상	60,397	131,802	135,691	96,157	133,783	174,405	732,235
	39.6%	45.5%	47.2%	45.1%	51.1%	53.3%	47.8%
계	152,401	289,871	287,389	213,294	261,972	327,495	1,532,422
	100.0%	100.0%	100.0%	100.0%	100.0%	100.0%	100.0%

출처: 희망한국21(2005).

(4) 사회참여 및 활동력 배가

지역사회의 진정한 구성원이란 모든 사회활동에 참여할 수 있어야 한다. 정책 형성단계에서부터 평가, 결정단계까지 참여해 자신의 욕구 및 요구를 반영시켜야 한다. 그러기 위해서는 자신의 의사 전달을 정확하게 할 수 있는 조건을 마련하는 것이 중요하다. 점자, 수화, 이동의 자유 등은 물론이고, 정보화시대에 걸맞는 인터넷 사용 등으로 보다 폭넓은 정보를 습득하고 자신의 의견을 정리할 수 있도록 하는 권리가 보장돼야 한다.

(5) 장애인교육 증대

특수교육기관과 일반 학교의 특수학급이 증설돼 전문적 장애인교육이 강화될 필요가 있으며, 이와 더불어 정상인과 장애인과의 통합 교육이 가능한 한 폭넓게 진행되어 발달단계와 생애주기별로 자연스럽게 정상인과 장애인이 서로를 이해할 수 있는 공간과 기회가 주어져야 한다. 고등학교 교육이 끝나면 장애인 교육이 종료되는데, 전문대학, 대학교육은 물론이고, 더 나아가 평생교육이라는 취지에 맞게 장애인교육도 변화, 강화될 필요가 있다.

■ 함께 생각해봅시다.

1. 노인들의 의료비가 2005년에 전년도에 비해 18% 이상 폭증했다. 이런 속도로 나간다면 노인들의 의료파산도 남의 나라 일만이 아니다. 어떤 대책이 있어야 하는지, 의료제도의 어떤 점을 개선해야 하는지 토론해보자.

2. 노인 일자리 확보를 위해 노인적합직종 가운데 강제적용을 해도 노동시장의 자율성을 침해하지 않는 분야는 어떤 직종인가?

3. 장애인들의 평균소득이 국민일반의 평균소득과 현저하게 떨어지는 이유는 어디에 있는가?

4. 장애시설이 늘어나서 보호가 필요한 장애인들에게 큰 도움이 되고 있는 것은 사실이지만, 가족과 사회로부터 격리된다는 점에서 문제점도 많은데, 그 구체적 해결방안은 무엇이 좋은가?

5. 언론 등에서 가짜 장애인 등의 보도로 인해 장애인들이 고통을 받는 경우도 있다. 어떤 제도의 허점으로 가짜 장애인들이 발생하는 것인가?

6. 장애인복지예산 사용과정에서 합리성이 결여된 사례도 적지 않다. 차량등록과정이나 유류비, 고속도로통행료 감면 조치 등 이동권에 쓰이는 예산규모에 비해 소득보장이나 교육, 재활관련예산이 턱없이 적은데 이런 현상은 왜 생겼나?

7. 현재 장애인복지조차 제대로 하지 못하면서 장애인범위를 넓히는 것은 바람직하지 않다는 견해도 있고, 선진국 수준의 장애인 범주에는 미흡하므로 범위 확대를 우선해야 한다는 견해도 있다. 현재 시점에서 어느 견해가 타당하다고 보는가?

제 5 부

21세기 한국사회복지정책의 과제와 전망

제 15 장 사회양극화, 고령화대책과 지역복지

1. 사회양극화

1) 신빈곤과 사회적 배제

각 나라마다 사회적으로 심각한 문제가 다르다. 정치경제적 조건이 다르기 때문이다. 유럽이 고실업이라면, 미국은 빈곤이고, 우리나라의 경우는 양극화현상이라 할 수 있다. 수출-내수는 물론이고 대기업-중소기업, IT산업-경공업, 도시-농촌, 대도시-중소도시 등 산업간, 기업규모간, 지역간 괴리가 점점 확대되면서 다양한 부문에서 양극화 현상이 심화되고 있다. 이런 현상은 IMF 이전과 이후가 질적으로 다르다. IMF 이전에도 양극화 현상이 있었다. 하지만 국민경제 내 지속적 성장과정에서 일어나는 현상이었다. IMF 이후에는 한국경제가 독자적인 성장과정을 멈추고 초국적 자본의 하위체계로 재편되면서 장기적인 경기침체와 내수 불경기, 장기실업자와 신빈곤층 급증이라는 조건 속에서 나타나고 있다. 이 상태는 정치경제적 조건이 변화하지 않는 한 크게 변하지 않을 가능성이 높다. 이에 따라 취업자와 미취업자, 정규직과 비정규직, 고수익자영업자와 영세자영업자, 성장지역인과 낙후지역인 간 양극화 등으로 이중적 중층적 양극화현상을 특징으로 하고 있다.

특히 소득의 양극화가 두드러진다. 노동연구원의 자료에 따르면, 1993년부터 2002년에 보수 수준을 기준으로 상위 30%와 하위 30%의 직업에서 일자리가 크게 늘어난 반면, 중위권인 40~70%의 직업에서의 일자리는 정체된 것으로 나타나고 있다. 이 과정에서 노동자 내부의 내부자와 외부자의 분리가 발생하고, 외부자는 비정규직노동자, 영세자영업자, 실업자 등으로 끊임없이 빈곤의 위험에 노출되어 있다. 즉, 신빈곤층이 발생한 것이다.

(1) 사회적 배제와 신빈곤

빈곤이란 가난한 상태를 말한다. 필요한 자원이 결핍된 상태, 사회적 행위에 참여할 기회가 박탈된 상태 등을 모두 포괄한다. 이 빈곤에 대한 개념은 절대적 빈곤, 상대적 빈곤, 주관적 빈곤 등 다양한 개념으로 설명되었다. 그런데 초국적 독점자본주의시대는 새로운 빈곤현상, 즉 사회양극화, 사회적 배제 등의 개념이 더 부가되어야 빈곤을 설명할 수 있게 되었다.

사회적 배제란 시기와 국가에 따라 다르게 정의하고 있다. EU는 사회적 배제의 책임이 개인에게 있지 않고, 주거와 취업, 건강 그리고 적절한 생활조건 등과 같은 기회와 주요 결정과정으로부터 개인과 집단이 차단되는 다차원적 불이익형태라고 설명하였다(백선희, 2001). 또한 기든스(Giddens, 1998)는 사회적 배제를 사회의 주류로부터 집단들을 격리시키는 일종의 메커니즘으로써, 배제극복이란 빈곤계층에 초점을 맞춘 구호 프로그램이 공동체를 중심으로 이들의 민주적 참여를 중시하는 방향으로 재조정될 때 가능하다고 보았다. 룸(Room, 1995)은 부적합한 사회참여, 사회통합 부족, 권력 부족으로, 단순한 분배적 이슈와 관련있는 빈곤과 다르게 분석했다.

실버(Silver, 1994)는 사회적 배제를 사회적 권리의 부정이나 비실현된 상태라고 말했다. 특히 그는 사회연대패러다임, 독점패러다임, 분화패러다임 등 세 가지로 정의를 내렸다. 첫째, 사회연대패러다임은 프랑스 공화주의에 사상적 기초를 두었으며, 여기서 배제는 개인과 사회 간 사회적 유대가 붕괴되었을 때 발생한다고 보며, 이의 극복을 위해 도덕적 통합을 회복해야 한다고 주장한다(정이윤, 2003). 다음으로 독점패러다임은 사회민주주의를 사상적 기초로 삼으며, 계급, 지위, 정치적 권력의 소유로 내적 집단과 외적 집단이 분리되고 노동시장이 이분화되는 과정에서 내부자가 희소자원을 독점하여 불평등을 영구화하려 할 때 배제가 발생한다고 본다. 배제극복방법으로 시민권이 확장돼야 한다고 말한다. 마지막으로 분화패러다임은 자유주의적 사상을 기초로 하고 있는데, 전문화되고 경쟁적인 여러 하위영역들로 구성된 사회에서 개인이 경쟁을 통해 자유롭게 진입, 이탈할 수 없는 집단이 생겨난다면 배제가 발생한다고 본다. 차별금지가 배제의 극복방안이라고 제안한다.

이 밖에 베르그만(Berghman, 1995)은 시민적 통합을 위한 민주적 및 법적 체계, 경제적 통합을 위한 노동시장체계, 사회적 통합을 위한 복지국가체계 및 가족과 지역사회체계들 중에서 하나 이상의 실패에 따른 상태라 보았다. 더피(Duffy, 1987)는 여기에 소비자 사회로부터의 배제와 고용 혹은 노동의 사회적 지위로부터의 배제를 포함시켰다.

따라서 신빈곤의 측정에 고려해야 할 요소들은 ① 경제적 양극화의 심화에 따른 불이익과 사회적 배제현상이 커지면서 자금, 지식, 시간, 사회적 지위, 인적 관계망 등 권력자원의 결핍상태, ② 이중 구조화된 노동시장에서 주변적 노동자화로 인한 빈곤화, 정치적 영향력 배제와 사회통합 부족으로 인한 소외 및 삶의 기회박탈 ③ 도덕적 연대의 분열과 시민권의 사각지대 증대로 인한 정치적 무력화 등이다. 다시 말하면 경제적으로는 시장의 문제, 즉 경쟁의 불완전성과 시장의 다중구조화이고, 정치적으로는 민주주의, 즉 국가제도와 법률이 누구를 위한 무엇을 위한 것인가 이다. 사회적으로는 약자보호를 위한 조직들이 무엇이 있으며, 사회규범이나 도덕은 어떠한가 등이 사회적 배제, 신빈곤의 지표다.

(2) 근로빈곤층 부상

IMF 경제위기 이후 빈곤은 근로능력이 있는 빈곤층이 다수를 구성한다는 점에서 근로능력이 없는 취약집단을 주류로 하고 있던 IMF 이전과 구별된다(구인회, 2002). 노동시장의 유연화, 산업구조와 인력구조의 재조정, 기업의 양적 구조조정 등을 골자로 한 신자유주의적 고용정책은 노동계층의 내부 구성집단에 다른 효과를 가져왔다. 경쟁력을 갖춘 노동계층에게는 비교적 유리하게 작용하는 반면 미숙련 노동자와 취약계층에게는 매우 불리한 조건을 제공한다(송호근, 2001). 숙련노동자들은 임금 프리미엄을 누리는 대신에 반숙련, 미숙련 노동자들은 저임금을 강요당하고, 일자리는 갖고 있지만 불안정하기 때문에 빈곤을 면치 못하는 근로빈곤층으로 전락하게 되는 것이다.

1980년대만 해도 노동자 4명당 1명꼴로 비정규직이었다(김영란, 2005). 그러나 1996년 43.2%에서 2003년 일용직과 임시직은 전체 임금노동자의 49.5%로 상승하였다(한국은행, 2004). 특히 비정규노동자의 1%만이 정규직으로의 이행에 성공한 반면, 80%가 넘는 비정규직 노동자들이 비정규직 일자리에서 이탈한 후 2년 이내 다시 비정규직 일자리로 돌아오는 것으로 나타났다(남재량·김태기, 2000). 노동시장 내에서 정규직과 비정규직 간 이동성이 차단된 분절구조가 고착되고 있는 것이다. 2002년과 2003년도의 법정 최저임금인 시간당 2,275원에 못 미치는 노동자의 수가 776,000명으로 이들 중 비정규직이 736,000명이며, 법정 최저임금조차 보장받지 못하는 노동자 중 95.1%가 비정규노동자이고, 비정규노동자들의 10명 중 1명이 법정 최저임금보다 낮은 임금을 받고 있다(이병훈, 2004).

(3) 사회보험과 공공부조의 사각지대

빈곤층의 사회보험 가입률을 살펴보면, 5인 미만 영세사업장 종사자의 미가입률이 높다. 국민연금 미가입자는 전체 가입대상의 40.5%로 추정되며, 최저생계비 기준 빈곤층의 국민연금 미가입자 비율은 79.2%에 이르고 있다(한국보건사회연구원, 2003). 이는 현재 연금가입 연령의 빈곤층 중 상당수가 미래의 빈곤층으로 전락할 위험성을 안고 있다는 점을 시사한다.

산재보험가입자 대상 중 미가입자의 비율은 27.4%이고, 빈곤층 중 미가입자 비율은 63.1%로 나타나고 있다. 고용보험가입 대상자 중 미가입자 비율은 57.8%로 추정되며, 빈곤층 중 미가입자 비율은 86.9%로 매우 높은 수치이다. 이는 빈곤층 임금노동자의 94.6%가 비정규직 노동자라는 점과 무관하지 않다(열린정책연구원, 2005년 1/4분기).

또한 2002년 8월 현재 임금노동자수 대비 피보험자 가입률이 52.2%이며, 적용대상 대비 적용률이 61.9%에 머물러 저소득층의 상당수가 실업급여와 적극적 노동시장정책에서 제외되어 있다는 분석도 제기된다(황덕순, 2003). 또 일용노동자의 4분의 3, 비정규직의 3분의 1이 고용보험의 사각지대에 놓여 있다(구인회, 2005).

건강보험 역시 미가입자 비율은 0.3%로 나타나고 있지만, 보험료 연체로 인해 의료서비스에 접근할 수 없는 계층이 존재한다는 점을 고려할 때 전 국민 의료보장체계 속에서도 사각지대가 존재하는 것을 알 수 있다. 구인회(2005)는 3개월 이상 건강보험료 체납으로 보험혜택이 중지된 가구가 1,520,000세대(2003년 6월 현재)에 달한다고 지적했다.

다소 다른 자료들이 제기되고 있지만, 대체로 사회보험제도는 중산층 이상에 대해서 소득보장기능을 수행하지만, 저소득층에 대해서는 그 역할이 미흡하다고 볼 수 있고, 신빈곤층에게는 여전히 사각지대로 존재한다고 지적할 수 있다.

공공부조의 경우도 마찬가지이다. 2003년 도시가계조사를 토대로 추정한 빈곤율(5.7%)과 2002년 저소득층 자활사업 실태조사자료를 토대로 추정한 빈곤율(10.3%)을 활용하여 사각지대 규모를 추정해보면, 기초생활보장제도의 사각지대 규모는 약 1,430,000명에서 4,200,000명까지 큰 차이를 보이고 있다(열린정책연구원, 2005).

구인회(2005)는 전체 인구의 20%인 저소득층이 최저생계비 150% 이하의 소득을 가지고 있으며, 최저생계비 이하의 인구는 인구의 약 8%이며, 최저생계비 100~120%인 차상위 인구가 약 4%, 최저생계비

〈표 15-1〉 사회보험 가입, 미가입 실태

(단 위: %(명))

전 체			최저생계비 120% 기준			중위소득 50% 기준	
			비빈곤층	차상위층	빈곤층	비빈곤층	빈곤층
연금 가입여부	국민연금	54.2	57.6	28.5	20.4	54.2	20.5
	직역연금	5.2	5.8	0.3	0.4	5.2	0.5
	미가입	40.5	36.6	71.2	79.2	40.5	79.0
	계	100.0 (12,503)	100.0 (11,174)	100.0 (390)	100.0 (939)	100.0 (11,389)	100.0 (1,114)
산재보험 가입여부	가입	72.6	74.8	50.1	36.9	74.4	39.2
	미가입	27.4	25.2	49.9	63.1	25.6	60.8
	계	100.0 (7,813)	100.0 (7,231)	100.0 (213)	100.0 (369)	100.0 (7,365)	100.0 (448)
고용보험 가입여부	가입	42.2	43.9	24.7	13.1	43.5	15.3
	미가입	57.8	56.1	75.3	86.9	56.5	84.7
	계	100.0 (7,737)	100.0 (7,204)	100.0 (206)	100.0 (327)	100.0 (7,334)	100.0 (403)
건강보험 가입여부	직장가입	53.3	55.6	37.7	35.6	55.1	34.2
	지역가입	46.3	44.1	60.9	63.1	44.3	64.3
	미가입	0.3	0.2	1.4	1.3	0.2	1.5
	계	100.0 (26,714)	100.0 (23,176)	100.0 (944)	100.0 (2,594)	100.0 (23,772)	100.0 (2,942)

출처: 한국보건사회연구원(2003), 《2002년 저소득층 자활사업 실태조사》.

〈표 15-2〉 공공부조제도의 빈곤층보호 규모(2003년 현재)

<table>
<tr><td rowspan="2">최저생계비의 120%</td><td colspan="3">비빈곤층</td></tr>
<tr><td colspan="2">차상위층(1,550,000명)</td><td rowspan="2">기타 범주적
공공부조
510,000명</td></tr>
<tr><td>최저생계비</td><td>기초보장 수급자
1,300,000명</td><td>비수급자
1,430,000~
4,200,000명</td></tr>
</table>

출처: 열린정책연구원(2005).

120~150%인 인구가 약 8%를 차지한다고 추정하고 있다. 이 중 기초보장수급자는 전체 인구의 3% 내외인데, 사각지대는 재산 및 부양의무자 기준이 비현실적이어서 수급자에서 제외된 빈곤층, 소득에 재산의 소득환산액과 부양비를 더한 액수가 최저생계비 100%를 넘지만 120%에는 미치지 못하는 저소득층, 소득에 재산이나 부양비를 더한 액수가 최저생계비를 넘지만 150%에는 미치지 못하는 저소득층들에서 나타난다며 이들에 대한 정책대응이 필요하다고 주장한다.

2) 신빈곤대책

신빈곤대책으로 2005년 현재 진행되는 정책으로는 자활지원, 사회적 일자리창출, 창업지원 수준이다. 하지만 실효성이 미흡하다. 자활지원사업은 수급자 위주로 진행되어 비수급 빈곤층과 빈곤층으로 전락할 위험이 큰 차상위계층의 참여가 제한적이다. 2004년 자활지원사업 참여자 60,000명 가운데 비수급 빈곤층 및 차상위층은 20,000명에 불과하다. 사회적 일자리는 공공근로방식의 임시직 일자리가 주류를 이루고 있어 빈곤탈출이 어렵다. 창업지원 역시 일반 금융기관을 이용한 창업자금 융자방식으로 저소득층 자활에 한계가 있다. 이외에도 취업촉진 프로그램이 있지만, 근로빈곤층의 특성과 욕구를 반영하지 못해 효과성이 낮다. 2002년 저소득층자활사업 실태조사에 따르면 저소득층이 직업훈련기관을 통해 기술습득을 하는 경우가 겨우 2.8%에 불과한 것으로 나타났다(김영란, 2005).

신빈곤대책으로 가장 중요한 것은 사각지대 해소를 위해 사회보험, 공공부조 내실화, 전달체계 전면개혁, 복지재원 확충과 근로빈곤층의 특성과 욕구에 부합하는 직업훈련 및 기술교육과 결합된 고용정책, 빈곤층 정기실태조사 등이다.

그러나 이런 복지대책은 사후약방문격이므로 보다 근본적인 대책을 강구해야 한다. 초국적 자본에 의해 연간 수백억 달러의 국부유출이 계속되고 중국경제의 추격으로 국내중소기업이 경쟁력을 상실하여 실업자가 속출한다면 복지재원을 비롯한 새로운 과제 때문에 한국사회는 심각한 갈등과 분열을 거듭할 것이다. 따라서 초국적 자본의 지배력을 약화시키면서 한국기업의 경쟁력을 강화시켜 한국경제의 지속적 성장을 가능하게 하는 작업이 시급하다.

(1) 사회보험, 공공부조제도의 내실화

사회보험, 공공부조제도의 확대 및 내실화가 시급하다. 이를 위해서는 복지정책의 추진 여건, 기존 제도의 합리성 및 효율성 등의 요인들을 종합적으로 검토해야 한다.

근로빈곤층의 경우 사회보험 및 기업복지의 수혜에서 제외되며, 비정규직은 매우 취약한 상태에 있다. 그러나 단순히 비정규직의 사회보험 적용기준 확대만으로 비정규직을 사회보험 안으로 포괄할 수 없다(김영란, 2005). 사회보험의 경우 법령상의 확대에도 불구하고 까다로운 자격절차와 사회적 지원제도의 엄격한 자격요건, 그리고 복지비에 대한 국가책임 최소화로 인해 실제로는 사회적 보호로부터 배제되고 있는 상황이다. 게다가 강제적 기업부담 요구는 현실적으로 어려운 상황에 놓여 있다. 따라서 우선 일용, 단기노동자에 대한 고용보험과 국민연금제도의 적용을 확대하고 저소득노동자가 부담하는 사회보험료를 국가가 보조해 줌으로써 사회보험 사각지대를 일정부분 해소해야 한다. 이와 함께 일할 욕구를 마련하기 위해 구인조사와 취업자조사, 맞춤형 직업훈련, 작업환경 개선, 주거, 보육, 교육, 의료분야에 대한 지원이 함께 이뤄져야 한다. 이는 현장밀착형 고용정책이라고 해서 국민의 정부시절 안산지역 실태조사를 통해 복지노동수석실에서 제시한 바 있다.

그리고 공공부조제도를 개선할 필요가 있다. 노인, 장애인 등 사각지대에 놓여 있는 취약계층에 대한 지원이 우선적 과제라 할 수 있다.

(2) 복지 전달체계의 전면 개혁

복지재원을 확대하고 사회안전망을 강화한다고 하더라도 현행 행정구조와 중앙독점식 관행이 지속되는 한, 그 효과가 제대로 나타날 수 없다. 재원의 누수뿐 아니라 실수요자의 욕구를 반영하지 못해 불만들이 누적되기 쉽다. 따라서 중층적이고 다중적인 중앙정부의 복지기능을 통합관리하고 지방정부가 지역주민의 복지욕구를 반영하는 체계로 정비해야 한다. 그리고 복지, 보건, 고용 등 각기 다른 분야별로 서비스되고 공공부조와 연금, 보험 등 사회서비스가 분리되어 혼란스럽게 제공되는 현행 전달체계의 전면 개편이 필요하다. 이 문제는 행정 개혁문제와 결부되어 있으므로 종합적 검토가 필요하지만, 시범사업만 되풀이되는 단계를 벗어나지 못하고 있다.

(3) 고용정책의 전환

고용정책이 신빈곤대책으로 기능하기 위해서는 소득실태조사가 지속적으로 추진되고, 근로유인정책과 고용-복지 전달체계의 연계성이 강화될 필요가 있다. 특히 일에 대한 보상체계를 구축하고, 일할 기회를 확대하고 지원하며 기초적 복지제공으로 일할 여건을 조성하는 것이 중요하다.

일에 대한 보상체계 구축으로 최저임금을 좀더 인상해야 한다. 2004

년 9월에서 2005년 8월까지 적용되는 최저임금(시급)이 2,840원으로 전년 동기의 2,510원에 비하여 13.1% 인상됐고, 1999년 이후 최저임금인상률이 일반 노동자 임금상승률에 비해 다소 높아져 점진적으로 개선되고 있지만, 국제적 수준에 비해서는 여전히 낮은 실정이다(정진호, 2004). 하지만 임금상승이 중소기업 해외이전의 주된 요인이 되고 있으므로 별도의 소득지원정책과 임대주택의 공급과 보육료 지원, 장학금 지원 등이 필요하다.

노동시장 양극화문제를 해결하기 위해서는 노동시장정책 차원의 다양한 대응이 나와야 한다. 현재의 노동시장 양극화는 근본적으로 숙련편향적 기술변화에서 기인한 것으로, 장기적으로 지속될 가능성이 높다. 저임금 노동자의 인적 자본향상을 위한 적극적 노동시장정책이 전개돼야 한다. 교육 및 훈련과 재훈련사업 등 취업능력을 고양시킬 필요가 있다(안상훈, 2001).

그러나 정부의 노동시장정책이 탁상공론으로 끝나고 현실성이 없는 것은 고용정책이 구체적 현실조건에서 생산되지 못하고 있기 때문이다. 일단 각 지역별 현장조사에 근거한 밀착형 실업대책을 추진하면서 노동시장 전체의 수요동향과 공급실태를 파악해 전체 노동력의 재배치와 그에 적합한 직업훈련프로그램을 각 지역에 맞게 운영해야 한다. 지역에 맞는 고용서비스체계 구축이 중요하다. 해외이전을 최소화하고 해외노동력 유입에 대한 신축적인 대응이 요구된다.

(4) 복지재원의 확충

사회복지에 대한 정부의 재정적 노력 정도를 평가하는 국제통계는 흔히 OECD의 '사회복지 지출'(*Social Expenditure*)을 사용한다. OECD '사회복지 지출'은 '가구나 개인이 노령, 장애, 실업, 질병 등의 사회적 위험에 처해있는 동안 공공 또는 민간기관으로부터 수령하는 사회적 급여(*social benefits*)와 재정지원'을 의미하는데, 재원범위는 일반 정부(중앙 및 지방정부 포함)의 일반회계와 특별회계 및 기금, 사회보험기

〈그림 15-1〉 사회복지 지출의 포괄범위(OECD 기준)

급여 종류	일반 정부 지출	사회보험급여	민간 지출	
			법정급여	자발적 급여
통계 명칭	공공사회복지 지출 (*Public Social Expenditure*)		민간사회복지 지출 (*Private Social Expenditure*)	
	사회복지지출(*Social Expenditure*)			

관의 급여, 그리고 법정 민간지출을 포함한다.

GDP 10,000달러 달성시점의 각국의 사회복지 지출을 살펴보면, 일본은 1984년도에 23.96%, 독일은 1979년도에 22.52%였으며, 미국은 1978년도에 13.49%였다. 그리고 OECD 22개국 평균은 20.04%였다.

우리나라 정부의 사회복지분야 지출은 2005년도에 총 37조 1천억 원(예산 13조 8천억 원, 기금 23조 3천억 원)으로 정부 전체지출 208조 원의 17.8%를 차지하고, 2004년도 사회복지 지출 32조 4천억 원과 대비해서 14.5% 증가했다. 하지만 노동부, 농림부, 교육부, 여성부에 포함된 복지재원을 합하면 조금 더 높을지도 모른다. 그러나 비정규직 장기실업자 등 사각지대에 방치된 저소득층의 복지현실을 개선하기 위해서는 대폭적인 재원확충이 불가피하다. 다만, 기존 제도와 체제상 재정누수요인을 적극적으로 차단하는 작업이 선행될 필요가 있다.

(5) 철저한 현장조사

한국의 빈곤실태에 관해서 많은 주장들이 난무하는 것은 소득과 자산조사에 대한 서로 다른 기준 때문이다. 실제 소득이 낮지만, 주택과 부동산을 수억 원 수준으로 보유한 사람들도 빈곤층 통계에 포함되기도 하고, 수만 평의 임대농업종사자가 의료급여를 받기도 한다.

〈표 15-3〉 OECD 회원국의 사회복지 지출 비교(2001)

(단 위: 경상 GDP 대비 %)

	캐나다	프랑스	독 일	이탈리아	영 국	미 국	일 본	한 국	OECD 평균
공공사회지출(A)	17.8	28.5	27.4	24.4	21.8	14.8	16.9	6.1	21.2
법정민간지출(B)	-	-	1.4	1.4	0.5	0.4	0.6	2.6	0.8
계(A+B)	17.8	28.5	28.8	25.8	22.3	15.2	17.5	8.7	22.4

출처: OECD(2004), *Social Expenditure Database* 1980~2001.

〈표 15-4〉 2005년도 사회복지분야 지출 규모

(단 위: 억 원)

구 분	2004 규모	2005 규모	비 고
합 계	323,610	370,605	14.5% 증가
예 산	128,688	137,976	▪ 기금이관 4,822억 원, 지방이양 6,188억 원 (2004년 기준) 미포함.
기 금	194,922	232,629	▪ 국민연금 등 15개 기금[1]
기초생활보장	38,306	43,561	▪ 기초수급자 66,000명 추가(총1,500,000명) 만11세 이하 등 의료급여 적용 173,000명
취약계층 지원	8,671	9,316	▪ 노인일자리 25,000명 → 35,000명 ▪ 장애수당 137,000명 → 267,000명 등
국민건강 지원	43,575	48,484	▪ 건강보험 재정 지원 4조 375억 원 ▪ 공공의료 확충 1,070억 원 등
공적연금	139,758	161,270	▪ 국민연금 등 수급자 증가
노동	65,657	76,880	▪ 산재 5,108억 원 증가 ▪ 실업급여 4,115억 원 증가
여성·보육	4,556	6,690	▪ 지원대상 확대 및 지원수준 향상
국가보훈	23,087	24,404	▪ 기본연금 5%, 부가연금 7% 인상

출처: 희망한국21(2005).

1) 15개 관련기금: 복지부(국민연금, 국민건강증진, 응급의료), 노동부(고용보

따라서 공정하고 합리적인 탈빈곤정책을 추진하려면 정기적 빈곤실태조사를 통해 빈곤층 상황을 정확히 파악하는 작업이 우선적으로 중요하다. 정부가 보유한 각종 자료를 통합관리해서 소득파악을 철저히 하고 새로 편입되는 실업자와 신빈곤층, 장기실업자, 비정규직자료 등을 체계적으로 지역차원에서 종합하고 통계를 생산해야 한다.

2. 고령화와 가족해체

1) 고령화사회

각 나라마다 고령화에 몸살을 앓고 있다. 고령화는 재정적자가 심각한 나라들에게는 치명적 현상이다. 노인인구에 대한 사회복지 지출을 높이고 비노인인구에 대한 사회복지 지출을 낮추는 추세이기 때문이다. 10~20세 인구에게는 높은 교육비, 60세 이상에서는 높은 연금과 의료보험지출의 부담이 나타나는 것이 일반적이다. 이는 그만큼 재정지출의 부담이 크다는 것을 의미한다. 2005년 현재 우리나라 65세 이상의 고령인구가 전체 인구에서 차지하는 비중, 즉 고령화는 9.1%로 선진국의 20% 안팎과는 차이가 나지만, 고령화속도가 서구의 발전속도를 능가하고 있기 때문에 심각하지 않을 수 없다.

(1) 빠른 고령화속도

우리나라의 인구구조는 빠른 속도로 노령화되고 있다. 저출산국가들의 65세 노인인구가 고령화사회(7%)에서 고령사회(14%), 초고령사회(20%)로 가는 속도와 우리나라가 도달할 것으로 예상하는 기간은 상

험, 노동자복지진흥, 산재보험, 임금채권보장, 장애인고용촉진), 여성부(여성발전), 보훈처(보훈기금, 순국선열애국지사사업), 교육부(사학연금), 국방부(군인연금), 행자부(공무원연금), 총리실(복권기금)

〈표 15-5〉 저출산국가의 인구고령화 속도

국가	해당 노인 인구비 도달 연도			증가 소요 연수	
	7%	14%	20%	7% → 14%	14% → 20%
한국	2000	2019	2026	19	7
일본	1970	1994	2006	24	12
독일	1932	1972	2012	40	40
영국	1929	1976	2021	47	45
이탈리아	1927	1988	2007	61	19
미국	1942	2013	2028	71	15
프랑스	1864	1979	2020	115	41

출처: UN, *The Sex and Distribution of World Population* 각 연도,
일본 - 국립사회보장인구문제연구소(2000),
한국 - 통계청(2001), "장래인구추계", 《인구통계자료집》 재인용.

〈표 15-6〉 부양비와 노령화지수

(단위: 명, %)

연도	65세 이상 비율	유소년 부양비	노년 부양비	총 부양비	노령화지수
1970	3.1	78.2	5.7	83.8	7.3
1980	3.8	54.6	6.1	60.7	11.2
1990	5.1	36.9	7.4	44.3	20.1
2000	7.2	29.4	10.1	39.5	34.4
2010	10.7	23.9	14.8	38.8	61.9
2020	15.1	19.6	21.3	40.9	108.7
2030	23.1	19.1	35.7	54.9	186.9

* 유소년 부양비 = (14세 이하 인구 / 15~64세 인구) ×100
노년 부양비 = (65세 이상 인구 / 15~64세 인구) ×100
총 부양비 = 유소년 부양인구비 + 노년 부양인구비
노령화지수 = (65세 이상 인구 / 14세 이하 인구) ×100
출처: 김정석(2005).

〈표 15-7〉 노인인구 성비 (1980~2030)

(단위: 천 명, %, 여성 100명 당)

구분	1980년	1990년	2000년	2010년	2020년	2030년
65세 이상 인구 수(a)	1,456	2,195	3,395	5,302	7,667	11,604
80세 이상 인구 수(b)	178	302	483	957	1,805	2,571
80세 이상 비율(b/a)	12.2	13.8	14.2	18.0	23.5	22.2
65세 이상 인구 성비	59.7	59.8	62.0	69.7	75.2	78.3
80세 이상 인구 성비	33.6	35.8	39.1	42.1	49.5	53.6

출처: 통계청(2001), 《장래인구추계》.

당히 다르다. 우리나라가 고령사회와 초고령사회에 도달하는 기간은 19년과 7년이 걸릴 것으로 예상되는 데 비해, 일본은 24년, 10년이며, 영국은 40년, 55년, 미국은 71년, 15년, 프랑스는 115년, 41년이다. 생산연령인구에 대비한 피부양인구의 비율도 유소년부양비는 급격히 감소하는 반면, 노년부양비는 빠른 속도로 증가하고 있다. 2010년 65세 이상 인구의 비율은 10.7%이고, 유소년부양비는 23.9%, 노년부양비는 14.8%이고, 총 부양비는 38.8%이다. 2020년에는 65세 이상 비율이 15.1%, 유소년부양비는 19.6%, 노년부양비는 21.3%, 총 부양비는 40.9%이며, 2030년에는 각각 23.1%, 19.1%, 35.7%, 54.9%로 증가할 것이다. 노령화지수는 2010년에 61.9이던 것이 2020년에는 108.7이고, 2030년에는 186.9로 가파르게 상승할 것으로 예상된다(김정석, 2005).

(2) 노인인구의 여성화

1980년대 이후 노인인구 중에서 여성이 차지하는 비중이 높아지고 있다. 1980년에 여성인구 100명당 59.7%, 1990년에는 59.8%, 2000년에 62.0%로 노인의 여성화가 증가하고 있다. 이는 사회경제적 지위가 열악한 여성노인의 이중고를 의미하는 것이다.

특히 노인가구가 2000년에 전체 가구의 12.1%였으나 2010년에 16.4%, 2020년에는 21%로 전망되며, 이 중 여성노인가구주가 2000년에 24.5%에서 2010년에 29.6%, 2020년에 34.7%로 크게 늘 것으로 예상된다. 노인인구의 성비불균형이 완화된다는 전망도 일부 제기되고 있지만 여성노인의 문제로 노인문제가 집약될 가능성이 높다.

(3) 농촌 집중화

보건, 의료, 복지 등 편의시설과 복지관련 시설이 도시에 집중되어 있는데 노인인구는 오히려 농촌에 더 많이 분포한다. 지역별로 노인인구 비율을 살펴보면 2000년도 전국 평균이 7.2%이지만, 충남 11.9%,

〈표 15-8〉 가구주의 성별 구성비

단위: 천 가구, %

구분		2000년	2010년	2020년
전체 남녀	24세 이하	3.0%	2.1%	1.9%
	25세~64세	84.9%	81.5%	77.1%
	65세 이상	12.1%	16.4%	21.0%
	합계	100.0%	100.0%	100.0%
	총 가구 수	14,609	16,864	18,158
남자	24세 이하	1.8%	1.2%	1.0%
	25~64세	88.9%	85.8%	81.8%
	65세 이상	9.3%	13.0%	17.1%
	합계	100.0%	100.0%	100.0%
	총 가구 수	11,901	13,408	14,179
여자	24세 이하	8.5%	5.7%	5.2%
	25~64세	67.0%	64.7%	60.1%
	65세 이상	24.5%	29.6%	34.7%
	합계	100.0%	100.0%	100.0%
	총 가구 수	2,708	3,455	3,979

출처: 통계청(2002), 《추계인구》.

전북 11.9%, 전남 13.4%, 경북 11.4% 등으로 10%대가 넘는 지역이 4군데나 된다. 이에 비해 전국 수준 이하인 경우는 울산이 가장 낮아 4%이고, 서울이 5.3%, 대전이 5.4% 등이다. 따라서 도시와 농촌 간 지역격차가 크다는 점을 감안해 접근할 필요가 있다.

(4) 고령자 일자리

고령화는 실버산업 등 신산업 창출이라는 긍정적인 면도 있지만, 노동, 자본, 재정 등 부정적인 영향으로 저성장시대의 고착화를 가져올 가능성도 적지 않다(지광수, 2005). 출산율의 감소와 평균수명의 연장 등의 급격한 고령화는 노동력공급 감소, 경제활력 저해 등 경제성장 하락과 피부양자 증가로 인한 재정부담 등 많은 문제를 야기한다.

뿐만 아니라 30대에서 40대의 조기퇴직현상이 늘어나면서 실질적 '고령자' 개념이 현실에 맞게 바뀌어야 할 필요성도 있다. 고령자고용촉진법에 따르면 55세 이상을 '고령자'로 50~54세를 '준고령자'로 보고 있지만, 50세 이상을 '고령자'로 파악하고 이에 대한 대책을 마련할 필요성이 높아지고 있다.

우리나라 고령자고용정책은 1991년에 제정된 고령자고용촉진법과 고용보험법의 각종 장려금제도인데, 청소, 경비 등 일부 업종에 편중 지원되고 있다. 상징적 제도가 아니라, 실질적으로 고령자 고용촉진을 이루기 위해서는 노인적합직종에 강제적용을 단계적으로 시행해야 하며, 정년연장과 연령차별금지법이 제정될 필요가 있다. 또한 민간부문의 고용을 촉진시키기 위해 보조금 지급을 통해 지원하는 것이 필요하고, 보다 직접적으로는 정부가 일반 노동시장에서 경쟁력을 갖고 있지 못한 고령자에게 사회경제부문에 사회적 일자리를 만들어 제공하는 것이 필요하다.

또한 고령자의 경험, 지식, 노하우 등을 살릴 수 있는 직분에서 일을 할 수 있도록 개발하는 정책도 필요하다. 고령자를 위한 직업훈련도 적극적으로 해야 한다.

2) 가족의 해체

우리 사회는 1990년대 들어서면서 결혼기피, 저출산현상이 심화되고, 이혼율이 큰 폭으로 증가하고 있으며, 빈곤으로 인한 자살 및 가족해체 현상이 심각해지고 있다. 특히 이혼율은 2003년 기준으로 세계 2위라는 불명예를 차지했다. 이혼은 부부중심 가족형태에서 부부간의 관계를 해소하는 것이지만, 이혼으로 파생되는 문제는 가족구성원의 정신적 육체적 역기능, 재정적 감소, 자녀양육의 스트레스와 같은 문제를 일으킨다. 즉, 이혼하고 나서 부부 양측이 겪는 정신적, 경제적 스트레스도 문제지만, 자녀들이 안게 될 문제가 적지 않다는 것이다. 이는 가족문제로 그치지 않고 사회문제화되는 것을 의미한다.

(1) 가족해체 특징

가족해체의 원인으로는 사별, 이혼, 별거, 가출, 실종 등이 있지만, 가장 큰 해체원인은 이혼이다. 최근 우리나라의 이혼양상은 몇 가지 점에서 특이할 만하다. 첫째는 예전에는 이혼이 결혼 후 5년 이내의 부부 등 주로 젊은 층으로 집중되었던 것이, 결혼 후 20년 이상이 된 중년층의 이혼이 큰 폭으로 증가했고, 황혼이혼도 나타나는 등 모든 연령층에서 나타나고 있다(한경혜 외, 2003). 뿐만 아니라 예전에는 이혼사유가 외도나 폭행 등의 문제였는데, 지금은 대화, 성격차이 등의 정서적 문제로 다양해지고 있고, 자녀의 존재나 연령 등이 이혼을 결정하는 데 문제가 되지 않는다. 특히 최근에는 재산문제를 둘러싼 이혼도 늘어나고 있다.

이혼의 급증은 여성가구주 가구의 증가를 높이고, 이들 가구의 빈곤을 의미한다. 여성 및 아동의 빈곤에 가장 주요한 원인이 이혼으로, 우리나라의 저소득 모자가구의 경우를 살펴보면, 이혼에 의한 모자가구가 43.7%로 배우자 사망(43.3%)보다 높게 나타났다(윤홍식, 2003). 또한 가장의 실직, 빈곤 등으로 인한 가족해체는 아동들에게 매우 심각한 빈곤을 유발한다. 2002년 현재 아동복지센터 입소아동 386명 중 28%가 부모 이혼으로 입소했으며, 2001년에는 38%로 더 높았다. 보건복지부 집계에 따르면 2002년 보호아동 수는 1만 57명으로 가장의 빈곤과 실직 때문이 42%로 가장 높게 나타나고 있다.

(2) 건강가정육성정책 필요

이혼으로 여성가구주의 빈곤과 아동의 빈곤이 심각한 것은 그만큼 사회안전망으로서의 사회보험과 공공부조가 제 역할을 다하지 못한 까닭이다. 즉, 모자가정의 가구주인 여성이 취업과 양육을 동시에 하기 어렵고, 여성은 남성의 평균임금보다 60~70% 수준이기 때문에 모자가정과 아동에 대한 적극적 대책이 필요하다.

특히 아동의 경우 보호, 영양뿐만 아니라 육아 및 교육을 통해 건전한 성인으로 성장할 수 있도록 하는 환경이 마련될 필요가 있다. 따라서 아동수당, 가족수당이 신설, 강화되어야 한다.

그리고 가족해체 이후의 안정적 대책도 중요하지만, 가족해체를 예방할 수 있는 대책마련이 시급하다. 그 예방대책의 중심에 경제적 안정이라는 문제가 놓여 있다. 고용촉진, 일자리창출, 채무문제, 주거마련, 여성노동 참여 우대 등이 필요하며, 가족수당과 양육수당, 부양수당, 소득수준에 따른 보육비의 차등부담, 연금제도의 성평등적 요소 강화, 가족복지센터 등 가족의 전체성을 고려한 상담, 교육, 보호기능이 강화돼야 한다(서수경, 2004).

현재 건강가정기본법이나 이혼숙려기간제도를 도입하고 있지만, 건강가정기본법은 보수적 관점에서 변화하는 가정의 모습을 대표하지 않는다는 비난을 받고 있다. 또한 이혼숙려기간을 통해 이혼이 줄어들었다는 성과가 발표되었지만, 가족센터 등 예방적 차원에서 상담이 일상화되고, 가족해체를 미리 예방, 치유할 수 있는 제도가 필요하다.

3) 탈고령화와 가족해체 대책

세계 최저수준의 출산율을 높이기 위한 저출산대책과 노인대책, 가정대책이 추진되고 있지만 별다른 성과를 내지 못하고 있다. 종합적인 사회적 문제를 각 부처가 개별적으로 진행하고 있기 때문이다. 따라서 정부와 국민 모두 사태의 심각성을 인식하고 이에 대한 사회분위기를 조성하고 설득력 있는 정책을 구체화해야 한다.

출산장려금이나 보육료를 조금씩 지원하는 방식으로 저출산문제를 해결할 수 없다. 청년실업문제와 확실한 보육·사교육비문제의 해결책 등이 나와야 한다. 가족해체도 고용불안과 장기실업, 이기적 개인주의가 심화되면서 확산되고 있으므로 여성취업과 가족대화프로그램 확대 등이 필요하다. 그리고 정책추진의 실효성을 갖기 위해서 연도별 출산율과 이혼율 목표치를 명확하게 설정하고 동원 가능한 모든 수단을 강구해야 고령화와 가족해체에 대처할 수 있을 것이다.

3. 지역분권과 지역복지

1) 왜 지방분권인가

그 동안 중앙정부가 독점적으로 행사했던 보건복지정책과 복지재원 배분구조가 큰 변화를 겪고 있다. 지방정부에 포괄적으로 이양하고 지역에서 복지재원의 일부를 배분할 수 있게 되었기 때문이다. 2004년도 말에 결정되어 2005년부터 시작된 지방분권 흐름은 비록 부작용이 나타나고 있지만, 분명 복지정책과 체계에 상당한 영향을 미칠 것이다. 아직 지방정부의 준비도 거의 되어 있지 않고 지역차원의 복지데이터도 전무한 실정이다. 하지만 중앙독점적 구조가 깨지고 지역에서 주민수요에 따라 복지계획을 추진한다면 지역과 주민들의 복지만족도는 분명 높아질지 모른다. 물론 지역분권이 자치단체장의 복지의식과 수준에 따라서 전시성 또는 선심성 잔치로 전락할 수도 있다. 지방분권과 지역복지의 향후 전망은 전적으로 사회복지사들과 지역복지 전문가들의 노력에 달려 있다.

이미 2003년 7월에 사회복지사업법 개정안이 공포되어 2004년 7월부터 새로운 사회복지사업법이 시행됐다.

주요 내용은 다음과 같다. 지역사회복지체계의 구축을 사회복지사업법의 목적으로 규정하고(1조), 사회복지서비스와 보건서비스의 연계규정을 신설하며(4조 2항), 지역사회복지협의체를 구성하고(7조의 2), 시·군·구 및 시·도 차원의 지역사회복지계획 수립을 의무화하고 이를 지역보건계획과 연계하여 수립하도록 규정했다.

또한 2004년 말에 지방이양사업으로 결정된 복지분야 지방분권업무가 2005년도에 분권교부세로 보장됨으로써 한층 탄력을 받게 되었다. 그리고 지역사회복지협의체 설치규정과 지역사회복지계획 수립규정, 대상자별 보호계획 수립규정은 2005년 7월 31일부터 시행되었다.

(1) 지역복지체계 구축과 지방정부 책임성 강화

지방정부가 지방이양사업으로 넘겨받은 복지서비스를 지역실정에 맞게 추진하고 지역복지체계를 구축해 책임을 다하기 위해서는 무엇보다 사회복지서비스 기획능력이 있어야 한다. 그러기 위해서는 사회복지 전담기구의 전문화가 뒷받침돼야 한다.

민간부문의 실질적 참여도 확대될 필요가 있다. 민간부문의 복지서비스 기획, 집행, 평가과정에서의 실질적 참여를 통해서 보조적, 보완적 위치에서 벗어나 지역의 중요한 자원으로서 자리매김해야 한다.

특히 그 동안 사회복지서비스 기획은 중앙정부의 국고보조금 사업지침에 의해 중앙집권적으로 이루어져 지방정부 자율성의 훼손과 함께 지역주민들의 복지욕구에 부응하는 서비스를 기획하지 못하였다. 이제는 복지서비스의 이용자인 주민들의 요구와 의견이 지역복지서비스의 공급에 적극적으로 반영되어야 한다. 그런데 지방재정은 열악하고, 지방간 격차가 크기 때문에 재정분권을 지방재정이양사업과 국고보조(포괄보조)로 단순하게 양분할 것이 아니라 다양한 수준의 재정분권화를 고려하고 지방교부세제도의 개편을 통해 지방재정을 확대하도록 해야 한다(이인재, 2004).

(2) 민간의 참여·협력·견제 활성화 필요

사회복지서비스 공급자와 사회복지서비스 이용자가 참여하는 사회복지협의회와 지역사회복지협의체가 지방정부의 사회복지 기획, 집행, 평가과정에서 지방정부와 상호 협력하고 견제함에 있어 중심적 역할과 기능을 수행해야 한다. 특히 지역복지협의체는 지역복지를 강화하기 위한 방안으로 지방정부와 민간, 그리고 민간과 민간 간의 공동협력을 위한 기구이다. 따라서 지역복지협의체가 지역복지계획의 심의, 서비스 연계·조정, 지역사회 자원개발 등의 핵심기능을 얼마만큼 소화하느냐가 관건이 된다.

지역복지협의체가 지역사회의 사회복지 발전에 기여하는 전달체제로서 기능하기 위해서는 몇 가지 점들이 개선될 필요가 있다(이재완, 2001).

첫째, 협의체 구성시 민간기관의 대표성이 확보되어야 한다. 자치단체장이 협의체 구성원을 임명하게 되어 있어 임명권의 행사가 정치적 목적으로 왜곡될 가능성이 있으므로 민간단체의 자율적 선발을 원칙으로 해야 한다.

둘째, 지역복지협의체가 자칫 권한은 없고 책임만 있는 식으로 중앙정부의 책임을 지방정부로 떠넘기는 장치로 악용되어서는 안 된다. 지방복지 재정의 증가가 없는 상태에서 협의체의 역할과 기능은 민간부문에로의 책임을 전가하는 구실로 악용될 여지가 많다.

셋째, 지역복지계획에 따라 지역복지환경에 부응하는 복지서비스를 제공하기 위해서는 복지전문인력의 확충과 통합이 필요하다.

〈그림 15-2〉 지역사회복지협의체모형도

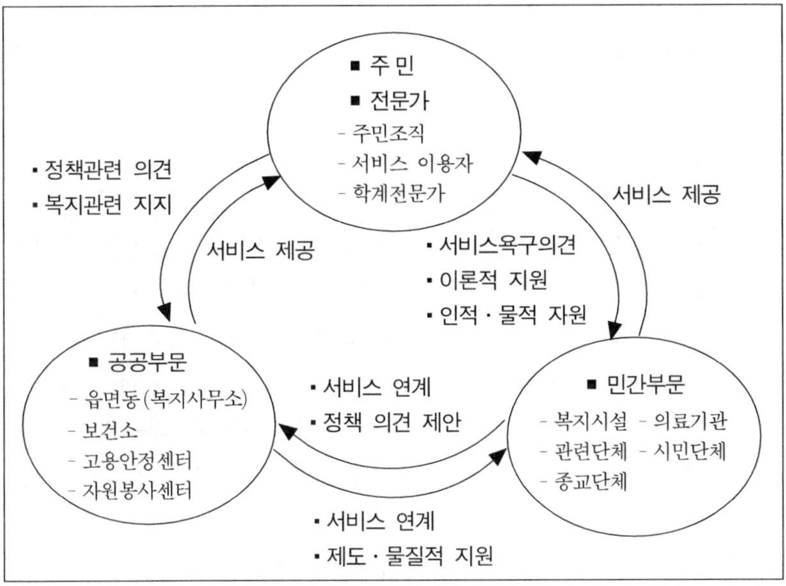

넷째, 지역복지협의체가 실질적으로 기능하기 위해서는 지역사회 내의 공공복지기관뿐만 아니라, 민간복지기관이 활성화되어야 한다. 특히 민간복지기관이 부족한 농어촌지역은 공공기관이 중심이 되어 서비스 전달체계를 구축하고 민간기관의 활성화를 위한 지원이 이루어져야 한다.

2) 지역복지의 과제

사회복지서비스 사무분권화, 재정분권화라는 양대 축이 지역 내의 역량이나 조건과는 무관하게 추진되고, 지방간 격차가 크고, 자립도나 복지자원도 매우 열악한 상태이기 때문에 지역복지정책 등 복지환경 변화에 따른 과제들이 더욱 중요해졌다.

자연히 지역사회복지서비스 분야에서 가장 핵심적인 전문직으로 활동하는 사회복지사를 포함한 모든 사회복지인들의 책임이 무거워졌다. 문제는 이런 복지환경 변화에 적극적이고 지혜롭게 대처하여 복지수준을 한 단계 끌어올릴 수 있는지를 찾아야 한다는 것이다.

(1) 복지기획은 복지데이터에 근거해야 한다

지방분권과 지역복지활성화가 지역주민의 복지만족도를 높이고 피부에 와 닿는 정책이 되기 위해서는 무엇보다 지역복지 데이터가 확보돼야 한다. 지역차원에서 정책결정에 필요한 다양한 복지데이터가 거의 없는 실정에서는 복지기획이 부실할 수밖에 없다. 구체적 현실 조건에 근거하지 않은 복지프로그램은 특정한 집단의 이해에 좌우될 공산이 커서 공정성과 합리성에 위배될 가능성이 높다. 따라서 복지와 보건, 고용, 소비, 자산 등 지역복지 기획에 필요한 기초 데이터를 전 주민을 대상으로 정기적으로 조사하여 축적해야 한다.

이런 바탕에서 마련된 복지기획과 프로그램이 현실화되기 위해서는 재원조달계획이 수반되어야 하는데, 이는 지자체 차원의 분권이 뒷받침되지 않으면 가능하지 않다. 지방분권과 지역복지가 상호보완하여 복지정책을 발전시켜 나가기 위해서라도 각 지역의 데이터 생산을 중앙정부의 인구센서스조사와 같은 정기조사방식에 편승하거나 독자적 계획에 의해 추진해야 한다.

(2) 인프라를 확충해야 한다

국고보조사업으로 운영하던 사회복지사업 중에서 의료급여와 기초생활급여를 제외한다면 모든 사회복지사업의 거의 2분의 1에 해당하는 사업이 지방이양사업으로 결정되고, 이 사업예산에 해당하는 금액을 분권 교부세를 신설해 5년간 운영할 예정이다. 이양대상사업 선정의 합리성에 관한 문제제기와 지방정부의 사회복지예산 축소우려 등의 문제점들이 시작부터 등장하고 있다.

따라서 지역균형발전이라는 큰 틀 속에서 인프라를 확충하는 방향으로 정책적 요구를 집중해야 할 것이다. 우선 복지권을 확대하기 위해서는 지역의 시민사회단체와 연대하여 지방정부와 지방의회를 대상으로 복지예산확보운동을 전개하는 노력이 강화될 필요가 있다. 특히 시민참여 예산제도의 도입, 정책선거를 적극적으로 활용하여 복지정책에 대한 공약을 평가하고 그 집행을 감시하는 활동, 지방정부와 지방의회와의 상설적 의사소통 채널을 확보해야 할 것이다. 광주시 북구는 주민참여예산제도를 최초로 도입해서 시행하고 있다. 주민참여예산제는 우선 공청회, 주민참여예산제연구회 및 주민예산학교 운영 등 다양한 보완장치를 통해 주민참여에 대한 공감대를 형성한 후, 예산을 사업별로 쉽게 풀어서 책자로 발간하여 구 홈페이지에 공개하는 것 등을 통해 주민의 알권리를 충족시켰다. 그리고 공모 및 추천을 통한 132명의 시민위원회를 구성하고, 주민예산학교를 운영하여 위원회 기능을 활성화시켰다. 그리고 이런 활동을 밑바탕으로 '주민참여 예산제 운영조례'를 제정하였다.

(3) 역량강화와 민간 파트너십 구축

과거와 같이 일반적 분야별 대인사회서비스 제공을 넘어서 좀더 통합적이고 전문화된 특수한 서비스를 제공하기 위해서는 보완적 서비스 능력을 가져야 할 것이다. 우선 공공 및 민간부문의 사회복지종사자들의 역량이 높아져야 한다. 적절한 역할분담과 상호협조는 물론이고, 재교육, 사례연구, 직무수행능력 개발 등을 통해 서비스 운영계획을 세우고 지역조건과 지역이용자들의 욕구를 반영할 수 있어야 한다.

또한 지역사회에서 종교·시민단체들은 모금력과 인력을 중심으로 소외계층에게 즉각적 서비스를 제공할 수 있는 장점을 갖고 있다. 하지만 서비스 제공에서 전문성과 체계성이 결여되어 복지서비스의 효과를 낮출 수 있다. 따라서 상호협력망을 개설하여 협력적이고 보완적인 관계로 발전시켜 나가야 한다.

그리하여 지역단위에서 공공 - 민간, 복지 - 보건 - 고용 - 문화 - 기업 등 공동체가 형성되어 지역의 복지문제를 해결할 수 있도록 지역단위 복지관련 협의체의 구축기반을 마련해야 한다.

(4) 주민을 지역사회의 주체로 조직화

주민을 지역사회의 전문가, 주체로 우뚝 세워야 한다. 지금까지 복지정책은 국가의 일방적 계획과 집행에 의해 이루어졌다. 하지만 이제 지역복지는 지역시민사회의 주체적 참여에 기초한다. 지역복지활동의 궁극적 지향은 주민을 주체로 하여 문제를 해결하는 방안을 마련하는 것에 있기 때문이다. 이를 위해서는 우선 지역에 뿌리를 둔 지도력을 만들어내야 한다. 지역복지운동의 전개과정에서 지역복지활동가는 조직가, 조정자, 리더의 역할을 수행할 수 있어야 한다. 그리고 주민과 함께 실천을 하는 과정에서 지역사회 문제해결에 공동 대처하는 다양한 활동을 통해 교육 및 훈련강화가 진행될 필요가 있다.

■ 함께 생각해봅시다.

1. 사회양극화에 따른 복지대책은 긴요한 일이지만, 사후 약방문의 성격을 띨 수밖에 없다. 사회양극화를 해소할 수 있는 경제정책을 거론해보고 장단점을 살펴보자.

2. 성장과 분배 간의 논쟁이 각 나라마다 치열하게 전개되었다. 한국도 선성장 후분배의 정책을 채택해 성장제일주의정책을 추진했다. 그러나 21세기 오늘의 현실에서 성장제일주의정책은 어떤 문제점을 안고 있는가?

3. 빈부격차가 심해지면서 분배정책이 필요하다는 주장이 제기되고 다양한 분배정책이 시도되고 있지만, 별다른 성과를 가져오지 못하고 있다. 그 이유는 어디에 있는가?

4. 사각지대 해소대책이 수 차례에 걸쳐 발표되었지만, 여전히 수백만 명이 사각지대에 있다. 그 이유는 무엇인가?

5. 고령화에 대처하기 위해 대통령직속기구까지 출범했지만 지지부진한 실정이다. 그 이유는 무엇인가?

6. 고령화가 급속히 진행되면서 기존의 의료제도가 한계를 드러내고 있다는 비판이 제기된다. 의료제도의 어떤 점이 주로 문제인가?

7. 출산장려정책을 정부와 지자체들이 추진하고 있지만, 성과가 별로 나타나지 못하고 있다. 무엇이 제일 문제라고 생각하는가?

8. 행정개혁 없는 지방분권화에 대한 우려가 높다. 무엇이 제일 문제인가?

9. 지방분권화는 지방정부가 주민참여를 제도적으로 보장하는 중요한 기반이다. 그런데 주민참여를 활성화하기 위해서는 지역주민의 복지 수요조사 등 기획과 계획수립, 지역복지협의체 가동 등 해야 할 일이 많다. 각자 거주하는 지역의 복지계획을 알아보자.

제 16 장

남북통일과 사회복지정책

1. 북한의 사회복지 현황

1) 북한의 복지이데올로기

(1) 북한의 복지기금

북한은 맑스 이념[1]을 북한사회에 적용하면서 일한 만큼, 번 만큼 분배해주는 분배법칙을 따랐다(이철수, 2003a). 노동자에게 노동을 요구하는 동시에, 노동자는 사회적 노동에 참여할 권리와 임무를 갖게 된다.

다만, 맑스와 북한의 김일성과의 차이는 이철수에 따르면, 사회총생산물의 공제를 통해서 복지분배를 확보하고자 했던 맑스와 달리, 북한은 사회총생산물에 국민소득의 개념을 첨가하여 맑스처럼 의무적 복지부문의 공제를 주장하지 않고 공통적 복지기금의 분배를 공제하는 것에 있다. 즉, 맑스는 사회총생산물에 대해 1차 공제로 생산수단 보전기금, 사회축적기금, 사회장애기금의 공제를 주장하였다, 2차 공제로

1) 맑스-레닌주의 복지이념은 능력에 따라 일하고 필요에 따라 소비하는 사회를 이상으로 한다.

비생산 관리기금, 사회적 소비기금, 빈민구호기금을 주장하였다. 반면 북한은 1차 공제를 비롯해 2차 공제인 빈민구호기금과 같은 특정집단에 대한 복지기금을 확보하는 것을 추구하지 않았다. 공정한 분배로 빈민에 대한 존재 자체를 부정하기 때문이다.

〈표 16-1〉 북한의 사회총생산물 분류방식

▪ 사회총생산물=생산수단보전, 교체기금+개인적 소비기금+사회적 소비기금
▪ 국민소득=사회총생산물−생산수단 보전·교체기금
=개인적 소비기금+사회적 소비기금
▪ 개인적 소비기금=국민소득−사회적 소비기금

〈그림 16-1〉 사회총생산물 분화 양식

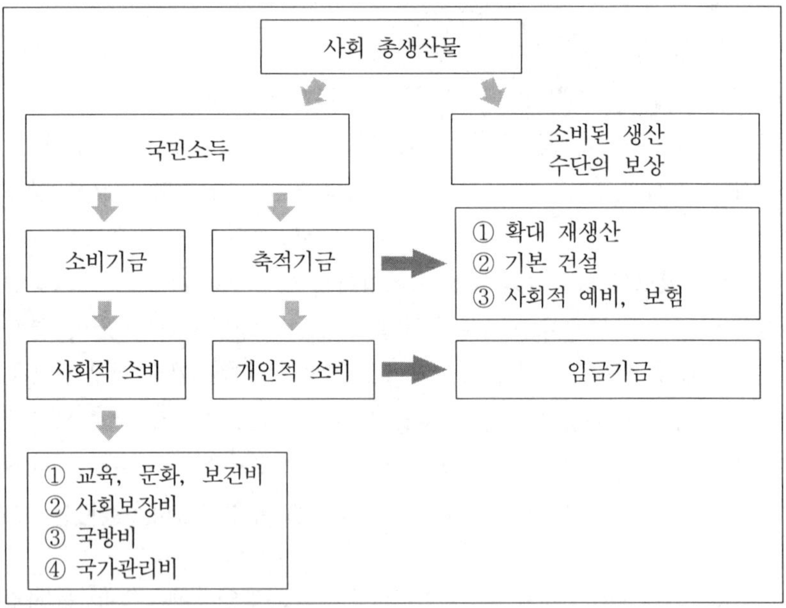

출처: 북한연구소(1983), p. 592.

대신 사회총생산물의 분화양식을 살펴보면 알 수 있듯이, 복지기금의 성격을 갖는 사회적 예비보험은 축적기금에 해당하고, 교육, 문화, 보건비와 사회보장비, 국방비, 국가관리비는 사회적 소비기금에 해당된다. 즉, 북한은 소비기금과 축적기금, 개인적 소비기금과 사회적 소비기금 등을 통한 복지확보에 주력했다고 볼 수 있다(이철수, 2003a).

(2) 북한의 복지이데올로기

북한에서 모든 의사결정 과정이 독재적 방법에 의해 정해지고, 모든 인민 일반에 대해 적용되기 때문에 복지이데올로기를 '전체적 집합주의'라 볼 수 있다(강욱모 외, 2003).

한편, 북한 사회복지의 이데올로기를 '수령에 의한 인민복지'라고 보는 입장도 있다(이철수, 2003a). 체제이념적으로는 맑스의 사회복지 이념을 추구하고 있지만, 통치이념에 있어서는 수령에 의한 책임과 시혜의 성격이 강하다는 것이다. 이러한 1인 통치, 1인 책임, 1인의 시혜는 결과적으로 인민을 예속하는 동시에 인민의 참여를 차단할 뿐 아니라 맑시즘과 아무런 관련성을 갖고 있지 않다. 북한의 복지이데올로기는 현존 사회주의체제의 복지이데올로기에 북한식 수령절대주의를 기초로 구성되었다. 하지만 식량난으로 인한 배급체계의 붕괴, 의약품 부족에 따른 의료서비스 낙후, 공장가동 중단으로 인한 고용보장 불가능 등 여러 가지 심각한 현실에 놓임으로써 복지이데올로기의 설득력을 상실한 상태이다. 뿐만 아니라 사회복지시스템이 작동하는 경우에도 서비스의 양적, 질적 수준이 매우 열악한 상황이다.

따라서 북한의 사회복지제도를 그대로 파악하고, 이 제도가 현실에 적용되면서 나타나는 문제점들이 무엇인지를 함께 검토해야 북한의 사회복지제도를 제대로 이해할 수 있을 것이다.

2) 북한의 사회복지제도

북한은 남한보다 경제성장이 앞서고 있었던 1950년대에서 1960년대에 이미 복지관련법들을 제정해 실시하였다. 제도적으로 보면 남한보다 약 20여 년이 앞선 셈이다. 사회보험료 수납절차에 관한 규정(1946년), 사회보험법(1946년), 사회보험법수납법(1947년), 남녀평등고용법(1946년), 사회보험 직장야간 휴양소에 관한 규정(1952년), 국가공로자에 대한 사회보장 규정(1956년), 어린이보육교양법(1976년), 사회주의노동법(1978년), 인민보건법(1980년), 교육법(1999년) 등이 수립되었다.

(1) 북한 사회복지법의 특징

북한의 사회복지법은 복지제도별 법들이 독립된 형태가 아니라 여러 법 안에 항목별로 규정되어 있다. 연금제도, 산업재해보상제도, 고용보험, 의료보험제도가 각각 분리, 독립된 법적 체계를 갖고 있지 않고, 국가사회보장, 국가사회보험 내에 각기 나열되어 있다.

국가사회보험은 노후보장 성격을 지닌 연금제도와 6개월 미만의 일시적 노동능력상실자를 보호하는 고용과 산업재해보상제도라 할 수 있다. 연금제도를 제외하고 나머지 보험은 단기급여의 형태를 띠고 있어 급여지급 기간은 6개월 미만이고, 현직 노동자만 대상으로 하며, 재정부담은 소득의 1%를 납부해야만 복지급여를 제공받을 수 있다. 사회보장의 경우는 의식주 배급제와 무상치료제가 있다. 국가사회보장은 노동자뿐만 아니라 다양한 계층을 대상으로 하고, 급여지급 기간은 제한되지 않으며, 전액 국가가 부담한다. 의식주 배급제와 무상치료제는 1차적 사회안전망인 가계생활보호의 성격을 가지고 있다. 연금, 고용, 산재보상제도는 2차 사회안전망으로 사회생활보호의 성격을 띤다.

북한에서는 사회복지법이 일찍 자리를 잡았지만, 이런 제도와 현실과의 괴리는 클 수밖에 없다. 현재 식량원조를 포함해 북한에 대한 각

〈표 16-2〉 북한의 사회복지체계

<table>
<tr><th>구 분</th><th colspan="2">소득보장제도</th><th>공적부조</th><th>의료보장제도</th></tr>
<tr><td>대표 법령</td><td colspan="2">사회보험법, 사회주의노동법</td><td></td><td>인민보건법
의료법</td></tr>
<tr><td rowspan="2">제 도</td><td colspan="2">중복·통합형 국가사회보험과 국가사회보장</td><td>국가배급제와 인민시책</td><td>국영의료 보장제도</td></tr>
<tr><td>국가사회보험제</td><td>국가사회보장제</td><td>의식주공급·대상별 구호</td><td>무상치료제</td></tr>
<tr><td>사회적 위험</td><td colspan="2">질병, 부상, 폐질, 노동재해, 임신, 출산, 실업, 사망 등</td><td>빈곤예방과 생활보장</td><td>질병, 부상, 폐질, 노동재해 임신출산</td></tr>
<tr><td>분야별 제도</td><td colspan="2">① 연금제도
② 고용제도
③ 산업재해보상제도</td><td>① 의, 식, 주 배급제
② 이재민 구호제
③ 특수계층 생활보호</td><td>무상치료제</td></tr>
<tr><td>적용 대상</td><td colspan="2">전 노동인구</td><td>① 전인민(농민식량배급 제외)
②, ③은 구호대상</td><td>전 인민</td></tr>
<tr><td>급여 종류</td><td colspan="2">① 양로연금, 국가공로자연금, 유가족연금, 영예군인연금
② 일시적 보조금, 임신해산보조금, 노동능력상실연금, 실업보조금
③ 폐질연금: 직무관련 & 직무무관</td><td>①은 공급 품목과 동일
②, ③은 현금, 현물급여와 사회보장</td><td>각종 의료급여</td></tr>
<tr><td>급여 수준</td><td colspan="2">① 현금급여와 생활보호 & 식량보조
②, ③은 현금급여 외 식량보조</td><td>① 공급 대상에 따라 구분
② 구호 대상에 따라 구분
③ 일반인들보다 높음</td><td>치료수준과 동일</td></tr>
<tr><td>급여 조건</td><td colspan="2">① 은 노동기간, 훈포장 횟수, 유가족 수, 부상 정도
②, ③은 노동 기간과 직무관련(직무무관) 한 부상 정도</td><td>① 현금구입
②, ③은 조건에 해당될 때 적용</td><td>조건 없음</td></tr>
<tr><td>급여 기간</td><td>단기급여:
현금급여(정률)</td><td>장기급여:
현금급여(정률)</td><td>① 공급 기간과 동일
②, ③은 대상과 위험에 따라</td><td>치료기간과 동일</td></tr>
<tr><td>재정 부담</td><td colspan="2">가입자 보험료와 국가예산
영예군인연금은 전액 국가예산</td><td>① 국가예산과 염가제공정책
②, ③은 국가보조</td><td>국가예산</td></tr>
</table>

출처: 이철수(2003a), 《북한사회복지》.

종 지원으로 볼 때 평양시 등 특권층을 제외하고는 상당히 빈곤한 상태에 있는 것으로 보인다.

북한이탈 주민을 대상으로 설문조사와 사례분석을 통해 파악한 결과(이철수, 2003a)에서 보면 북한은 경제난 이후 복지급여를 지급하지 않고 있는데, 그 원인으로는 사회주의 생산체제가 붕괴하면서 인민복지 지속 능력의 부족, 위기시 제도적 수정을 통한 법적 공간 확보의 미비, 복지제도 후퇴에 대한 국가적 부담 등으로 내다보고 있다.

① 의료보장제도

초기 구소련식 보건의료체계의 영향을 받아 도입된 북한의 의료보장제도는 무상치료제로 인민에 대한 국가부담에 의해 무료로 실시하는 의사담당구역제로 운영되었다. 법적 근거는 '사회보험법'(1946년) 및 '노동자, 사무원 및 그 부양가족들에 대한 의료상 방조 실시와 산업의료시설 개편에 관한 결정서'(1946년)이다.

무상치료제는 처음부터 실시된 것이 아니라 1960년 최고인민회의에서 완전하고 전반적인 무상치료제에 대한 내용을 의결하면서부터이다. 급여종류는 진찰료, 입원료, 요양소나 휴양소 수용비용 등이며, 약품, 진단, 검사, 수출, 입원, 식사, 예방접종 등이 무상으로 공급되는데, 왕복 여비는 국가나 협동단체에서 부담한다.

또한 급여대상은 도입 초기에는 사회보험 급부료를 받을 자격을 가진 모든 노동자, 사무원 및 그 부양가족들이었는데, 무상치료제가 사회보험방식에서 국가사회보장방식으로 전환되면서 그 대상이 전 국민으로 확대되었다('무상치료제를 실시할 데 대하여', 1962). 결국 실질적으로 모든 주민을 대상으로 무상치료제도가 확립된 시기는 1960년부터이다('인민보건사업을 강화할 데 대하여', 1960).

의료전달체계는 4단계로 구성된다. 1차 진료는 리, 동, 노동자구 진료소 또는 병원 등 1차 진료기관에서 실시하며, 필요한 경우에 한해 2차, 3차 및 4차 상급의료기관에 후송되어 실시한다. 2차 의료기관으로는 시, 군 인민병원이 있고, 3차 의료기관은 도 중앙병원, 도 의과대학병원 등이고, 4차 의료기관은 중앙진료권으로서 평양에 집중되어 있는 전문치료기관인 대형 종합병원이 해당된다(문옥륜, 2001). 대부분 의료서비스는 3차 의료기관에서 끝나며, 희귀한 특수질환자나 당의 중요인물의 경우만이 4차 의료기관에서 의료서비스를 제공받는다(이삼식, 2004).

재정부담은 무기여에 의한 국가의 일반예산에 의해 실시된다.

② 공적 부조

의식주 배급제 및 특수계층 생활보호인 공적 부조는 협동농민을 제외한 전 인민을 배급대상으로 한다. 특수계층의 생활보호인은 귀국동포, 월북자, 군인, 영예전상자, 제대군인, 이재민과 전재민 등이다.

배급량은 광부 용광로 작업자, 철강 주조자와 다른 중공업노동자, 심해해군 잠수자, 대양어부의 경우 1일 900g, 휴전선에 근무하는 군인의 경우 1일 850g, 조종사, 해군, 연락부서 담당자와 특수부대 장교의 경우는 1일 800g, 모든 군 장교, 모든 중공업노동자, 전체 경공업노동자, 기술자, 엔지니어, 정부 공무원, 선생, 교수, 당 간부, 대학생의 경우 1일 700g, 고등학생, 55세 이상 남자, 61세 이상의 여성, 질병으로 일할 수 없는 장애자는 1일 400g, 취학 전 학생 1일 200~300g이다(이철수, 2003a). 식량배분은 계급구조보다는 노동 소모량에 따라 배급량을 정한다.

의복의 경우, 2002년 7월 1일 경제관리 개선조치 이전에는 무료 혹은 염가로 제공되었지만, 이후에는 가격이 속옷은 100배, 생활용품은 20배 정도 대폭 인상되어 무상공급과 저가공급정책을 포기한 것으로 보인다.

주택의 경우는 경제관리 개선조치와 무관하게 아파트와 2~3세대용 연립주택 형태로 사회적 신분이나 계층에 따라 다르다. 특호주택의 경우 단독고급주택으로 당, 정부 부장급 이상의 고급간부와 군장성이 거주하고, 4호 주택의 경우 신형 고급아파트로 중앙당 간부, 정무원 국장, 공훈 예술인, 대학교수, 기업소 책임자들이 거주한다. 일반 노동자들은 1호 주택에 거주하는데, 집단공영주택과 농촌문화주택 및 구옥 등이 이에 해당한다. 주택공급은 사회적 신분에 따라 적용된다.

국가배급제는 전 인민이 대상이고, 공적 부조는 해당법령에 적용될 수 있는 자만이 대상이다.

③ 연금제도

연금제도는 "국가는 남자 만 60세, 여자 만 55세에 이른 근로자에게 일정한 근속로동연한을 가진 경우에 연로연금을 준다"(사회주의노동법, 제7조)고 명시하고 있으며, 1985년 "협동농민들에게도 사회보장제를 실시한다"(1985년 중앙인민위원회 정령 '협동농민들에게 사회보장제를 실시할 데 대하여', 제1항)고 정해지기 이전에는 사회보험법의 의무가입 대상은 노동자, 사무원이었다. 그러던 것이 1986년 1월 1일부터 노동인구의 4분의 1이던 협동농민이 그 대상에 포함되면서 전 국민이 사회보장제도의 대상이 되었다고 볼 수 있다(이철수, 2003a). 1987년 현재 직업 구성도는 국영기업 노동자 57.0%, 사무원 16.0%, 협동농민 25.3%, 협동기업노동자 0.9% 등이다.

급여종류는 크게 양로연금, 유가족연금, 국가공로자연금, 영예군인 연금 등이 있다. 국가공로자연금에는 유가족연금, 노동능력상실연금, 장례보조금, 보상연금이 포함된다. 특히, 유가족연금은 산업재해보상제도와 보상급여에 중복된다. 앞에서 언급했듯이 북한의 복지법은 각기 독립된 법적 체계를 갖고 있지 않고 사회보험법의 일부로 통합되어 있기 때문에 수급자의 수급원인에 따라 급여의 성격이 달라질 수 있다.

급여수준은 양로연금의 경우는 월 기본생활비의 60~70%를 지급하되, 수급자의 노동기간이 20년 미만일 경우 생활비의 30~40%가 지급된다. 수급대상자라도 은퇴 이후 재취업하여 직장에 근무할 경우, 기본임금과 식량배급을 공제하지 않은 채 1일 600g을 받는다. 또 수급자가 정년 전에 1급 국가훈장을 받으면 근무 당시와 비슷한 수준의 혜택을 받으며, 대부분의 노동자들은 2~3등급 훈장을 받을 기회가 있다고 명시되어 있다.

유가족연금은 직무관련 사망시 유가족 1인은 최근 1년간 평균임금연액의 40%를 받고, 유가족 2인은 60%, 3인일 경우는 90%를 받는다. 공로자연금의 경우는 최근 봉급 1개월 액의 100%를 현금지급 보장하고 있으며, 노동능력상실연금은 최근 봉급 1개월 액의 100%를 지급하였으나 현재는 1일 600g의 식량배급과 전직 임금의 60%를 보장한다.

연금제도의 재정 부담은 산재, 고용제도와 동일한데, 국가, 사회 기업소, 소비조합, 사무소 및 단체에서는 임금의 5~8%를 납부하고, 개인기업소 및 개인기업주는 지불하는 임금의 10~12%를 납부하고, 피보험 노동자 및 사무원들은 임금의 1%를 납부한다.

④ 고용제도

고용제도도 연금제도와 동일하게 전개되었다. 따라서 1985년 협동농민들에게 사회보장제를 실시하면서 노동자, 사무원과 더불어 협동농민도 동일하게 고용제도가 적용된다.

급여종류는 일시적 보조금, 실업보조금, 노동능력상실연금, 해산보조금이 있으며, 해산(임신)보조금은 산후보조금과 해산 보충적 보조금이 있다. 특히 해산보조금의 경우는 노동능력에 따라서 지급되지만, 다분히 생활보조적 성격이 있다. 또한 실업보조금은 실업은 없다는 관점에서 제도적으로 시행되지 않고 있다.

급여수준은 일시적 보조금의 경우는 대상에 따라 1~5급으로 분류되고, 다시 직종과 근속기간에 따라 재분류된다. 일시적 노동능력 상실의 경우 국가훈장 이상 훈장수여자는 80%, 공상자는 100%를 지급받으며 휴양기간에 소모되는 비용은 직업총동맹의 휴양자금에서 충당한다. 실업보조금은 1개월 이상 미취업자들을 대상으로 6개월 동안 표준임금의 20%를 지급한다.

해산보조금은 최근 6개월 평균임금의 90%를 지급하고, 42일분의 급여가 지급된다. 특히 '산전 35일, 산후 42일'(사회주의 노동법, 제66조)이었던 것이 1986년 '산전 60일, 산후 90일'로 확대되었다.

급여조건은 일시적 보조금의 경우는 연금제도와 동일하게 수급자격이 주어지고, 노동능력상실연금의 경우는 6개월 이상 노동능력을 상실한 경우에 지급된다.

⑤ 산업재해보상제도

산업재해보상제도의 대표적 급여종류는 폐질연금인데, 유가족연금도 산재급여에 해당한다.

적용대상은 모든 직장과 농장노동자이고, 급여조건은 7개월 이상 사회보험료를 납부한 사람이다. 급여수준은 3종류로 구분되어 1종류는 최근 1년간 평균임금 연액의 90%, 2류는 65%, 3류는 35%를 지급한다. 직무와 무관한 경우는 연령과 직종에 따라 각각 8부류, 3부류로 구분하고 여기에 노동기간이 계상된다.

⑥ 사회복지서비스

여성복지로는 1946년 제정된 '남녀평등권에 대한 법령'에서는 사회적 권리로서 남녀평등을 규정했고, 일부다처제와 첩제도, 공창, 사창, 기생제도 금지 등이 포함돼 있다. 여성건강에 대한 규정도 강화되어 '산원에 대한 규정'(1949)에서는 산전, 산후 여성의 건강보호와 분만에 관한 지원을 강화했으며, '어린이보육교양법'(1976)에서는 여성의 출산 및 육아를 제도화했다.

아동복지는 시대별로 크게 3단계를 거쳐 발전했다. 우선, 6·25전쟁 이후 아동복지는 전쟁피해에 대한 보호조치였으나, 2단계에서 노동력 부족에 따른 여성노동력 확보에 초점을 두어 사회적 양육을 강조하였다. 유치원 이전 아동은 탁아소에서, 만4~5세 아동은 유치원에서 양육하는 것을 기본방향으로 설정하였다. 이때 탁아소 수가 비약적으로 증가하였다. 3단계에서는 주체형의 혁명전사로 키우고자 하는 이념적 성격을 강조하였다(이삼식, 2004).

노인복지는 '노동법' 제 78조에서 "국가는 로동력을 잃은 돌볼 사람이 없는 늙은이들과 불구자들을 양로원과 양생원에서 무료로 돌봐준다"고 규정하고 있는데, 단편적으로 다루어지고 있다.

장애인복지는 전상자에 대한 재활서비스를 중심으로 보호서비스가 무료로 행해지고 있어 일반 장애인에 대한 복지는 수용보호 차원을 크게 벗어나지 못하고 있다.

2. 남북한 사회복지체계 비교

남북한 사회복지 비교연구는 1980년대 중반까지만 해도 거의 전무했다. 1990년대 남북협력 등 화해무드를 타고 조금씩 연구되던 것이 남북정상회담 등의 분위기에 따라 확대되고 있다. 특히 탈북자들이 급증하면서 이들을 대상으로 사례, 면접조사 등을 통해 북한의 사회복지법 및 제도적, 정책적 비교뿐만 아니라 복지실태에 대한 연구가 가능해지고 있어 통일비용 등 정치경제적 측면만이 아니라 사회복지 연구가 다양하게 진행되고 있다.

1) 사회보험

사회적 위험에 대비한 남북한의 4대 사회보험제도는 8·15 광복 이후 50년 동안에 가족수당을 제외하고는 모두 구축되었다. 그러나 북한은 전 인민을 대상으로 급여의 범위가 넓지만, 질은 매우 낮고, 남한은 아직 연금과 산재보험에서 사각지대에 있는 국민과 노동자들이 있지만 질은 상대적으로 아주 높은 편이다.

(1) 구조적 측면

사회보험의 의미가 다소 다르다. 남한에서는 사회적 위험에 대한 대처로서 사회보험제도가 구축됐다면, 북한은 모든 사회적 위험을 포괄하는 제도이다. 사회보장과 사회보험을 북한은 나누고 있는데, 사회보장은 연금처럼 6개월 이상 지급되는 장기 현금급여를 의미하고, 사회보험은 6개월 미만의 단기 현금급여를 의미한다.

(2) 행정체계 측면

남한은 급여대상에 따라 분산된 행정체계에서 관리운영해 다원적이고 다양하다. 중앙부처에서 다루는 것이 있고, 별도 공단에서 운영하는 것이 있으며, 개별기업에서 처리하기도 한다. 연금만 하더라도 군인연금은 중앙부처에서, 공무원연금은 공무원연금관리공단에서, 일반인 연금은 국민연금관리공단에서 운영한다. 북한은 중앙정부의 사회보험국과 그 산하조직에 의해 통합 운영한다(김형식, 2000).

〈표 16-3〉 남북한 사회보험제도 비교

사회적 위험	남한의 제도	북한의 제도
질병, 출산	의료보험법(1963), 의료보험 실시(1977), 전국민의료보험(1989)	사회보험제(1946), 무상치료제(1963)
실업	고용보험(1996), 전 임금노동자 고용보험 적용(1999)	사회보험제(1946), 1978년부터 실업보상 폐지
노령, 장해, 사망	퇴직금(1961), 공무원연금(1960), 군인연금(1963), 국민연금(1988), 전국민연금(1999)	사회보험제(1946), 국가사회보장제(1961), 사회주의노동법(1978), 농민사회보장제(1985)
산업재해	산업재해보상보험(1961), 전 임금노동자 산재보험 적용(2000)	사회보험제(1946), 국가사회보장제(1961), 사회주의노동법으로 계속, 농민사회보장제(1985)
가족수당	없 음	없 음

출처: 김형식(2000) 수정.

(3) 재원조달 방식

남한은 보험가입자, 고용주의 기여금과 부담금으로 재원이 조달되고, 의료보험, 군인연금, 공무원연금 등은 정부가 일부 지원한다. 이에 비해 북한은 국가가 맡고 있으며, 보험가입자와 고용주들은 최소한의 기여금을 납부한다.

2) 공공부조

(1) 적용대상

공공부조에서의 남북한의 제도적 차이는 적용대상에서 나타난다. 남한의 경우 적용대상은 최저생계비 이하의 소득을 가진 빈곤층이다. 반면 북한은 고용을 통해 일하고 국가배급제로 기본적 생활이 유지된다는 전제하에 국가공로자, 영예전상자, 무의탁 제대군인, 군무원, 빨치산 및 그 부양가족이 주 대상이 된다. 그리고 무의탁 노동무능력자로 고아, 노인, 장애인 등과 이재민, 전재민 등이 포함된다.

(2) 급여내용

급여내용에서도 남한과 북한은 차이가 있다. 남한은 빈민들이 각종 생활영역에서 최저한의 삶의 수준을 누릴 수 있도록 각종 급여를 만들어놓고 있다. 국민기초생활보장법에 의해 생계급여, 교육급여, 의료보호, 주거급여, 해산급여, 장제급여 그리고 노동가능자에 대한 자활급여 등이 지급된다.

반면에 북한은 일반 국민들에게 균일적으로 생필품이 배급되고 사회보장, 사회보험제에 의한 보조금이 지급된다. 또 무상교육제와 무상치료제에 대한 교육, 의료급여가 제공되므로 특별한 급여는 없다. 다만 전쟁 유자녀 등에 대해서는 애육원, 양로원 등을 설치해 별도 지원한다.

〈표 16-4〉 남북한 공공부조의 비교

구 분	남한의 제도	북한의 제도
관련 법규 및 제도	생활보호법(1961), 의료보호법(1978), 생활보호법 개정(1982) 국민기초생활보장법(2000)	노동자, 사무원에 대한 생활필수품 지급사업에 대한 결정서(1948) 및 동법의 9차 개정
적용대상	▪ 빈곤선 이하 ▪ 자산조사를 통해 대상자 선정	▪ 빈민에 대한 개별 보호제는 없음 ▪ 국가배급제 등에 의해 기본 생활 보장
급여종류	▪ 생계보호, 교육보호, 의료보호, 주거급여, 해산급여, 장제급여, 자활급여	▪ 기본 생필급 지급 ▪ 전상자와 그 부양가족 : 국가보조금 지급, 농업 현물세 감면, 교육보장, 주택보장 등
재 정	▪ 정부 일반예산에서 지원	▪ 정부 일반예산에서 지원
전달체계	▪ 보건복지부의 정책 입안, 관리감독 ▪ 행정자치부의 지방행정체계에 의한 대상자 선정과 급여 지급 ▪ 사회복지전담공무원의 업무 관리	▪ 노동, 보건, 교육성 등 여러 행정부처에서 분산 담당 ▪ 일반 행정자가 업무 담당

출처: 김형식(2000).

(3) 재원조달

남북한 모두 국가 일반재정을 통해 공공부조를 지원한다. 전달체계는 복지부, 행자부 등의 중앙부처와 지방정부가 복지전담 공무원을 통해 관리, 전달한다. 북한은 노동, 보건, 교육성 등의 여러 행정부처에서 분산 담당하고, 복지전담 공무원이 없이 일반 행정공무원이 담당한다.

3) 사회적 보편적 서비스

대인적 서비스인 사회적 서비스는 남북한이 두드러진 차이를 보인다. 아동의 경우는 남한은 선별적 보호에서 1991년 영유아보육법 제정부터 보편적 서비스로 전환했는 데 비해, 북한은 의무교육제와 보육사업을 통해 보편적 서비스를 일찍 추진했다. 장애인의 경우는 독립적 법률이 북한에는 존재하지 않는다. 북한은 주로 전상자, 국가공로자, 산업재해자 등으로 구성되어 있기 때문에 장애인복지부문은 거의 드러나지 않고 있다.

4) 북한의 사회복지체계의 문제점

(1) 사회보험의 문제점

소득보장으로서의 연금, 산업재해보상보험 등은 비대상자의 소득중단에 대한 사회적 대책이 없다는 문제점을 안고 있다. 실업대책이 그 대표적 예이다. 또 사회보험 대상자라 하더라도 경제난, 식량난과 노동력 부족으로 인해 계속 노동력을 제공하고, 그 대가로 급여를 지불받고 있어 소득보장과는 거리가 있다. 장애인의 소득보장은 영예전상자 등 특수계층에 한정되어 보편적이지 못하다.

의료보장체계는 의료자원의 공급부족이 가장 큰 문제다. 또한 의사담당구역제도가 구조적으로 강력한 행정통제하에 놓여 있어 운영의 경직성, 환자 선택권의 무시, 의료인 상호간 경쟁을 통한 서비스 질 개선이 어렵다. 또한 국가재정에 의한 무료치료제이지만, 경제난으로 주민들의 부담이 가중되고 있다. 실제 사회보장비 명목으로 단체의 경우 노동자 월임금의 5~8%, 그리고 주민의 경우 월보수의 1% 정도를 원천징수하고, 각종 공과금에도 치료비 항목을 청구한다. 그러나 무엇보다 의료보장제도가 사실상 붕괴되어 있다는 사실을 주목할 필요가 있다.

(2) 공적 부조의 문제점

북한의 공적 부조는 빈곤층을 포괄적으로 대상으로 하는 성격이 아니라 보편적 주민생활보장 형식의 특징을 갖고 있다. 이러한 보편적 공적부조제도는 대부분 국고에 의존하기 때문에 국가재정에 종속된다. 지난 1990년대 식량난 심화로 배급체계가 붕괴되었던 사건이 그 대표적 예이다.

(3) 사회복지서비스의 문제점

사회복지서비스는 노동력 확보와 주체사상교육 등으로 여성과 아동부문에 치중하며 노인과 장애인을 배제한다. 또한 여성과 아동부문도 시설보호로 영양상태, 발육, 정서발달 등에 대한 다양한 복지서비스를 제공하지 못하고 있다.

〈표 16-5〉 남북한 사회복지서비스의 비교

	남 한	북 한
주요 아동복지 급여	아동상담소, 소년소녀가장 지원, 저소득층 무료 보육서비스 및 교육, 아동복지 시설보호 등, 일부 의무교육	무료보육 및 교육, 아동상담소, 일부 시설 수용 보호
주요 노인복지 급여	경로우대제, 무료건강검진, 노령수당, 재가노인복지서비스, 노인공동 작업장	노인부양가족에게 양곡 지급, 의료는 무상치료제에 의한 보편적 서비스, 무의탁노인 시설 수용
주요 장애인 복지 급여	장애인수당, 자녀교육비 지원, 자동차 세금감면, 장애인의무고용제, 편의시설보장, 보장구 무료교부, 시설보호	의료, 교육은 무상치료제와 무상의료제 적용, 무능력 장애인시설 수용, 취업가능자 취업알선 등
재 원	빈곤층: 국가재정 지원 일반층: 일부 유료 서비스	국가예산에서 지원
시설보호	보육원, 보육시설, 유무료 양로시설, 사회복지관, 상담소, 재활시설	보호소, 갱생시설, 양생원, 육아원, 보육소 등
관련 법규	아동복지법(1961), 사회복지사업법(1970), 노인복지법(1981), 장애인복지법(1981), 장애인편의시설촉진법(1982), 영유아보육법(1991), 장애인직업재활법(1999)	여성상담소에 관한 규정(1948), 산원에 관한 규정(1949), 어린이보육교양법(1976), 사회주의노동법(1978)

출처: 김형식(2000), "남북한사회복지체계의 비교와 통합방안".

3. 통일을 대비한 사회복지의 과제

한반도의 통일은 남북한간의 내적 요인만으로 되는 것이 아니라 6자회담 등 한반도 주변정세와 주변국들의 이해와 결합되어 나타난다. 따라서 독일의 통일과 같은 방식으로 되느냐, 아니냐는 어쩌면 소모적 논쟁일지 모른다. 그래서 섣부른 예단은 오히려 득보다 해가 더 많을지 모르겠다. 문제는 남한의 통일부담능력 등 준비나 의지와는 관계없이 남북통일이 갑작스럽게 올 수도 있다는 것이다. 아니면 낮은 단계의 통일선언을 기초로 단계적으로 통일의 기반을 넓혀 나갈 수도 있다.

어느 경우이든 북한노동자들은 대량실업 상태에 놓여 있고, 북한주민들의 빈곤상태는 심각하다. 또 북한주민들은 공공부조에 대해 의존도가 높다. 그리고 과거처럼 이데올로기적으로 닫혀 있지 않고, 개방성이 일정정도 존재하기 때문에 경제적 이유만이 아니더라도 북한체제의 동요와 불안은 언제 터질지 모를 일이다. 게다가 현재 북한에서 진행하는 실리사회주의(조선신보, 2002)가 오히려 주민복지에 부정적 영향을 미칠 가능성이 높다. 식량과 생필품 배급제의 단계적 폐지가 그 예인데, 국가가 무상으로 배급하던 것을 주민들이 식량판매소와 국영상점에서 인상된 가격으로 직접 구매하게 됨에 따라 국가의 부담이 줄었을지 몰라도 소득보장이 안 되는 주민들은 더 궁핍한 생활을 할 수밖에 없게 되었다.

그런 점에서 복지차원에서 남북한 통합접근전략이 모색되고 준비될 필요가 있다.

1) 통합복지접근전략

사회복지 차원에서의 통합은 인간의 기본적 욕구와 사회적 욕구의 충족에 있으며, 구체적으로는 실업, 질병, 장애, 노령 등과 같은 사회적 위험에 대한 보장을 기본 원칙으로 한다. 이 전제하에서 소득보장과 의료보장제도를 포함한 사회보험, 공공부조, 사회적 서비스 등 제도의 통합복지접근전략이 요구된다.

(1) 사회보험의 재편방안

소득보장제도의 구조를 남한처럼 고용보험, 국민연금, 산재보험 등 사회위험별 구조에 입각해서 다원화된 체제로 갈 것인지, 북한처럼 단일화된 구조로 갈 것인지는 통일국가의 경제체제의 형태와 고용구조와 밀접한 연관성이 있다. 하지만 4대 보험연계 및 통합방안이 계속 남한 내에서 논의되고 있듯이 제도의 특수성과 복잡성에도 불구하고 중복, 낭비 등 비효율적 요소를 없애기 위한 4대 사회보험 관리운영의 통합이 추진되고 있다. 따라서 남한의 경우 위험별 사회보험 구조를 유지하되, 보험료의 부과, 징수, 피보험자의 자격관리, 급여지급 등의 공통업무를 일원화함으로써 통합행정체계를 구축하면 북한의 단일체계와 2단계 통합이 쉽게 이루어질 수 있을 것이다(박종삼 외, 1999).

사회보험의 재원조달방식은 동유럽, 러시아, 중국 등의 경향을 참조하면 좋을 듯하다. 러시아는 연금제도를 적립방식의 사회보험으로 전환하고 있으며, 중국에서는 사회복지재원을 기업체, 지역사회, 개인 등으로 다원화시키고 있다. 북한도 이런 과정을 밟게 될 가능성이 높아 기업이나 개인의 소득보장제도에 대한 비용부담이 늘어나게 될 것이다.

사회보험 중 의료보장과 관련해서는 남북한 모두 전 국민을 대상으로 한다는 것 외에는 같은 점이 없다. 따라서 두 체제의 통합은 진통을 겪을 수밖에 없는데, 남북한의 장점을 발전적으로 통합시키는 방식이 제시될 필요가 있다. 1차 의료기관 공공화, 2, 3차 의료기관의 유료화라는 틀로 나아가, 1차 의료기관의 공공화를 위해 남한의 보건소 기능과 조직을 획기적으로 확대해야 한다(박종삼, 1999)는 주장도 있다. 하지만 1차 공공의료기관의 북한식 무상치료방식을 기본 틀로 하자는 주장은 현실성에서 이미 실패한 제도이다. 공공의료를 확대하고 만성질환 등에 본인부담금을 최소화하는 방안 등이 고려될 필요가 있다. 물론, 과도적으로 붕괴된 북한의 의료체제를 정상화하기 위해 무상치료를 운영할 수도 있을 것이다. 민간부문 중심의 남한 의료기관을 공공성을 해치지 않는 범위 내에서 민간 의료기관의 역할을 인정할 필요가 있다. 특히 1차 진료에서 건강검진, 예방사업, 보건교육 등 포괄적 의료서비스를 제공하는 체계의 확립이 필요하다.

(2) 공적 부조

최저생활을 보장해 주는 공적 부조가 통일국가에서도 여전히 필요할 것이다. 북한은 공적 부조가 없고, 남한은 빈곤층의 소득보장기능을 하기 위해 자격조건이 엄격하다. 따라서 북한은 소득만을 기준으로 공적 부조를 지급하는 제도가 만들어져야 하고, 남한은 기초생활보장제도의 문제점을 보완해야 한다.

(3) 사회적 서비스

북한은 노인복지, 아동복지, 장애인복지 등 사회복지서비스 부문이 취약한 것으로 보인다. 물론 대인별 사회복지서비스가 지역복지와 결합하면서 지역통합적, 주민통합적 서비스로 전환되어야 하지만, 대상별 복지서비스의 구축은 지역 내 복지자원과 밀접하다. 따라서 북한 내에 확대될 필요가 있다. 북한 전 지역에 보육시설을 제외하면 사회복지이용시설이 취약하기 때문에 우선 노인복지관, 장애인복지관 등 이용시설이 확충되어야 한다. 그리고 사회복지 전문인력이 충원, 강화돼야 할 것이다. 담당공무원도 복지전담공무원이 아니기 때문에 복지

전문성을 갖춘 인적 자원이 풍부해지고 강화될 필요가 있다. 그리고 다양한 복지조직이 확대되어야 한다. 주민자치조직, 복지활동가조직, 복지협의체 등 다양한 민간복지조직이나 공공복지조직이 확대돼야 복지활동이 제자리를 찾아갈 것이다.

2) 막대한 재원확보

남북한 복지통합접근전략에서 가장 실질적인 걸림돌은 재원문제이다. 통일에 관련된 학자들의 논문에 나타난 바로는 320조 원에서 1,600조 원까지 커다란 편차를 보이고 있다(조윤기, 2003). 이는 정확한 통일비용이 얼마가 될지 아직은 어떤 결론도 내릴 수 없다는 것을 말한다.

그러나 기존의 연구결과를 보면 소요비용이 엄청나게 클 것이라는 사실이다. 북한의 낙후된 경제현실을 개혁해 남한의 경제수준으로 전환하려면 엄청난 자원을 필요로 할 것이다. 경제분야는 투입한 만큼 산출도 있는 법이기 때문에 일정한 계획이 가능하지만 낙후된 북한의 복지제도를 남한의 복지체계와 통합하려면 천문학적 재원이 소요될 수밖에 없다.

따라서 남북한 복지체제의 통합을 위해서는 단계별로 급여대상과 수준을 높이는 방안을 마련해야 한다. 이 과정은 자칫 통일된 한 국가 안에 두 개의 국민이라는 분열적 과정이 될 수 있으므로 통합적 원칙을 명확히 제시할 필요가 있다.

3) 실질적 통합

이런 복지통합체계를 관통하는 또 하나의 과제는 '실질적 통합화'이다. 남한은 남한대로, 북한은 북한대로 격차가 심각하다. 남한의 사회양극화는 바로 불평등의 대표적 지표이다. 북한 역시 경제난 등 심각한 사회위기를 겪으면서 남한보다 더 심각한 불평등을 겪고 있을 것이다. 또한 남북한간 경제현실에서 비롯되는 불평등과 사회적 부의 편재

〈표 16-6〉 기존 연구논문에 나타난 통일비용 추계결과 비교

추계기관/학자	통일비용의 개념	경제 통합 기간	금 액
Marcus Noland (1996)	북한이 남한가계소득의 60% 수준에 이르기 위해 소요되는 자본 양	-	1990년 기준: 4,000억 달러(320조 원) 1995년 기준: 1조 달러(800조 원) 2000년 기준: 2조 달러(1,600조 원)
신동천 윤덕룡 (1999)	북한의 1인당 GDP가 남한의 60~100%에 도달하기 위해 드는 총 투자액	-	1990년 기준 - 60% 달성시: 887억 달러 - 100% 달성시: 2,808억 달러
Manfred Wegner (1996)	남북한 경제 통합이 독일과 유사하게 이루기 위해 통일 후 5년간에 걸쳐 남북한 경제가 북한에 지원해야 할 금액	-	6,100억 달러(488조 원)
황의각 (1996)	동일 생활 수준 달성비용	2000~2005년	1조 2,040억 달러(986조 원)
신창민 (1992)	소득격차 조정비용	2000~2012년	1조 8,000억 달러(1,440조 원)
이영선 (1992)	GNP 격차 해소 투자비용	1992~2034년	8,418억 달러(673조 원)
배진영 (1992)	소득격차 해소 투자비용	2000~2010년	1993년 기준: 2,119억 달러(160조 원) 2000년 기준: 4,480억 달러(358조 원)

출처: 조윤기(2003).

에서 발생하는 불평등, 산업간 · 규모간 · 기술간 · 지역간 · 부문간 차이에서 오는 불평등, 연령이나 성별, 종교 등에 있어 기회의 불평등 등 모든 영역에서 불평등문제를 어떻게 통합화할 것인가가 향후 통일복지모델의 가장 핵심적인 과제가 될 것이다.

따라서 남한과 북한 내부의 불평등문제를 해결하려면 단계별로 실질적 통합을 통해 복지정책을 비롯한 제반 정치, 경제정책을 펴나가는 것이 중요하다.

■ 함께 생각해봅시다.

1. 북한의 통치 이데올로기는 김일성 주체사상인데, 이런 사상을 복지정책은 어떻게 바라봐야 할 것인가?

2. 북한의 복지제도는 크게 사회보장과 사회보험으로 나눠지는데, 각각의 내용을 살펴보고, 왜 그런 편제를 했는지 알아보자.

3. 남북한 모두 4대 사회보험제도를 운영하고 있는데, 남북한 제도의 특징을 각각 설명해보고 토론해보자.

4. 북한복지의 실상은 제도적 선전과는 상당한 차이가 있는 것으로 알려져 있다. 특히 1990년대 후반에 들어 각종 공적부조와 사회보험기능이 제대로 작동되고 있지 못하다는 것이다. 그 이유를 북한측 사람들은 미국의 경제제재에서 찾고 있는데, 진짜 원인은 무엇인가?

5. 북한의 경제난 때문에 북한과의 통일은 재난이 될 것이라며 통일반대를 외치는 사람들도 있다. 통일비용은 과연 얼마나 소요될 것인가?

6. 남북한 복지제도와 급여수준을 통일하는 작업만큼 남북한의 실질적 통일은 없다. 문제는 비용인데, 어떤 방안이 가장 현명한 길인가?

7. 한국의 복지제도가 많은 변화와 발전과정에 있는데, 통일과정과 겹칠 경우 상당히 복잡한 문제가 야기될 수밖에 없다. 제도적으로 통일복지기금을 축적해 놓아야 최소한 대처할 수 있다는 논의도 있는데, 이에 대해 어떻게 생각하는가?

참고문헌

강만길(1987), 《일제시대의 빈민생활사 연구》, 서울: 창작과 비평사.
강욱모 외(2002), 《21세기 사회복지정책》, 서울: 청목출판사.
고스타 에스핑 앤더슨 편(1999), 《변화하는 복지국가》, 서울: 인간과 복지.
고영복(1991), 《사회정책론》, 서울: 사회문화연구소출판부.
곽효문(1995), 《복지정책론》, 서울: 제일법규.
구인회(2005), "외환위기 이후 빈곤의 동태적 양상", 〈대통령자문빈부격차차별시정위원회 토론회자료집〉.
______(2002), "빈곤층 사회경제적 특성과 빈곤이행", 《한국사회복지학》 제48권.
권문일(1989), "1960년대의 사회보험", 《한국사회복지사론》, 서울: 박영사.
권순원(1998), "빈곤퇴치 노력과 실태", 《빈곤퇴치 : 한국의 경험과 교훈》, UNDP한국대표부.
권인호(1993), "토정 이지암의 학문사상과 토정비결", 〈울산대 초청강연자료집〉.
기든스, 한상진 · 박찬욱 옮김(1998), 《제 3의 길》, 서울: 생각의 나무.
김경희(2002), 《한국의 여성정책》, 서울: 지식마당.
김기원(2003), 《한국사회복지정책론》, 서울: 나눔의 집.
김성중 · 성제환(2005), 《한국의 고용정책》, 한국노동연구원.
김성한(2005), "지방분권정책의 의의와 사회복지계의 역할", 《지방분권과 사회복지정책세미나 자료집》, 한국보건복지인력개발원.
김연명 편(2002), 《한국복지국가 성격논쟁 I》, 서울: 인간과 복지.
김연명(1995), "남북한 사회복지50년의 성과와 전망", 《사회복지정책》 창간호, 한국사회복지정책학회.

김영란(2004), "신빈곤의 발생구조와 빈곤정책 변화에 관한 연구: 근로빈민층을 중심으로", 《사회복지정책》 통권 20권.

______(2005), "한국의 신빈곤현상과 탈빈곤정책에 관한 연구 : 근로빈곤층의 실태를 중심으로", 《한국사회복지학》 통권 57권.

김영모(1982), 《현대사회복지론》, 한국복지정책연구소.

______(1993), 《현대사회정책론》, 한국복지정책연구소.

김영순(1996), 《복지국가의 위기와 재편》, 서울: 서울대학교출판부.

김영종(1988), 《복지정책론》, 서울: 형성출판사.

김정석(2005), "고령화사회의 노인인구와 노인가구의 변화와 전망", 《국토연구원》 280권.

김정헌(2000), 《복지정책론》, 서울: 대명.

김종일(2001), 《복지에서 노동으로》, 서울: 일신사.

김태성(2001), 《사회복지정책의 이해》, 서울: 나남출판.

김태성·성경륭(1993), 《복지국가론》, 서울: 나남출판.

김한식(1985), "다산의 민권사상", 《정다산연구의 현황》, 서울: 민음사.

김형식(2000), "남북한 사회복지체계의 비교와 통합방안", 《한국사회복지정책학회논문집》 11집.

남기민(2004), 《사회복지정책론》, 서울: 학지사.

남정운(1994), "한국후생사업의 회고와 전망", 《시정월보》 5호, 대한민국공보부.

남찬섭(1998), "한국복지제도의 전개과정과 성격", 《한국사회복지의 현황과 쟁점》, 한국사회과학연구소.

노대명(2002), "외환위기 이후 신빈곤문제의 현황과 과제", 《도시와 빈곤》 58권.

노동부(2000), 《고용안정과 생산적 복지구현을 위한 제1차 고용정책 기본계획안(2001~2005년)》.

______(2003), 《국민의 정부 5년(1998~2002) 실업대책 백서》.

______(2004), 《일자리창출정책보고서》.

______(각 연도), 《고용보험백서》 1998~2004년.

______(각 연도), 《산업재해분석》.

______(각 연도), 《산재보험사업연보》.

노사관계개혁위원회(1998), 《노사관계개혁백서》.

노사평 외(2002), 《사회복지정책론》, 서울: 대경.

대외경제정책연구원(2004), 《2003/04 북한경제백서》, 대외경제정책연구원.
대통령비서실(1999), "새천년을 향한 생산적 복지의 길", 서울: 퇴설당.
대통령비서실 삶의 질 향상기획단(2002), 《생산적 복지 복지패러다임의 대 전환》.
라메쉬 미쉬라, 이혁구·박시종 역(2002), 《세계확와 복지국가의 위기: 지구적 사회정책을 향하여》, 서울: 성균관대학교 출판부.
문옥륜 외(2001), 《북한의 보건의료제도의 운용》, 아주남북한보건의료연구소.
문옥륜(1990), "북한의 보건의료", 《북한의 사회》, 서울: 을류문화사.
미셸초스도프스키, 이대훈 역(1998), 《빈곤의 세계화》, 서울: 당대.
박광덕(1997), 《현대사회복지정책론》, 서울: 박영사.
박능후(2005), "근로빈곤 실태와 특성연구", 〈대통령자문빈부격차 차별시정 위원회 토론회자료집〉.
박명수(2001), "국민기초생활보장법제의 개선방안", 〈한국법제연구원 연구보고서〉 2001 - 09.
박병현(2003), 《사회복지정책론:이론과 분석》, 서울: 현학사.
______(2004), 《사회복지정책론》, 서울: 현학사.
박정호(2001), 《사회복지정책론》, 서울: 학지사.
박종삼 외(1999), "남북한 사회통합을 위한 통합복지모델 연구", 한국사회복지정책학회 논문집, 《사회복지정책》 제 8집.
박차상 외(2003), 《한국사회복지법 강의》, 서울: 학지사.
박혜숙(1987), "미군정기의 농민운동과 전농의 운동노선", 《해방전후사의 인식 3》, 서울: 한길사.
변시민(1994), 《사회정책론》, 서울: 박영사.
보건복지부(2003a), 《2003 아동복지사업안내》.
______(2003b), 《2003 장애인복지사업안내》.
______(2003c), 《참여복지 5개년 계획 수립계획》.
______(2003d), 《참여정부 보건복지분야 100일 성과와 과제》.
______(2004a), 《2003 보건복지백서》.
______(2004b), 《2004년 사회복지사무소 시범사업안내》 자료집.
______(2004c), 《지역사회복지협의체 민간위원 교육》 자료집.
______(2004d), 《지역사회복지협의체 및 서비스연계 직무교육》 교재.
______(2005a), "빈곤 걱정 없는 사회를 위한 수요자 중심의 공공복지전달체계 구축방안", 국정과제회의 자료집.

보건복지부(2005b), 《지방분권과 사회복지정책세미나》 자료집.

______(2005c), 《2004 보건복지백서》.

보건복지부·성공회대학교(2001), "한국 공공부조제도의 체계화방안 : 미국, 영국, 일본의 제도와 비교분석을 중심으로", 《정책연구보고서》.

봉민근(1997), 《사회복지정책론》, 서울: 학문사.

북한연구소 편(1999), 《북한총람 1983~1993》, 서울: 북한연구소.

빈부격차차별시정위원회(2005a), "공공복지서비스 전달체계 효율화전략", 《국정과제회의 준비회의 자료집》.

______(2005b), 《사회복지 전달체계 개선방안》.

서기택(1966), "고려시대의 구빈제도에 대한 사적고찰", 서울: 서울대학교.

서수경(2004), "가족해체에 관한 한국독일비교연구", 《한국교육학연구》 9권 2호.

성경륭(1996), "억압으로부터 복지로 : 한국의 정치민주화와 국가-자본의 노동통제전략 변화", 《복지정책의 의식과 제도》, 한림과학원 편.

성공회대학교 사회복지연구소(2001), "한국 공공부조제도의 체계화 방안", 《정책연구보고서》.

성무원(2003), 《복지국가의 공공부조 : 사회보장제도의 접근》, 서울: 한솜미디어.

손준규(1995), 《사회정책강의》, 서울: 대학출판사.

송근원(2004), 《사회복지정책학》, 서울: 학지사.

송근원·김태성(1995), 《사회복지정책론》, 서울: 나남출판.

송호근(1995), 《한국의 노동복지》, 한국노총 중앙연구원.

______ 편(2001), 《세계화와 복지국가》, 서울: 나남출판.

신용하(1985), "다산 정약용의 여전제 토지개혁사상", 《정다산연구의 현황》, 서울: 민음사.

신원식(2002), 《사회복지정책 분석론》, 서울: 삼우사.

양정하 외(2004), 《사회복지정책론》, 서울: 양서원.

어수봉·성지미(2005), "주요선진국에서의 고용창출정책의 기본방향에 대한 조사연구", 《고용 없는 성장에 대한 대응전략 연구(1)》, 한국노동연구원.

열린정책연구원(2005), 〈열린정책연구원 정책보고서〉.

원석조(2003), 《사회복지정책론》, 서울: 양서원.

UNDP한국대표부(1998), 《빈곤퇴치, 한국의 경험과 교훈》, UNDP한국대표부.

윤조덕 외(2001), 《산재보험 재활사업의 중장기 발전전략》, 한국노동연구원.

윤홍식(2003), "이혼 및 별거로 인한 모자가정의 빈곤화와 사회안전망의 역할: 미국의 사회안전망의 대응과 한국적 함의", 《한국사회복지학》 53권.

이병훈·김유선(2004), "노동 삶의 질 양극화에 관한 소고", 《노동시장유연화와 노동복지》, 서울: 인간과 복지.

이삼식(2004), "사회복지", 《북한경제백서》, 대외경제정책연구원.

이숙종 편(2003), 《경제위기와 복지의 정치》, 세종연구소.

이영환 편(2003), 《통합과 배제의 사회정책과 담론》, 서울: 함께 읽은 책.

______(1998), "미군정기의 구호정책", 《한국사회복지사론》, 서울: 박영사.

______(2004), 《한국사회와 복지정책-역사와 이슈》, 서울: 나눔의 집.

이인재(2004a) "지역복지운동의 성과와 과제", 《한국의 사회복지운동 : 성과와 과제》, 비판과 대안을 위한 사회복지학회 자료집.

이인재(2004b), 《한국지역복지실천론》, 서울: 나눔의 집.

이재갑(2005), "OECD고용전략과 EU고용전략의 비교연구", 《고용 없는 성장에 대한 대응전략 연구(1)》, 한국노동연구원.

이재완(1998), "지방자치와 사회복지 : 지방화, 분권화", 《한국사회복지의 현황과 쟁점》, 한국사회과학연구소, 1998.

______(2005), "지역분권과 지역복지의 과제", 〈지방분권과 사회복지정책세미나 시·도 사회복지연찬회〉, 한국보건복지인력개발원.

이찬진(2005), "국민기초생활보장법개정방향", 참여연대사회복지위원회 자료집.

이철수(2003a), 《북한사회복지》, 서울: 청목출판사.

______(2003b), 《북한사회복지법령집》, 서울: 청목출판사.

이태수(2005), "지역주민통합서비스 제공체계 구축방안", 《고령화 및 미래사회위원회 자료집》.

이현주(2004), "지역사회복지협의체의 시행방안과 과제", 《지역사회복지협의체 민간위원 교육》, 보건복지부 자료집.

이혜경(2004), "한국사회안전망의 재점검과 대책", 《한국사회안전망의 현황과 대책》, 한국사회복지학회조선일보 심포지엄 자료집.

임혁백(1994), 《시장·국가·민주주의》, 서울: 나남출판.

임호근(2004), 〈지역사회복지협의체 구성, 운영안내〉, 지역사회복지협의체 민간위원 교육, 보건복지부 자료집.

에스핑-앤더슨 고스타, 한국사회복지학연구회 옮김(1996), 《변화하는 복지국가, 인간과 복지》 서울: 인간과 복지.

전병유 · 어수봉 · 이재갑 · 김동헌 · 김우영 · 성지미(2004), 《고용없는 성장에 대한 대응전략 연구(1)》, 한국노동연구원.

정이윤(2003), 〈사회적 배제의 개념과 지표 평가〉, 한국빈곤문제연구소 창립 2주년 기념논문집.

정하진 외(2003), 《신정부의 여성정책 10대과제》, 여성개발원.

조윤기(2003), "통일 및 남북화해를 위한 지불의사금액 결정요인분석", 《동북아경제연구》 제 15권 3호, 한국동북아경제학회.

지광수(2005), "고령화시대의 노동시장정책", 《산업경제연구》 18권 4호.

초스도프스키(1998). 《빈곤의 세계화》, 서울: 당대.

최경구(1993), 《조합주의 복지국가》, 서울: 한나래.

최성재 · 남기민(2000), 《복지행정론》, 서울: 나남출판.

최영기(2004), "일자리 만들기를 위한 사회적 연대: 필요성과 기본방향", 〈일자리만들기 사회적 연대〉, 노사정위원회 토론회 자료집.

최익한(1947), 《조선사회정책사》, 서울: 박문출판사.

최장집(1996), 《한국민주주의의 조건과 전망》, 서울: 나남출판.

______(1998), "한 어려운 결합, 민주주의와 시장경제: 김대중의 도전", 정부수립 50주년 기념 국제학술심포지엄.

하상락 편(1989), 《한국사회복지사론》, 서울: 박영사.

______(1970), 〈우리나라의 구빈사업의 변천과 그 사회적 배경 : 이조시대를 중심으로〉, 문교부연구보고서.

______(1983), "고려의 구제사업", 《의료보험》 9월호, 의료보험조합연합회.

______(1984), "사회보장의 역사-미군정시대", 《의료보험》 3월호, 의료보험조합연합회.

한경혜 · 강유진 · 한민아(2003), "이혼태도와 관련요인", 《가족과 문화》 제 14집 3호.

한국보건사회연구원(2003), 《2002년 저소득층 자활사업 실태조사》.

______(2005), 《2004년 차상위계층 실태조사에 의한 잠정추계》.

한국사회복지정책연구원(1994), 《신한국의 사회복지정책》.

허 선(2005), 〈참여정부 빈곤대책 및 예산의 평가와 과제〉, 참여연대 사회복지위원회 자료집.

황덕순, 〈절대빈곤율 추계와 실태〉, 대통령자문빈부격차차별시정위원회 토론회자료집.

황수경 외(2004), 〈고령사회대비 고령자고용정책에 관한 국제비교연구〉, 한국노동연구원 정책보고서.
희망한국21(2005a), 〈빈곤걱정 없는 사회를 향한 함께하는 복지〉, 자료집.
_____(2005b), 《희망한국 21 함께하는 복지》, 관계부처 합동.

A. I. Harris et al.(1971), *Handicapped and Impaired in Great Britain*, London: H. M. S, O.

B. S. Rowntree(1991), *Poverty: A Study of Town Life*, London: Macmillan.

Beveridge, W. H.(1943), *The Pillars of Security*, New York: Macmillan.

Casey B.(2004), "The OECD Jobs Strategy and the European Employment Strategy: Two Views of the Labor Market and of the Welfare State", *European Journal of Industrial Relations*, 10(3).

Flora and Heidenheimer(1981), "Modernization, Democratization, and the Development of Welfare Stares in Western Europe", in P. Flora and A. J. Heidenheimer(eds.), *The Development of Welfare State in Europe and America*, New Brunswick: Transaction Books.

_____(1990), *The Three World of Welfare Capitalism*, Cambridge: Polity Press.

Ian Gough(1979), *Political Economy of the Welfare State*, London: Macmillan.

ILO(2004), "Successful Employment and Labor Market, Policies in Europe and Asia and Pacific," Harastry, C.(ed.), *Employment Strategy Papers*, Employment Strategy Department in ILO.

Mishra R.(1982), *Society and Social Policy: Theories and Practice of Welfare*, London: Macmillan.

_____(1984), *The Welfare State in Crisis*, Brighton, England: Wheatsheaf.

_____(1999), *Globalization and The Welfare State*, London: Edware Elgar

Martin Rein(1970), *Social Policy: Issues of Choice and Change*, New York: Random House.

N. Gilbert and H. Specht(1974), *Dimensions of Social Welfare Policy*, New Jersey: Prentice-Hall Inc.

N. Gillbert and P. Terrell (2002), *Dimensions of Social Welfare Policy* (5th ed.), Boston: Ally & Bacon.

OECD (1994a), "Labour Market Trends and Underlying Forces of Change", *The OECD Jobs Study: Evidence and Explanations Part* Ⅰ.

_____(1994b), "The Adjustment Potential of the Labour Market", *The OECD Jobs Study: Evidence and Explanations Part* Ⅱ.

_____(1997a), *The OECD Jobs Strategy: Making Work Pay.*

_____(1997b), *Implementing the OECD Jobs Strategy: Member Countries' Experience.*

OECD (2003), *OECD Employment Outlook.*

_____(2004), *OECD Employment Outlook: Towards More and Better Jobs.*

P. Townsend (1954), "The Meaning of Poverty," *British Journal of Sociology*, June.

_____(1975), *Socioloy and Social Policy*, Harmondsworth: Penguin.

_____(1993), *The International Analysis of Poverty*, London: Harvester Wheatsheaf.

R. Titmuss (1974), *Social Policy: An Introduction*, London: George Allen & Unwin Ltd.

H. Silver (1994), "Social Exclusion and Social Solidarity: Three Paradigms", *International Labour Review* 133.

찾아보기

(용 어)

ㄱ ~ ㄴ

ㅁ ~ ㅂ

ㅅ ~ ㅇ

ㅈ ~ ㅎ

기 타

찾아보기

(인 명)

국 내

국 외

저자약력

이 태 복(李 泰 馥)

국민대학교 법과대학 졸업, 고려대학교 노동대학원 졸업, 순천향대학교 사회복지학 명예박사. 구로, 인천, 포항, 울산 등 전국 생산현장에서 공장활동. 도서출판 광민사 설립. 민주화운동으로 8년 옥고. 《주간 노동자신문》, 《노동일보》 발행인. 복지시설 증산동 '인간의 대지' 운영. 청와대 복지노동 수석비서관, 보건복지부 장관 역임. 현재 (사)인간의 대지 이사장, 한서대학교 노인복지학 초빙교수.

주요 저서 : 《세상의 문앞에서》, 《노동자의 논리와 희망의 노래》, 《전환기의 노동운동》, 《우리시대의 희망찾기》(공저), 《기백이 있어야 희망이 보인다》, 《쓰러져도 멈추지 않는다》, 《대한민국은 침몰하는가》 등.

심 복 자(沈 福 子)

서울대학교 졸업, 연세대학교 행정대학원 졸업. 성공회대학교 사회복지학 박사과정. 여성평우회 회장, 최초의 여성이론서인 《무크》 편집위원, 《주간 노동자신문》 편집국장, 《노동일보》 편집인, 숭실대학교 노사관계대학원 사회복지학 겸임교수 역임. 현재 (사)인간의 대지 상임이사.

주요 저서 : 《우리 시대의 희망찾기》(공저), 《노동의 미래를 열며》, 《낮은이의 이름으로 세상 껴안기》.

나남사회복지학총서 ②

나남출판사의 책은 쉽게 팔리지 않고 오래 팔립니다

2006. 1

19 사회복지조사방법론

사회복지연구의 조사, 관찰, 자료분석에 관한 이론적, 실제적 측면에서의 고찰로, 사회복지조사방법론에 관한 갈증을 해소시켜 주기에 충분하다.

A. 루빈, E. 바비 / 성숙진(한신대), **유태균**(숭실대),
이선우(한국보건사회연구원) **공역**

▪ 4×6배판 / 676쪽/25,000원

20 사회복지실천 기법과 지침

사회복지와 사회복지사에 관심이 있는 사회복지학도와 사회복지사를 위한 이론과 실천의 필독서.

B. 셰퍼·C. 호레이시
남기철(동덕여대), **변귀연**(호남대), **양숙미**(남서울대),
정선욱(상지대), **조성희(순천향대)**, **최승희**(평택대), **공역**

▪ 4×6배판 / 776쪽 / 38,000원

21 사회보장론(개정판)

사회보장의 이론적 고찰과 한국의 사회보장제도를 체계적으로 분석.

이인재(한신대), **류진석**(충남대), **권문일**(덕성여대),
김진구(협성대) **공저**

▪ 신국판 / 488쪽 / 17,000원

22 한국복지국가의 이상과 현실

복지국가의 발전과 특징, 이념적 기초와 함께 우리나라 사회보장제도의 현황과 문제점을 짚어본다.

인경석(국민연금관리공단) **저**

▪ 신국판 / 342쪽 / 16,000원

23 시장과 복지정치

스웨덴의 사민주의를 분석을 통해 시장자본주의의 대안을 모색해 본다.

송호근(서울대) **저**

▪ 신국판 / 364쪽 / 10,000원

24 영국의 복지정책

구빈법 개혁 이후 제3의 길까지 지난 150년간의 영국 복지정책의 역사와 현황을 체계적으로 정리.

이영찬(보건복지부) **저**

▪ 신국판 / 634쪽 / 22,000원

25 한국의 사회복지체제 연구

(한국)국가복지의 현실을 분석하고, 기업복지와 연복지의 가능성을 진단해 본다.

홍경준(성균관대) **저**

▪ 신국판 / 400쪽 / 12,000원

26 사회복지실천론(개정판)

사회복지실천의 이론적 배경과 실천에 대한 이념적·역사적 고찰과 함께 실천이론 및 실천모델을 종합적으로 제시.

양옥경(이화여대), **김정진**(나사렛대), **서미경**(경상대),
김미옥(이화여대), **김소희**(경희대 강사) **공저**

▪ 신국판 / 600쪽 / 23,000원

28 상담의 필수기술

효과적 의사소통을 위한 사례중심의 접근법으로 구체적 상담기술을 담고 있는, 상담자들의 교육과 훈련을 위한 지침서.

에반스 외 / 성숙진(한신대) **역**

▪ 크라운판 / 342쪽 / 15,000원

29 여성복지론

여성복지의 개념, 양성평등, 사회복지정책, 여성문제 등 포괄적 여성복지에 대한 체계적 정리.

김인숙(가톨릭대), **김혜선**(서울시 북부여성발전센터), **성정현**(서울시립대·협성대 강사), **신은주**(평택대), **윤영숙**(경기도 여성능력개발센터), **이혜경**(평택대), **최선화**(신라대) **공저**

▪ 신국판 / 490쪽 / 16,000원

30 사회통합과 장애인복지정치

사회 제영역·문제들과 혼재되어 나타나는 장애인 문제를 사회통합, 직업, 여성장애인, 장애인복지와 관련하여 총체적으로 살펴본다.

이성규(공주대) **저**

▪ 신국판 / 354쪽 / 14,000원

31 여성운동과 사회복지

학대받는 여성과 이들을 위한 쉼터의 본격적 연구서이다. 쉼터의 역사와 구조, 운영, 사회복지 서비스, 그리고 쉼터의 방향과 대안을 제시.

김인숙(가톨릭대), **김혜선**(서울시 북부여성발전센터),
신은주(평택대) **공저**

▪ 신국판 / 196쪽 / 7,000원

나남출판 파주시 교하읍 출판도시 518-4 TEL : 031)955-4600 FAX : 031)955-4555 www.nanam.net

나남사회복지학총서 ③

나남출판사의 책은 쉽게 팔리지 않고 오래 팔립니다

2006. 1

34 문제아의 가족치료

하나의 개인인 아동에 대한 심층적 이해와 가족치료를 위한 정신역동적, 행동발달론적 처방을 제시.

엘렌 F. 왁텔 / 이준우(나사렛대) **역**

• 신국판 / 458쪽 / 16,000원

35 사회복지실천기술연습

사회복지 전문가의 자질, 윤리의식을 강조한다. 또한 사회복지실천의 각 단계에서 사회복지사의 기술과 역할을 사례를 통해 습득하도록 하였다.

Barry Cournoyer / 김인숙 · 김용석(가톨릭대) **공역**

• 4×6배판 / 390쪽 / 18,000원

36 가족학대·가족폭력

가족학대, 가정폭력, 아동·노인학대 등 가족학대 및 폭력에 대한 통합적 개론서.

알란 켐프 / 이화여대 사회사업연구회 역

• 신국판 / 446쪽 / 16,000원

38 임상사회복지 사정분류체계

인간과 사회적 환경 간의 상호작용 속에서 '환경 속의 개인'(PIE)의 사회적 기능수행문제를 체계적으로 정리.

제임스 칼스 외 / 임상사회사업연구회 역

• 4×6배판 / 386쪽 / 18,000원

39 현대 사회복지실천이론

기존의 이론서보다 폭넓은 범위의 이론들과 관점을 포함하는 사회복지실천이론의 종합서.

말콤 페인 / 서진환(성공회대), **이선혜**(중앙대), **정수경**(전주대) **공역**

• 신국판 / 546쪽 / 20,000원

40 사회복지 질적 연구방법론

질적 연구방법론을 적용하여 사회복지를 살펴본, 여러 응용분야의 실천가와 연구자를 위한 이론서.

데보라 K. 패짓 / 유태균(숭실대) **역**

• 신국판 / 288쪽 / 9,500원

41 사회복지개론

기존의 방대한 사회복지 개론서를 종합하여 집대성한 사회복지학의 개론서.

김상균 · 최성재 · 최일섭 · 조흥식 · 김혜란(서울대) **공저**

• 크라운판 / 450쪽 / 16,000원

42 사회복지실천기술론

개인과 가족, 집단을 대상으로 사회복지실천을 위한 지식과 가치, 기술에 관한 내용을 담고 있다.

김혜란(서울대), **홍선미**(한신대), **공계순**(호서대) **공저**

• 신국판 / 334쪽 / 15,000원

43 사회복지정책의 이해

사회복지정책의 이해를 높이기 위해 인근 사회과학 지식을 바탕으로 한국의 사회복지정책을 분석.

김태성(서울대) **저**

• 신국판 / 370쪽 / 16,000원

44 사회복지의 역사

폭넓으면서도 깊은 사회복지연구를 위한 역사적 고찰과 함께 제3세계와 한국에서의 복지국가의 발전과 재편을 논하였다.

감정기(경남대), **최원규**(전북대), **진재문**(경남대) **공저**

• 신국판 / 416쪽 / 15,000원

45 산업복지론

산업복지의 구체적 내용과 방법, 형성배경·과정, 다양한 프로그램 등을 다룸으로써 노동자와 그 가족의 건전한 삶의 질 향상에 초점을 두었다.

조흥식(서울대), **김진수**(강남대), **홍경준**(성균관대) **공저**

• 신국판 / 408쪽 / 17,000원

46 의료사회사업론

의료환경의 변화 속에서 사회복지사의 전문성을 높이기 위한 의료사회사업 관련지식, 기술 및 윤리적 태도를 제공.

윤현숙(한림대), **김연옥**(서울시립대), **황숙연**(서울대 강사) **공저**

• 신국판 / 538쪽 / 22,000원

48 사회복지 윤리와 철학

변화된 사회복지제도와 조직환경에 맞추어 사회복지사의 가치와 윤리문제에 대한 철학과 윤리교육의 필요성을 제기하였다.

김상균(서울대), **오정수**(충남대), **유채영**(연세대) **공저**

• 신국판 / 378쪽 / 15,000원

나남출판 파주시 교하읍 출판도시 518-4 TEL : 031)955-4600 FAX : 031)955-4555 www.nanam.net

나남사회복지학총서 ④

나남출판사의 책은 쉽게 팔리지 않고 오래 팔립니다 2006. 1

52 수화의 이해와 실제: 초급과정

수화를 처음 배우는 사람에게 기초부터 차근히 농인과 대화하고 통역하는 데 큰 도움이 될 것이다.

이준우(나사렛대) **저**

• 4×6배판 / 216쪽 / 15,000원

53 아동청소년복지론(개정판)

아동청소년의 올바른 이해와 그들의 욕구 및 문제를 효과적으로 다룰 수 있는 관점에서 기초이론과 더불어 아동청소년복지의 과제와 전망을 제시.

표갑수(청주대) **저**

• 신국판 / 688쪽 / 24,000원

54 현대 불교사회복지론

서구적 관점에서의 사회복지연구에 치우친 것에 대한 반성과 비판으로, 사회복지적 요소를 담고 있는 전통적 가치를 중심으로 한 불교사회복지에 대한 체계적 연구.

권경임(종교사회복지회) **저**

• 신국판 / 450쪽 / 17,000원

56 고령화 사회의 도전(개정증보판)

빠르게 전개되는 한국사회의 고령화를 가족, 효, 재혼, 성, 질환, 실버산업, 교육 등 다양한 분야와 관점에서 분석.

임춘식(한남대) **저**

• 신국판 / 359쪽 / 14,000원

57 사회복지개론

생산적·예방적 사회복지사업의 발전을 모색하면서 학생과 사회복지에 관심을 가진 일반인들에게 유용한 사회복지에 관한 개론서.

표갑수(청주대) **저**

• 신국판 / 512쪽 / 18,000원

58 가족과 레질리언스

가족을 새롭게 의미부여하고 특히 탄력성으로 번역되는 레질리언스(*resilience*)라는 개념을 통해 가족을 이해한다.

프로마 월시 저 / 양옥경 · 김미옥 · 최명민(이화여대) **공역**

• 신국판 / 496쪽 / 18,000원

59 수화의 이해와 실제: 중급과정

전문 수화통역사와 일선 사회복지사 및 관련 전공 학생들과 수화에 관심 있는 이들이 수화를 깊이 이해하는 데 도움이 된다.

이준우(나사렛대) **저**

• 4×6배판 / 260쪽 / 15,000원

60 지역사회복지론

사회복지의 개념을 지역단위로 한정하여, 소득·보건·환경·주택·교통 등 지역사회 주민의 요구와 사회적 노력에 초점을 맞추었다.

표갑수(청주대) **저**

• 신국판 / 411쪽 / 16,000원

61 장애인복지실천론

장애인복지실천의 현장과 이론을 소개, 우리나라 장애인의 현황과 복지에 대한 이해를 넓힌다

김미옥(이화여대) **저**

• 신국판 / 504쪽 / 22,000원

62 사회복지 질적 연구방법의 이론과 활용

사회복지 분야의 문제해결 및 실천적 활용을 위한 다양한 질적 연구방법과 대안적 연구방법을 제시.

Edmund Sherman, William J. Reid / 유태균(숭실대), **이선혜**(중앙대), **서진환**(성공회대) **공역**

• 4×6배판 / 544쪽 / 28,000원

63 가족복지론

가족복지에 대한 지식과 개입에 필요한 실천기술을 습득하는 데 도움이 될 것이다.

김연옥(서울시립대), **유채영**(충남대), **이인정**(덕성여대), **최해경**(충남대) **공저**

• 신국판 / 600쪽 / 28,000원

65 학교와 사회복지실천

국가의 내일을 짊어질 차세대 인재들의 요람인 학교의 전인교육 및 학교사회사업에 대한 길잡이.

한인영(이화여대), **홍순혜**(서울여대), **김혜란**(서울대) **공저**

• 신국판 / 328쪽 / 15,000원

나남출판 파주시 교하읍 출판도시 518-4 TEL : 031)955-4600 FAX : 031)955-4555 www.nanam.net

나남사회복지학총서 ⑤

나남출판사의 책은 쉽게 팔리지 않고 오래 팔립니다

2006. 1

66 지역사회복지론

지역사회에 대한 개념정의 및 지역사회복지실천의 이론과 실천모델, 실천과정 등을 소개하고 있다.

감정기(경남대), **백종만**(전북대), **김찬우**(가톨릭대) **공저**

• 신국판 / 456쪽 / 22,000원

68 청소년복지론

일반적인 청소년복지분야를 일반청소년과 소외청소년 및 문제청소년복지분야로 구분하고, 청소년의 발달을 최적화할 수 있는 방법을 모색하였다.

이소희(숙명여대), **도미향**(남서울대), **정익중**(덕성여대), **김민정**(한남대), **변미희**(천안대) **공저**

• 신국판 / 624쪽 / 27,000원

70 현대복지국가의 변화와 대응

복지국가의 변화, 그 변화의 성격과 내용, 그리고 변화의 방향 등에 대해 소개하고 있다.

김태성(서울대), **류진석**(충남대), **안상훈**(서울대) **공저**

• 신국판 / 328쪽 / 15,000원

72 사회복지연구조사방법론

사회복지 연구조사방법론을 쉽게 풀이하여 과학적 진리탐구 방법을 소개하고 있다.

김환준(계명대) **저**

• 4×6배판 / 304쪽 / 15,000원

73 사회복지조사방법론

사회복지조사방법론이 응용사회과학으로서 사회복지학의 실천현장에서도 사회과학적 관점을 충분히 살려 사회조사를 수행하는 데 도움이 되도록 쉽게 소개하고 있다.

최성재(서울대) **저**

• 4×6배판 / 664쪽 / 28,000원

74 수화의 이해와 실제: 고급과정

전문 수화통역사와 일선 사회복지사 및 관련 전공자들의 수화읽기와 수화사용에 깊이를 더하는 길잡이.

이준우 · 남기현(나사렛대) **공저**

• 4×6배판 / 216쪽 / 15,000원

75 사회복지실천이론의 이해와 적용

사회복지 실천의 다양한 이론을 총망라한 사회복지실천이론의 베스트 셀러.

F. 터너 / 연세사회복지실천연구회 역

• 4×6배판 / 800쪽 / 38,000원

76 사회복지자료분석론

독자의 입장에서 사회통계를 보다 근본적으로 이해하는 데 이 정도의 상세한 사회통계 교재는 없다고 믿고, 이 교재가 사회복지학의 이론과 실천에 크게 도움이 될 것으로 기대한다.

최성재(서울대) **저**

• 4×6배판 / 576쪽 / 29,000원

77 욕구조사의 이론과 실제

욕구조사의 이해에 필요한 지식과 이론, 욕구조사의 기술·방법·절차 및 욕구조사활동의 비판적 분석능력과 욕구조사결과를 보다 적극적으로 활용할 수 있는 접근방법 등을 소개하고 있다.

서인해(한림대), **공계순**(호서대) **공저**

• 신국판 / 224쪽 / 12,000원

나남출판 파주시 교하읍 출판도시 518-4 TEL : 031)955-4600 FAX : 031)955-4555 www.nanam.net